3.—

Christophe Büchi
«Röstigraben»

Christophe Büchi

«Röstigraben»

Das Verhältnis zwischen deutscher
und französischer Schweiz
Geschichte und Perspektiven

NZZ Verlag

Autor und Verlag danken der Kulturstiftung Pro Helvetia
für die Unterstützung dieses Werkes.

© 2000, Verlag Neue Zürcher Zeitung, Zürich
Internet: www.nzz-buchverlag.ch
ISBN 3 85823 812 0

Inhalt

Vorspiel:
«Je t'aime – moi non plus» oder: Ein Abend bei Schweizers   7

Einleitung:
Geschichte(n) einer Vernunftehe   11

Dank   23

Von der deutschen zur mehrsprachigen Schweiz (1291–1481)   25

Die Schweiz wird ein bisschen französisch (1481–1798)   59

Die Geburt des Mehrsprachenstaates (1798–1848)   109

Die Schweizer schaufeln einen «Sprachengraben» (1848–1918)   155

Mehrsprachigkeit: Aus der Not wird eine Tugend (1918–1945)   217

Und plötzlich klaffte der «Röstigraben» (1945–2000)   243

Schluss:
«Sanfte Apartheid» ist keine Lösung   289

Anmerkungen   302

Bibliographie   329

Vorspiel:
«Je t'aime – moi non plus» oder:
Ein Abend bei Schweizers

Bühne im Dämmerlicht. Ein Mann sitzt in seinem Fauteuil, schaut nach links auf einen TV-Apparat, wo eine Sendung des Deutschschweizer Fernsehens («Arena» mit Christoph Blocher) läuft. In einem anderen Fauteuil sitzt seine Frau, die ihm den Rücken zukehrt und an einem Radio dreht. Ein Sender plärrt «Je t'aime – moi non plus» von Serge Gainsbourg und Jane Birkin.

Die Frau (plötzlich sich erhebend, eine Zeitschrift zu Boden werfend):

J'en ai marre! J'en ai marre! J'en ai marre!*

Der Mann (ohne sich umzudrehen):

Was häsch?

Die Frau (laut):

‹Was häsch? Was häsch?› Tu peux pas parler hochdeutsch, au moins!

Der Mann:

Also chérie, beruhige dich. Was ist denn los?

Die Frau:

J'en ai marre de cette télévision DRS! J'en ai marre de ce Blocher. Jamais on sort. Tous les vendredis à la maison! Boulot, télé, dodo!**

---

*   j'en ai marre = ich habe die Nase voll
** boulot, télé, dodo: arbeiten, fernsehen, schlafen

Der Mann (leicht enerviert, spricht mit Deutschschweizer Akzent):

Jetzt höre doch bitte einmal auf. Warum beklagst du dich allpott? Ich gebe dir genug Geld, du hast ein Auto, eine goldene American-Express-Karte, was willst du eigentlich noch?

Die Frau:

Alors ça, c'est le comble. Tu oses me demander pourquoi je me plains? Ich werde dir sagen, warum ich unzufrieden bin. J'ai du fric, j'ai une auto, d'accord. Mais c'est ton argent, tu me le fais bien comprendre, et c'est toi qui commande. Wer zahlt, befiehlt, comme tu dis, hein.

Der Mann:

Das isch nid wohr! Ich gebe dir immer genug Geld, und du kannst machen, was du willst. Mit dem musst du mir nicht kommen.

Die Frau:

L'argent, l'argent, il n'y a pas que l'argent dans la vie. Je m'ennuie, tu comprends? Ich langweile mich! J'étouffe!!!

Der Mann:

Beruhig dich, gopfriedstutz. Sei nicht hysterisch. Was sollen eigentlich die Nachbarn denken, wenn du so brüllst!

Die Frau:

Die Nachbarn, die Nachbarn, je m'en fiche des Nachbarn!

Der Mann (langsam nervös, aber immer noch auf den TV starrend):

Chérie, jetzt langt's langsam! Wenn's dir nicht mehr passt, kannst du ja gehen.

Der Frau (wutschnaubend):

Voilà ce que tu veux: que je parte! Das habe ich immer schon gesagt: du willst, dass ich verreise. Voilà! J'ai eu raison!

Mann (zornig, den Fauteuil umwerfend):

Mais non!!! Ich will gar nichts. DU hockst immer mit dem Jacques Santer zusammen, DU findest, hier sei es langweilig, müffelig. Und jetzt sagst du, ICH wolle die Scheidung!

Frau (sarkastisch):

Natürlich, es ist mein Fehler, es ist IMMER mein Fehler! Stell endlich deinen Fernseher ab, geh mit mir aus, ins Restaurant, zum Tanzen, c'est égal, dann muss ich nicht mehr zum Jacques. Aber das begreifst du nie, NIE!!!

Ergreift eine Blumenvase und schmettert sie gegen die Deckenlampe. Es klirrt. Das Licht geht aus. Dunkel. Vorhang.

Einleitung:
Geschichte(n) einer Vernunftehe

«Nous avons fait un mariage de raison, nous avons épousé la Suisse et nous entendons lui rester fidèles jusqu'au dernier jour.»

Edouard Secretan, genannt «le Colonel», 1916

«Nach dem Zeugnis der Psychoanalyse enhält fast jedes intime Gefühlsverhältnis zwischen zwei Personen von längerer Dauer – Ehebeziehung, Freundschaft, Eltern- und Kindschaft – einen Bodensatz von ablehnenden, feindseligen Gefühlen, der nur infolge von Verdrängung der Wahrnehmung entgeht. Unverhüllter ist es, wenn jeder Kompagnon mit seinem Gesellschafter hadert, jeder Untergebene gegen seinen Vorgesetzten murrt. Dasselbe geschieht dann, wenn die Menschen zu grösseren Einheiten zusammentreten. Jedesmal, wenn sich zwei Familien durch eine Eheschliessung verbinden, hält sich jede von ihnen für die bessere oder vornehmere auf Kosten der anderen. Von zwei benachbarten Städten wird jede zur missgünstigen Konkurrentin der anderen; jedes Kantönli sieht geringschätzig auf das andere herab. Nächstverwandte Völkerstämme stossen einander ab, der Süddeutsche mag den Norddeutschen nicht leiden, der Engländer sagt dem Schotten alles Böse nach, der Spanier verachtet den Portugiesen. Dass bei grösseren Differenzen sich eine schwer zu überwindende Abneigung ergibt, des Galliers gegen den Germanen, des Ariers gegen den Semiten, des Weissen gegen den Farbigen, hat aufgehört, uns zu verwundern.»

Sigmund Freud, Massenpsychologie und Ich-Analyse, 1921

«Wir sollten uns wieder ein bisschen ineinander verlieben.»

Leni Robert, Nationalrätin, 1994

Wenn man aus der deutschen in die französische Schweiz fährt, spürt man, dass etwas anders wird. Aber was? Die Menschen sprechen eine andere Sprache. Vielleicht sieht man etwas weniger bunte Krawatten auf Bänkler-Hemden. Die Birkenstock-Tragquote sinkt, und der alternative Kleiderlook verschwindet fast völlig. Man sieht weniger blonde pausbackige Kinder in handgestrickten dickmaschigen Wollgilets. Und sonst? Während in den öffentlichen Lokalen der Deutschschweiz – nebst Ländlern, multinationalem Disco-Sound und Staumeldungen aus dem Raum Stuttgart – der unsägliche deutsche Schlager-Mief aus den Lautsprechern trieft, hört man in welschen Lokalen französische Chansons und Pariser Verkehrsmeldungen. An den Kiosken verschwinden die «Blick»-Boxen, ein untrügliches Zeichen, dass man auf der andern Seite der Sprachgrenze ist.

Im übrigen frappieren vor allem die Gemeinsamkeiten. Die gleichen Briefkästen, der gleiche Strassenasphalt. Die gleiche Bauweise, die mehr durch Solidität als durch Phantasie besticht. Vorstadtgärten mit Thuya-Hecken sieht man hier wie dort, und auf beiden Seiten der Sprachgrenze haben Abwarte und Gartenbaufirmen offensichtlich die gleiche Vorliebe für Zwergkiefern und ähnlichen Grünbeton.

Sobald man jedoch mit den Leuten spricht, dann tut sich eine andere Welt auf. In der Romandie spricht sich's irgendwie leichter, Worte wie *«je t'adore»* und *«mon cher ami»* gehen hier flink über die Lippen, und man und frau küsst sich öfter. Bei der Begrüssung sagt man sich *«Madame»* und *«Monsieur»* (auch *«Mademoiselle»* ist immer noch erlaubt, trotz feministisch begründeter Einwände), die Leute müssen also nicht – wie die geplagten Deutschschweizer – sich mit vollem Namen ansprechen, einen Doktortitel bemühen oder schweigen.

Es gibt aber auch tiefer reichende Unterschiede. Ja, bisweilen kann man den Eindruck bekommen, mental lebten die Deutschschweizer und Romands in verschiedenen Welten. Sie haben andere Prominente, andere Stars, eine andere Art von Humor – und vor allem lesen sie andere Bücher und andere Zeitungen. Einer der frappierendsten Unterschiede zwischen den Sprachgruppen aber liegt darin, dass sie diese Unterschiede ganz unterschiedlich wahrnehmen. Während die Romands fast permanent ihre Beziehung zur deutschen Schweiz thematisieren (müssen?), ist dies für die meisten Deutschschweizer kaum ein Thema. Die Deutschschweizer bekunden den Welschen gegenüber Sympathie, auch wenn sie den welschen Hang zum Klagen nicht kapieren. Im übrigen mögen sie die Romands ganz gern. Und damit basta.

Diesen Unterschied in der Wahrnehmung des Problems erkennt man auch am Büchermarkt. Publikationen zum Thema Sprachbeziehungen sind in der Romandie an der Tagesordnung, und die meisten sind in ziemlich dramatischen Tönen abgefasst. In der deutschen Schweiz dagegen hört man vor allem: Funkstille. Viele Deutschschweizer «sehen das Problem nicht». Und gerade darin liegt ein Teil des Problems.

Die kulturelle Vielfalt, auf die wir einst so stolz waren, ist uns zum Problem geworden. Die Schweiz – ein Land, in dem verschiedene Sprachgruppen und Kulturen in immerwährender Harmonie beisammen wohnen? Tempi passati ... Das Viersprachenland Schweiz hat als Modell ausgedient: Die kulturelle Vielfalt scheint nicht mehr Lust, sondern Last zu sein. Der Willensnation ist der Wille abhanden gekommen, die Allianz droht zur Mesalliance zu werden. Der Philosoph Karl Jaspers sagte einst, Europa stehe vor der Wahl, sich zu balkanisieren oder sich zu helvetisieren. Solches hören wir immer noch gern. Aber es tönt wie ein Lied aus alten Zeiten.

In der Tat sind es vor allem die Beziehungen zwischen deutscher und französischer Schweiz, welche zu Besorgnis Anlass geben. In der Romandie herrschen Minderheitsängste, in der deutschen Schweiz eine – bisweilen mit unverbindlicher Pauschalsympathie gemischte – Gleichgültigkeit gegenüber der Sprachminderheit. Dabei wurde die deutsch-welsche Verbindung einst als glückliche Liebesehe gepriesen. Schreibt nicht ein auch heutzutage noch verbreitetes Klischee den Deutschschweizern sogenannt männliche Eigenschaften wie Effizienz und Pragmatismus, den Romands sogenannt weibliche Vorzüge wie Charme, Weltoffenheit und Wärme zu? Ergänzen sie sich also nicht bestens?

Inzwischen ist das idyllische Bild vom harmonischen deutsch-welschen Liebesleben jedoch in Brüche gegangen. Die Deutschschweiz und die Romandie erinnern an gereizte Eheleute, die von der Macht der Gewohnheit und vom Mangel an besseren Alternativen zusammengehalten werden. Nicht «*parlez-moi d'amour!*», sondern «*je t'aime – moi non plus*», tönt es aus der guten Schweizer Stube.

Die Eheszenen zwischen Herrn Deutsch-Schweizer und Madame Romandie häufen sich, so geht jedenfalls die Kunde im Quartier. Es heisst, der Mann befürchte, die Frau wolle aus dem gemeinsamen Haushalt aussteigen, ja, sie unterhalte eine Beziehung mit dem Nachbarn in der europäischen Wohngemeinschaft. Die Frau dagegen beklagt sich, der Mann wolle sie in eine muffige Stube einschliessen, statt die Fenster zur Welt weit aufzustossen. Manchmal sagt sie, der Mann interessiere sich überhaupt nicht mehr fürs gemeinsame Leben, er sei nur damit beschäftigt, viel Geld zu verdienen. Und der Mann wiederum fragt sich, so geht die Rede, weshalb die Frau ständig klage. Gibt er ihr nicht reichlich Geld? Hat er sie nicht immer für ihren lateinischen Charme bewundert? Eigentlich versteht er gar nicht, was «ihr Problem» sei.

In einem Wort: Es kriselt bei Schweizers, so wird rapportiert. Und es fehlt nicht an wohlmeinenden Nachbarn, die dem einst als vorbildlich gelobten Sprachenhaushalt eine böse Zukunft voraussagen.

Das Schweizer Vokabular besitzt sogar einen modischen Begriff, der die Entfremdung zwischen deutscher und welscher Schweiz bezeichnen soll: «Röstigraben». Nun ist dieser Begriff gewissen Sprachpflegern zufolge ein metaphorisches Monster, eine sprachliche Fehlgeburt erster Güte. Sie weisen darauf hin, dass Rösti in der ganzen Schweiz gegessen wird, weshalb sich das Kartoffelgericht denkbar schlecht zum Symbol der Trennung zwischen deutscher und welscher Schweiz eigne. Überdies ist das deutsche Wort «Rösti» mit dem französischen «rôtir» und dem italienischen «arrostire» verwandt und längst in der ganzen Schweiz verbreitet: auch die Etymologie zeugt von Gemeinsamkeit, nicht von unüberbrückbarer Verschiedenheit.

Solche Einwände haben indessen nicht verhindert, dass die Vokabel eine fulminante Karriere gemacht hat, und zwar diesseits und jenseits der Sprachgrenzen. Heute wird ja auch in der französischen Schweiz von der «barrière des roestis» gesprochen – oder gar von «le roestigraben». Mehr noch: Im italienischen Landesteil hat der helvetische Neologismus als «fossato dei rösti» Einzug gehalten, und im Rätoromanischen wird mittlerweile vom «foss da la rösti» gesprochen. Nun ist diese «Röstigraben»-Ökumene pikanterweise ein weiteres Zeichen des kulturellen Austausches zwischen den Sprachgruppen. Die Ausbreitung des Begriffs «Röstigraben» beweist das Gegenteil dessen, was er zu benennen vorgibt. Er widerlegt sich selbst.

Und dennoch – oder erst recht – stellt sich die Frage: Wenn das Wort «Röstigraben» eine sprachliche Fehlkonstruktion ist, weshalb hat es denn Karriere gemacht? Die Antwort ist vielschichtig. Das Schlagwort entspricht den Anforderungen des modernen Mediensystems. Es ist kurz und prägnant. Es verbindet einen negativ besetzten Begriff (Graben) mit einem sympathischen, angenehme Assoziationen weckenden Beiwort (Rösti). Es ist kurz, ironisch, anschaulich. Es bringt eine komplexe Realität auf einen einfachen Nenner. Es dramatisiert und entdramatisiert zugleich: Wenn der Graben nur ein «Röstigraben» ist, dann kann's ja nicht so schlimm sein.

Auch ist die Charakterisierung ethnischer Gruppen durch Begriffe aus dem Erfahrungsbereich von Essen und Trinken ein in der ganzen Welt verbreiteter Kniff. Franzosen bezeichnen Engländer als «rosbif», die Engländer nennen die Franzosen «frogs», Frosch-(Fr)esser. Daher ist es durchaus naheliegend, auch Grenzen zwischen sprachlich-ethnischen Gruppen mit gastronomischen Begriffen in Verbindung zu bringen: Man ist, was man isst. Letztlich jedoch ist der Erfolg dieser urhelvetischen Sprachschöpfung darauf zurückzuführen, dass die deutsch-welschen Beziehungen tatsächlich immer mehr als Problem empfunden werden. Es fehlt heute, wie erwähnt, nicht an Anzeichen dafür, dass zentrifugale Kräfte auf das deutsch-welsche Zusammenleben einwirken. Auch eine umstrittene Metapher kann bisweilen eine gute Frage stellen.

Eine der schwersten Hypotheken, die auf dem Verhältnis zwischen deutscher und welscher Schweiz lasten, sind die Divergenzen in der Europapolitik. Sie kamen nicht nur 1992 bei der Abstimmung über den EWR (Europäischen Wirtschaftsraum) zum Vorschein, sondern auch bei den Abstimmungen über die Alpeninitiative, Lex Friedrich und die Blauhelme. Auch in der Finanz- und Sozialpolitik wandeln die Deutschschweizer und die Romands auf unterschiedlichen Pfaden – dies zeigte sich im Mai 1999 bei der Abstimmung über die Mutterschaftsversicherung mit aller Deutlichkeit. Während die Bürgerlichen in der deutschen Schweiz eine drastische Senkung der Staatsdefizite und eine Reduktion der Staatsquote als unumgänglich einstufen, ist in der Romandie mit «weniger Staat»-Parolen kein Staat zu machen. Auch im wirtschaftlichen Bereich sammelt sich Konfliktpotential an. Die wirtschaftlichen Entscheidungszentren, so geht die Klage im Welschland, konzentrierten sich immer mehr auf das Deutschschweizer Mittelland, d.h. auf das «Goldene Dreieck» mit der Metropole Zürich. Die welsche Schweiz fürchtet, immer mehr zur Kolonie der deutschen Schweiz, wenn nicht zu einem französischsprachigen «Züri West» zu werden. Diese Befürchtung wird durch die Arbeitslosigkeit verstärkt, welche seit Beginn der Neunzigerjahre auch in der vormals verschonten Schweiz Einzug gehalten hat, wobei vor allem der französische und der italienischsprachige Landesteil davon betroffen sind. Dieser «Arbeitsgraben» drohe, den regionalen Ausgleich zu zerstören und damit auch die föderalistische und dezentrale Struktur des Landes zu zerstören, warnen welsche Publizisten und Politiker: Es gebe kein politisches Gleichgewicht, wenn im wirtschaftlichen «Unterbau» ein strukturelles Ungleichgewicht bestehe.

Nun werden die welschen Kolonisierungsängste in der deutschen Schweiz oft als übertriebene Ängste einer Minderheit, wenn nicht gar als Minderheitenhysterie abgetan. Nicht nur die Westschweiz habe Strukturprobleme, sondern auch die Ostschweiz, die Zentralschweiz, Teile der Nordwestschweiz, ja sogar die Region Bern, wird argumentiert. Nur ist dies ein schwacher Trost.

Wenn die politische und die wirtschaftliche Entwicklung zu Besorgnis Anlass gibt, so ist auch die Beobachtung des Gesellschafts- und Kulturlebens nicht immer dazu angetan, die mehrsprachige Schweiz als Modell erscheinen zu lassen. Nur allzu oft bekommt man den Eindruck, dass die Sprachgruppen nicht miteinander, sondern bestenfalls nebeneinander, wenn nicht gar auseinander lebten – nicht Schulter an Schulter und schon gar nicht Arm in Arm, sondern eher Rücken an Rücken. Im Vereinsleben, im Wissenschaftsbetrieb, in der Musik-, Kunst- und Literaturszene und sogar im Sport führen Deutschschweizer und Romands weitestgehend ein Eigenleben. Es ist zwar nicht so, dass sie in permanentem Hader und Zwietracht lebten, denn Hader und Zwietracht setzen einen intensiven Kontakt, eine enge, wenn auch ins Negative gekehrte Gefühlsbindung voraus. Nicht in erster Linie Divergenzen und Differenzen prägen diese Nicht-Beziehung, sondern Indifferenz und Indolenz.

So erstaunlich dies für ein Land sein mag, das mit der Eisenbahn in vier Stunden durchquert werden kann: viele Schweizer kennen die anderen Landesteile kaum. Manche Romands sind in ihrem ganzen Leben nie in Bern, viele nie in Zürich, geschweige denn im Sankt-gallischen Wilden Osten gewesen. Umgekehrt kennen viele Deutschschweizer die Westschweiz höchstens vom Besuch des Genfer Automobilsalons oder von dem einen oder anderen Weinreisli her. Die meisten Deutschschweizer und Romands leben in getrennten Sphären, bisweilen würde man gar meinen: auf verschiedenen Planeten. Am sinnbildhaftesten kommt dies beim TV-Konsum zum Ausdruck. Während die Deutschschweizer im abendlichen Pantoffelkino nach Norden glotzen, starren die welschen TV-Zuschauer nach Frankreich.

Deutschschweizer und Romands, so sieht es bisweilen aus, können sich nicht einmal mehr ordentlich verständigen. Obwohl die welschen Schulen grosse Anstrengungen unternehmen, um den Schülern die «langue de Goethe» einzutrichtern, sind die meisten Romands kaum fähig, einen korrekten deutschen Satz zu formen. Auf der andern Seite sieht es nicht viel besser aus. Es scheint vielmehr, dass die Deutschschweizer die französische Sprache immer weniger sprechen (oder sprechen wollen). Und zudem seien sie, so wird gewarnt, nicht einmal mehr fähig und willens, mit Anderssprachigen hochdeutsch zu sprechen.

Oje, Schwyzertütsch! Wenn es ein Thema gibt, das in der welschen Schweiz quasi permanent Röstigraben-Ängste alimentiert, so ist es die Dialektwelle in der deutschen Schweiz. Welsche Publizisten werden nicht müde, vor dem Überschwappen der Dialektwelle zu warnen. Dass in deutschschweizerischen Radio- und Fernsehprogrammen einschliesslich der TV-Sendung «Arena» schwyzertütsch parliert wird, ist für viele Romands ein besonderes Ärgernis, denn dies schaffe, so heisst es in der Westschweiz, Barrieren gegenüber Anderssprachigen und schliesse die Sprachminderheiten von der Debatte aus. Solche Klagen werden in der deutschen Schweiz allerdings wenig goutiert. Schliesslich habe jeder Mensch das Recht, so zu reden, wie ihm der Schnabel gewachsen sei, und des Deutschschweizers Schnabel spreche nun einmal Dialekt. Helvetisches Kannitverstan ...

Zwischen der Deutschschweiz und der Romandie herrscht also oftmals Kommunikationsnotstand. Aber nicht eigentliche Kommunikationsprobleme sind das Hauptproblem, sondern die Tatsache, dass es zwischen Deutschschweiz und Romandie oft gar keine Kommunikation gibt.

Und so ist es nicht verwunderlich, dass gewisse Beobachter dem Mehrsprachenland Schweiz eine ehere düstere Diagnose stellen, ja sogar diesem Staat, sofern keine energischen Gegenmassnahmen ergriffen werden, ein langsames Zerbröckeln oder einen mehr oder weniger schnellen Zerfall in Aussicht stellen. «Das Risiko einer Aufsplitterung der Schweiz ist kein Tabu-Thema mehr», schreibt der Westschweizer Journalist José Ribeaud in seinem Buch «Es war einmal die Schweiz». Und: «Der Gedanke an einen Kollaps, ausgelöst durch soziale, politische und kulturelle Spannungen, kann nicht mehr als absurdes Katastrophen-Szenario abgetan werden.»

Auch andere Publizisten glauben, ein Auseinanderdriften der Sprachregionen feststellen zu müssen. Manfred Gsteiger, vormals Professor für Komparatistik an der Universität Neuenburg, beschrieb zur Zeit des Jugoslawienkriegs in einem essayistischen Text den Ausbruch eines Bürgerkriegs zwischen deutscher und welscher Schweiz. Der Freiburger Historiker Urs Altermatt sprach in seinem Buch «Das Fanal von Sarajevo» von einer «schleichenden Belgisierung» der Schweiz.

Pessimistische Diagnosen werden nicht nur durch nationale «Röstigraben»-Dispute, sondern auch durch internationale Entwicklungen bestärkt. Westeuropa gehe einem supranationalen Zusammenschluss entgegen, argumentieren Polit-Auguren. Die Europäische Union sei für die europäischen Völker zu einer Art alleinseligmachender Universalkirche geworden. Unser Land könne sich diesem grossen europäischen Aufbruch auf die Dauer nicht entziehen. Früher oder später werde es in irgendeiner Form der EU-Familie angehören. Dann werde die französische Schweiz immer mehr mit den französischen Grenzregionen, die italienische Schweiz immer mehr mit der Lombardei verwachsen, während die Deutschschweiz zu einer eigenen, wirtschaftlich aber eng mit Deutschland verbundenen Region werden dürfte, quasi zu einem zweiten Baden-Württemberg. Die Schweiz laufe Gefahr, sich im europäischen Verbund aufzulösen wie Zucker im Wasserglas.

Aber nicht nur der in Westeuropa dominante Trend zur «Supranationalität», sondern auch die in den östlichen Ländern feststellbare Tendenz zur «Infranationalität» wird von den Schweiz-Pessimisten zur Untermauerung ihrer Diagnose ins Feld geführt. In der Sowjetunion, in Ost- und Mitteleuropa und auf dem Balkan zerfallen die multi-ethnischen Staaten mehr und mehr; an ihre Stelle treten neue, auf ethnischer Basis konstituierte Staaten. Auch diese Entwicklung bedrohe den Zusammenhalt der Schweiz, sagen die Pessimisten. Nach ihrer Ansicht ist der Staat Schweiz zu gross und zu klein: zu gross und zu heterogen, um ethnische Identifikation zu schaffen, und zu klein, um dem Trend zum europäischen Zusammenschluss zu widerstehen.

Und doch gibt es auch gewichtige Argumente, die eine pessimistische Diagnose in Frage stellen. Zuerst einmal scheint die Schweiz im internationalen Vergleich noch immer ein höchst friedliches Land zu sein. Das deutschwelsche Zusammenleben ist zwar nicht ganz so harmonisch, wie dies 1. August-Redner und andere Hohen Priester des Helvetia-Kults weismachen wollen. Aber verglichen mit Ländern, wo Minderheiten unterdrückt oder diskriminiert werden, scheinen unsere «Röstigräbereien» reichlich harmlos. Der Sprachfrieden mag zwar auch in der Schweiz bisweilen gestört sein, von einem Sprachenkrieg zu reden, wäre jedoch ein Verhältnisblödsinn erster Güte. «Die Schlacht am Röstigraben» wird durchwegs mit Tinte, Druckerschwärze und Mikrophon ausgetragen, nicht mit Fäusten oder gar mit Waffen. Im schlimmsten Fall fliegen böse Worte, aber keine Geschosse. Zwar können auch böse Worte bisweilen verletzen, aber man übersteht es.

Zudem sind die Probleme, von denen wir gesprochen haben, nur ein Teilaspekt der Wirklichkeit, gleichsam nur die Rückseite der helvetischen Medaille. Es gibt zwar politische Vorlagen, die zu signifikanten Abweichungen zwischen deutscher und welscher Schweiz führen. Indessen sind die Abstimmungen, in denen alle Kantone gleich entscheiden, viel zahlreicher, als man gemeinhin annimmt: nur spricht man weniger darüber. Überdies spielen in vielen politischen Ausmarchungen die sprachlichen Kriterien eine untergeordnete Rolle. Es ist ja keineswegs so, dass sich die Menschen nur oder in erster Linie als Angehörige einer Sprachgruppe definieren: Die soziale Stellung, das Schulniveau, der Stadt/Land-Gegensatz, die konfessionellen und ideologischen Bindungen sind ebenfalls bedeutende, oft bedeutendere Identitätsmerkmale und spielen deshalb in der Politik eine wichtige, wenn nicht gar die wichtigere Rolle. Ein Westschweizer Linker beispielsweise steht einem Deutschschweizer Linken in vielen Belangen näher als einem Westschweizer Bürgerlichen.

Ebensowenig kann man behaupten, die Probleme zwischen deutscher und welscher Schweiz seien gewissermassen *das* grosse Thema der Schweizer Politik, wie dies in Belgien bei den Auseinandersetzungen zwischen Flamen und Wallonen der Fall ist. Die Divergenzen zwischen deutscher und welscher Schweiz führen zwar in regelmässigen Abständen zu vulkanischen Eruptionen. Aber regelmässig ist der Vulkan nicht aktiv. Zwischen 1997 und 1999 haben die Auseinandersetzungen um das Verhalten der Schweiz gegenüber den Juden zur Zeit des Nationalsozialismus die Keifereien an der Schweizer Sprachgrenze zum Verstummen gebracht. Viele Deutschschweizer und Romands reagierten in dieser Frage übrigens ganz ähnlich: mit nervösen Abwehrreaktionen. Keine Spur von «Röstigraben» also.

Schliesslich können die gelegentlichen Konflikte zwischen deutscher und welscher Schweiz sogar positiv gewertet werden. Vielleicht sind diese Beziehungen heute gespannter, aber auch spannender als früher. Vielleicht reiben sich die Sprachgruppen heute mehr aneinander als zur Zeit, da sie in «cooler Apartheid» und Apathie nebeneinander lebten. Aber wo Reibung ist, da ist auch Kontakt. Wahrscheinlich besteht heutzutage, zumindest auf welscher Seite, weniger Indifferenz gegenüber der anderen Sprachregion als früher. Deshalb werden die Differenzen aber auch vermehrt wahrgenommen.

Kurz und gut: es gibt ebensogut Argumente, um diesem Staat eine optimistische Diagnose und eine gelassene Zukunftsprognose zu stellen. Gelegentliche Aufregungen um «Röstigraben»-Probleme brauchen nicht unbedingt ein Alarmzeichen zu sein: Ist ein Land, das solche Sorgen hat, nicht ein recht glückliches Land?

Als kultureller Grenzgänger, der an der deutsch-welschen Sprachgrenze aufgewachsen ist und somit zwei Seelen – eine germanische und eine lateinische – in seiner Brust fühlt, interessiere ich mich seit langem für diese Fragen. Als Westschweizer Korrespondent deutschsprachiger Medien und quasi professioneller «Röstigrabologe» ist mir im Laufe der Zeit klar geworden, dass die Antwort nicht in einigen kurzen Zeilen oder gar in ein paar süffigen Schlagzeilen resümiert werden kann. Wir haben es hier mit einem äusserst komplexen Problem zu tun, das keine einfachen, sondern nur dialektische Antworten zulässt. Die Beziehungen zwischen deutscher und welscher Schweiz sind von unterschiedlichen Entwicklungen geprägt, die in verschiedene und teilweise entgegengesetzte Richtungen weisen. Die Komplexität des Problems ist derart, dass es sich journalistisch kaum. befriedigend packen lässt. Wer ihr einigermassen gerecht werden will, stösst früher oder später an die Grenzen des «real existierenden Journalismus».

Dies hat mich vor einigen Jahren veranlasst, dieses Buch an die Hand zu nehmen. Dabei bin ich schnell zur Überzeugung gelangt, dass die Frage nach dem Heute und Morgen nur dann beantwortet werden kann, wenn zuvor die Frage nach dem Gestern gestellt wird. Erst wenn man versteht, wie die mehrsprachige Schweiz zustande gekommen ist und was sie bisher zusammengehalten hat, kann man die Frage nach ihrem gegenwärtigen Zustand und nach ihren Zukunftsaussichten angehen. Was am Schweizer Sprachenhaushalt bemerkenswert ist, ist nämlich nicht so sehr, dass es Spannungen gibt – sondern dass es bisher nicht mehr Spannungen gegeben hat.

Dieses Buch stellt als erstes den Versuch dar, die Geschichte der deutsch-welschen Beziehungen gerafft darzustellen; dabei vor allem zu zeigen, wie die mehrsprachige Schweiz entstanden ist und wie sie bisher funktioniert – und bisweilen nicht funktioniert – hat. Die Darstellung beginnt im Jahr 1291, mit den Anfängen der Eidgenossenschaft, in einer Zeit also, da die Schweiz noch eine ausschliesslich deutsche Schweiz war. Warum mit einer Zeit beginnen, als das Land noch gar nicht mehrsprachig war? Zuerst möchte ich zeigen, nach welchem «Konstruktionsprinzip» die Schweiz entstanden ist, weil dies auch spätere Perioden der Schweizer Geschichte geprägt hat. Ausserdem will ich verständlich machen, warum sich die deutschsprachige Eidgenossenschaft schon früh in lateinisches Gebiet ausdehnte.

Und schliesslich gibt es einen pragmatischen Grund: Dieses Buch richtet sich auch an ausländische und Schweizer Leser(innen), welche die

Schweizer Geschichte nicht – oder nicht mehr – kennen. Deshalb versuche ich auch, all jene Entwicklungen der Schweizer Geschichte aufzuzeigen, die fürs Verständnis der sprachlichen Aspekte und der Beziehungen zwischen deutscher und welscher Schweiz unabdingbar sind. *En passant* hoffe ich auch den Beweis zu erbringen, dass die Schweizer Geschichte eine interessante und bisweilen sogar fröhliche Wissenschaft sein kann. Geschichtskundige werden vielleicht die Passagen, welche nicht direkt mit der Problematik der deutsch-welschen Beziehungen zu tun haben, beanstanden. Sie können sie überspringen.

Der Blick in die Geschichte, so bin ich überzeugt, fördert Einsichten zu Tage, die zum Verständnis der heutigen Beziehungen zwischen Deutschschweiz und Romandie nützlich, ja sogar nötig sind. In Kürze: Die Schweiz ist, wie bereits erwähnt, zuerst eine deutschschweizerische Konstruktion, auch wenn unser Land schon früh mehrsprachig geworden ist. Indessen spielte die französische Schweiz schon im Ancien Régime eine wichtige Rolle im eidgenössischen Verbund, und dies trotz der Tatsache, dass die Romands damals noch gar nicht als vollberechtigte Eidgenossen anerkannt waren.

Der 1848 gegründete Bundesstaat machte dann die Schweiz endgültig zu einem Mehrsprachenstaat, in dem die Sprachgruppen formell gleichberechtigt koexistierten. Dies bedeutet jedoch nicht, dass der Bundesstaat das Problem der Mehrsprachigkeit besonders klug gelöst hätte, im Gegenteil: er vergass es. Lange wurde das Sprachenproblem dadurch gelöst, dass es nicht gestellt wurde. Erst nach der Gründung des Bundesstaates wurde das Verhältnis zwischen deutsch und welsch mehr und mehr problematisiert, wobei die Phasen, in denen das Problem im kollektiven Bewusstsein auftaucht, und Phasen, wo es vergessen – oder verdrängt? – wird, sich bis heute ablösen.

Gegen Ende unserer Darstellung werden wir sehen, wie schliesslich der «Röstigraben» entdeckt oder erfunden wurde. Ich werde versuchen, die Ursachen zu ergründen. Erst danach sollen eine Diagnose der gegenwärtigen Beziehungen zwischen deutscher und welscher Schweiz versucht und einige Zukunftsperspektiven formuliert werden. Natürlich werde ich mich hüten, «ultimative» Prognosen zu machen. Obwohl die moderne Publizistik überreich ist an Trendforschern, Zukunftsschauern und Propheten, bin ich dennoch überzeugt, dass sich das Kommende dem Zugriff der Vernunft weitgehend entzieht. Man sollte vorsichtig sein beim Ergründen der Zukunft. Es ist ja schon schwer genug, die Gegenwart und Vergangenheit zu verstehen.

Dieses Buch ist also in erster Linie der Versuch, die Geschichte(n) der Beziehungen zwischen der deutschen und der französischen Schweiz zu erzählen, und zwar in möglichst konziser und allgemein verständlicher Form. Ich habe nicht die Ambition, diese vielschichtige Problematik auch nur einigermassen erschöpfend zu behandeln. Aber die Vielschichtigkeit der Problematik zumindest aufscheinen zu lassen, dies ist meine Absicht.

Dank

Ein Buch ist fast immer auch ein Gemeinschaftswerk. Was Goethe in seinen Gesprächen mit Eckermann sagte, dass nämlich einem Autorennamen meist der Zusatz «und Compagnie» beigefügt werden sollte, trifft in meinem Fall zu.

Es ist mir deshalb ein Anliegen und eine angenehme Pflicht, jenen zu danken, die mir in diesem Unternehmen mit Rat und Tat zur Seite gestanden sind. Mein herzlicher und inniger Dank geht besonders an:

Georg Büchi, Eric Burnand, Renata Coray, Norbert Furrer, Manfred Gsteiger, Véronique Hälg-Büchi, Erich Heini, Pierre Knecht, Erich Liebi, Alain Pichard, Uschi Preisig, Laurent Tissot.

Sie haben mir in den drei Jahren, die mein Buchprojekt in Anspruch nahm, Unterstützung aller Art gewährt, mir bei der Dokumentation geholfen, Texte korrigiert und mir bisweilen auch, wenn es nötig war, Mut gemacht. Ohne sie wäre dieses Projekt vielleicht nicht entstanden oder nicht zu Ende geführt worden. Ich weiss, dass jede und jeder eigentlich einen individuellen Dank verdiente. Mögen Sie hier dennoch den Ausdruck meiner grossen Dankbarkeit erblicken.

«Kunst zu machen ist keine Kunst, Kunst zu verkaufen ist eine Kunst». Auch bei einem Buchprojekt ist das Geld der *nerf de la guerre*. Jemand, der seit langem aus dem akademischen Betrieb ausgeschieden ist und sich nicht auf eine Forschungs-Infrastruktur stützen kann, ist fast zwangsläufig dazu verdammt, seine Berufsarbeit für längere Zeit zu unterbrechen, wenn er ein fundiertes Buch schreiben will. Für dieses Buch habe ich gesamthaft über ein Jahr frei genommen. Ich danke deshalb den Kolleginnen und Kollegen, mit denen ich beruflich zusammenarbeite, für ihre Nachsicht während meiner «Schreibferien». Ich danke den Amis de Jean Dumur, die mir mit der Verleihung des Prix-Jean-Dumur am Genfer Buchsalon 1996 eine Starthilfe zu diesem Unternehmen gegeben haben. Mein Dank geht nicht zuletzt auch an meine Sponsoren und Mäzene, die dazu beigetragen haben, die finanziellen Folgen meiner journalistischen Absenzen abzufedern, besonders an: Fondation Leenaards, Sandoz Familienstiftung, Avina-Stiftung; an die Privatbanken Bordier & Cie, Darier

Hentsch & Cie, Lombard Odier & Cie und Pictet & Cie in Genf; sowie an Novartis International.

Dank schulde ich ferner den Mitarbeiterinnen und Mitarbeitern des NZZ Verlags und besonders seinem Programmleiter, Manfred Papst.

Meiner Frau Anne Bourquin Büchi, mit der ich mich seit über zwanzig Jahren im deutsch-französischen Kulturaustausch übe, danke ich für ihre Unterstützung in all diesen gemeinsamen Jahren. Sie hat meine «Röstigraben»-Leidenschaften nicht nur nicht verurteilt, sondern sogar gefördert. Dafür danke ich hier ganz besonders.

Ich widme dieses Buch unseren Kindern Maxime, Lucie und Jeanne, und ihrer Generation. Ich möchte mit diesem Buch zeigen, woher wir kommen und wo wir stehen, in der Hoffnung, dadurch besser verständlich zu machen, wohin wir gehen könnten.

Von der deutschen zur mehrsprachigen Schweiz
(1291–1418)

«Ich möchte die welsche Schweiz und die Deutschschweiz mit einer Frau und einem Mann vergleichen, die sich lieben, um Neues zu schaffen. Der Mann, ein Alemanne mit blondem Haar und hellen Augen, schweigsam wie ein Senn und ruhig wie ein Krieger, hat zuerst das Haus gebaut, dann hat er sich vor die Schwelle gestellt, um es zu verteidigen. Hierauf ist die Frau gekommen, langsam, dem Seegestade entlang, bisweilen innehaltend, um eine Traube zu pflücken, schön, mit ihren nackten, von der Sonne polierten Armen. Und der Mann hat gesagt: ‹Komm in mein Haus, du wirst in Sicherheit leben. Es reicht, wenn du deinen Verstand, deine klare Sprache und die gute Erde deines kleinen Feldes mitbringst›. Und aus dieser Vereinigung ist die Schweiz hervorgegangen.»

So lustvoll-lüstern hat Gonzague de Reynold, Schlossherr von Cressier bei Murten, Literaturprofessor, Publizist und Mitgründer der «Neuen Helvetischen Gesellschaft», am 27. Januar 1915 in einem Vortrag in Solothurn die Entstehung der mehrsprachigen Schweiz beschrieben.[1]

Man kann dieser bukolischen Darstellung eine gewisse Eleganz kaum absprechen, sich ihrem Kitzel («nackte Arme») nicht ganz entziehen: sie erinnert an Schäfer- und Schäferinnen-Idyllen aus dem Rokoko. Hat sich der Freiburger Aristokrat, der zeitlebens auf seinem an der deutsch-welschen Sprachgrenze gelegenen Schloss lebte, vielleicht von einem Gobelin inspirieren lassen?

Mit seiner Allegorie tat de Reynold jedoch der historischen Wahrheit reichlich Gewalt an. Zuerst einmal deshalb, weil das Bild vom alemannischen Krieger und der Demoiselle vom Lac Léman vergessen lässt, dass es auch eine italienischsprachige und eine rätoromanische Schweiz gibt. Darüberhinaus hat der Freiburger Aristokrat die geschichtlichen Vorgänge reichlich beschönigt. Die Annäherung zwischen der Deutschschweiz und der welschen Schweiz war kein Flirt, vielmehr hat der *Macho,* wie wir noch sehen werden, seine Gattin teils mit sanftem Druck, teils aber mit Gewalt ins Ehebett geführt. Doch eines hat Gonzague de Reynold zu Recht herausgestellt: die Schweiz war anfangs eine deutschschweizerische Schöpfung – die lateinischen und besonders die welschen Schweizer sind erst später hinzugekommen. Sie traten gleichsam in ein Haus ein, dessen Bau bereits begonnen und dessen Hausordnung teilweise schon entworfen war.

Obwohl die Mehrsprachigkeit heute geradezu als Markenzeichen der Schweiz gilt, so ist sie der Eidgenossenschaft keineswegs in die Wiege gelegt worden. Die Waldstätter, welche im 13. Jahrhundert einen ewigen Bund schworen und damit den Grundstein zur Schweiz legten, dachten sicher nicht im entferntesten daran, einen mehrsprachigen Staat zu gründen: eigentlich dachten sie überhaupt nicht daran, einen Staat zu gründen. Und wenn es, wie die schweizerische Gründergeschichte rapportiert, im August 1291 tatsächlich eine Verschwörung auf dem Rütli gab, so haben die Verschwörer dort nur deutsch gesprochen. Aber nicht das edle Hochdeutsch des Schwaben Friedrich Schiller, der mit seinem 1804 uraufgeführten Schauspiel «Wilhelm Tell» die eidgenössische Gründungslegende mit deutschem Idealismus aufgeladen hat, sondern ihre mittelalterlichen Bergler-Dialekte.

Am Anfang war die Deutschschweiz, aber ...

In einer Augustnacht des Jahres 1291 kommen die Bauern aus den Waldstätten Uri, Schwyz und Unterwalden auf einer Lichtung oberhalb des Vierwaldstättersees zusammen, um sich Beistand gegen die habsburgischen Vögte zu geloben. Denn diese tun ihnen viel Leid an. Einer der Vögte droht, das Steinhaus eines Schwyzer Grossbauern abzureissen. Und ein anderer stellt dem schönen Weib eines Obwaldner Bauern nach. Während der Mann gerade im Holz ist, taucht der Vogt bei ihr auf und verlangt, dass sie ihm ein Bad bereite: ein mittelalterlicher Fall von sexueller Belästigung und Amtsmissbrauch. Gottseidank kommt der Bauer rechtzeitig heim und schlägt den nackten Besucher im Bottich mit der Axt kurzerhand tot.

(In seinem «Wilhelm Tell für die Schule» hat Max Frisch seine Zweifel an dieser von der Schweizer Chronistik überlieferten Geschichte angemeldet und dabei einen sehr männlichen Standpunkt formuliert: «In keiner Chronik erwähnt wird das Herbergsrecht, das der landesherrliche Vogt hatte; alle Chroniken stimmen darin überein, dass der Vogt, Herr von Wolffenschiessen, im Wasserbad sass, während die Bäuerin angekleidet blieb, und der einzige Zeuge dafür, dass der Vogt mehr begehrte als ein Wasserbad, bleibt die brave Bäuerin selbst.»)[2]

Noch schlimmer ergeht es den Urnern. Sie werden von einem Vogt namens Gessler drangsaliert. Auf dem Hauptplatz in Altdorf lässt dieser

Tyrann einen Vogthut aufpflanzen, und verlangt, dieser müsse von den Passanten untertänig gegrüsst werden. Ein Einheimischer namens Wilhelm Tell geht mit seinem Sohn Walter grusslos am Hut vorbei, wird von den Waffenknechten gefasst und dem Vogt vorgeführt. Der fordert den reputierten Armbrustschützen auf, wenn er seinen Kopf retten wolle, einen Apfel vom Kopf seines Kindes zu schiessen. Und nun zeigt sich, dass die Schweizer einen Hang zur Präzisionsarbeit haben: Tells Geschoss trifft – mitten in den Apfel. Dennoch wird der Schützenkönig unter einem fadenscheinigen Vorwand in Haft gesetzt. Er kann fliehen, lauert in einem Hinterhalt dem Vogt auf und erschiesst ihn. Dies ist das Signal zum Volksaufstand: es kommt zur Verschwörung auf dem Rütli, worauf die Burgen der Habsburger zerstört und die Vögte aus dem Land vertrieben werden. Die Eidgenossen sind frei.

An dieser Stelle setzt bei Schiller Musik ein, worauf der Vorhang fällt, der Applaus einsetzt und das Publikum gerührt zu nachtheatralischen Lustbarkeiten schreitet. Dies ist, stark gerafft und vereinfacht, die eidgenössische Befreiungsgeschichte, welche Schweizer Publizisten vom späten Mittelalter bis zur Neuzeit ausgeschmückt haben und die vom deutschen Dichter mehr oder weniger kritiklos übernommen wurde. Sie prägt auch heute noch das Geschichtsbild vieler Schweizerinnen und Schweizer. Alle Jahre wird sie am 1. August, dem Schweizer Nationalfeiertag, von Genf bis Sils Maria und von Romanshorn bis Chiasso zelebriert, unter Verpulverung erheblicher Mengen von Feuerwerk aus Taiwan.

In Wirklichkeit aber spielte sich die Geburt der Schweiz weniger dramatisch ab. Sie glich nicht so sehr einer Revolution – für Revolutionäres waren die Schweizer nie sehr begabt –, sondern einem evolutionären Prozess, der Jahrhunderte in Anspruch genommen hat. Schon im Frühmittelalter versuchten nämlich die Bauern von Uri, Schwyz und Unterwalden, ihren Besitz zu mehren und jenen der lokalen Feudalherren zu schmälern. Die Schwyzer beispielsweise führten jahrhundertelang einen Kleinkrieg mit dem benachbarten Kloster Einsiedeln. Sie zankten sich um Weiden und Wälder und Wild, wobei es zwischen den beiden Parteien immer wieder zu Tätlichkeiten kam.

Allerdings stellten die Waldstätter im Mittelalter nicht jenes «einzig Volk von Brüdern» dar, das Nachgeborene in ihnen sehen wollten. Ihre soziale und rechtliche Stellung offenbarte vielmehr eine verwirrende Ungleichheit, wobei auch regionale Unterschiede eine Rolle spielten. So war das Tal Uri – es beschränkte sich ursprünglich auf Altdorf und Umgebung sowie das Schächental – anfangs königliches Land. Ab 853 gehörte es dem Fraumünsterkloster in Zürich. Auch erwarben die Grafen von Rapperswil zahlreiche Güter, die später in den Besitz des Klosters Wettingen übergingen. Die Talleute waren teils Eigenleute des Klosters, teils Untertanen oder Zinspflichtige der Rapperswiler Herren. Daneben gab es auch freie Bauern mit eigenem Grundbesitz, die nur dem König Abgaben schuldeten, wie auch einige alteingesessene adlige Geschlechter, beispielsweise die Freiherren von Attinghausen.

Das Land Schwyz, welches anfangs aus der gleichnamigen Ortschaft mit Umgebung und dem Muotatal bestand, wurde dagegen grösstenteils von freien Bauern bewohnt. Doch verfügten auch die Grafen von Lenzburg über grösseren Besitz, welcher nach deren Aussterben an die Habsburger fiel. Nochmals anders war die Situation in Unterwalden, das in einen Teil «nid dem Kernwald» (Nidwalden mit Hauptort Stans) und in ein Tal «ob dem Kernwald» (Obwalden mit Hauptort Sarnen) zerfiel. Hier lebten ebenfalls freie Bauern, doch war ihr Anteil wahrscheinlich bescheidener als in Uri und Schwyz. Schliesslich stösst man in Unterwalden auf kleine adlige Grundeigentümer und auf klösterlichen Besitz.

Die Vorstellung, wonach die Waldstätter alles «freie Hirten» gewesen wären, ist eine Erfindung späterer Zeiten. Die Eidgenossen haben nicht, wie Bewunderer von Schiller-Dramen dies annehmen könnten, die Devise der Französischen Revolution «Freiheit, Gleichheit, Brüderlichkeit» gleichsam mit 500 Jahren Vorsprung in die Tat umgesetzt – so wenig, wie das China Mao-Zedongs jene klassenlose Gesellschaft war, von der die westeuropäischen Studenten in den 1960er Jahren träumten.

Immerhin stellten die freien Bauern in den Waldstätten vermutlich einen grösseren Anteil der Bevölkerung als in den meisten Teilen Europas. Denn dieses voralpine Randgebiet war spät kolonisiert worden und interessierte den Feudaladel anfangs kaum. Zudem bestanden in den Waldstätten schon immer Elemente genossenschaftlicher Selbstverwaltung. Die Waldrodungen, der Unterhalt der Wege, das Errichten von «Bannwäldern» zum Schutz gegen Lawinen erforderten die Solidarität der Bergbewohner. Auch gab es in der alpinen Hirtenkultur gemeinsamen Grundbesitz, d.h. gemeinschaftliche Wälder und Alpweiden, die von sogenannten Markgenossenschaften, Korporationen oder Allmeinden verwaltet wurden.

In der ersten Hälfte des 12. Jahrhunderts bauten die Urner die Teufelsbrücke über der Schöllenenschlucht, womit der Gotthardweg durchgehend erschlossen war. Die Gotthardroute wurde zu einer Alpentransversale zwischen Süddeutschland und Mailand, welche die Bündner und Walliser Alpenübergänge zu konkurrenzieren begann. Diese verkehrspolitische Tat hatte tiefgreifende soziale und ökonomische Konsequenzen. Sie machte das Randgebiet am Gotthardfuss zu einem Durchgangsland. Sie brachte den Urnern neue Arbeit – als Säumer, Sattler, Wirte – und öffnete die Waldstätte der Geldwirtschaft.

Auch förderte sie die Eingliederung des Berglands in den arbeitsteilenden europäischen Wirtschaftsraum. Beispielsweise hatten die Waldstätter bis ins Hochmittelalter selbst in hohen Lagen Reben angepflanzt. Aber nach der Eröffnung der Gotthardroute nahmen sie, wenn sie Käse und Vieh nach Norditalien brachten, auf dem Heimweg lombardischen Wein mit. Schliesslich war es nicht nur billiger, sondern auch angenehmer, italienischen Wein zu trinken, statt sich mit dem eigenen Saft den Magen zu versäuern.

Diese Entwicklung zur hochspezialisierten Vieh- und Sherpawirtschaft förderte den genossenschaftlichen Kommunitarismus. Alpine Viehzucht ist ohne die Koordination innerhalb der Dorfgemeinschaften nicht möglich. Auch der Unterhalt der Säumerwege verlangt ein gemeinsames Vorgehen. Dies bildete eine günstige Basis für eine politisch-soziale Emanzipationsbewegung. So schlossen sich im 12. und 13. Jahrhundert die verschiedenen Allmend-, Alp-, Bannwald- und Dorfgemeinschaften zu Talschaften zusammen, die regelmässig Landsgemeinden abhielten. Diese Körperschaften nahmen mehr und mehr auch politischen Charakter an.[3]

Die Waldstätter strebten jedoch nicht nach staatlicher Unabhängigkeit: es ging ihnen nicht darum, ihre Zugehörigkeit zum Deutschen Reich aufzukünden oder die Souveränität des deutschen Königs und Kaisers in Frage zu stellen. Ihr Kampf richtete sich vielmehr gegen die lokalen Feudalherren. Deshalb wollten sie direkt dem Kaiser unterstellt werden oder, wie es damals hiess, «reichsunmittelbar» sein. Im Jass, dem eidgenössischen Kartenspiel und Nationalsport, würde man sagen: die Eidgenossen spielten den König aus, um den Ober auszustechen.

Diese Politik freilich verfolgten die Waldstätter mit berglerischer Hartköpfigkeit. Schon 1231 erhielten die Urner vom Hohenstaufer-König Heinrich VII., der für seinen in Süditalien residierenden Vater Friedrich II. über den deutschen Reichsteil herrschte, einen Freibrief. Und kurz darauf erlangten auch die Schwyzer die Reichsunmittelbarkeit. Fortan besassen diese reichsfreien Länder ihr eigenes Siegel und ihr eigenes Banner, eigene Truppen und ihr Blutgericht.

Nach dem Tod Friedrichs II. im Jahr 1250, und mehr noch in der folgenden kaiserlosen Zeit, dem sogenannten Interregnum (1256–1273), verstärkten sich die Autonomiebestrebungen der Waldstätter. Die kaiserliche Macht war schwach, es kam zu Rechtsverfall und steigender Kriminalität. Raubritter machten die Strassen unsicher, Fehden und Vendetten zerrütteten die Gesellschaftsstrukturen. Deshalb nahmen die lokalen Körperschaften ihre Angelegenheiten mehr und mehr selbst an die Hand. Dieses Interregnum – «die kaiserlose, die schreckliche Zeit», wie sie bei Schiller genannt wird – förderte die Tendenz zur Selbsthilfe. Wahrscheinlich wurde damals im Gebiet um den Vierwaldstättersee der erste Bund geschlossen (möglicherweise aber schon zuvor). Ein entsprechendes Dokument wurde bisher nicht gefunden. Aber der Bundesbrief von 1291 erwähnt einen vorausgegangenen Bund.

Eine europäische Bewegung

Die Waldstätter waren indessen nicht die einzigen Bewohner des Deutschen Reichs, welche damals Landfriedens- und Schutzbündnisse schlossen, und nicht die ersten. In Norditalien kam es schon im 12. Jahrhundert zu grossen Städtebünden. Auch die Bewohner der an der Südrampe des Gotthards gelegenen Leventina (Livinental) und des Val Blenio hatten sich zu Schwurgemeinschaften zusammengeschlossen. Gewisse Historiker vertreten die Ansicht, die Waldstätte hätten mit ihrem Bündnis südliche Vorbilder «kopiert». Andere stellen dies in Abrede. Die Nähe zu Oberitalien hat die Entwicklung aber zweifellos begünstigt.

Das Streben nach lokaler Selbstverwaltung war jedenfalls kein Phänomen, das auf die Waldstätte beschränkt blieb, sondern eine europäische Bewegung. Auch in Süddeutschland entstanden damals zahlreiche Städtebünde. Und in Kleinburgund, der heutigen Westschweiz, kam es ebenfalls zu Zusammenschlüssen. So besiegelten die Städte Bern und Freiburg schon anfangs des 13. Jahrhunderts ihren ersten Bund, der in der Folge auf Murten, Avenches, Solothurn, Biel, Laupen und Payerne ausgeweitet wurde. Man hat diese Konstellation – die Kernzelle der späteren welschen Schweiz – als «burgundische Eidgenossenschaft» bezeichnet. Waren die Romands somit die schnelleren Eidgenossen als die Waldstätter, wie dies manchmal gesagt und geschrieben wurde? Wir wollen hier keine Kränze verteilen. Beschränken wir uns auf die Feststellung: Das Welschland machte damals eine ähnliche Entwicklung durch wie die Innerschweiz.

Der Aufstieg der Habsburger beschleunigte im Fall der Innerschweiz die Emanzipationsbestrebungen. 1273 wurde ein Aufsteiger unter den Fürsten, Rudolf von Habsburg, deutscher Kaiser: die kaiserlose, die schreckliche Zeit gehörte der Vergangenheit an. Doch in den Waldstätten weckte die Wahl sehr gemischte Gefühle, denn die Habsburger waren vor allem in der heutigen Deutschschweiz dominant. Weil die führenden Adelsgeschlechter – Zähringer, Lenzburger, Kyburger – ausstarben oder im Niedergang begriffen waren, entstand dort ein Machtvakuum, das auf Habsburg eine Sogwirkung ausübte. Die habsburgische Machterweiterung am Vierwaldstättersee hing aber auch mit der Erschliessung des Gotthardpasses zusammen. Der Gotthard wurde wie erwähnt eine Alternative zu den Bündner und Walliser Alpenübergängen. Die Waldstätten waren kein Randgebiet mehr, sondern eine Art Region der Mitte, ein Durchgangsland zwischen Nord- und Südeuropa. Schliesslich stellten die Zölle am Gotthard eine interessante Einnahmequelle dar.[4]

Nun begnügten sich die Habsburger im Lauf der Zeit nicht mehr damit, einheimische Adlige als Lehensmänner mit der Wahrnehmung ihrer Interessen zu beauftragen. Wie andere führende Fürstengeschlechter versuchten sie, einen straff organisierten Territorialstaat aufzubauen, welcher von einem ergebenen Beamtenapparat kontrolliert wurde. Habsburgische Beamte, sogenannte Ministerialen, wurden auch in die Waldstätten geschickt, um dort zum Rechten zu sehen. Diese Vögte, welche als Verwalter, Steuerbeamte und als Richter amteten, stammten teilweise aus niederem Adel oder, schlimmer noch, aus unfreiem Haus. Dies stiess die standesbewussten Bauern in den Waldstätten gehörig vor den Kopf, denn es widersprach dem mittelalterlichen Prinzip, wonach jeder das Recht hat, von Richtern seines Standes gerichtet zu werden.

In Schweizer Schulbüchern wurden die Habsburger und ihre Vögte lange Zeit als Fremde, als Österreicher hingestellt, welche den Schweizern ihr Land streitig machen wollten. In Wirklichkeit waren die Habsburger eigentlich Einheimische: das Geschlecht stammt ursprünglich aus dem Elsass, und seine Stammburg steht im Aargau. Erst nach und nach verlagerte sich der Schwerpunkt der habsburgischen Macht nach Osten, ins Tirol und in die Gegend von Wien, die sogenannte Ostmark. Die bösen österreichischen Vögte, welche Generationen von Schweizer Schulkindern Schrecken einjagten, waren zu einem guten Teil Adlige und Beamte aus dem Gebiet der heutigen Deutschschweiz. Und viele sprachen wohl eher mit alemannischem als mit österreichischem Akzent.

(Ich weiss nicht, ob die dummen «Österreicher Witze», die in der deutschen Schweiz zirkulieren, nur eine lokale Variante des in der ganzen Welt anzutreffenden Gespötts unter Nachbarn darstellen oder ob sie mit vagen Erinnerungen an alte Gegensätze zwischen Schweiz und Habsburg zusammenhängen. Wenn Letzteres zutrifft, beruhen sie auf einer falschen, «anachronistischen» Lektüre der geschichtlichen Vorgänge.)

Die habsburgische Expansion vergiftete nach und nach die Beziehungen zwischen Habsburg und den Waldstätten. Dass mit Rudolf ab 1273 auch ein Habsburger auf dem deutschen Königsthron sass, machte die Sache nicht besser. Zwar bestätigte Rudolf bei seiner Thronbesteigung die Freiheitsrechte der Urner. Aber die Personalunion zwischen dem Herrscher des deutschen Reichs und dem obersten Vertreter des Hauses Habsburg musste den Waldstättern suspekt erscheinen. Sie durchkreuzte jedenfalls ihre bewährte Strategie, mithilfe des Königs den lokalen Feudaladel in die Schranken zu weisen.

Freilich gibt es keine Hinweise darauf, dass es zwischen den Waldstätten und Rudolf zu eigentlichen Konflikten gekommen wäre – vielleicht einfach deshalb, weil der Kaiser zu mächtig war. Als Rudolf aber 1291 in Speyer starb, da schien es den führenden Familien in den Waldstätten doch besser, einen Pakt zu schliessen. Und so kam es zu jenem Bund, der heute als Ursprung der schweizerischen Eidgenossenschaft angesehen wird. Der sogenannte «Bundesbrief» vom August 1291 trägt die Siegel der Länder Uri, Schwyz und Nidwalden. Er ist in gutem Latein verfasst, wahrscheinlich von einem Geistlichen. Dies widerlegt die Vorstellung, dass es sich bei den Eidgenossen um «tumme», hinterwäldlerische Bergler gehandelt hätte.[5]

Zu Beginn des Bundesbriefs heisst es, die Arglist der Zeit veranlasse die drei Länder, sich mit Rat und Tat gegen alle zur Wehr zu setzen, die einem von ihnen Böses zufügten. Freilich wird auch gesagt, jedermann in den drei Ländern sei gehalten, seinem derzeitigen Herrn untertan zu bleiben und ihm zu dienen. Was beweist, dass das Establishment in den Waldstätten keineswegs im Sinne hatte, eine soziale Revolution anzuzetteln. Im Gegenteil: unter den Verschwörern befanden sich wohl eine Reihe von begüterten Eigentümern, die nicht das geringste Interesse daran hatten, die Besitzverhältnisse in Frage zu stellen.

In einem weiteren – von 1. August-Rednern oft beschworenen – Satz wird gesagt, die Landleute würden jeden Richter ablehnen, welcher sein Amt gekauft habe oder kein Einheimischer sei («vel qui noster incola vel provincialis non fuerit» heisst es im Originaltext: Der Richter muss also entweder Einwohner – «incola» – sein oder zumindest als ursprünglicher Waldstätter – «provincialis» – gelten). Die Eidgenossen wehrten sich nicht nur gegen «fremde Richter», sie wollten auch vermeiden, dass Beamte, die ihr Amt für teures Geld gekauft hatten, sich an der Bevölkerung schadlos hielten. Prosaisch: die Waldstätter wollten möglichst wenig Steuern und Abgaben.

Viele Vorschriften des Bundesbriefs beschäftigen sich mit der Aufrechterhaltung der öffentlichen Ordnung. So wird bestimmt, dass Verbrecher aufgrund gemeinsamer Gesetze verurteilt werden sollen. Sie dürfen nicht versteckt, sondern müssen ausgeliefert werden. Der Bund schafft also einen gemeinsamen Rechtsraum. Dabei ging es nicht zuletzt darum, Fehden und Blutrache zu bekämpfen. In Uri beispielsweise hatten sich Mitte des Jahrhunderts zwei herrschende Familien, die Izzeli und Gruoba, in einer Vendetta gegenseitig dezimiert. Es herrschten damals in der Innerschweiz also Zustände, die manche Schweizer heute als sizilianisch oder balkanisch bezeichnen würden. Ein Paragraph sieht im Fall von Zwistigkeiten unter den Bundesgenossen ein Schiedsgericht vor: erste Zuckungen der schweizerischen Konkordanzdemokratie? Ferner enthält der Bundesbrief eine ganze Reihe von Bestimmungen über Pfändung und Schuldbetreibung. Der Pragmatismus der Eidgenossen kommt hier zum Vorschein.

Die Historikerzunft hat sich um den Sinn dieses Bundes heftig gestritten. Während die klassische Geschichtsschreibung den Abwehrkampf gegen die Habsburger betonte – mit Verweis auf den Richterartikel –, so sehen heutige Historiker in diesem Pakt vorab eine Vereinbarung, die der Aufrechterhaltung von *law and order* diente.

Selbst die Bedeutung der Urkunde ist umstritten. Für die einen ist sie ein innovatives, ein ungewöhnliches Dokument. Andere sprechen von einem jener Verträge, wie sie damals gang und gäbe waren. Übrigens wurde der Bundesbrief erst Ende des 18. Jahrhunderts entdeckt. Zuvor hatte man die Gründung der Eidgenossenschaft auf 1304 oder 1315, oder aber auf 1307 festgesetzt. Tatsächlich haben die Geschichtswissenschafter ausser diesem Bundesbrief nichts gefunden, was auf ausserordentliche Vorgänge im Jahr 1291 hinweist. Jedenfalls gibt es keine Belege für einen Volksaufstand und den von der Gründersage gemeldeten «Burgenbruch». Dennoch markiert dieser Bundesbrief allein schon deshalb ein wichtiges Datum der Schweizer Geschichte, weil er eine der wenigen urkundlichen Spuren einer langen Entwicklung darstellt.

Wie gesagt: die Eidgenossenschaft war zuerst ein deutschschweizerisches Projekt. Doch die Tatsache, dass in der heutigen Westschweiz und im oberen Tessin in der gleichen Epoche und sogar noch früher ähnliche Bündnisse geschlossen wurden, relativiert diese Feststellung. Die Idee der lokalen Selbstverwaltung war in der heutigen Westschweiz und im heutigen Tessin bereits vorhanden, bevor diese in den Machtbereich der Eidgenossenschaft eintraten. Und dies hat die spätere Integration der anderssprachigen Gebiete in die deutschsprachige Eidgenossenschaft zweifellos erleichtert.

Ein deutsch-deutscher Konflikt

Bis zu den Anfängen der mehrsprachigen Schweiz sollte es indessen noch mehr als hundert Jahre dauern. Einstweilen umfasste der Bund erst drei kleine Talschaften am Vierwaldstättersee. Auch war dieses «Bündlein» eine fragile Allianz, die sich erst noch bewähren musste. Der Bund von 1291 stellte einen losen Zusammenschluss dar, der mehr polizeilichen als politischen Charakter hatte. In den folgenden Jahren indessen spitzten sich die Auseinandersetzungen zwischen den Waldstätten und dem Haus Habsburg zu. Und im Zeichen dieser Auseinandersetzungen bekam das Bündnis der Waldstätte mehr und mehr den Charakter einer politischen Allianz.

Nach dem Tod Rudolfs I. von Habsburg 1291 waren sich die deutschen Kurfürsten wieder einmal uneinig, wen sie zum König wählen sollten. Die Habsburger hatten ihren Kandidaten (Rudolfs Sohn Albrecht) und die antihabsburgische Partei den ihren (Adolf von Nassau). Die Waldstätter unterstützten natürlich die anti-habsburgische Partei, gemäss dem Prinzip «der Feind meines Feindes ist mein Freund». Diesmal schienen sie aber aufs falsche Pferd gesetzt zu haben, denn die Habsburger erklärten der Gegenpartei den Krieg und siegten. 1298 bestieg Albrecht I. von Habsburg den deutschen Königsthron. Doch zehn Jahre später, im Mai 1308, wurde König Albrecht in der Nähe von Brugg ermordet: die habsburgische Ambition, sich dauerhaft auf dem deutschen Königsthron niederzulassen, war erneut gescheitert. Nun wurde wieder ein Vertreter der antihabsburgischen Fraktion zum deutschen König gekürt. Und selbstverständlich wurde er von den Waldstätten unterstützt. Der König dankte es ihnen, indem er die Freibriefe der Urner und Schwyzer bestätigte.

Indessen hatten die Eidgenossen wiederum Pech gehabt: 1313 starb der neue König. Wiederum wurden hierauf zwei Könige, ein Habsburger und ein Anti-Habsburger, gekrönt. Und erneut setzten die Eidgenossen auf die antihabsburgische Partei. Die eidgenössische Strategie, systematisch die Konkurrenz der Habsburger zu unterstützen, musste früher oder später zum Konflikt führen.

Der Funken, der das Pulverfass explodieren liess, sprang im Wallfahrtsort Unserer Lieben Frau von Einsiedeln. Die Schwyzer lagen seit Jahrhunderten mit dem dortigen Stift im Streit. In einer kalten Winternacht im Januar 1314 fielen sie über das Kloster her und führten die Mönche als Gefangene ab, um sie erst nach wochenlanger Haft wieder freizulassen. Selbst an geweihten Gegenständen vergriffen sich die frevlerischen Schwyzer. «Der Satan beseelt dieses Volk, und kaum ist der Vorsatz zu einem Verbrechen gefasst worden, so wird es auch ausgeführt», schrieb der mönchische Chronist Rudolf von Radegg.[6]

Den Habsburgern schien es jetzt höchste Zeit, den frechen Bauern eine Lektion zu erteilen. Ein Ritterheer zog im November 1315 in die Innerschweiz. Es geriet aber an einer engen Stelle am Aegerisee, Morgarten genannt, in einen Hinterhalt. Die Schwyzer, die sich am Berg versammelt hatten, liessen zuerst eine Steinlawine auf das Ritterheer niederdonnern. Dann griffen sie, geländegängig, wie Bergsteiger sind, die Ritter in ihren schweren Rüstungen von oben und von vorne an und drängten sie gegen den See ab. «Gleich Fischen, die im Fanggarn eingeschlossen sind», wie es in einer Chronik heisst, wurden die Ritter niedergemacht. An die 1500 Krieger – für damalige Kriege eine grosse Zahl – sollen dabei abgeschlachtet worden sein.[7]

Mit ihrer Art der Kriegführung, die man wohlmeinend als Guerilla-Taktik oder negativ als Terror-Methoden bezeichnen könnte, welche aber dem ritterlichen Kriegsrecht so oder so strikte zuwiderlief, gelang es den Eidgenossen, das gegnerische Heer in die Flucht zu schlagen. Der Sieg der Bauern über das adlige Heer sorgte bei den Rittern weiterum für Verblüffung und Schrecken.

Hierauf erneuerten die Waldstätter in Brunnen ihr Bündnis, wobei sie nun die Urkunde – ein Zeichen erstarkten bäuerlichen Selbstbewusstseins – in ihrer deutschen Volkssprache abfassten. Der neue Bundesbrief vom Dezember 1315, von Uri, Schwyz, Ob- und Nidwalden besiegelt, verstärkte die Bindungen zwischen den drei Orten. So wurde nun bestimmt, dass kein Land ohne den Willen der anderen einen Herrn annehmen dürfe. Machthabern, die eines der Länder angriffen, sei man bis zum Friedensschluss keinen Gehorsam mehr schuldig.

Die antihabsburgische Spitze der neuen Allianz ist nicht zu übersehen: der Landfriedensbund war zu einem Abwehrbund gegen Habsburg geworden. Die drei Länder sollten künftig als geschlossener Block mit gemeinsamen Truppen auftreten. Übrigens bezeichneten sich die Verbündeten im Bundesbrief 1315 erstmals als «Eidgenossen». Dies blieb in der Folge lange Zeit der offizielle Titel. Erst im 15. Jahrhundert bürgerte sich der Ausdruck «Schwyzer» (oder später «Schweizer») als Sammelname für die Eidgenossen ein.[8]

Im Frühjahr 1316 erklärte ein Fürstentag in Nürnberg die Habsburger aller ihrer Rechte in den drei Ländern für verlustig. Auch bestätigte König Ludwig von Bayern, ein Vertreter der antihabsburgischen Partei, die Freibriefe der Waldstätte. Und diesmal kam sogar Unterwalden in den Genuss der Reichsunmittelbarkeit. Einmal mehr hatten die Waldstätte von der Gespaltenheit der deutschen Fürsten profitiert: wenn sich die Grossen streiten, freuen sich die Kleinen.

Aus dem lockeren Zusammenschluss der drei Orte war jetzt ein festes Bündnis geworden. Ein Staat war dies freilich noch lange nicht, nicht einmal ein Staatenbund: die Eidgenossenschaft blieb ja nach wir vor Teil des Deutschen Reichs. Und dass aus diesem Bund eines Tags nicht nur ein Staat, sondern sogar ein mehrsprachiger Staat werden sollte, stand erst in den Sternen geschrieben. Die Auseinandersetzungen zwischen den Waldstätten und Habsburg stellten vorerst einen regionalen Konflikt innerhalb des Deutschen Reichs dar. Neudeutsch könnte man sagen: es handelte sich einstweilen um ein deutsch-deutsches Problem.

Ausdehnung nach Norden

Nach 1315 erweiterte sich der Bund der Waldstätter rasch. Der Sieg der Innerschweizer Bauern bei Morgarten hatte, wie bereits erwähnt, im süddeutschen Raum Aufsehen erregt. Sie wurden jetzt für alle, die sich mit den Habsburgern stritten (und das waren damals immer mehr), zu potentiellen Bündnispartnern.

Erste Etappe in der eidgenössischen Expansion war Luzern. Die Stadt am Ausfluss der Reuss aus dem Vierwaldstättersee lebte in enger wirtschaftlicher Verbindung mit den Waldstätten. Luzern war für die drei Orte zugleich Markt, Hafen und Umschlagplatz. Umgekehrt waren aber auch die Luzerner Kaufleute, Transportunternehmer und Hoteliers an einem

Auskommen mit den Waldstätten und am Güterverkehr über den Gotthard interessiert.

Im Verlauf des 13. Jahrhunderts bildeten sich in der Luzerner Stadtpolitik zwei Parteien, eine pro-habsburgische und eine eidgenössisch gesinnte. Zunächst schwang die habsburgische obenaus. Unter König Rudolf ging Luzern in den Besitz der Habsburger über. Der Sieg der Waldstätter am Morgarten gab aber der eidgenössischen Partei Auftrieb. Kam hinzu, dass das Wirtschaftsembargo, das die Habsburger zeitweise gegen die Waldstätte verhängten, die wirtschaftlichen Interessen der Luzerner Kaufleute empfindlich traf. Im Endeffekt erwies es sich als so wenig effizient wie die meisten Wirtschaftsembargos im 20. Jahrhundert.

Die Luzerner versuchten, sich aus den habsburgischen Krallen zu befreien und den Waldstätten anzunähern. Es kam zu einem Umsturz, bei dem die habsburgische Partei weggefegt wurde. Und im November 1332 schloss die Stadt Luzern mit den drei Waldstätten einen Bund, dessen Bestimmungen allerdings so gefasst wurden, dass er den Habsburgern nicht gerade als Provokation erscheinen konnte.[9]

Die eidgenössische Allianz umfasste fortan drei ländliche Gemeinschaften und eine Stadt. Nun knüpften die Eidgenossen auch Fäden zur Stadt Zürich. Diese stellte allerdings schon damals einen grossen Brocken dar. Denn die alte Reichs- und Pfalzstadt war das wirtschaftliche Zentrum des östlichen Mittellandes, eine wohlhabende Handelsstadt, die einen schwungvollen Seidenhandel betrieb. Das vormalige römische Turicum besass zwar, im Gegensatz zu anderen Städten wie Basel, Genf und Lausanne, keinen Bischofssitz. Dafür waren die Zürcher schon im Mittelalter so wohlhabend, dass sie gleich zwei Münster bauen konnten.

(Bösartige Geister werden dies als frühen Beweis eines «typisch zürcherischen» Hangs zum Klotzen werten; aber bösmeinend sind wir nicht. Zudem weisen mich Zürcher Freunde darauf hin, dass Zwinglis Stadt lange Zeit gerade für ihren Hang zum Verbergen von Besitz und Luxus bekannt war.)

Für die Waldstätte war die Verbindung zu Zürich eine wesentliche Verstärkung, und zwar nicht nur aus militärischen, sondern auch aus wirtschaftlichen Gründen. Die Stadt an der Limmat war ein wichtiger Etappenort an der Gotthardroute: die Waldstätter Transportunternehmer hatten alles Interesse, den Warenstrom zwischen Zürich und Mailand auf den Gotthard zu leiten. Aber auch die Zürcher Handelsleute konnten von einem guten Einvernehmen mit den Waldstätten nur profitieren, denn sie benötigten offene Strassen nach Oberitalien.

Die Hinwendung Zürichs zur Eidgenossenschaft hatte aber auch innenpolitische Gründe. Wie in Luzern gab es in Zürich eine habsburgische und eine antihabsburgische Partei, und wer gegen die Habsburger war, konnte eigentlich nur für die Schweizer sein. Nun war die Stadt gerade revolutioniert worden. Sie stand unter der Führung des Ritters Rudolf Brun, der sich mit den Handwerkern verbündete und der Stadt eine Verfassung oktroyierte, die auf einer Machtteilung zwischen der Aristokratie und den Zünften beruhte. Dabei gerieten die Zürcher aber in Konflikt mit der am anderen Ende des Zürchersees gelegenen Stadt Rapperswil, die habsburgisch geblieben war. Sie konnten also eine Rückendeckung durch die kriegerischen Innerschweizer dringend brauchen. So wurde am 1. Mai 1351 die «ewige, stäte und feste» Verbindung zwischen Zürich, Luzern und den drei Waldstätten geschlossen. Das Eigenschaftswort «ewig» ist bemerkenswert: im Gegensatz zu dem 1291 zwischen Zürich und den Waldstätten geschlossenen Vertrag geht es hier nicht mehr um eine befristete Vereinbarung, sondern um einen dauerhaften Bund. Freilich scheinen die Bündnispartner der Ewigkeit nicht ganz getraut zu haben. Denn in ihrem Bundesbrief wird ausdrücklich vermerkt, der Bund müsse alle zehn Jahre in jedem der fünf Orte beschworen werden.[10]

Aber Habsburg liess sich Bruns Verbindung mit den Eidgenossen nicht gefallen. Es beschloss den Krieg und brach mit einem starken Heer gegen Zürich auf. In dieser Lage sahen sich die Eidgenossen nach neuen Verbündeten um. Und so kam es zu weiteren Allianzen. Einen neuen Verbündeten fanden die Eidgenossen in Glarus, einer Talgemeinschaft, die ebenfalls Probleme mit Habsburg hatte und eine Rückendeckung dringend brauchen konnte. So wurde 1352 ein «Ewiger Bund» zwischen Zürich, Uri, Schwyz, Unterwalden und Glarus geschlossen (man beachte die Reihenfolge, die einiges über die Machtverhältnisse unter den Vertragschliessenden aussagt). Luzerns Siegel fehlte auf dem Vertrag, denn im Glarner Bündnis waren die österreichischen Rechte nicht garantiert. Dies zeigt einmal mehr, dass der Bund noch keine fest gefügte Einheit war, sondern eher ein Allianzsystem mit variabler Geometrie.[11]

Die Annäherung an Zug erfolgte nicht ganz so friedlich. Das Städtchen war im Laufe der Zeit von verschiedenen Feudalherren in den Besitz der Habsburger übergegangen. Für Habsburg spielte Zug im Konflikt mit den Eidgenossen die Rolle eines Etappenorts und einer Angriffsbasis gegen die Waldstätte. Zugleich bildete das Städtchen einen habsburgischen Riegel zwischen den Waldstätten und Zürich. Interessant war es aber auch für die Eidgenossen, und zwar nicht nur aus militärischen, sondern auch aus wirtschaftlichen Überlegungen: Zug war ein Waren-Umschlagort auf dem Weg von Luzern nach Zürich. Schon damals profitierten also die Zuger von ihrer Mittellage zwischen Zürich und der Innerschweiz. So beschlossen die Eidgenossen, als es nach dem Abschluss des Zürcher Bunds zum Krieg mit Habsburg gekommen war, Stadt und Landschaft Zug zu erobern. Im Juni 1352 fiel das Amt Zug, und kurz darauf kapitulierte auch die Stadt, wo sich eine eidgenössische Partei regte. Hierauf wurde der Zuger Bund beschworen.[12]

Die Erweiterung der eidgenössischen Allianz erfolgte also in einer ersten Phase, wenn man vom östlich gelegenen Glarus absieht, entlang der Gotthardroute in nördlicher Richtung, in den schwäbisch-alemannischen Raum. Erst mit dem Eintritt Berns wird sich das Schwergewicht nach Westen verschieben, ins kleinburgundische Gebiet. Und damit ist auch die Ausdehnung der Eidgenossenschaft ins heutige Welschland programmiert.

Ein Ausfalltor nach Westen

Bern ist – in modernen Kategorien gesprochen – eine Westschweizer Stadt. Wer sich heute in Bern umsieht, bekommt bisweilen das Gefühl, in der welschen Schweiz zu sein. Respektpersonen werden berndeutsch mit der zweiten Person Plural angesprochen, wie das auch im Französischen der Fall ist: mit «Ihr» also und nicht mit deutschem «Sie». An bernischen Stammtischen wird mit französischen, nicht mit Deutschschweizer Karten gejasst.[13]

(Selbst beim Begrüssungszeremoniell herrschen in Bern beinahe welsche Zustände, vermerkt die «Gebrauchsanweisung für die Schweiz» von Thomas Küng und Peter Schneider: «Je weiter Sie gen Westen kommen, desto eher wird dreimal geküsst. Bereits Bern ist fest in den Lippen der Dreifachküsser». Inzwischen scheint sich allerdings der «Kuss-Graben» weiter nach Osten verschoben zu haben: so wird heute auch in Zürich – ja sogar in München – oft dreimal geküsst. Wandel der Zeiten!)[14]

Bis kurz vor dem Ersten Weltkrieg waren sogar Berns Strassen sogar zweisprachig – deutsch und französisch – angeschrieben, was der Bundesstadt eigentlich auch heute gut anstehen würde. Und zwar nicht nur, weil sie immerhin die Schweizer Hauptstadt ist, sondern weil dies auch ihrer Geschichte entspricht. Der bernische Hang zum Welschen hat tiefe geschichtliche Wurzeln. Zwar liegt die Aarestadt auf deutschsprachigem Gebiet, aber das Gebiet um Bern gehört seit alters zum burgundischen Kulturraum. Die Aare war im frühen Mittelalter die Grenze zwischen dem Bistum Konstanz, zu dem die heutige Ostschweiz, und dem Bistum Besançon, zu dem die heutige Westschweiz gehörte. Das fränkische Königreich Hochburgund, das sich im 10. Jahrhundert zwischen das Deutsche Reich und Frankreich schob und einen Grossteil der heutigen Westschweiz einschloss, reichte bis nach Bern und Solothurn.

Die Stadt Bern wurde 1191 von Herzog Berchtold von Zähringen in einer Aareschlaufe gegründet, wo es zwar in römisch-keltischen Zeiten bereits eine Stadt gegeben hatte, die aber völlig zerstört und dem Vergessen anheim gefallen war. Die aus Süddeutschland stammenden Zähringer galten im 12. Jahrhundert – vor dem Aufstieg der Habsburger – als das starke Adelsgeschlecht im süddeutschen Raum. Zeitweise reichte ihre Hausmacht von Süddeutschland bis ans Mittelmeer. Der deutsche König hatte sie zu Rektoren (Verwaltern) von Burgund ernannt, nicht zuletzt mit der Aufgabe, die westlichen Alpenpässe zu sichern.

Die Zähringer waren grosse Städtebauer: mehr als hundert Städte gehen auf sie zurück, beispielsweise Freiburg im Breisgau, aber auch die von Herzog Berchtold IV. gegründeten Schweizer Städte Freiburg und Burgdorf. Mit ihrem Städtebauprogramm bezweckten die Zähringer, den aufmüpfigen burgundischen Adel einzuschnüren. Zugespitzt formuliert, betrieben sie eine «anti-welsche» Politik im Namen des Deutschen Königs.

Auch Bern ist ein Produkt dieser Politik. Um 1190 hatten die Adligen im Bistum Lausanne und im Berner Oberland wieder einmal rebelliert; da schien es dem Zähringerherzog Berchtold V. klug, mittels der Gründung einer Stadt an der Aarefurt die Verbindung zwischen seinen Besitzungen Freiburg und Burgdorf zu sichern. Der Ursprung des Namens «Bern» ist übrigens nicht restlos geklärt. Für die etymologisch und kulturgeschichtlich wenig geschulten Einwohner konnte «Bern» nur von «Bär» herstammen – und so wurde der Mutz zum bernischen Wappentier und Maskottchen. Vermutlich hatte Berchtold jedoch den Namen der oberitalienischen Stadt Verona übernommen.[15]

Nach dem Tode Berchtolds V. im Jahr 1218 starb jedoch das Geschlecht der Zähringer aus. Und kurz darauf erscheint Bern als freie Reichsstadt, die rasch zum führenden Machtzentrum in der Region aufstieg. An der Schnittstelle zwischen habsburgischer und savoyischer Einflusszone gelegen, verstanden es die Berner, sich einmal unter die savoyische, einmal unter die habsburgische Schirmherrschaft zu stellen, je nachdem, wo sie die besseren Konditionen, das heisst mehr Freiheiten und Rechte erhielten. Zudem glückte es ihnen, ein regionales Sicherheitssystem aufzubauen, indem sie sich mit benachbarten Städten wie Freiburg, Murten, Laupen, aber auch mit Herren wie dem Bischof von Sitten verbündeten.

Wie die Waldstätte waren die Berner aber bestrebt, ihre Autonomie vom deutschen König absichern zu lassen. Als Rudolf I. von Habsburg deutscher König wurde, bestätigte er die bernischen Freiheitsrechte. Dennoch fühlten sich die Berner von der habsburgischen Hausmacht eingeschlossen. Nach dem Tode des Habsburgers bildete Bern deshalb mit Freiburg, Murten, Payerne, Solothurn und dem Bischof von Sitten jenes Bündnissystem, das als «burgundische Eidgenossenschaft» bezeichnet wurde.

Gleichzeitig betrieben die Berner eine territoriale Expansionspolitik, wie sie in der Schweiz ohne Beispiel ist. Dabei setzten sie einmal aufs Geld, ein andermal auf Waffengewalt und manchmal auf beides gleichzeitig. So kauften sie den Kyburgern die Stadt Thun ab und erwarben das Pfandrecht über Laupen. Zudem setzten sie sich im Oberland fest und dehnten sich Richtung Seeland aus. In seinem Kantonsporträtband «25mal die Schweiz» hat Fritz René Allemann den Stadtstaat Bern pointiert als «Preussen der Schweiz» bezeichnet.[16]

Die bernische Machtpolitik weckte den Widerstand des benachbarten Feudaladels. 1339 kam es zu einem Krieg zwischen der Stadt Bern und einer Koalition von Landjunkern, der mit einem eklatanten Sieg der Berner bei Laupen endete. Dabei erhielt Bern tatkräftige Unterstützung seitens der Eidgenossen. Nun schlossen sich die Eidgenossen und die Berner immer enger zusammen. Dadurch verschafften sich die Eidgenossen kräftigen Flankenschutz im Westen. Für die Berner dagegen war bei der Annäherung an die Schweizer die Angst vor sozialen Unruhen ausschlaggebend. Denn im 14. Jahrhundert wurde die Herrschaft der Städte über das Land immer drückender, weshalb die Landbevölkerung allenthalben rebellierte. Und die Berner fürchteten, dass im Oberland und vor allem im Haslital Bauernaufstände ausbrechen könnten. Sie mussten damit rechnen, dass die Oberländer Bauern von Obwaldnern, mit denen sie über den Brünig verkehrten, unterstützt würden. Ihr Bund mit den Eidgenossen dürfte also unter anderem bezweckt haben, einer solchen Entwicklung zuvorzukommen.

Im März 1353 wurde der Bund zwischen Bern und den Waldstätten geschlossen. Zürich, Zug, Luzern und Glarus erscheinen zunächst nicht als

Vertragspartner. Kurz danach wurde jedoch vereinbart, dass die Waldstätte im Fall, dass sie Bern zu Hilfe eilen müssten, auch ihre Bündnisgenossen «mahnen» würden. Und wenn die Waldstätte auch Zürich und Luzern in diesen Bund aufnehmen wollten, so könnten sie dies tun. Erneut sieht man, dass die Eidgenossenschaft damals noch einen ziemlich wirren Knäuel unterschiedlicher Allianzen darstellte und keinen durchorganisierten Bund. Bemerkenswert am Berner Bundesbrief ist übrigens der Zusatz, wonach der Bund alle fünf Jahre erneuert und beschworen werden sollte, und zwar von allen Männern und Knaben. Von Frauen und Mädchen ist noch nicht die Rede.

Mit Berns Bundesbeitritt hatte sich die Eidgenossenschaft ins westliche Mittelland vorgeschoben. Das Tor nach Westen war aufgestossen. Den Bernern ist es zu verdanken, dass die Eidgenossenschaft sich in der Folge immer mehr Richtung Genfersee ausdehnte. Ohne Bern gäbe es keine welsche Schweiz. Aber damit haben wir reichlich vorgegriffen.

Drang nach Süden

Die erste Expansion der Eidgenossenschaft in nicht-deutschsprachiges Gebiet erfolgte in südlicher Richtung, nach Oberitalien. Diese Italienfahrt hatte nichts mit dem Drang moderner Touristen und Sonnenanbeter nach der «Sonnenstube» zu tun, sondern folgte einmal mehr militärischen, verkehrspolitischen und vor allem wirtschaftlichen Gründen.

Seit der Eröffnung der Gotthardstrasse standen die Urner in engem Kontakt mit den Bewohnern auf der Südseite. Nachdem sie die nördlichen Zugangswege gesichert hatten, waren sie bestrebt, auch die Südrampe unter ihre Kontrolle zu bringen. Denn die Zölle am Gotthard waren eine wichtige Einnahmequelle. Von dieser Route hing das Gedeihen ihrer Transportbranche und ihres Import-Export-Geschäfts ab.

So nahmen sie schon früh Kontakt mit den Bewohnern der Leventina auf. Diese standen zuerst unter der Herrschaft des Mailänder Domkapitels, später des Herzogs von Mailand. Wie die Habsburger im östlichen Mittelland und die Savoyer um den Genfersee, so versuchten die Mailänder Herzöge in Oberitalien, einen straffen zentralistischen Territorialstaat aufzubauen.

Um sich gegen den Zugriff des Herzogs zu wehren, schlossen sich die Bewohner der Leventina, aber auch die Einwohner der Riviera und des Bleniotals, im 12. Jahrhundert zu lokalen Bündnissen zusammen. So bildeten

Leventina und Blenio 1182 im «Schwur von Torre» eine Konföderation, wobei sie sich gelobten, keinen neuen Burgenbau des einheimischen Feudaladels mehr ohne ausdrückliche Bewilligung zuzulassen. Dieser ersten Eidgenossenschaft war zwar kein langhaltiger Erfolg beschieden. Aber sie veranlasste Historiker zur Aussage, im Tessin befände sich eigentlich der Ursprung des eidgenössischen Gedankens.[17]

Je mehr die Macht des Mailänder Herzogs in den lombardischen Bergtälern spürbar wurde, desto mehr suchten die Bewohner der Leventina jenseits des Gotthards Rückendeckung. Ihre Hilferufe stiessen nicht auf taube Ohren. Denn auch die Urner sahen die Machtentfaltung der Mailänder Herzöge an der Gotthardsüdseite nicht gern. So suchten sie Gelegenheit, im Süden zum Rechten zu sehen. Als 1402 der Herzog Giovanni Galeazzo Visconti starb und nur einen unmündigen Sohn hinterliess, brachen im Herzogtum Mailand blutige Parteikämpfe aus. Die Gotthardroute wurde unsicher. Eines Tags kam es in Varese zu einer Schlägerei zwischen Kaufleuten aus Uri und Obwalden und Leuten des Mailänder Herzogs. Das Vieh wurde den Urnern weggenommen. Klagen um Sühne blieben ohne Erfolg. Mit Vieh und Besitz liessen die Waldstätter aber nicht scherzen. Die Stunde schien jetzt den Urnern gekommen, um nach Süden zu fahren. Im Sommer 1403 zogen sie los, mit Unterstützung der Obwaldner. Die Leventina ergab sich kampflos. Damit hatten die Eidgenossen erstmals nichtdeutschsprachiges Gebiet erobert.

Was nun folgte, ist nicht geeignet, die Tugenden der vielsprachigen Schweiz in goldenem Glanz erstrahlen zu lassen. Denn die Waldstätter, weit davon entfernt, die Leventiner als neue Bündnispartner anzuerkennen, machten sie zu Untertanen und liessen sie Gehorsam schwören.

Die Lektüre der Urkunde, mit denen die Bewohner der Leventina im August 1403 die Souveränität der Urner und Obwalder anerkannten, ist nicht besonders erfreulich. Sie wollten allem gehorsam sein, was die Urner und Obwaldner «dunket» oder «lust» (gut dünkt oder Lust macht), schworen die Leventiner. Die neuen «Schirmorte» durften der Leventina künftig Vögte und Richter schicken, und zwar auf Kosten der Unterworfenen. Zudem mussten die Bewohner am Gotthardsüdfuss den neuen Herren im Norden Steuern bezahlen wie zuvor den Herzögen von Mailand. Dennoch waren Uri und Obwalden nicht verpflichtet, ihnen Hilfe zu leisten, wenn es sie nicht «dunket».

Die Leventina würde also – noch vor dem Aargau, der 1415 von den Eidgenossen erobert werden sollte – zum ersten eidgenössischen Untertanenland. Bezeichnenderweise war der Brief, der die Souveränität der Urner und Obwaldner über die Leventiner begründete, auf deutsch abgefasst: von Gleichberechtigung also auch im sprachlichen Bereich keine Spur.

Historiker haben immer wieder versucht, diese wenig rücksichtsvolle Behandlung der Verbündeten in der Leventina seitens der Waldstätte zu erklären und zu relativieren. Sie wiesen beispielsweise darauf hin, dass selbst unter den Orten des Bundes damals keine wirkliche Gleichheit herrschte. Zudem war das Regime der Urner und Unterwaldner anfangs kein tyrannisches. Sonst wäre kaum verständlich, dass die Leventina bis zum Ende des Ancien Régime mit unverbrüchlicher Treue zu Uri hielt.[18] Und dennoch: Dass die Eidgenossen beim ersten Mal, als sie mit einer andersprachigen Bevölkerung ein Bündnis schlossen, sich so unverhüllt als Herren aufspielten, ist kein Ruhmesblatt und zeigt drastisch die Grenzen des schweizerischen Freiheits- und Gleichheitswillens.[19]

Es ist nicht anzunehmen, dass diese Von-oben-herab-Behandlung damit zusammenhängt, dass die Leventina nicht deutschsprachiges Gebiet war (den deutschsprachigen Aargauern ging es ja kurz darauf nicht besser). Aber man kann sich fragen, ob die Schweizer Geschichte nicht anders verlaufen wäre, wenn die Bewohner eines italienischsprachigen Tals zu Beginn des 15. Jahrhunderts als vollberechtigte Bundesgenossen in die Eidgenossenschaft aufgenommen worden wären.

Die Eroberung der Leventina 1403 war aber nur der Anfang der eidgenössischen Italienabenteuer. Danach gerieten das Maggia- und das Verzascatal ebenfalls unter urnerische Kontrolle. Auch erwarben die Urner von den in Geldnöten befindlichen Freiherren von Sax und Misox die Burg und schliesslich die Stadt Bellinzona. Allerdings wurde diese Urner Italienpolitik von den übrigen Eidgenossen nur sehr beschränkt mitgetragen. Ausser den Unterwaldnern sahen die übrigen Eidgenossen nicht so recht, was sie in Italien verlieren haben konnten. Die Handelsstadt Zürich beispielsweise war auf ein gutes Auskommen mit dem Herzog von Mailand angewiesen. Und Berns Interessen lagen ohnehin mehr im Westen.

Tatsächlich konnten sich die Urner nicht lange ihrer südlichen Besitzungen erfreuen. Bald wurden sie von den Mailänder Herzögen wieder aus dem Tessin vertrieben. Doch so rasch lassen sich Bergler nicht vom einmal eingeschlagenen Weg abbringen. Auch weiterhin setzten die Urner alles daran, um die Gotthardstrasse bis in die lombardische Ebene unter ihrer Kontrolle zu halten. Bisweilen versuchten sie es mit friedlichen Mitteln, bisweilen mit kriegerischen. Zeitweise begnügten sie sich mit der Zollfreiheit, welche die Mailänder ihnen auf der Gotthardroute gewährten. Aber bisweilen schien es ihnen doch klüger, die Alpentransversale selbst zu kontrollieren – ganz nach der Devise: «Vertrauen ist gut, Kontrolle besser». So folgten während einem halben Jahrhundert Krieg und Frieden zwischen Uri und Mailand. Dabei konnten die Urner die Leventina definitiv unter ihre Kontrolle bringen.

Zu Beginn des 16. Jahrhunderts stürmten die Eidgenossen wieder nach Süden. Die Schweizer engagierten sich diesmal auf Seiten der Heiligen Allianz, mit Habsburg und dem Papst, gegen Frankreich. Zeitweise eroberten sie nicht nur das heutige Tessin, sondern sogar Mailand. Doch nach der Niederlage der Eidgenossen gegen die französischen Truppen in Marignano 1515 mussten die Schweizer ihre Mailänder Träume endgültig begraben. Im Friedensschluss 1516 behielten sie aber Lugano, Locarno, Mendrisio, das Maggiatal, während ihre Bündner Alliierten das Veltlin, Bormio und Chiavenna bekamen. Dagegen mussten die Schweizer endgültig auf Mailand und das Val d'Ossola verzichten.

Das heutige Tessin wurde jetzt endgültig eidgenössisches Herrschaftsgebiet, freilich unter den verwirrendsten Rechtsformen. Die Leventina gehörte Uri allein. Bellinzona, das Val Blenio und die Riviera waren gemeinsame Herrschaften der zweieinhalb Kantone, d. h. von Uri, Schwyz und Nidwalden. Locarno, Lugano, Mendrisio und das Maggiatal wurden Untertanenlande der Zwölf Orte. Das Veltlin, Bormio und Chiavenna wurden zu Vogteien der mit den Eidgenossen alliierten Rätischen Bünde.[20]

Damit war die eidgenössische Mehlsuppe mit einer guten Prise Italianità gewürzt worden. Aber das Sagen hatten nach wie vor die Deutschschweizer – und sie allein. Das gleiche Phänomen werden wir später bei der Expansion der Eidgenossenschaft ins französischsprachige Gebiet beobachten: das Land wird mehrsprachig, aber der Staat bleibt deutsch.

Die Bauern wollen Herren sein

Kehren wir über die Alpen ins Deutschschweizer Mittelland zurück. Mit dem Bundesbeitritt Berns 1353 war die sogenannte «acht-örtige Eidgenossenschaft» zustande gekommen. Mehr als ein Jahrhundert lang nahmen nun die Eidgenossen keine neuen Orte mehr in den Bund auf. Dies bedeutete allerdings nicht, dass sie auf eine Expansion verzichteten. Im Gegenteil: jetzt fing diese erst richtig an. Nur waren die Eidgenossen in der Folge nicht mehr in erster Linie bestrebt, neue Allianzen einzugehen: sie waren fortan auf Eroberungen aus. Nicht mehr gleichberechtigte Bündnispartner suchten sie, sondern Untertanen. Sie wollten nicht mehr Genossen sein, sondern Geniesser.

Warum? Mit dem Bundesbeitritt von Zürich und Bern hatten die Städte immer mehr an Gewicht gewonnen; vorab die Berner waren aber alles andere als demokratisch gesinnt. Zudem war der sozialrebellische Pioniergeist, welcher in den Anfangszeiten bei den Waldstättern zumindest ansatzweise vorhanden war, in jenem Mass verflogen, in dem die Eidgenossenschaft an Macht gewann. Es ist die bekannte Herr-und-Knecht-Dialektik: der Knecht will Herr sein. Die Rebellen werden zu Regenten, die Machtlosen zu Machthabern, die Unterdrückten zu Unterdrückern.

Kurz nach dem Eintritt Berns in den Bund ging die erste Runde im Kampf zwischen Habsburg und Eidgenossenschaft mit einem neuen Sieg der Schweizer zu Ende. 1386 machten sich die Eidgenossen ans habsburgische Landstädtchen Sempach heran. Das war für den Erzherzog Leopold III. von Österreich der Moment, mit den frechen «Bauern» ein für allemal abzurechnen. Mit einem mächtigen Heer zog er los. Bei Sempach kam es zur Schlacht, die aber mit einem erstaunlichen Sieg der Eidgenossen endete. Das österreichische Herr wurde aufgerieben, Leopold, erst 35jährig, getötet. Der Sieg der Schweizer war mehr als ein regionales Ereignis: ein Wendepunkt der Militärgeschichte. Die Infanterie hatte endgültig über die Kavallerie gesiegt. Der Sieg der Bauern und Bürger über den Adel war eine in ganz Europa kommentierte Sensation.[21]

Den Eidgenossen selbst erschien der Triumph in der luzernischen Sommerhitze geradezu als mirakulös. Und so entstand die Geschichte vom Helden Arnold von Winkelried, der sich todesmutig («sorgt für meine Frau und meine Kinder!») in die österreichischen Speere wirft und stirbt, dabei aber den Eidgenossen eine Bresche schlägt, durch die sie ins gegnerische Heer eindringen und den Feind vernichten können.

Als 1388 die Eidgenossen in Näfels auch den Ansturm einer habsburgischen Truppe gegen das Tal Glarus abwehrten, war die Partie für Habsburg endgültig verloren. Im darauffolgenden Frieden mussten sie auf sämtliche Rechte im Bereich der Eidgenossenschaft verzichten. Die Eidgenossen hatten nicht nur Habsburg besiegt, sie wurden jetzt eine, vielleicht sogar «die» führende Militärmacht im Zentrum Europas. Dank des obligatorischen Militärdienstes waren sie in der Lage, an die 80 000 Mann unter die Fahnen zu bringen.

Die Auseinandersetzungen zwischen der Eidgenossenschaft und Habsburg-Österreich gingen weiter. Das Haus Habsburg hatte seine Ambitionen im Bereich der heutigen Deutschschweiz nicht begraben. Immer noch hielt es zwischen Rhein und Alpen einen ansehnlichen Besitz: der Aargau, der Thurgau und ein Grossteil des heutigen Kantons Zürich waren nach wie vor österreichisch.

Die Eidgenossen sollten jedoch bald die Gelegenheit bekommen, den Habsburgern einen neuen Schlag zu versetzen. Am Konzil in Konstanz 1415 hatte sich der deutsche Kaiser Sigismund von Luxemburg-Böhmen, ein Vertreter der antihabsburgischen Partei, mit dem über die Vorlande und über das Tirol herrschenden Herzog Friedrich IV. von Österreich überworfen. Der Österreicher wurde hierauf mit Reichsacht, Bann und Interdikt belegt. Der Reichskrieg war proklamiert. Alles stürzte sich auf den habsburgischen Besitz. Und die Eidgenossen wurden aufgefordert, am Schmaus teilzunehmen.

In weniger als einem Monat nahmen die Eidgenossen den Aargau mit seinen mehr als 400 Schlössern und Burgen ein. Die Berner holten sich im Alleingang den westlichen Teil mit Zofingen, Aarburg, Aarau, Lenzburg, Brugg, Wildegg und Habsburg. Die Luzerner besetzten den südlichen Teil: Sursee, Beromünster, Meienberg, Villmergen. Zürich gewann Dietikon, einen Teil des Freiamts und Knonau. Der Rest – Baden, Zurzach, Bremgarten, usw. – kam unter die gemeinsame Herrschaft der acht Orte. Der Aargau war eidgenössisches Untertanenland geworden. Die Eidgenossen rebellierten nicht mehr: sie regieren.

Die Eroberung des Aargaus brachte eine wesentliche Ausdehnung und Stärkung der Eidgenossenschaft mit sich. Einerseits wurde eine Brücke zwischen Bern und Zürich geschaffen. Anderseits war das liebliche Land an Aare, Limmat und Reuss ein fruchtbares Landwirtschaftsgebiet. Die Errichtung der ersten gemeinsamen Herrschaft, an der alle acht Orte beteiligt waren, führte auch dazu, dass die Eidgenossen einen Anfang von gemeinsamen staatlichen Institutionen schufen. So traf man sich jetzt regelmässig zur «Tagsatzung», dem Kongress der Abgeordneten der acht Orte, vergleichbar dem Ministerrat der Europäischen Union. Tagungsort war meist das lebenslustige Baden. Das Staatenbündnis wandelte sich immer mehr zu einem Staatenbund.

Ein halbes Jahrhundert später, im Jahr 1460, eroberten die Eidgenossen auch den Thurgau. Erneut profitierten sie von einem internationalen Konflikt, diesmal von einem Zwist zwischen dem Papst und dem deutschen König. Der Papst lud deshalb die Eidgenossen ein, den österreichischen Thurgau in Besitz zu nehmen. Dies liessen sich die Schweizer nicht zweimal sagen. Im Kurzverfahren besetzten sie den Thurgau bis zum Bodensee. Auch der Thurgau wurde zu einer gemeinsamen Herrschaft der Orte. Fortan schickten die Orte abwechslungsweise einen Vogt in den Thurgau. Die eidgenössischen Vögte galten meist als habgierig und diebisch – daher das Sprichwort «der Thurgauer hat lange Finger». Inzwischen ist dieser üble Ruf von den Tätern auf die Opfer übergegangen, weshalb den Thurgauern heute noch im Scherz lange Finger, also ein Hang zum Klauen, nachgesagt wird.

Das 15. Jahrhundert war für die Eidgenossenschaft ein Goldenes Zeitalter, eine Periode der territorialen Ausdehnung und des Machtzuwachses. Diese Expansion erfolgte freilich alles andere als gradlinig, sondern hakenschlagend und über Umwege. Nicht immer zogen die Eidgenossen am gleichen Strick, und manchmal zogen sie zwar am gleichen Strick, aber nicht in die gleiche Richtung. So verbündeten sich die Eidgenossen mit den aufständischen Appenzeller Bauern, die gegen ihren feudalen Herrn, den Fürstabt von St. Gallen, rebellierten. Dies hinderte sie aber nicht daran, auch ein Bündnis mit dem Fürstabt einzugehen. Und dies wiederum hinderte sie nicht, auch mit der gegen den Fürstabt aufmuckenden Stadt St. Gallen ein Bündnis zu schliessen.

Wie chaotisch und widersprüchlich die Politik der Eidgenossen war, zeigte sich vor allem 1436, beim Tod des letzten Grafen von Toggenburg. Noch als der kinderlose Graf auf dem Totenbett lag, erhoben sowohl die Zürcher als auch die Schwyzer Anspruch auf sein Erbe. Schliesslich kam es zu einem Krieg (dem sogenannten Alten Zürichkrieg), wobei Schwyz von den anderen eidgenössischen Orten unterstützt wurde. Die Zürcher nahmen dies gelassen, und riefen den Erbfeind der Eidgenossen, die Habsburger, zu Hilfe. Dieser Bruderkrieg – man kann ihn nur deshalb nicht Bürgerkrieg nennen, weil die Eidgenossenschaft noch kein richtiger Staat war – endete mit dem Sieg der Schwyzer Partei. Man sieht aber: schon damals fuhren die Zürcher gelegentlich ein Sonderzüglein.

Dennoch gewann die Eidgenossenschaft stetig an Macht, und dehnte sich im 15. Jahrhundert über das ganze deutschschweizerische Mittelland aus. So wurden jetzt mit den Rheinstädten Schaffhausen und Basel Verbindungen geknüpft. Auch mit dem Fürstbischof von Basel, mit den rätischen Drei Bünden und den Oberwalliser Zenden intensivierten sich die Kontakte.

Gegen Ende des Jahrhunderts gehörte fast die ganze heutige Deutschschweiz in der einen oder anderen rechtlichen Form zum eidgenössischen Bündnissystem. Die Grenzen der Schweiz hatten sich an den Bodensee und an den Rhein vorgeschoben, und schon streckten die Eidgenossen erste Fühler über den Rhein aus: Rottweil, Strassburg und Mülhausen waren sogenannte Zugewandte Orte, d. h. Verbündete, der Eidgenossen. Als solche wurden sie je nach Bedarf an die Tagsatzung eingeladen.[22]

Im 15. Jahrhundert waren die Konturen der deutschen, der italienischen und der rätoromanischen Schweiz zu erkennen. In diesem Jahrhundert, das für das Deutsche Reich ein Zeitalter der Zerrüttung und des Niedergangs, für die Eidgenossenschaft hingegen eine Periode des Aufstiegs bedeutete, wurde aber auch der Grundstein zur französischen Schweiz gelegt.

Auf in den Milden Westen

«Schon kurz vor 1480 zeichneten sich im Norden, Osten und Süden die Umrisse des helvetischen Raums deutlich ab. Einzig im Westen gab es noch eine Art Niemandsland, ein Vakuum, das fortan die Aufmerksamkeit auf sich ziehen wird», lesen wir in der «Geschichte der Schweiz und der Schweizer».[23]

Mit dem Eintritt Berns in den Bund 1353 hatte sich die Eidgenossenschaft, wie wir gesehen haben, im burgundischen Raum einen Brückenkopf geschaffen. Die dynamische Stadt an der Aare, an der Schnittstelle zwischen habsburgischem und savoyischem Einflussgebiet gelegen, wurde im westlichen Mittelland zur regionalen Führungsmacht. Ein System von Allianzen (sog. «Burgrechtsverträgen») sicherte die bernische Vorherrschaft. Zu den Verbündeten oder Protektoraten gehörten unter anderem die Städte Biel, Solothurn und Freiburg, aber auch der Graf von Neuenburg und die Stadt Neuenburg.

Doch die Berner wollten weiter. Die weitsichtigsten Vertreter der bernischen Aristokratie hatten den Jura und den Genfersee als natürliche Grenzen im Auge. Das fruchtbare und milde Waadtland tat es ihnen besonders an – nicht nur, weil am milden Gestade des Lac Léman die Reben besser wachsen als an der Aare. Auch verkehrspolitische und wirtschaftliche Überlegungen spielten bei der bernischen Westpolitik eine wichtige Rolle. Die Berner waren auf sichere Strassen durchs Waadtland angewiesen. Denn sie standen in engem Handelskontakt mit der Stadt Genf, deren Messen seit dem hohen Mittelalter von grosser Bedeutung waren, vom französischen Lyon jedoch konkurrenziert wurden. Zudem verspürten sie Appetit auf die Freigrafschaft Burgund, aus der sie Brot, Wein und vor allem lebenswichtiges Salz importierten.

Für die führenden Vertreter der bernischen Elite unter Schultheiss Niklaus von Diesbach wurde nach 1450 klar, dass der bernische «Lebensraum» bis nach Genf reichte. Ein Grossteil der heutigen Westschweiz gehörte jedoch den Grafen von Savoyen. Diese versuchten seit dem 13. Jahrhundert, südlich und nördlich des Genfersees einen Territorialstaat aufzubauen, der die westlichen Alpenübergänge kontrollierte. Sie verfolgten also im Westen eine ähnliche Politik wie die Habsburger im Osten. Die bernischen Aspirationen auf die Westschweiz mussten früher oder später jene der Savoyer kreuzen.

Diese Rivalität wurde freilich von einem anderen Konflikt überlagert: jenem zwischen Bern und dem Herzoghaus von Burgund. Herzog Philipp der Gute von Burgund war 1467 gestorben und hatte sein Erbe seinem Sohn Karl dem Kühnen vermacht. Karl war einer der reichsten Fürsten seiner Zeit: ihm gehörten neben dem Herzogtum und der Freigrafschaft Burgund die florierenden Länder am unteren Rhein: Holland, Flandern, Brabant. Seine Hofführung war so luxuriös, dass jene des deutschen Kaisers verblasste.

Karl wollte aber mehr. Er hatte es auf die Provence und auf Mailand abgesehen. Ihm schwebte die Schaffung eines grossen Mittelreiches vor, das sich zwischen Deutschland und Frankreich schieben und von der Nordsee bis zum Mittelmeer reichen sollte. Wäre es ihm gelungen, sähe die europäische Geschichte anders aus. Karls Pläne missfielen jedoch seinen Nachbarn, dem König von Frankreich ebenso wie dem deutschen Kaiser.

Karls Ambitionen beunruhigten aber auch die Berner. Da der Graf von Savoyen mit dem burgundischen Herzog verbündet war, fürchteten sie, von der burgundischen Macht eingekreist zu werden. Ein Teil der bernischen Elite, geführt von Niklaus von Diesbach, drängte deshalb – gegen den Widerstand eines Adrian von Bubenberg – zum Krieg gegen Burgund, mit dem Segen und der finanziellen Unterstützung des Königs von Frankreich. Denn der schlaue Ludwig XI. war noch so froh, den Berner Bären auf den «Löwen von Burgund» hetzen zu können. Damit die Schweizer aber freie Hand hatten, um gegen Burgund zu ziehen, musste der französische Monarch sie zuerst mit ihren Erbfeinden, den Habsburgern, versöhnen. Das gelang ihm: 1474 schlossen die Eidgenossen mit Herzog Sigmund von Österreich einen Beistandspakt, die «Ewige Richtung», ab.[24]

Der Konflikt zwischen den Eidgenossen und Burgund entzündete sich im Elsass. Der Burgunderherzog hatte dort einen rabiaten Verwalter namens Peter von Hagenbach eingesetzt, der prompt dem einheimischen Adel und den Reichsstädten ins Gehege geriet. Strassburg und Mülhausen waren aber mit den Eidgenossen verbündet. Die Berner liessen sich diese Gelegenheit zu einem Krieg nicht entgehen und schickten Karl im Oktober 1474 den Fehdebrief. Sogleich zogen sie gegen den Feind los, und der Feind hiess für die Berner ganz einfach: die «Walchen» (Welschen).

(Die Bezeichnung «Walchen», Welsche, leitet sich vom keltischen Stamm der «Volcae» ab, nach denen die Römer sämtliche keltischen Stämme bezeichneten – daher auch die Benennungen Wales, Wallonien, Wallachei. Später wurde «Walhos» paradoxerweise zum Sammelnamen, mit denen die Germanen die lateinischen Völker, vor allem die Franzosen und Italiener, bezeichneten. Auch in der Schweiz galten lange Zeit alle Bevölkerungen lateinischer Kultur als «welsch», so auch die Rätoromanen, welche «Churwalchen» genannt wurden, woraus sich das Wort «Kauderwelsch» entwickelte. Der Walensee erinnert auch heute noch an die «welschen» Rätier. In der Schweiz wurde jedoch die Bedeutung in jüngerer Zeit auf die Französischsprachigen eingeengt.)

Die übrigen Eidgenossen machten bei der bernischen Unternehmung vorerst nicht mit: nur die Nachbarstädte Freiburg und Solothurn waren bereit, dem Berner Bär beizustehen. Als Teilhaber des *joint-venture* hofften sie, ihren Teil an der Beute zu bekommen. Und die Rechnung ging auf. Im November 1474 wurde ein burgundisches Heer bei der westlich von Basel gelegenen Festung Héricourt von bernischen und österreichischen Truppen und ihren Verbündeten geschlagen. Im folgenden Frühling zogen die Berner mit den Freiburgern und Solothurnern erneut Richtung Westen. Im Welschland erhob sich grosser Schrecken über diese «Barbaren», welche ein unverständliches germanisches Idiom voller Krachlaute sprachen. Die bernische Propaganda meldete stolz, allein schon der Ruf der Berner habe gereicht, um beim Feind Panik auszulösen. In einem bernischen Kriegslied wird erzählt, bei einem Zusammenstoss der Berner mit dem Feind in Pontarlier 1475 seien die «Welschen» über den Grimm des Berner Bärs so erschrocken, dass sie trotz vierfacher Übermacht gleich den Rückzug antraten:

«Da nun die Walchen sachen das,
Wie das der Bäre alls grimm was;
Von dannen sach man sy strichen,
Und was doch allweg vier an ein,
Dennocht mussten sy wichen.»[25]

Die Berner besetzten im Eiltempo mehrere Städte, die burgundischen Herren gehörten: Grandson, Jougne, Orbe. Viele Städte ergaben sich kampflos. Die andern mussten büssen. In Orbe beispielsweise richteten die Schweizer ein Blutbad an. Denn ihre Kriegsführung zeichnete sich unter anderem dadurch aus, dass sie keine Gefangenen machten und keine Gnade walten liessen.

Dann gerieten auch der Graf von Romont und das Haus Savoyen ins Visier der Eidgenossen. Als die savoyische Regentin Jolande, eine Schwester von Ludwig XI., einem für den Herzog von Burgund bestimmten Hilfskorps aus der Lombardei den Durchmarsch durch ihr Gebiet erlaubte, benützte Bern die Gelegenheit, um ihr den Krieg zu erklären. Aigle wurde erobert, auch Avenches, Murten, Payerne und viele andere Orte. Im Städtchen Estavayer, dessen Tuchproduktion der freiburgischen Textilindustrie Konkurrenz machte und den Freiburgern deshalb verhasst war, richteten die Berner und Freiburger ein arges Massaker an: mehr als 1000 Menschen, praktisch die ganze männliche Bevölkerung, wurde hingemetzelt. Ein bernischer Scharfrichter hatte sich während des Blutbads die Zeit totgeschlagen, indem er den auf den Strassen liegenden Verwundeten die Köpfe abhaute.

Dann zog man weiter. Im Oktober 1475 standen die Berner am Genfersee, während gleichzeitig die Oberwalliser, mit denen sie sich verbündet hatten, das unter savoyischer Herrschaft stehende untere Rhonetal bis Martigny eroberten. Sogar Genf wollten die Berner «heimsuchen». Doch schliesslich begnügten sie sich mit einer Geldsumme, die nach langem Feilschen auf 26 000 Gulden festgesetzt wurde.

Nun schien Karl eine Strafaktion fällig. Anfangs 1476 zog er mit einem grossen Heer gegen die von einem Berner Trüppchen gehaltene Festung Grandson vor. Die Besatzung ergab sich und wurde schmählich massakriert, womit auch die Burgunder bewiesen hatten, dass sie sich aufs Morden verstanden.

Im März brach ein eidgenössisches Heer gegen das burgundische Lager bei Grandson vor. Der Herzog hatte sein Heerlager zu einer prunkvollen Demonstration von Macht und Luxus gemacht. Die Burgunder wurden überrumpelt, der Herzog konnte nur knapp entkommen. Die Beute der Eidgenossen war gross. Ihre gesamte Artillerie – 419 Geschütze, 800 Hakenbüchsen und 300 Tonnen Pulver – hatten die Burgunder zurückgelassen. Hunderte von Wagen, mit Spiessen, Mordäxten, Kolben, Bogen, Armbrüsten, Büchsen und mit Proviant und Futter beladen, fielen den Eidgenossen zu. Im Prunkzelt des Herzogs fanden die Sieger grosse Mengen von Seide und Samt, silberne Kannen, Platten, Schalen, Becher, des Herzogs Prunkschwert, dessen Griff mit sieben Diamanten, sieben grossen Rubinen und fünfzehn Perlen verziert war, seinen vergoldeten Stuhl, sein goldenes Siegel, sein Reliquienkästchen. Wie die amerikanischen Ureinwohner, die ihr Gold den europäischen Seefahrern für wertlose Glasperlen hergaben, verscherbelten die Schweizer Haudegen einen Grossteil der Kostbarkeiten. Am Ende blieb ihnen wenig von ihrem Schatz.[26]

Bern fürchtete allerdings Karls Rache und besetzte die Zufahrtswege: Das Städtchen Murten wurde unter dem Kommando von Altschultheiss Adrian von Bubenberg befestigt. Anfang Juni begann Karl tatsächlich die Belagerung. Das eidgenössische Entsatzungsheer traf erst am 22. Juni in Murten ein. Sogleich fing die Schlacht und das Schlachten an. Wiederum trugen die Eidgenossen den Sieg davon, erneut entkam Karl dem Tod nur knapp. Aber seine Truppen wurden von den entfesselten Schweizern geradezu abgeschlachtet. Diese richteten ein Blutbad an, das selbst in jener wenig zimperlichen Zeit die Gemüter für lange Zeit bewegte (nicht umsonst wurden die rötlichen Algen im Murtensee bis in die Neuzeit als «Burgunderblut» bezeichnet). Ein eidgenössisches Schlachtlied berichtet:

«Des kament die Walchen in grosse not,
wol tusend bliben wund und tot,
mit Walchen fult man die graben.»[27]

«Mit Welschen füllte man die Gräben»: im Burgunderkrieg war es zum ersten deutsch-welsch-Graben gekommen. Und dieser hatte alles andere als nur metaphorischen Charakter. Manche Romands haben also Vorfahren, die von den Eidgenossen in Massengräbern verscharrt worden sind. Noch im 19. Jahrhundert wurden «Burgunderknochen» an Souvenir-süchtige Touristen verkauft oder zur Herstellung von Gebrauchsgegenständen verwendet.[28]

Diese Niederlage war für Karl noch viel folgenschwerer als jener von Grandson. Das ganze savoyische Gebiet bis zum Genfersee stand jetzt den

Schweizern weit offen. Nun besetzten die Berner und Freiburger ein zweites Mal fast das ganze Waadtland. Sogar die Stadt Lausanne, die dem mit Bern und Freiburg verburgrechteten Bischof gehörte, wurde während drei Tagen geplündert.

Schliesslich wurde 1476 zwischen Savoyen und den Eidgenossen in Freiburg ein Friede geschlossen. Bern wollte das Waadtland behalten, stiess aber auf den Widerstand des französischen Königs wie auch auf jenen der eigenen Bundesgenossen, die sich nicht mit einer solchen Stärkung der bernischen Macht abgeben wollten. So erhielt Bern «nur» die Herrschaft über Aigle und einige weitere Ortschaften im Chablais, dem unteren Rhonetal: ein Linsenmus (allerdings sollten die Berner in Aigle und Bex kurz darauf grosse Salzvorkommen entdecken – mehr als ein Zückerchen). Murten, Grandson und Orbe wurden zu gemeinsamen Vogteien von Bern und Freiburg. Überdies zahlte Savoyen eine Kriegsschuld und verpfändete das Waadtland.

Mit Burgund ging der Krieg aber noch etwas weiter. Karl wandte sich gegen den mit den Eidgenossen verbündeten Herzog René von Lothringen. Im Januar 1477 kam es zu einer letzten Schlacht zwischen dem burgundischen Heer und eidgenössischen Truppen in Nancy. Das Burgunder Heer wurde diesmal vernichtend geschlagen, Karl getötet. Einige Tage später findet man seine gefrorene, ausgeplünderte und nackte Leiche an einer Strasse. Die Schweizer Schulkinder dürfen seither stolz rezitieren: «Karl der Kühne verlor in Grandson das Gut, in Murten den Mut und in Nancy das Blut.»

Aber auch der endgültige Sieg über Burgund brachte Bern wenig Gewinn. Zwar wollten die Berner die Freigrafschaft Burgund behalten, aber die übrigen Eidgenossen bekundeten keine Lust, die Berner Expansionspolitik mitzutragen. Da Karl ohne Erben starb, ging die fruchtbare Franche-Comté, wie auch die Niederlande, an den deutschen Kaiser Maximilian I. von Österreich. Die Schweizer bekamen Geld, viel Geld. 150 000 Goldgulden ergossen sich über die Eidgenossenschaft – eine stolze Summe, gewiss. Sonst aber hatte der Sieg über die «Walchen» den Eidgenossen neben einigen Dutzend Fahnen und anderen Beutestücken, die heute in Schweizer Zeughäusern und Museen stehen, nicht viel gebracht, ausser Hader, Neid und Korruption.

Eines freilich ist dem Burgunderkrieg zu verdanken: die Eidgenossenschaft konnte sich dank der bernischen und freiburgischen Herrschaftsgebiete erstmals auf welschem Territorium festsetzen. Auch wurden 1481, nach einer langen Tagsatzung in Stans, die Städte Solothurn und Freiburg in den Bund aufgenommen. Die Tagsatzung war stürmisch verlaufen. Bis zuletzt weigerten sich die Landkantone, der Aufnahme zweier neuer Städte zuzustimmen: der Gegensatz zwischen Stadt und Land war damals der grosse ideologische «Graben», sprachliche Aspekte spielten dagegen keine oder nur eine sehr untergeordnete Rolle. Erst eine Intervention des Eremiten Niklaus von Flüe soll die Einigung der zerstrittenen Parteien möglich gemacht haben.[29]

Immerhin: Mit der an der deutsch-welschen Sprachgrenze gelegenen, zweisprachigen Stadt Freiburg wurde erstmals ein welscher Ort in den Bund aufgenommen. Allerdings darf man den Einschnitt, den das Jahr 1481 bedeutet, nicht überbewerten. Wahrscheinlich haben die Schweizer damals kaum gemerkt, dass die Eidgenossenschaft nun ein bisschen frankophon geworden war. Denn erstens war die Westerweiterung eigentlich nur die Sache der Berner und ihrer Verbündeten. Und zweitens war es den Eidgenossen wohl ziemlich egal, welche Sprachen auf ihrem Territorium gesprochen wurden. Die offizielle Sprache des Bundes blieb das Deutsche. Und sogar das zweisprachige Freiburg galt offiziell als deutschsprachig.

«Mengerley grobheiten»

Und dennoch: zwischen 1291 und 1481, also innerhalb von weniger als 200 Jahren, war die Schweiz von einem deutschsprachigen zu einem ansatzweise mehrsprachigen Land geworden. Zwar wurde die Eidgenossenschaft noch im 15. Jahrhundert gelegentlich als «Grosser Alter Bund in oberdeutschen Landen» bezeichnet. Inzwischen stimmte diese Bezeichnung aber nicht mehr ganz. So hatten die Eidgenossen südlich des Gotthards eine erste italienischsprachige Herrschaft errichtet. Zudem bestanden Bindungen mit den Drei Bünden, jenen rätischen Föderativrepubliken, die deutschsprachige, rätoromanische und italienischsprachige Gemeinden in bunter Mischung umfassten (wobei die Raetoromania wiederum in mehrere unterschiedliche Sprachgebiete zerfiel).

Darüber hinaus hatten sich die Eidgenossen auf französisches Gebiet vorgewagt, und zwar nicht nur in der Waadt. So unterhielten die Eidgenossen bereits im 15. Jahrhundert Verbindungen mit den Walliser Zenden, lokalen Talgemeinschaften, zu denen das heutige deutschsprachige Oberwallis, aber auch französischsprachiges Gebiet um Sierre und Sion gehörte.

Durch die Eroberung des unteren Rhonetals bis zum Genfersee unterwarfen sich die Oberwalliser ihrerseits ein französischsprachiges Gebiet, das grösser war als ihr angestammtes Territorium. Daneben verbündeten sich die Eidgenossen mit der Stadt Biel, die deutschsprachig war, deren «Bannergebiet» aber französischsprachiges Gebiet im Südjura (u. a. Tal von Saint-Imier) miteinschloss. Auch mit dem Fürstbischof von Basel, dessen Herrschaftsgebiet weit in den französischsprachigen Jura hineinreichte, gingen sie ein Bündnis ein.

Allerdings gleicht die Art und Weise, wie sich die deutschsprachigen Eidgenossen in französischsprachiges Kulturgebiet stürzten, nicht jenem Flirt, den Gonzague de Reynold einst so blumig beschrieben hat. Die eidgenössischen Söldner, die während und nach dem Burgunderkrieg durch welsches Land zogen, sengend, plündernd, mordend, vergewaltigend, erinnern mehr an Hooligans als an Verliebte.

Im Burgunderkrieg war mit solcher Brutalität gekämpft worden, dass er Heutige an Kriegsgreuel in Srebrenica, Ruanda oder Kosovo erinnert und selbst Zeitgenossen schockierte. Nach dem Massaker von Estavayer drückte sogar der Berner Rat den Hauptleuten seine Unzufriedenheit aus über die «mengerley grobheiten» (mancherlei Grobheiten), die begangen worden waren, und ermahnte sie, künftig solche «unmenschlich hertigkeiten» (unmenschliche Härten) zu vermeiden.

Zudem war der Burgunderkrieg von einer anti-welschen Propaganda begleitet, die nicht gerade als gutes Omen für ein späteres gedeihliches Zusammenleben erscheint. So wurde das Klischee von der «welschen Falschheit» und «welschen Feigheit» damals von der eidgenössischen Kriegspropaganda noch und noch reproduziert. «Welsche Treulosigkeit» versus «deutsche Treue»: diese Vorurteile, die in der europäischen Geschichte soviel Unheil angerichtet haben und auch heute noch anrichten (ein flämischer Spruch sagt: «wals is, was fals is» – welsch ist, was falsch ist), trieben also schon im 15. Jahrhundert ihr Unwesen.

Natürlich war die andere Seite nicht besser: Die burgundische Partei stellte die Schweizer als dumme, ungeschlachte Bauern hin, und Karl der Kühne bezeichnete sie sogar als «deutsche Hunde». Die Kriegstreiber auf beiden Seiten übersahen freilich geflissentlich, dass in diesem Krieg keineswegs nur «Deutsche» gegen «Romanen» kämpften. Auf burgundischer Seite befanden sich auch deutschsprachige Truppen. Und auf Seiten der Berner standen ebenfalls französischsprachige Freiburger, Südjurassier, Neuenburger, Walliser, Greyerzer, ferner Verbündete aus Lothringen und Montbéliard, und schliesslich auch die treuen Untertanen aus der italienischsprachigen Leventina. Und schliesslich schlug sich die anti-welsche Armada auf Geheiss des französischen Königs und um gutes französisches Gold. Aber Kriegspropaganda hat sich von Fakten noch selten beirren lassen …

Die erste Begegnung zwischen Deutschschweizern und Romands war also alles andere als erspriesslich. Das Verhalten der Eidgenossen in jener Zeit deutete jedenfalls nicht darauf hin, dass die Schweiz dereinst die sogenannte Wiege des Roten Kreuzes werden sollte. Dass es eine welsche Schweiz gibt, ist in erster Linie das Resultat von Kalkül, Zufall, Macht und Gewalt. Alles andere ist Geschichtsklitterei.

Die Schweiz wird ein bisschen französisch
(1481–1798)

Zwischen 1291 und 1481 ist die Schweiz, wie wir gesehen haben, von einem deutschsprachigen zu einem ansatzweise mehrsprachigen Land geworden. Mit Freiburgs Bundesbeitritt 1481 und mit der Errichtung bernischer und freiburgischer Vogteien im Welschland hatte die Eidgenossenschaft erste Niederlassungen auf französischsprachigem Gebiet eröffnet. Im folgenden Zeitabschnitt werden die Schweizer – unter Führung von Bern, dem «eidgenössischen Preussen» – weiter nach Westen vorstossen: die französische Schweiz entsteht.

Wenn hier von der «französischen» oder «französischsprachigen» Schweiz die Rede ist, so muss freilich einem Missverständnis vorgebeugt werden: Das Welschland war im 15. Jahrhundert nicht französisch in dem Sinn, dass es zuvor zu Frankreich gehört hätte. Die heutige Romandie war schon immer Teil eines Übergangslandes zwischen Deutschland und Frankreich, welches zeitweise ein politisches Eigenleben führte, zeitweise zwischen Deutschland und Frankreich zerrieben wurde.

Bei der fränkischen Reichsteilung im Jahr 843, als das Reich Karls des Grossen in drei Teile (Deutschland, Frankreich und Lotharingen) aufgeteilt wurde, kam das Welschland weder zu Frankreich noch zu Deutschland, sondern zum Mittelreich Lotharingen (die alemannische Schweiz wurde Teil des Deutschen Reichs). Schon damals war die heutige Romandie also weder deutsch noch französisch.[1]

Im 10. Jahrhundert gehörte die heutige Romandie zum Königreich Hochburgund, das sich von Burgund und Savoyen bis gegen Bern und Basel ausdehnte. In diesem Königreich entstanden Gemeinwesen, die zu den Kernzellen der heutigen Westschweizer Kantone wurden: die Fürstbistümer von Genf, Lausanne und Sitten, die Grafschaft von Neuenburg, usw. Das hochburgundische Königreich wurde jedoch 1032 dem Deutschen Reich eingegliedert, so dass die heutige Westschweiz schon damals Reichsgebiet war. Der Reichsadler, der zusammen mit dem Bischofsschlüssel auf dem genferischen Kantonswappen prangt, erinnert heute noch daran. Das Welschland war also schon vor der Gründung der Eidgenossenschaft mit dem deutschsprachigen Gebiet verbunden – aber nicht mit Frankreich.

Die Eingliederung des Welschlands in die Eidgenossenschaft, welche im 15. Jahrhundert begann und sich in den folgenden Jahrhunderten fortsetzte und beschleunigte, war somit vorgespurt. Und dies ist wahrscheinlich ein Teil der Erklärung dafür, weshalb es in der französischen Schweiz bis heute kaum je ernsthafte Bestrebungen nach einem Anschluss an Frankreich gab.

Noch aus einem anderen Grund ist der Ausdruck «französisches Sprachgebiet» verfänglich, wenn vom spätmittelalterlichen Welschland die Rede ist: in den welschen Orten hörte man damals kaum Französisch. Die Welschen sprachen ihre regionalen Mundarten, und nicht das «français de France», das französische Französisch.[2]

Nun gehören die Mundarten der Welschschweiz – mit Ausnahme jener des Nordjuras und eines Teils des Südjuras – zur Gruppe der «frankoprovenzalischen» Dialekte und nicht zu den sogenannten «langues d'oïl», aus denen die Sprache des französischen Königshofs und das heutige Standardfranzösische entstanden sind. Erneut zeigt sich, dass alte Grenzen das Welschland von Frankreich trennen (allerdings gehört auch ein Teil des heutigen Frankreichs zum ehemals franko-provenzalischen Raum).[3]

Im 16. Jahrhundert begannen jedoch die kultivierten Romands, mehr und mehr das «französische Französisch» zu sprechen. Ende des 18. Jahrhunderts hatte das Schriftfranzösische in den reformierten Städten der Westschweiz die Dialekte schon stark zurückgedrängt. Die Überschrift dieses Kapitels bedeutet somit: Die Schweiz dringt tiefer in den frankoprovenzalischen Sprachraum vor. Und zweitens: Der frankoprovenzalische Sprachraum wird nach und nach zu einem französischen. Aber noch in einem anderen Sinn wird die Schweiz zwischen 1481 und 1798 ein bisschen französisch. In diesem Zeitraum gerät die Eidgenossenschaft – politisch, militärisch und kulturell – immer mehr unter den Einfluss Frankreichs: eine Entwicklung, die dem französischen Element in der Schweiz zusätzlichen Auftrieb gibt.

«Fromme Tütsche»! Fromme Deutsche?

Wenn die Schweiz 1481 aufgehört hat, ein Bund ausschliesslich deutschsprachiger Orte zu sein, so bedeutet dies keineswegs, dass sich die Eidgenossen plötzlich als Einwohner eines vielsprachigen Landes verstanden hätten. Eigentlich merkten sie anfänglich gar nicht, dass sie gerade eine historische Wende hinter sich gebracht hatten. In den Jahren nach dem Burgunderkrieg legten sie sogar mehr als zuvor Wert auf den deutschsprachigen Charakter ihres Staatenbundes.

Der Sieg über den Herzog von Burgund 1477 hatte das Ego der Schweizer dermassen aufgebläht, dass der Historiker Ulrich Im Hof vom Ausbruch einer «nationalen Hybris» spricht. In Chroniken und Schlachtliedern wurden jetzt die grossen Taten der Eidgenossenschaft besungen. Die Gelehrten begannen, sich für die Entstehung des Bundes zu interessieren. So wurde das «Weisse Buch von Sarnen», eine der ersten Niederschriften der eidgenössischen Gründungssage, wahrscheinlich um 1470 verfasst. Und damals wurde auch die Figur des Schützen Wilhelm Tell als stolze Verkörperung eidgenössischen Freiheitswillens gleichsam offizialisiert.

In modernen Begriffen könnte man sagen: in der Schweiz artikulierte sich ein proto-nationales Bewusstsein. Die Eidgenossen hatten das Gefühl, etwas Besonderes, ein Volksstamm eigener Prägung zu sein. Und pochten darauf, eine eigene Sprache zu besitzen, nämlich: die deutschschweizerische, die eidgenössische Landsprache.

Dass die Eidgenossen gerade damals ein waches und wachsendes Bewusstsein für die eigene Sprache bekundeten, ist kein Zufall: die Eidgenossenschaft wurde im 15. Jahrhundert immer mächtiger, und ihr Unabhängigkeitsdrang konnte trefflich mit dem Behaupten einer eigenen Sprache manifestiert und legitimiert werden. Es kam hinzu, dass die Eidgenossen im Burgunderkrieg mit einem mehrheitlich fremdsprachigen Feind Krieg geführt hatten. Erst angesichts des Andersartigen wurden sie sich ihrer Eigenart, auch der sprachlichen, so richtig bewusst. Die Eidgenossen bezeichneten ja die burgundische Partei kurzerhand als «Walchen», als Welsche. Zu Unrecht zwar: denn bei den Welschen gab es auch Deutsche, und Welsche bei den Eidgenossen. Dennoch war dies der erste grosse Krieg, bei dem die Eidgenossen auf Menschen trafen, die mehrheitlich ein fremdes Idiom sprachen, und dies gab dem eidgenössischen Sprachchauvinismus mächtig Auftrieb.

Nun hatte der «anti-welsche» Kriegszug der Eidgenossen gegen Burgund pikanterweise dazu geführt, dass die Eidgenossenschaft wie gesagt auch ein bisschen welsch wurde. Aber dies hinderte die Eidgenossen keineswegs daran, die Deutschschweizer «Landsprach» als die Sprache der Schweizer schlechthin zu betrachten. In der Folge setzten sie den Gebrauch ihrer Sprache sogar fremden Herrschern gegenüber ohne falsche Scham durch. Der Bund der groben Bauern, welche dem Adel das Fürchten gelehrt hatte, wollte sein Selbstbewusstsein auch sprachlich demonstrieren. Der Berner Chronist Valerius Anshelm (gestorben 1546) berichtet, die Eidgenossen hätten im Jahr 1510 beschlossen, allen ausländischen Herren – anstatt lateinisch – nur noch in «guter, eidgenössischer sprach» zu schreiben. Anshelm, der aus dem deutschen – und mit der Eidgenossenschaft verbündeten – Städtchen Rottweil stammte, sah in den Eidgenossen geradezu die Vertreter althergebrachter deutscher Männlichkeit. So begründete er seine Opposition gegen das Reislaufen (Söldnerwesen) mit dem Argument, dieses habe die «fromme redliche altvordere deutsche Tapferkeit» der Berner vermindert und «welsche Krämerei und Bettlerei» vermehrt.[4]

Auch Verträge mochten die Eidgenossen nur noch in ihrer Sprache aufsetzen. Als 1516 ein Soldabkommen mit Savoyen geschlossen wurde, beharrten die Schweizer darauf, dass es in ihrer deutschen Landsprache, nicht auf lateinisch abgefasst werde. Sogar mit dem Papst, dem obersten Repräsentanten der mittelalterlichen Rechtsordnung und der lateinischen Sprachtradition, wollten die Schweizer nur noch deutsch verkehren. Während der Italienkriege 1513–1515, als sich die Eidgenossen mit dem Papst gegen Frankreich verbündeten und ihre französische Liaison opferten (die Schweizer mussten diesen Seitensprung mit der traumatischen Niederlage bei Marignano und dem Verzicht auf Grossmachtpolitik bezahlen), bezeichneten sich die Schweizer bigott als «fromme Deutsche». Dass sie inzwischen auch nicht-deutschsprachige Bundesgenossen hatten, übersahen sie geflissentlich.

Der Glarner Humanist Aegidius Tschudi versuchte im 16. Jahrhundert gar den Nachweis zu erbringen, dass die Schweiz eine seit dem Altertum deutschsprachige Nation sei. Um dieses Postulat zu untermauern, brachte er eine halsbrecherische geschichtliche These vor. Nach Tschudi gingen die Eidgenossen auf die keltischen Helvetier zurück, die vor der Römerzeit das Schweizer Mittelland besiedelten. Dieses zu den Galliern gehörige Volk war zwar, wie Tschudi zu Recht betonte, mit den nördlich des Rheins hausenden Germanen nicht verwandt, sprach aber – wie der Glarner Gelehrte fälschlicherweise behauptete – deutsch.

Tschudi zufolge gingen die Vorfahren der Welschschweizer erst unter römischem Einfluss dazu über, eine «Art Latein» zu sprechen. Seiner Ansicht nach war die Sprache der Welschen nämlich nichts anderes als ein verhudeltes und verlumptes Latein («eine zerbrochne latin vnnd zerhudlete spraach»): weder ein freundeidgenössisches noch ein sprachwissenschaftlich korrektes Urteil, auch wenn das Französische unleugbar vom Latein abstammt.

Heute wissen wir, dass nicht die lateinischen Sprachen das Deutsche verdrängt haben, sondern umgekehrt: zu römischen Zeiten sprach mehr oder weniger die ganze Schweiz eine Art Latein (in gewissen Gebieten, zum Beispiel in Rätien, dürften sich allerdings noch lange keltische Sprachen gehalten haben). Erst in der Völkerwanderungszeit wurde die Deutschschweiz von den aus dem Norden eingewanderten Alemannen germanisiert, während der Germanenstamm der Burgunder, welcher sich am Genfersee niedergelassen hatte, die lateinische Sprache der einheimischen Bevölkerung übernahm. Hauptsache aber: dank seiner historischen (Fehl-)Konstruktion war es Tschudi gelungen, die Stammeseinheit der eidgenössischen Nation zu beweisen, die Schweizer von den Deutschen abzugrenzen und gleichzeitig die Mehrsprachigkeit der Eidgenossenschaft zu erklären.[5]

Tschudis Theorie erscheint aufgrund heutiger Kenntnisse als Verkehrung der historischen Tatsachen. Auch haben wir Mühe zu verstehen, weshalb der Glarner Chronist die Schweiz *à tout prix* auf eine mythische Stammeseinheit und eine gemeinsame deutsche Ursprache zurückführen wollte. Doch darf man nicht vergessen: die Schaffung eines neuen Staates hatte für die Menschen im Mittelalter und in der Renaissance etwas Frevlerisches, so dass man sie mit historischen Präzedenzfällen glaubte legitimieren zu müssen. Auch heute sind ja junge Staaten wie Kroatien bemüht, sich auf uralte Königreiche zu berufen: Nichts Neues unter der Sonne der Staatsideologen.

Der französische König «germanisiert» die Schweiz

Beim Bemühen, ihrem Land ein deutsches Mäntelchen umzuhängen, konnten die Eidgenossen auf einen mächtigen Verbündeten zählen: den König von Frankreich. Um zu verstehen, weshalb ausgerechnet der französische Monarch vorübergehend mithalf, die Eidgenossenschaft zu «germanisieren», müssen wir den Film der Geschichte nochmals etwas zurückdrehen.

Mitte des 15. Jahrhunderts war die Eidgenossenschaft, wir haben's gesehen, zu einer europäischen Macht geworden. Die Eidgenossen mit ihren Spiessen und Hellebarden, mit Phalanx und Gewalthaufen, verkör-

63

perten die Avantgarde der Kriegskunst. Deshalb stieg die Nachfrage nach diesen Kriegsknechten auf dem internationalen Söldnermarkt und trieb die Preise in die Höhe.

Besonders an den Schweizer Kriegern interessiert war der König von Frankreich. Es heisst, der französische Monarch sei 1444 auf die Exzellenz der eidgenössischen Krieger aufmerksam geworden. Damals wurde der Hundertjährige Krieg zwischen Frankreich und England beendet. König Karl VII. wusste nicht so recht, was er mit seinen Söldnern, die plötzlich arbeitslos geworden waren und das französische Land unsicher machten, anfangen sollte. Um das Kriegsvolk vom Hals zu haben, schickte er es den Schweizern an den Hals.

Beim Siechenhaus St. Jakob an der Birs vor den Toren Basels kam es Ende August 1444 zu einem Gemetzel, bei dem 1500 Schweizer dem 40000 Mann starken französischen Heer stundenlang Widerstand leisteten. Der Kronprinz (der spätere König Ludwig XI.), welcher das Oberkommando über die französische Truppe innehatte, soll von den eidgenössischen Kriegern dermassen beeindruckt gewesen sein, dass er beschloss, dieses furchterregende Kriegsvolk der französischen Krone nutzbar zu machen.

Jedenfalls wurde 1453 die erste «ewige» Allianz zwischen dem französischen König und der Eidgenossenschaft geschlossen. Zur Zeit des Burgunderkriegs näherte sie sich vollends Frankreich an, eine frankophile Lobby unter dem Berner Schultheiss Niklaus von Diesbach machte Druck. Und 1478 kam es zu einer neuen «Ewigen Allianz». Von nun an importierte der König von Frankreich massenweise Schweizer Söldner. Die Italienkriege, in denen die Eidgenossen gegen Frankreich ins Feld zogen, unterbrachen zwar den Flirt zwischen dem französischen Monarchen und den schweizerischen Republikanern, doch dieses Intermezzo wurde 1516 mit dem Abschluss eines «Ewigen Friedens» beendet. Zwischen Frankreich und der Eidgenossenschaft begann eine Zusammenarbeit, die bis Anfang des 19. Jahrhunderts dauern sollte. Tausende von Schweizern werden im Verlauf der Jahrhunderte für den französischen König ihr Blut vergiessen.

Man nimmt an, dass etwa die Hälfte der Schweizer, die im Ausland dem Kriegshandwerk nachgingen, dem französischen König gedient haben. Demnach mussten die Solddienste auf die Länge den französischen Einfluss in der Schweiz verstärken. Kurzfristig hatten sie aber die gegenteilige Folge. König Ludwig XI. machte sich nämlich zunächst zum eifrigsten Verfechter des eidgenössischen «Deutschtums», wie Hermann Weilenmann im Standardwerk «Die vielsprachige Schweiz» etwas geschwollen schreibt. So verlangte eine königliche Verordnung 1486 die rücksichtslose und vollkommene Säuberung der Schweizer Söldnerkompagnien von französischsprachigen Mitläufern und allen, die nicht deutscher Nation waren. Den Eindringlingen drohte der Galgen. Der König anerkannte also nur Deutschsprachige als Schweizer. Allerdings achtete er gleichzeitig streng darauf, dass sich keine Deutschen oder Österreicher unter die Schweizer mischten und deren Kriegstüchtigkeit beeinträchtigten.[6]

Es ist nicht anzunehmen, dass der französische König die alemannischen Mundarten seiner eidgenössischen Kriegsgurgeln besonders melodisch gefunden hätte. Der Grund für seine Germanisierungsvorschriften hängt eher mit Markenschutz-Überlegungen zusammen. Denn die Schweizer Söldner waren besonders gut gestellt, und deshalb hatten sowohl die Franzosen als auch die Schweizer alles Interesse daran, dass das *Label* «Schweizer» auf die echten Eidgenossen beschränkt blieb. Es stand für ein Qualitätsprodukt; Fälschungen und Nachahmungen sollten vermieden werden. Und waschechte Schweizer sprachen nun einmal mehrheitlich (schweizer)deutsch.[7]

Im Ewigen Frieden zwischen Frankreich und der Eidgenossenschaft 1516 hiess es ausdrücklich, von diesem Vertrag seien all jene ausgeschlossen, welche ausserhalb der Schweizer Grenzen lebten und anderer Nation und Sprache seien als der deutschen.[8] Und die Gleichsetzung der Eidgenossenschaft mit der Deutschsprachigkeit wurde auch in der Folge von französischen Juristen hartnäckig verfochten.[9]

Freilich scheinen diese Sprachvorschriften später in Vergessenheit geraten zu sein. Denn je offenkundiger die Schweiz mehrsprachig wurde, desto weniger liess sich die Gleichsetzung «eidgenössisch = deutschschweizerisch» aufrechterhalten. Zudem stieg des Königs Nachfrage nach eidgenössischem Kanonenfutter dermassen, dass es gelegentlich zu Rekrutierungsproblemen kam und Sprachvorschriften hinderlich wurden. So enthielten die Berner Regimenter im Dienst des französischen Königs im 17. Jahrhundert einen Harst «Welschberner» (Waadtländer), und in den Freiburger Kompagnien stellten die Welschen wahrscheinlich die Mehrheit. Mit der Zeit wurde sogar eine gewisse Anzahl Ausländer («Landsfremde») in die Schweizer Regimenter aufgenommen.[10]

Wahrscheinlich sprach man in den Schweizer Regimentern aus diesem Grund mehr und mehr französisch. Es kam hinzu, dass die französische Sprache und Kultur vom 17. Jahrhundert an die massgebliche Sprache

Europas wurde, so dass sich wohl auch die sprachunbegabtesten Deutschschweizer fortan bemühten, die Sprache ihres königlichen Brotgebers zumindest brockenweise zu sprechen. Aber die Kommandosprache der Schweizer Regimenter war und blieb in der Regel deutsch. Noch im Jahr 1816, nach den napoleonischen Kriegen, als der «restaurierte» französische König das Soldabkommen mit den Kantonen erneuerte, wurde die antike Sprachvorschrift aus der Truhe geholt. In jener eidgenössisch-französischen «Militär-Capitulation», welche bezeichnenderweise auf Französisch und auf Deutsch abgefasst war, heisst es in Artikel 35 ausdrücklich, in einer reichlich hölzernen Sprache: «Das Commando der Truppen soll in deutscher Sprache geschehen und die Tambouren werden Schweizer Märsche schlagen.»[11]

Auch die Schweizer Kompagnien im Sold anderer Staaten wurden wohl grösstenteils auf deutsch befehligt, obwohl vor Ende des 18. Jahrhunderts keine expliziten Sprachvorschriften bekannt sind.[12] So war das (Schweizer)deutsch in der 1505 gegründeten Schweizergarde des Papstes wahrscheinlich von Anfang an die Kommandosprache und ist es immer noch. Dies fordert welschen Schweizergardisten bis heute einiges an Anpassungsfähigkeit ab, bisweilen zuviel: Im Mai 1998 erschoss ein junger Schweizergardist aus dem französischsprachigen Unterwallis den Gardekommandanten, dessen Frau und sich selbst mit der Dienstwaffe. Die welschen Schweizergardisten fühlten sich von der deutschschweizerischen Gardeführung oft zurückversetzt und litten an Isolation und Heimweh, wurde dieser Ausbruch urchig-alteidgenössischer Gewalttätigkeit in vatikanischen Gemäuern von den Medien erklärt. Und schon hiess es, der «Röstigraben» laufe mitten durch den Vatikan.

Monsieur Cugniet wird zu Herrn (de) Weck

500 Jahre zurück: Nirgendwo trieb der Deutschfimmel der Eidgenossen eigenartigere Blüten als im zweisprachigen Freiburg, dem 1481 in den Bund aufgenommenen Stadtstäätchen. Fryburg im Üechtland, wie die Stadt lange Zeit hiess, war um 1157 von Herzog Berchtold IV. von Zähringen, dem Vater des Berner Stadtgründers, an einem Übergang übers Flüsschen Saane gegründet worden.[13] Die Lage der Stadt gleicht jener der Schwesterstadt Bern: sie liegt an einer Flussschlaufe und kontrolliert eine Furt, was von der strategischen wie handelspolitischen Klugheit des Grün-

ders zeugt. Wie Bern gehörte Freiburg zum Städtebau-Programm, das die Stellung der Zähringer im hochburgundischen Gebiet festigen sollte.

Freiburg hat aber noch eine andere Besonderheit: die Stadt, welche – wie die Lorelei den Rhein – von einem Felssporn aus die Flusswindungen der Saane überblickt, dehnt sich auf beiden Seiten der Sprachgrenze aus. Die Saane markiert im Freiburgerland *grosso modo* die Scheidelinie zwischen deutschem und französischem Sprachraum. Die Stadt Freiburg war deshalb von Anfang an zweisprachig. Während die Bewohner des Au-Quartiers (Auge) mehrheitlich deutsch sprachen, wurde im Burgquartier rund um die heutige Kathedrale vornehmlich französisch gesprochen. Und das zur Stadt gehörige Umland, die sogenannte «Alte Landschaft», umfasste ebenfalls deutsches und französisches Gebiet.[14]

Wenn wir hier von französischem Gebiet sprechen, sei nochmals daran erinnert: Die welschen Freiburger sprachen Mundart, frankoprovenzalisches Patois. Anders sah es im Schriftverkehr aus. Im späten Mittelalter wurde in den Freiburger Kanzleien anstelle des Lateinischen mehr und mehr Französisch geschrieben – und da war das «français de France» die Grundlage, auch wenn freiburgische Regionalismen nicht selten waren.[15] Manchmal flossen Deutsch und Französisch bei den Freiburgern auch munter ineinander. Ein Eintrag des Stadtschreibers Bernhardt Faulcon ins Ratsmanual vom 17. Dezember 1476 lautet: «Item Symon de Cleron scribsit a mon. P. de Wabern, per que dit, quod die Oberburgunder begrenzt, daz si gericht sient mit uns.»[16]

Heute noch werden in Freiburg munter die Sprachen gemischt, zumindest Deutsch und Französisch (die Lateinkenntnisse sind auch bei den Freiburgern nicht mehr brillant). Wer sich in der Freiburger Unterstadt tummelt, hört manchmal einen Sprachcocktail, «Bolze» genannt, der Blüten wie die folgende hervorbringt: «Mon fatre a schlagué le katz et l'a foutu en bas la Saane.» (Mein Vater hat die Katze geschlagen und in die Saane hinuntergeworfen.)[17]

Mit dem Nebeneinander von Deutschsprachigen und Welschen hatten die Freiburger von Anfang an zu leben gelernt, und in der Regel entstanden dabei keine grossen Probleme. Allerdings wurde die Zweisprachigkeit Freiburgs dann zu einem Problem, wenn sich sprachliche mit parteipolitischen und ideologischen Gegensätzen paarten. Und das war schon in der Frühzeit gelegentlich so.

Nach dem Tod des letzten Zähringerherzogs 1218 kam die Stadt an die Kyburger, dann an die Habsburger. Später bildete sich eine savoyische

Partei, die Freiburg in einem Staatsstreich von Habsburg löste und Savoyen unterwarf. Die savoyische Partei rekrutierte sich vor allem aus dem französischen Bevölkerungsteil, während die habsburgisch Gesinnten eher in den deutschsprachigen Quartieren heimisch waren.[18]

Danach entstand auch eine Partei, die den Anschluss ans aufsteigende Bern suchte. Wie zuvor Habsburg, so fand auch Bern seine Anhänger vor allem unter den deutschsprachigen Handwerkern. Das Hauptquartier der bernisch-eidgenössischen Partei lag in der Au. Ihre Akten wurden auf Deutsch verfasst, jene der savoyischen Partei dagegen auf Französisch. Nun führte der Konflikt zwischen diesen Parteien gelegentlich zur Störung der öffentlichen Ordnung. Deshalb mussten die Freiburger Behörden 1409 – um Gefahren und Aufruhr abzuwenden («pour eschuwir peril et escandale qui porroent sordre en nostre ville») – den jungen Leuten verbieten, Deutschsprachige gegen Welsche aufzuhetzen («en disant Alaman contre Roman»).

In der Regel dürften jedoch zwischen den Sprachgruppen einigermassen friedsame Verhältnisse geherrscht haben. So erzählt der Sachse Hans von Waltheym, welcher 1474 auf einer Pilgerreise in Freiburg Halt machte, hier werde der Rat jedes Jahr zur Hälfte mit deutschen und zur Hälfte mit welschen Leuten bestellt.[19] Was der Tourist aus Halle rapportierte, scheint zwar eine Falschmeldung zu sein: Historikern ist nicht bekannt, dass es damals eine Sprachquotenregelung gegeben hätte. Aber Waltheyms Bemerkung kann immerhin als Indiz für ein gutes Einvernehmen zwischen den Sprachgruppen gewertet werden.

Wie wir gesehen haben, gewann die bernfreundliche Partei im Burgunderkrieg endgültig die Oberhand: Die Freiburger nahmen an der Seite Berns am Krieg gegen den Burgunderherzog teil, was 1481 zum Bundesbeitritt Freiburgs führte. Diese Helvetisierung der Stadt hatte auch sprachliche Konsequenzen. In den Räten verloren die «Romanen» die Oberhand. Die Freiburger Behörden verfolgten nun eine resolute Germanisierungspolitik. Deutsch wurde zur Staatssprache erklärt und 1483 ein deutschsprachiger Ratsschreiber eingestellt. An der St. Niklaus-Kirche kam ein deutschsprachiger Priester auf die Kanzel. 1516 wurde der französische Prediger entlassen, mit der Begründung, die Gemeinde verstehe ihn nicht.

Die welschen Privatschulen wurden danach ebenfalls geschlossen und die öffentlichen Schulen auf Deutsch umgestellt. An der oberen Stufe der Lateinschule war es zwar den Schülern grundsätzlich verboten, sich anders als lateinisch zu unterhalten. Aber wenn die Welschen deutsch sprachen, so war dies erlaubt: Wenn die Romands schon deutsch sprechen, soll man sie ja nicht daran hindern. Die führenden Familien Freiburgs gingen mit dem guten eidgenössischen Beispiel voran und verdeutschten ihre Namen. Aus Tournier wurde Dreher, aus Dupasquier ein Von der Weid. Bourquenet wurde zu Burgknecht germanisiert und später zu Bourgknecht teils re-romanisiert. Monsieur Raynold nannte sich Herr Reynold, Monsieur Cugniet wandelte sich zu Herrn Weck. Die Erfolgreichsten unter den Reynolds und den Wecks werden sich in späteren frankophilen Zeiten das Adelsprädikat «de» zulegen. Monsieur Cugniet wandelte sich also zunächst zu Herrn Weck und später zu Monsieur de Weck.

Die Deutschtümelei der Freiburger am Ende des 15. Jahrhunderts war vor allem für den externen Gebrauch bestimmt: die Freiburger wollten die «eidgenössische Reputation» ihrer Stadt fördern und demonstrieren, dass sie gute – eben: «tütsche» – Eidgenossen seien. Wie heutige Italo-Schweizer oder in der Schweiz lebende Türken der zweiten Generation, die breitestes Schwyzertütsch sprechen, so betrieben die Freiburger, nachdem sie gerade erst Schweizer geworden waren, sprachliche (Über)Anpassung.

Man sollte sich über die sprachliche Wandlung der Freiburger auch deshalb nicht allzu sehr wundern, weil damals keine Lehrer, Zivilstandsbeamten und andere Büromenschen über die korrekte Schreibweise der Namen wachten. Bis zum 19. Jahrhundert gingen die Leute mit ihren Namen sehr frei und locker um. Zum Beispiel schrieb der Bündner Volksheld und Krieger Jörg Jenatsch (1596–1639), der rätoromanisch, deutsch, italienisch und lateinisch korrespondierte, seinen Namen: Jürg Jenatsch, Zoartz Jenatz, Zorzi Genatio, Georg Jenatsch, Geörg Genatz, Görg Jenatz, Jörg Jenatz, Giorgio Genatio, Giorgio Genaz, Giorgio Giannatio, Giorgio Jenatsch, Georgius Jenatius oder Georgius Jenatz.[20] Oder man denke an Wolfgang Amadeus Mozart, der Deutsch, Französisch und Italienisch in seinen Briefen munter mischte und seinen Namen wie ein musikalisches Thema variierte.

Solch lockerer Umgang mit der Sprache ist in einer Sprachgrenzstadt wie Freiburg natürlich besonders verbreitet. Schon vor 1481 nannten sich die Gendre bisweilen Techtermann, die Veillart Alt. «Unübersetzbare welsche Namen passten sich der alemannischen Zunge an und wurden einigermassen lautgetreu geschrieben, so früh schon Avry/Affry, Bovet/Poffet, Chosso/Zosso, später Bosson/Boschung», schreibt der Freiburger Arzt und Publizist Peter Boschung.[21]

Schliesslich unterlagen Namen schon immer sprachlichen Moden. Hat sich nicht in letzter Zeit mancher Schweizer aus einem biederen «Sepp» in einen weltläufigen «Joe» verwandelt? Ende des 15. Jahrhunderts war Schweizerdeutsch *in* – so wie Englisch heute. Es galt als Sprache der aufsteigenden Klasse der Bürger und Handwerker und als Idiom eines neuen und fortschrittlichen Staatsgebildes.

Darum standen die Freiburger mit ihrer Alemanophilie nicht allein. Im Wallis verschob sich in der zweiten Hälfte des 15. Jahrhunderts die Sprachgrenze nach Westen: die ursprünglich französischsprachigen Städte Sion (Sitten) und Sierre (Siders) wurden mehrheitlich deutschsprachig. Und in der an der Sprachgrenze gelegenen Stadt Biel wurde strikte auf Deutschsprachigkeit geachtet.[22]

Auch in Rätien drang die deutsche Sprache vor. Die alte Bischofsstadt Chur, das geistige Zentrum der «Churwalchen» (Rätoromanen), wurde 1464 von einem Brand zerstört und von deutschsprachigen Handwerkern wiederaufgebaut. Die rätische Hauptstadt ist seither mehrheitlich deutschsprachig. Heute erinnert das «Welschdörfli» daran, dass Chur einst zum lateinischen Sprachgebiet gehörte.[23]

Die Germanisierung – oder genauer: die Verdeutschschweizerung – Freiburgs lag also im Trend. Freilich darf man die Tragweite der damaligen Alemannisierungspolitik keineswegs überschätzen. Wahrscheinlich dauerte sie nicht sehr lange, und zudem wurde sie kaum sehr systematisch betrieben. Zwar riefen die Freiburger Behörden von Zeit zu Zeit der Bevölkerung die amtlichen Sprachvorschriften in Erinnerung. 1550 versuchte eine Fremdenverordnung die Zuwanderung der Welschen zu stoppen, «auf die man nicht zählen könne».[24] Die Kirche wandte sich noch Ende des 16. Jahrhunderts ausdrücklich gegen die französische Aussprache der lateinischen Gebete. Der welsche *accent* wurde als «barbarisch und ohrverletzend» qualifiziert, was für heutige Ohren ziemlich überraschend klingt. Aber die Barbaren sind bekanntlich immer die anderen.

Und 1583 wurden die Bettelvögte beauftragt, Tag und Nacht in der Stadt herumzugehen und alle zu büssen, die welsch singen oder Milch, Senf, Pasteten und andere Waren in welscher Sprache ausrufen.[25] Den Einwohnern wurde sogar befohlen, die Kinder müssten zu Hause «tütsch» sprechen und nicht die «grobe welsche sprach». Aber die Tatsache, dass die Freiburger Behörden wiederholt Vorschriften zugunsten der deutschen Sprache erliessen, zeigt gerade, dass die Einwohner kaum viel Begeisterung für die amtlich verordnete Sprachpolitik an den Tag legten und deren Wirkung wahrscheinlich begrenzt war. Obrigkeitliche Vorschriften zugunsten einer Sprache sind selten sehr wirksam: Die Einwohner der französischkanadischen Provinz Quebec, die trotz amtlicher Frankophonie-Politik immer mehr amerikanisiert wird, können dies bestätigen.

Von Kuhschweizern und Sauschwaben

Dass die Schweizer ausgerechnet zu einer Zeit, da ihr Land faktisch mehrsprachig wurde, ihre Deutschsprachigkeit zur Schau trugen, ist schon paradox genug. Dass sich die Schweiz gerade zu jener Zeit von Deutschland löste, macht das Paradox noch paradoxer.

Obwohl die Eidgenossenschaft im Verlauf des 15. Jahrhunderts zu einem Staatenbund-ähnlichen Gebilde geworden war, blieben die politischen Bindungen zwischen der Schweiz und dem Deutschen Reich doch eng. Zudem bestanden zwischen der Eidgenossenschaft und Süddeutschland weiterhin vielfältige menschliche, rechtliche und wirtschaftliche Kontakte. Der Rhein bildete bis Ende des Jahrhunderts keine scharf gezogene Grenze zwischen der deutschen Schweiz und Deutschland. Eidgenössische Kriegszüge nach Süddeutschland zeigten wiederholt, dass die Schweizer auch nördlich des Rheins politische Ambitionen verfolgten. Schweizer und Schwaben waren zumindest enge Verwandte. Schliesslich wurden ja südlich und nördlich des Rheins ähnliche alemannische Mundarten gesprochen.

Und doch lebten sich die Eidgenossen und die Süddeutschen mehr und mehr auseinander. Immerhin hatten sie unterschiedliche politische Entwicklungen durchgemacht: Während der Adel in der Schweiz weitgehend entmachtet worden war, behielten die süddeutschen Fürsten gegenüber den Bürgern und Städten die Oberhand. Den Schweizern waren die lokalen Freiheiten erhalten geblieben, während sich im süddeutschen Raum fürstliche Herrschaften herausbildeten.

Die politische Entfremdung wurde durch die Konkurrenz auf dem Söldnermarkt verstärkt. Sowohl die Schweizer als auch die Deutschen waren gefragte Kriegsknechte. Lange Zeit wurde zwischen ihnen nicht einmal ein Unterschied gemacht: Als «Schweizer» bezeichnete man alle mit Hellebarden und Spiessen bewehrten Krieger, auch wenn sie keinen eidgenössischen Stammbaum beibringen konnten. Doch gegen Ende des 15. Jahrhunderts entzündete sich zwischen eidgenössischen Reisläufern und deutschen Landsknechten auf dem Söldnermarkt ein scharfer Konkurrenzkampf: «Swiss made» versus «made in Germany».[26]

Auch begannen die damaligen Journalisten – d. h. die Verfasser von Chroniken, Flugblättern, Pamphleten – fröhlich die Glut der schweizerisch-schwäbischen Rivalität zu schüren. In süddeutschen Flugblättern aus adligen oder dem Adel nahestehenden Kreisen wurden die Eidgenossen als ungeschlachte Bauern, die Herrenkleider angezogen hätten, lächerlich gemacht. Man mokierte sich über die «Kuhschweizer» und «Kuhmäuler», wobei diese Spottnamen eine böse Anspielung sexueller Natur enthielten: die Hirten, wurde da zotig suggeriert, seien hinter den Kühen her. Die Schweizer wurden als Sodomiten hingestellt.

Man kann sich vorstellen, dass auch die Eidgenossen reichlich Spott über ihre Nachbarn ausgossen. Der Ausdruck «Schwab» bekam jetzt den pejorativen Nebensinn, den er in der Schweiz leider heute noch hat, und «Sauschwab» wurde zum eidgenössisch patentierten Schimpfwort. Bekanntlich bezeichnen viele Schweizer auch heute noch die Deutschen pauschal als «Schwaben» – und denken dabei an die Preussen, an Norddeutsche.

Die Rivalität zwischen Schweizern und Süddeutschen führte zu Zwischenfällen, welche bisweilen skurril anmuten. Der Plappartkrieg gehört in dieses Kapitel. 1458 veranstalteten die Konstanzer ein grossartiges zehntägiges Freischiessen. Es ging hoch zu und her, man schoss und trank um die Wette. Plötzlich kam es zwischen Konstanzern und Eidgenossen zum Streit. Ein Einheimischer soll einem Luzerner einen sogenannten Plappart, eine bernische Münze, mit der Bemerkung zurückgewiesen haben, er wolle nicht um einen «Kuhplappart» schiessen. Mit Worten begann's, mit Hieben ging's weiter. Sofort brachen Luzern, Unterwalden und andere Orte mit ihrer Kriegsmacht auf, um den Schimpf zu rächen. Ein Heer von 4000 Mann drang in den Thurgau ein, und mit viel Geld mussten die geängstigten Konstanzer den Frieden erkaufen.

Gegen Ende des 15. Jahrhunderts spitzte sich der Bruderzwist zu. Im süddeutschen Raum schlossen sich der Adel und die Städte unter habsburgischer Anleitung zu einem «Schwäbischen Bund» zusammen, wobei sie die Eidgenossen aufforderten, dieser Schutzvereinigung beizutreten. Die Schweizer lehnten ab: eine Provokation. Der Konflikt zwischen der Eidgenossenschaft und dem süddeutschen Adel wurde durch eine Auseinandersetzung mit dem deutschen Reich verschärft, welches wieder unter habsburgische Führung geraten war. Kaiser Maximilian I. von Österreich versuchte, die Einheit des in unzählige Einzelteile zerfallenden Reichs wiederherzustellen. Hierzu setzte er 1495 an einem Reichstag in Worms die

Schaffung eines zentralen Gerichts (Reichskammergericht) und die Einführung einer Reichssteuer (Gemeiner Pfennig) durch – bescheidene Ansätze zu einem zentralen Justiz- und Steuersystem. Der Kaiser wollte das tun, was aufsteigende Nationen wie Frankreich, England und Spanien längst vorgemacht hatten.

Die selbstbewussten Schweizer bekundeten aber überhaupt keine Lust, sich an die Kandare nehmen zu lassen. Es ist bekannt: Wenn man den Schweizern an den Geldbeutel greift, kommt's nicht gut! Und tatsächlich weigerten sich Eidgenossen, das Reichskammergericht anzuerkennen und den Gemeinen Pfennig abzuliefern.

Zusätzliche Spannungen schuf die habsburgische Hausmachtpolitik. Das Haus Habsburg versuchte, seine Tiroler Besitzungen auszubauen, und kam den rätischen Bünden ins Gehege, welche mit den Eidgenossen alliiert waren. Im heutigen Graubünden hatten sich freie rätoromanische und italienischsprachige Gemeinden, die deutschsprachigen Walsergemeinden, die Zunftstadt Chur und die Abtei Disentis zu Allianzen zusammengeschlossen, die weitgehend autonome kleine Föderativrepubliken darstellten. Es gab deren drei: den Gotteshausbund (1367 gegründet), welcher Chur und die Landschaft Engadin umfasste; den Oberen oder Grauen Bund (1395 und 1424) mit der Abtei Disentis und verschiedenen Gemeinden am Vorder- und Hinterrhein; den Zehn(t)gerichtebund (1436) im Prättigau, in Davos und im Albulatal.[27]

Die drei rätischen Eidgenossenschaften sahen es höchst ungern, wie die Habsburger ihre Machtbasis von Tirol und Vorarlberg nach Rätien ausdehnten. Deshalb suchten sie bei den Schweizern Rückendeckung. 1496 schloss der Graue Bund, zwei Jahre später der Gotteshausbund und die Stadt Chur ein Bündnis mit den sieben östlichen Orten der Eidgenossenschaft. Präzis in Rätien brach der Krieg zwischen Habsburg und den Eidgenossen aus. Im Mai 1499 versuchte eine österreichische Truppe, über den Calven-Pass ins Münstertal einzudringen, wurde aber von den Bündnern und Eidgenossen besiegt. Nun beschloss der Deutsche Kaiser, den eidgenössischen «Kuhstall» höchstpersönlich auszuräumen. Ein kaiserliches Heer griff im Sommer 1499 die Eidgenossen an. Aber die Kaiserlichen wurden an einem heissen Sommertag, als sie bei Dornach in der Birs badeten und sich vergnügten, von den hitzigen Eidgenossen überfallen und vernichtend geschlagen.

Im September 1499 schlossen der Kaiser und die Eidgenossen in Basel einen Frieden. Die Eidgenossen wurden vom Reichskammergericht und vom Gemeinen Pfennig ausgenommen. Jetzt waren die Schweizer nicht nur reichsfrei, sondern frei vom Reich. Eine explizite Anerkennung der eidgenössischen Unabhängigkeit erfolgte allerdings noch nicht. *Pro forma* gehörten die Eidgenossen weiterhin zum Reich. Aber fortan war dies eine Form ohne Inhalt.

Der sogenannte Schwabenkrieg, der in Schwaben als «Schweizerkrieg» bezeichnet wird, brachte der Eidgenossenschaft zwei weitere Bündnispartner: die Städte Basel und Schaffhausen traten 1501 dem Bund bei. 1513 wurde auch das seit langem zugewandte Land Appenzell aufgenommen, womit die sogenannte «13-örtige Eidgenossenschaft» vollständig war. Hierauf verriegelten die Eidgenossen die Tore: Bis Ende des Ancien Régime blieb der Kreis geschlossen.[28]

Der schweizerisch-schwäbische Krieg führte nicht nur zu einem Riss zwischen deutscher Schweiz und Deutschland: er gab dem Schweizer «Proto-Nationalismus» nochmals kräftigen Aufschwung. Selbst der Vertreter des Papstes sprach 1521 erstmals von der «eidgenössischen Nation». Vollständig und endgültig war die Trennung zwischen Deutschschweizern und Deutschen indessen nicht. So erzählt der Oberwalliser Humanist Thomas Platter (1499–1582) in seinem berühmten Lebensbericht, schweizerische und schwäbische Studenten hätten sich in Breslau «fast wie Landsleute» behandelt. Dies geschah während Platters Wanderjahren, also rund zwanzig Jahre nach dem Schwabenkrieg. In der Ferne rückten die süddeutschen Nachbarn also wieder zusammen und vergassen ihre Händel.

Noch etwas erfahren wir bei Platter, das hier von Bedeutung ist: «Tütschland, so nennet man in Walles die Eidgnoschafft».[29] Im Wallis wurde demnach die Eidgenossenschaft anfangs des 16. Jahrhunderts immer noch als «Deutschland» bezeichnet. Notabene: Im Welschland bedeutete «aller aux Allemands» (zu den Deutschen gehen) noch im 19. Jahrhundert: in die deutsche Schweiz fahren.

Auch die Deutschen nahmen den im Schwabenkrieg aufgebrochenen Riss zwischen Deutschland und der deutschen Schweiz nicht immer wahr. So sagte der Reformator Martin Luther (1483–1546), die Helveter seien «oberländische Deutsche», die man nun Schweizer nenne («Die Helvetzer sind oberlendische deudschen, so man ytzt unns gemeine nennet die Schweitzer»).[30]

Wie die Glaubensspaltung die Schweizer einte

Aber gerade der grosse Reformator aus Wittenberg hat später am eigenen Leib erfahren müssen, dass Deutschschweizer und Deutsche zweierlei Gattung Menschen sind. Das kam so:

1517 heftete der Augustinermönch Martin Luther ein Flugblatt ans Tor der Schlosskirche in Wittenberg. In lateinischer Sprache und mit deutschem Furor prangerte er in diesem Pamphlet die Missstände in der Kirche und den vom Vatikan betriebenen Ablasshandel an. Ein Jahr später beriefen die Zürcher Stadtbürger den Toggenburger Huldrych (Ulrich) Zwingli (1484–1531) als Leutpriester ans Grossmünster. Zwingli war ebenfalls reformerisch gesinnt. Zehn Jahre hatte er in Glarus, zwei Jahre in Einsiedeln gedient und als Feldprediger auch an Schweizer Kriegszügen nach Oberitalien teilgenommen. Dort war er zu einem radikalen Kritiker der päpstlichen Kirche geworden – und zu einem resoluten Gegner des eidgenössischen Reislaufens.

Zwingli war ein politisches und organisatorisches Talent erster Güte. In wenigen Jahren gelang es ihm, Zürich zu reformieren. 1525 schafften die Zürcher die Messe ab. Bilder, Heiligenstatuen und die als «Teufelspfeifen» verdammten Orgeln wurden zerstört, die Klöster aufgehoben.

Weniger erfolgreich war Zwingli in der Aussenpolitik: Vorab mit Luther verstand sich der Schweizer Reformator schlecht. Dies hatte zum Teil persönliche Gründe. Zwingli war zwar wie der Wittenberger ein kultivierter Mann und ein begabter Musiker, aber nicht ein von Anfechtungen und Selbstzweifeln gequälter Geist. Mit dem Toggenburger trat kein deutscher Metaphysiker, sondern ein eidgenössischer Pragmatiker – in modernem Journalistenjargon: «kein Denker, sondern ein Macher» – auf den Plan. So war es kein Wunder, dass sich der Schweizer und der Ostdeutsche überwarfen. Luthers Urteil über den Eidgenossen war vernichtend: Zwingli sei eine löcherige Nuss, die ihm «ins Maul scheisse» – ein nicht gerade von christlicher Bruderliebe zeugendes Bild.[31]

Der Konflikt entzündete sich an der Bibelpassage über das Abendmahl: Bei seinem letzten Mahl reichte Jesus seinen Jüngern Brot und Wein mit den Worten: «Dies ist mein Fleisch und Blut». Für Luther gab's keinen Zweifel: «ist» bedeutet «ist». Zwingli widersprach: «ist» steht hier für «bedeutet». Mit anderen Worten: Für Zwingli sind Brot und Wein lediglich Symbole des Leibs Christi, für Luther dagegen *sind* sie sein Leib. In der Sprache der Theologen: Luther teilte die katholische Auffassung, wonach beim Abendmahl eine Transsubstantiation (Verwandlung) stattfindet. Für Zwingli und seine Anhänger hingegen konnten Brot und Wein nie und nimmer zu Fleisch und Blut Jesu werden.

Nach dem Abendmahlsstreit war das Tuch zwischen den Reformatoren zerschnitten. An einem Religionsgespräch in Marburg, das vom hessischen Fürsten organisiert worden war, wurde zwar 1529 eine Einigung versucht, doch sie scheiterte. Für Luther blieb Zwingli ein Ruhestörer und Fanatiker, derweil die Zwinglianer Luthers Anhänger als «Fleischfresser» verspotteten. «Ihr Schweizer habt einen andern Geist als wir», rief Luther schliesslich aus. Er hatte recht.

Diese Spaltung im reformierten Lager hatte weitreichende politische Konsequenzen: erneut gingen Schweizer und Deutsche getrennte Wege. So wurden im Augsburger Religionsfrieden 1555, der dem deutsch-deutschen Konflikt zwischen Altgläubigen und Reformierten ein Ende setzen sollte, der lutheranische und der katholische Glaube zwar anerkannt, Zwinglianismus und Calvinismus dagegen verworfen. Die reformierten Süddeutschen, welche den neuen Glauben anfangs in zwinglianischer Form angenommen hatten, wurden nun «lutheranisiert». Damit tat sich zwischen ihnen und den Deutschschweizern eine neue Kluft auf.

Dafür fanden die Deutschschweizer Zwinglianer und die Genfer Calvinisten 1566 in der Helvetischen Konfession zu einer eidgenössischen «theologischen Einheitsfront» (Im Hof). Die Zwinglianer standen künftig den französischsprachigen Calvinisten näher als den deutschsprachigen Lutheranern: Eidgenössische Solidarität hatte über die Solidarität zwischen Gleichsprachigen den Sieg davongetragen. Die Glaubensspaltung, welche die Schweiz in ein katholisches und in ein protestantisches Lager teilte, führte im Gegenzug zu einer Annäherung zwischen deutschen und welschen Schweizern.

Doch die Reformation führte nicht nur zu einem Bruch zwischen Deutschschweizern und Deutschen, sondern auch zu einer Entfremdung zwischen Welschen und Franzosen. Ein Grossteil der heutigen Westschweiz – Genf, Waadt, Neuenburg, Südjura –, war inzwischen ebenfalls reformiert geworden und hatte sich dadurch dauerhaft dem katholischen Frankreich entfremdet. Dies ist wohl ein weiterer Grund, weshalb in der Westschweiz bis heute ein Anschluss an Frankreich nie ernsthaft zur Diskussion stand. Der Historiker Jean-Rodolphe von Salis schreibt: «Die Reformation war der entscheidende Wendepunkt in der Geschichte der Annäherung zwischen der romanischen und der deutschen Schweiz.

Zürich und die andern protestantischen Kantone scheiden sich von Deutschland, indem sie die Lehre von Zwingli annehmen, die mit Luthers Lehre unvereinbar ist. Genf, Neuenburg und die Waadt entfernen sich endgültig vom monarchischen und katholischen Frankreich, indem sie die Lehre von Calvin annehmen, die sich in der Helvetischen Konfession mit der Zwinglischen Lehre verschmolzen hat. Von dieser Zeit an ist die Entfernung – trotz der Sprachgrenze – weniger gross von Genf nach Zürich als von Zürich nach Wittenberg oder von Genf nach Paris.»[32]

Die Glaubensspaltung hat den Zusammenhalt der Eidgenossenschaft langfristig verstärkt. Die Schweizer waren künftig in zwei Lager gespalten, deren Trennlinie nicht den Sprachgrenzen entlang lief. Reformierte gab es ja in der deutschen wie in der welschen Schweiz, Katholiken auch. Sprachliche Unterschiede verloren angesichts der religiösen ihre Bedeutung.[33]

Weshalb sich die deutsche Schweiz nicht «hollandisierte»

Und wiederum schlug die Geschichte, statt geradlinig vorwärts zu marschieren, einen Haken. Obwohl sich die Schweizer im Schwabenkrieg vom Deutschen Reich gelöst hatten und auch in der Reformationszeit einen anderen Weg einschlugen als die Deutschen, vollzog sich im sprachlichen Bereich zur gleichen Zeit eine gegenläufige Entwicklung: die deutschsprachige Schweiz verzichtete auf eine eigene Schriftsprache und schloss sich der Sprachentwicklung Deutschlands an.

Heute sprechen die Deutschschweizer zwar anders als die Deutschen oder die Österreicher, aber schreiben die gleiche Sprache wie sie. Woher kommt eigentlich die «Diglossie» der Deutschschweizer? Gehen wir etwas zurück.[34]

Bis zum Ende des 15. Jahrhunderts gab es im deutschen Sprachraum keine allgemein gültige, standardisierte Schriftsprache. Man findet mehrere Schriftdialekte, von denen einige aber die Rolle einer regionalen Standardfunktion übernommen haben. In Oberdeutschland hatte sich das «Gemeine Deutsch» durchgesetzt, dessen Einzugsgebiet von Wien bis Strassburg reichte. In Norddeutschland wurde niederdeutsch geschrieben. Und im ostdeutschen Raum war eine Schriftsprache verbreitet, welche, da ihr Zentrum das sächsische Meissen war, als Meissnisch bezeichnet wurde.

In den Schweizer Kanzleien schliesslich wurde die «eidgenössische Landsprach» geschrieben. Sie unterschied sich vom Gemeinen Deutsch und vom Meissnischen vor allem dadurch, dass sie die «Diphtongierung» ignorierte, die das Deutsche um 1450 durchgemacht hatte. Die Eidgenossen schrieben also auch weiterhin «hus» statt «haus», «mus» statt «maus», «tütsch» statt «deutsch». Sie waren weiterhin «Schwiizer», und nicht «Schweizer», wie die Deutschen sie fortan nannten.

Der Unterschied zwischen dem schweizerischen Schriftdeutsch und dem Deutsch ihrer Nachbarn war den Eidgenossen durchaus bewusst, und sie waren anfangs sogar stolz darauf. Denn diese sprachliche Differenz untermauerte im 15. Jahrhundert das politische Bestreben der Schweizer, gegenüber dem Deutschen Reich weitestgehende Autonomie zu erlangen. Doch in der Reformationszeit machte sich diese Differenz unangenehm bemerkbar. Wie wir gesehen haben, entzündete sich zwischen dem Schweizer Reformator Ulrich Zwingli und seinem deutschen Kollegen Martin Luther ein Konflikt, der zwar in erster Linie theologischer Natur war, aber durch sprachliche Differenzen und Missverständnisse noch verschärft wurde. So kam es beim Marburger Religionsgespräch zu einem Schlagabtausch, dem ein sprachliches «Decodierungsproblem» zugrunde lag. Als nämlich Luther eine Bibelstelle zitierte, um seinen Standpunkt zu untermauern, widersprach Zwingli: «Nein, nein, diese Bibelstelle bricht euch, Herr Doktor, den Hals ab!» Luther kannte diese Redensart nicht und antwortete, man sei hier in Hessen und nicht in der Schweiz, wo man so leicht sein Leben aufs Spiel setze. Zwingli nahm hierauf den Rechtsstaat Schweiz in Schutz und erklärte, seine Wendung sei nur eine harmlose schweizerische Redensart.[35]

Das Zerwürfnis zwischen Luther und Zwingli führte vorerst dazu, dass die Zürcher ein eigenes Bibelwerk herausgaben, das sich sprachlich stark von Luthers Übersetzung unterschied. In kollegialer Brüderlichkeit bezeichnete Luther die Sprache des Zürcher Reformators als «filzicht, zötticht deutsch» – als filziges und zottiges Deutsch. Nochmals war der Unterschied zwischen dem Deutsch der Deutschen und dem Deutsch der Eidgenossen offenkundig geworden.

Christoph Froschauer, Zwinglis Drucker, war nicht nur ein glühender Anhänger des Reformators, sondern auch ein gewiefter Geschäftsmann, der ans Exportgeschäft dachte. Und deshalb konnte er dem zwinglianischen «Beitrag zur babylonischen Sprachverwirrung» (Haas) wenig abgewinnen. Zwinglis helvetisches Sonderzüglein behinderte den Absatz seiner Bibelübersetzung. Froschauer entschloss sich deshalb, die Zürcher Bibel auch mit den gemeindeutschen Diphtongen zu drucken. Der sprachliche Anschluss an Deutschland zeichnete sich ab: *business is business*.

In Basel stellte sich das Problem gar nicht erst: Die dortigen Druckermeister richteten sich mit Rücksicht auf den deutschen Markt von Anfang an nach der Sprache Luthers. Der Konkurrenzkampf auf dem Bibelmarkt hatte die Schweizer Drucker dazu geführt, sich dem deutschen Deutsch anzupassen. Der Einfluss der Bibelsprache auf die deutsche Schriftsprache war durchschlagend, nicht nur in der Schweiz. Luther hatte das Meissnische im ganzen deutschsprachigen Raum zum Modell gemacht.[36]

Auch auf die deutschsprachigen Katholiken übte Luthers Sprache grossen Einfluss aus, selbst wenn dieser nicht ganz so tief ging. Dennoch orientierten sich auch die eidgenössischen Orte, die dem Papst treu geblieben waren, mehr und mehr an der in Deutschland geltenden Schriftnorm. So schrieb der erste Freiburger Druckereid im 16. Jahrhundert ausdrücklich vor, die Freiburger Typographen dürften nur hochdeutsch schreiben: «Die recht natürliche hochtütsche Orthography, so gmein und bewert ist, soll er behalten, und weder schwyzer, Beyerisch noch Niderländische Sprachen trucken.» Die reine hochdeutsche Rechtschreibung soll also der Freiburger Typograph respektieren, und nicht dem schweizerischen, bayerischen oder niederländischen Modell folgen.[37]

Dies bedeutete nicht, dass auf einen Schlag sämtliche Unterschiede zwischen deutschen und Deutschschweizer Sprachnormen verschwunden wären: der Prozess der Anpassung der Schweizer an die deutsche Sprachentwicklung dauerte lange Jahre und vollzog sich nicht bei allen Autoren und in allen Gegenden gleich schnell.[38] Aber bis zum Ende des 18. Jahrhunderts war der Anschluss der deutschen Schweiz im sprachlichen Bereich vollzogen. Die Deutschschweizer sind also nicht dem Beispiel der Holländer gefolgt, welche sich zur gleichen Zeit wie die Schweiz vom Deutschen Reich abgesondert haben, im 16. Jahrhundert indessen an der eigenen Schriftsprache festhielten.

Wenn die Deutschschweizer zwischen 1550 und 1800 die deutsche Schriftnorm übernahmen, so behielten sie doch im mündlichen Verkehr ihre Dialekte bei. In grossen Teilen Deutschlands dagegen wichen die Mundarten ab dem 18. Jahrhundert gegenüber der Standardsprache mehr oder minder zurück – und dies vertiefte wiederum die Kluft zwischen Deutschland und deutscher Schweiz.

Das Resultat der deutschschweizerischen Sprachentwicklung ist die berühmte Diglossie – die Tatsache nämlich, dass die Schweizer zwar hochdeutsch schreiben, aber Mundart sprechen. Diese sprachliche «Schizophrenie» bereitet heutzutage nicht nur den Deutschen, Österreichern und anderen nicht-schweizerischen Deutschsprachigen einige Mühe, sondern stellt auch für Anderssprachige, besonders für die Romands, eine schwer überwindbare Sprachbarriere dar. Selten sind Diglossie-Situationen indessen nicht: viele Tessiner beispielsweise leben auch damit. Nur sind sie – im Gegensatz zu vielen Deutschschweizern – gern bereit, im Kontakt mit Auswärtigen die Standardsprache zu gebrauchen. Aber davon später.

Die französische Schweiz lernt französisch

Pikanterweise bahnte sich in der Reformationszeit im Welschland eine Sprachentwicklung an, die der deutschschweizerischen diametral entgegenlief: die welschen Dialekte begannen, im mündlichen Verkehr gegenüber dem aus Frankreich importierten Standardfranzösisch zurückzuweichen. Diese Entwicklung sollte im 19. und 20. Jahrhundert mit dem fast völligen Verschwinden der Westschweizer Dialekte enden.

Wie bereits erwähnt, sprachen die Welschen bis ins späte Mittelalter fast durchwegs Mundarten, die – mit Ausnahme der Dialekte des nördlichen Juras – zur Familie der frankoprovenzalischen Sprachen gehören. Im schriftlichen Verkehr freilich hatte die Ablösung des Lateinischen durch das Französische der Ile-de-France bereits im 13. Jahrhundert begonnen.[39]

Die Reformation gab dem «français de France» einen entscheidenden Aufschwung. Vor allem der Pikarde Jean Calvin, Genfs grosser Reformator, war dafür verantwortlich. Nachdem Calvin 1536 der Reformation zum Durchbruch verholfen hatte, wurde in der Kathedrale Saint-Pierre nur noch französisch gepredigt. Dies hatte wohl nur teilweise damit zu tun, dass Calvin Franzose war und die savoyische Mundart seiner Genfer kaum verstanden und sicher nicht gesprochen hat. Calvins Einsatz für das französische Französisch war wahrscheinlich in erster Linie machtpolitisch motiviert. Das «protestantische Rom», wie Genf später genannt wurde, sollte nach dem Willen des Reformators eine internationale Sprache sprechen, die auch in anderen Ländern verstanden wird: Mit der savoyischen Mundart der Genfer war kein Staat zu machen.[40]

Für Calvins Feinde war der Reformator ein Fremder, ein Französling, der die lokale Eigenart mit Füssen trat. Deshalb spielten sie im Kampf gegen Calvin bisweilen auf der lokalpatriotischen Saite. So heftete ein Jacques Gruet 1547 mit Wachs ein Flugblatt an die Kanzel der Kathedrale, das bezeichnenderweise in Genfer Mundart geschrieben und gegen einen aus der Anjou stammenden Kollegen Calvins gerichtet war: «Gros panfar, to et to compagnon gagneria miot de vot quesy!» Übersetzt etwa: «Dickwanst, du und deine Kumpanen würden besser aufs Maul hocken.»[41] Calvin und seine Mitstreiter hockten indessen nicht aufs Maul. So wurde Genf zur Zitadelle der Reformation, nach der das protestantische Europa blickte. Nicht aus Zufall wurden die Reformierten in Frankreich als «Huguenots» (Hugenotten) bezeichnet, ein Ausdruck, der sich von «Eidgenoss» herleitet.

Die Hugenotten, also Calvins Anhänger in Frankreich, trugen später ebenfalls zum Aufschwung des Französischen in der welschen Schweiz bei. 1685 widerrief der «Sonnenkönig» Louis XIV. das – 1598 erlassene – Edikt von Nantes, das den Reformierten weitgehende Toleranz zugesprochen hatte. Danach flüchteten diese zu Tausenden aus Frankreich, nicht zuletzt in die reformierten Kantone. Genf nahm innerhalb von wenigen Wochen an die 8000, Lausanne rund 17 000 Hugenotten auf. Viele Flüchtlinge gingen in die deutsche Schweiz, nach Basel, Bern, Zürich, andere fuhren nach Deutschland oder weiter nach Osten.

Viele Asylanten gehörten zum intellektuellen Sauerteig der französischen Gesellschaft; ihre Flucht kam für Frankreich einem Aderlass gleich. Dafür nahmen dank den Hugenotten die Schweizer Banken, die Uhrmacherei, die Seidenraupenkultur und die Textilherstellung ihren Aufschwung. Und schliesslich breitete sich im Zug der hugenottischen Flüchtlingswelle auch die französische Sprache aus. In mehreren Schweizer Städten gründeten Hugenotten Schulen, in denen französisch gesprochen wurde. Auch die ersten Schweizer Zeitungen in französischer Sprache – wie der 1732 gegründete «Mercure suisse» in Neuenburg oder der «Nouvelliste suisse» – gehen auf Glaubensflüchtlinge aus Frankreich zurück.

Wegbereiter des französischen Französisch waren die Hugenotten nicht deshalb, weil sie alle untereinander das «français de France» gesprochen hätten. Im Gegenteil: Nicht wenige stammten aus Südfrankreich und sprachen okzitanische Dialekte. Aber gerade darum wurden sie von vielen Welschen wohl schlecht verstanden, und hatten anderseits auch selbst Mühe, die frankoprovenzalischen Mundarten der Welschen zu verstehen. Um sich zu verständigen, mussten Romands und Hugenotten wahrscheinlich oft aufs Standardfranzösisch ausweichen. Es ist eine Regel, die Dialektforscher gut kennen: Wenn verschiedenartige Mundarten aufeinandertreffen, schwingt oft die Standardsprache obenaus.[42]

Der Siegeszug des Standardfranzösischen im Welschland ist aber keineswegs nur auf äussere Einflüsse, auf französische Reformatoren und französische Hugenotten, zurückzuführen. So erliess die «Vénérable Compagnie des Pasteurs», Genfs theokratische Regierung, 1668 ein Verbot, den Kindern Religionsunterricht in savoyischem Patois zu erteilen. 1703 wurde den Genfer Ordnungshütern ausdrücklich befohlen, ihre öffentlichen Bekanntmachungen in gutem Französisch zu verfassen. Das «français de France», anfangs des 16. Jahrhunderts in Genf nur Kanzleisprache, war damit zur offiziellen Sprache geworden.

Dies bedeutet freilich nicht das gänzliche Verschwinden des Patois. Um 1700 berichtete der Deutsche Ludwig Heinrich Gude in seiner Abhandlung über die «Staaten von den IV Theilen der Welt», in der Eidgenossenschaft würden folgende Sprachen gesprochen: «Teutsch, etwas verderbt, Italienisch, Rhetisch, Französisch, gut von Leuten mit Condition, von den übrigen corrupt». Mit «korruptem Französisch» und «verderbtem Deutsch» waren natürlich die Dialekte gemeint.

In seinen Bekenntnissen berichtet Jean-Jacques Rousseau 1724, sein Cousin sei von seinen Spielkameraden «Barna Bredanna» genannt worden: die Kinder sprachen also noch Patois. Wahrscheinlich war Genf in einer ähnlichen Situation wie die meisten französischen Städte der damaligen Zeit: zwar wurde vor allem in der sogenannt «guten Gesellschaft» immer häufiger französisch gesprochen, aber das Volk sprach in der Regel sein Patois.

Die Genfer Sprachenentwicklung erfasste mit einigen Jahren Verzögerung auch andere reformierte Städte wie Lausanne, Vevey und Neuenburg. Ja, im ganzen Welschland begann sich das französische Französich auszubreiten und das Patois zurückzudrängen, wenn auch phasenverschoben. Im allgemeinen setzte sich die Bewegung zuerst in den Städten durch, dann auf dem Land; zuerst in den gebildeten Kreisen, dann beim Volk; zuerst in den reformierten Gebieten, dann in den katholischen. Gemäss diesem Gesetz werden die welschen Patois heute nur noch in ländlichen und katholischen Gegenden gesprochen: in ein paar Walliser Tälern (u. a. Val d'Hérens), in einigen Landgemeinden des Kantons Freiburg und in der Ajoie (Zipfel von Porrentruy).

Der Romanist und Dialektforscher Pierre Knecht warnt freilich davor, den Rückgang der Patois ausschliesslich auf den Einfluss der Reformation zurückzuführen: «Solche mechanistischen Erklärungen übersehen, dass die Kenntnis der französischen Schriftsprache bei der welschen Elite schon im Mittelalter auf einer respektablen Stufe stand.»[43] Und zudem müsse die Ausdehnung einer Standardsprache keineswegs mit dem Rückgang der Dialekte einhergehen, wie gerade das Deutschschweizer Beispiel zeige.

«Historisch hat sich die negative Bewertung der Dialekte in Frankreich zunächst aus ihrer Stellung als Provinzsprache ergeben», schreibt Knecht. Er erklärt den Schwund der welschen Mundarten mit dem Prestige des französischen Königshofs und seiner Sprache: «Der Sprachgebrauch des Hofes wurde zum einzig gültigen Vorbild. Gleichzeitig wurde der ‹bon usage›, der korrekte mündliche Ausdruck – weit stärker als in anderen Ländern – zu einem Teil des ‹guten Tons», des guten, vorbildlichen Benehmens in der Gesellschaft.»

Zugespitzt könnte man sagen: Im französischen Sprachraum entwickelte sich ein hypertrophiertes Normenbewusstsein. Nur wer korrekt – will sagen: gemäss dem in Paris definierten – Standard spricht, hat Anspruch, ernst genommen zu werden, nach dem Prinzip: «Sag mir, wie du sprichst, und ich sage dir, wer du bist.» Oder schlimmer noch: «Sag mir, wie du sprichst, und ich sage dir, ob du überhaupt jemand bist.»

Die Verachtung für die lokalen Mundarten kommt auch in der französischen Bezeichnung für «Dialekt» zum Ausdruck. Die Dialekte werden im französischen Sprachraum als «patois» bezeichnet, was sich von «patte» (Pfote) und/oder «patoyer = mit den Händen reden» herleitet. Die Mundarten galten im französischen Sprachraum lange Zeit – und gelten es weitgehend heute noch – als bäuerlich-derbe Idiome minderer Qualität. Diese Auffassung steht freilich im krassen Widerspruch zur sprachwissenschaftlichen Erkenntnis, dass eine Standardsprache nichts anderes ist als ein Dialekt, der Karriere gemacht hat. Oder wie es der amerikanische Linguist Robert R. Hall formuliert hat: «A language is a dialect with an army and a navy.» (Eine Sprache ist ein Dialekt, der über ein Heer und eine Marine verfügt.)

Die welsche Schweiz war diesem Normendruck nicht weniger ausgesetzt als die französische «Provinz». Und dies erklärt, weshalb die welsche Elite und später auch das Volk mehr oder minder freiwillig auf den Gebrauch der Dialekte verzichtete. Allerdings erfolgte die Ausmerzung der Dialekte in einem langsamen, sich über Jahrhunderte erstreckenden Prozess. Ende des 18. Jahrhunderts wurde in der welschen Schweiz – von einigen Städten abgesehen – wie erwähnt durchaus noch Patois gesprochen, vor allem in den ungebildeten Schichten. Indessen sprach und las das Volk im reformierten Welschland am Ende des Ancien Régime vermutlich besser französisch als in vielen ländlichen Gegenden Frankreichs, weil es im allgemeinen besser geschult war. Zudem hatten in den reformierten Gegenden auch einfache Menschen durch das Bibellesen Zugang zur französische Sprache gefunden.

Ein Lausanner Tourist, der in der ersten Hälfte des 18. Jahrhunderts den Waadtländer Jura bereiste, berichtete erfreut, in den Waadtländer Bergen treffe man durchaus kultivierte und französisch sprechende Bewohner an.⁴⁴ Notabene: der Wirtschaftshistoriker David S. Landes erklärt die Tatsache, dass sich die intellektuell höchst anspruchsvolle Uhrenherstellung vom 17. Jahrhundert an rasch über den Waadtländer, Neuenburger und Berner Jura ausbreitete, nicht zuletzt mit dem hohen Alphabetisierungsstand der dortigen reformierten Bevölkerung.⁴⁵

Ende des 18. Jahrhunderts dürfte ein ansehnlicher Teil der Romands das französische Französische verstanden und ansatzweise gesprochen haben. Der Historiker Norbert Furrer hat die Steckbriefe verschiedener Polizeibehörden aus den Jahren 1755 bis 1809 ausgewertet, um die Sprachenkenntnisse der Waadtländer zu eruieren. Es zeigt sich, dass viele Menschen auch aus einfachen Kreisen damals erstaunlich vielsprachig waren und zumindest ansatzweise französisch konnten:

Da heisst es über einen Moïse François Louis Favez, Beruf Müller, aus Penthéréaz: «spricht mit Leichtigkeit französisch und Patois»; über einen Louïs Frédéric Conod, Beruf Pflüger, aus Les Clées: «spricht französisch und Patois»; über einen Samuel Mermoud aus Echallens: «spricht französisch und Patois, wie auch schlechtes Deutsch, und die piemontesische Sprache»; über den Schreiner und Söldner Jean Jacques Jordan aus Boulens: «spricht französisch und italienisch»; über einen Beat Henchoz aus Château-d'Oex: «spricht in der Regel das Patois seines Lands und ein bisschen französisch»; über eine Susanne Tachollaz: «spricht kühn (hardiment) französisch und deutsch».⁴⁶

Doch erst nach der Französischen Revolution, die das Französische zur Sprache der französischen Nation erklärt und dem Patois als Zeichen der sprachlichen Feudalismus den Kampf angesagt hatte, und vollends erst mit der Einführung der allgemeinen Schulpflicht im 19. Jahrhundert, starben die Mundarten in Frankreich und auch in der welschen Schweiz aus. Während sich in der deutschen Schweiz die Schriftsprache und die mündliche Gebrauchssprache auseinanderentwickelten, wurden die Welschen mehr oder weniger einsprachig. Sie vergassen, was «Diglossie» bedeutet – ein Faktum, das die Kommunikation zwischen Deutschschweizern und Romands heute nicht unwesentlich belastet.

Wie Genf den Bernern zur Waadt verhalf

Wir haben einen grossen Schritt über die Reformationszeit hinaus und in moderne Zeiten hinein getan. Kehren wir nochmals in die Zeit der Glaubensspaltung zurück. Denn in der Reformationszeit wurden wichtige Weichen gestellt, nicht nur im sprachlichen Bereich. Wie wir gesehen haben, gingen im 16. Jahrhundert deutsche und Deutschschweizer Reformierte, reformierte Romands und katholische Franzosen getrennte Wege. Im Gegenzug näherten sich deutschschweizerische und reformierte Romands gegenseitig an. Aber in der Reformationszeit geschah noch etwas Anderes, was für die Beziehungen zwischen Deutschschweizern und Romands von entscheidender Bedeutung ist: die Eidgenossenschaft dehnte sich jetzt nochmals kräftig in westlicher Richtung aus.

Die Zeit der Glaubensspaltung wird in der traditionellen Schweizer Geschichtsschreibung oft als Beginn des Niedergangs der stolzen Eidgenossenschaft dargestellt. Und in der Tat zerfiel die Schweiz damals in ein reformiertes und in ein katholisches Lager, die sich Jahrzehnte lang bis aufs Blut bekämpfen sollten. Aber eigentlich könnte man die Reformationszeit durchaus auch als Epoche interpretieren, in der die Kohäsion der Schweizer Fortschritte machte. Und zudem hat sie die Einbindung des Welschlands in die Eidgenossenschaft erst möglich gemacht. Wenn die französische Schweiz heute immerhin ein Viertel des schweizerischen Territoriums ausmacht, so geht auch diese Tatsache auf die Glaubensspaltung zurück.

Die Reformation dehnte sich anfangs des 16. Jahrhunderts rasch über die Schweiz aus. Bereits 1523 wurde Zürich, wie wir gesehen haben, unter dem Einfluss Ulrich Zwinglis reformiert. Danach entschieden sich auch die Bürger von Biel, St. Gallen, Schaffhausen und Basel für den neuen Glauben. Selbst in ländlichen Gebieten breitete sich die evangelische Konfession aus, unter anderem im Toggenburg, in Glarus, im bernischen Aargau, im Thurgau, in Teilen Appenzells und Rätiens.

Die nachhaltigsten Wirkungen entfaltete die Reformation Berns, wo die Anhänger des neuen Glaubens 1528 den endgültigen Sieg davontrugen. Denn die Berner Reformierten waren dafür besorgt, dass sich das neue Bekenntnis auch in ihrer westlichen Einflusssphäre ausbreitete. Unter bernischer Mithilfe begann Wilhelm Farel, ein aus der französischen Dauphiné stammender Anhänger Zwinglis, ab 1527 in dem – von Bern regierten – Aigle die Heilige Schrift auszulegen. Die bernische Obrigkeit ermunterte Farel hierauf, seine Botschaft nach Murten, Orbe, Grandson und in den Südjura zu tragen. Ab 1529 predigte der wortgewaltige Reformator auch in Neuenburg, das unter eidgenössischer, besonders aber bernischer Schutzherrschaft stand.

Ab 1532 trat Farel in Genf auf. Auch dies hatte Bern gefördert, weil die Republik an der Aare schon seit längerem Richtung Genfersee expandieren wollte. Zudem drängten wirtschaftliche Interessen, wie wir gesehen haben, die Berner in den Milden Westen.

Zum Glück suchte auch ein Teil der Genfer Stadtbürger Verbindung mit den Eidgenossen. Denn seit mehreren Jahrzehnten versuchten sie, sich vom savoyischen Herrschaftshaus frei zu machen, das auch den Genfer Bischof stellte. Um ihre Autonomiebestrebungen gegenüber Savoyen und dem Bischof abzusichern, erhoffte sich die anti-savoyische Partei von den Eidgenossen Rückendeckung. Die antibischöfliche Fraktion wurde deshalb als «Eidguenots» bezeichnet, die bischöfliche Partei als «Mameluken».

Die Feindseligkeiten hatten bereits 1530 begonnen. Damals belegte der Savoyer Landesherr die Stadt Genf mit einer Handelssperre. Herzog Karl liess den Genfer Prior François Bonivard im Schloss Chillon einkerkern und schloss Genf zudem mit seinen Truppen ein. Nun rückten die Berner mitten durch das savoyische Waadtland vor die Stadt und zwangen die Savoyer zum Abzug. Im Frieden von St-Julien versprach der Herzog, auf Genf zu verzichten. Und nun bewogen die Berner den Reformator Farel, nach Genf zu gehen. Farel hatte zuerst grossen Erfolg, wurde dann von den Genfern aber vertrieben. Deshalb setzten die Berner Druck auf und forderten die Genfer auf, sich gefälligst Farels Predigten anzuhören. Das bernische Machtwort ward gehört: Im Herbst 1535 schufen die Genfer die Messe ab.

Herzog Karl von Savoyen bedrängte die Stadt Genf, welche das wirtschaftliche Zentrum Savoyens darstellte, aber weiterhin. Da brach 1536 ein Krieg zwischen Kaiser Karl V. und Frankreich aus. Gleich zu Beginn siegten die Franzosen und brachen in das mit dem Kaiser verbündete Savoyen ein. Frankreich drohte, sich am Genfersee festzusetzen. Nun riefen die Genfer – «zur Rettung der Reformation» – die Berner zu Hilfe. Und die liessen sich nicht zweimal bitten. Im Januar 1536 erklärte Bern Savoyen den Krieg. Und am 22. Januar 1536 rückte eine 6000 Mann starke bernische Truppe unter dem Kommando des Seckelmeisters Hans Franz Nägeli ins Waadtland ein. Der Zug wurde ein Triumph. Nur vierzehn Tage nach dem Abmarsch trafen die Berner in Genf ein – und quasi beim Vorbeimarsch wurde das ganze Waadtland besetzt. Die Berner befreiten den Genfer Kleriker Bonivard aus der Kerkerhaft und besetzten danach sogar die Bischofsstadt Lausanne, obwohl sie mit dem Bischof von Lausanne verbündet waren. Dank den Genfern hatte also Bern die Waadt erobert: verständlich, dass viele Waadtländer gegenüber ihren Nachbarn nicht gerade überschäumende Sympathie bekunden. «Genevois, si je te vois, je vois le diable devant moi» (Genfer, wenn ich dich sehe, sehe ich den Teufel vor mir): dieses Sprichwort, das möglicherweise savoyischen Ursprungs ist, kann man im Waadtland heute noch gelegentlich hören.

Zudem setzte sich Bern auch auf dem linken Seeufer fest, in Ternier und Thonon, ferner im Pays de Gex. Gleichzeitig nahmen die Oberwalliser Zenden mit Hilfe des Bischofs von Sitten das ganze untere Rhonetal bis nach Evian in Besitz. Sogar die katholischen Freiburger, welche in der Reformationszeit ihre alte Freundschaft mit Bern vergessen hatten, beteiligten sich im bernischen Schlepptau am Eroberungsfeldzug, mit der frommen Begründung, dadurch mindestens einen Teil der Waadt dem alten Glauben bewahren zu können. Sie bekamen, wie schon im Burgunderkrieg, für ihre Helferdienste einen guten Preis. Etwa ein Fünftel der Waadt – namentlich Estavayer, Romont, Rue, Bulle und Châtel-Saint-Denis – fiel an Freiburg, wobei es den Freiburgern allerdings nicht ganz gelang, ihre Grenzen bis an den Genfersee vorzuschieben. Immerhin konnten sie ihr Territorium praktisch verdoppeln.

So wurde Freiburg zu einem Kanton mit deutlicher französischer Bevölkerungsmehrheit. Im Jahr 1555, beim Tod des letzten Grafen von Greyerz, teilten sich Bern und Freiburg dann auch noch dessen zweisprachige Herrschaft auf, was den französischsprachigen Bevölkerungsteil Freiburgs nochmals verstärkte.

1536 hatten die Berner das Waadtland also zum zweiten Mal erobert. Anders als nach dem Burgunderkrieg waren sie aber diesmal fest entschlossen, die Beute zu behalten. So wandelten sie die Waadt, einschliesslich der Stadt Lausanne, in ein bernisches Untertanenland um. «Welschbern» wurde künftig von bernischen Landvögten regiert. Der politischen Eingliederung folgte die geistige auf dem Fuss. Bern begünstigte im Waadtland die Reformation mit Energie und Plan. Ende 1536 erliess Bern ein Reformationsdekret für alle welschen Lande, und anfangs 1537 nahm die neue Akademie in Lausanne, eine Ausbildungsstätte für reformierte Theologen, ihre Tätigkeit auf.

Bern grenzte jetzt unmittelbar an Genf, was der dortigen eidgenössischen Partei den Rücken stärkte. 1536 begann Jean Calvin sein Wirken.

Zwar gewann zwei Jahre später die nichtreformatorische Richtung vorübergehend nochmals die Oberhand: Calvin wurde ausgewiesen. Doch mit Berns Hilfe gewannen die Neugläubigen wieder die Mehrheit, und im September 1541 kam Calvin zurück – und jetzt definitiv. Allerdings mussten die Berner und Walliser, nachdem das Herzogtum Savoyen im Frieden von Chateau-Cambrésis restauriert worden war, 1564 die Territorien südlich des Genfersees und nördlich von Genf den Savoyern zurückgeben. Doch der grösste Teil der eroberten Gebiete blieben in eidgenössischen Händen.

Die Stadt Genf konnte sich, im Gegensatz zur Waadt und zur Stadt Lausanne, unter bernischem Schutz als unabhängige Republik konstituieren, mit einem kleinen unzusammenhängenden Territorium. Savoyen war freilich weiterhin entschlossen, die Ketzerrepublik zu vernichten. So kam es 1602 zur berühmten «Escalade»: savoyische Truppen versuchten, die Genfer Stadtmauern zu erstürmen, wurden aber der Legende nach von einer streitbaren Matrone mit einem Kessel voll siedendem Gemüsebouillon beworfen und von den Genfern schliesslich abgewehrt – was deren Nachfahren bis heute alljährlich am 12. Dezember mit einem grossen Volksfest feiern, wobei eine gehörige Menge von Gemüsesuppe, Schokolade und Marzipan verzehrt wird.

Erst nach der verunglückten Escalade verzichteten die Herzöge von Savoyen auf Genf und die Waadt. Die Savoyer konzentrierten sich künftig auf den Aufbau eines Staates südlich des Genfersees und im Piemont. Als Könige von Piemont-Sardinien stellten sie sich im 19. Jahrhundert an die Spitze der italienischen Nationalbewegung und wurden Könige von Italien: eine eigenartige Karriere, jener der aus der Schweiz vertriebenen und schliesslich zu einer Grossmacht im Osten gewordenen Habsburger nicht unähnlich.

In der Reformationszeit hatte die Eidgenossenschaft ihre Grenzen nach Westen vorgeschoben und praktisch die ganze heutige Welschschweiz in der einen oder anderen Form integriert. Genf wurde zu einem Zugewandten Ort der (reformierten) Eidgenossenschaft. Die Waadt war jetzt bernisches Untertanenland, das französischsprachige Rhonetal Untertanenland der Walliser Zenden. Das reformierte Fürstentum Neuenburg, die Stadt Biel, aber auch die reformierten Täler des Südjuras gehörten endgültig zum Einflussbereich Berns. Sie wurden – im Gegensatz zum katholischen Nordjura – völkerrechtlich als Schweizer Gebiet betrachtet und später auch in die schweizerische Neutralität eingeschlossen.

Die Schweiz hatte endgültig den Charakter eines ausschliesslich deutschsprachigen Staatsgebildes verloren. Freilich wurde aus konfessionellen Gründen kein welscher Ort als vollberechtigtes Mitglied in den Bund aufgenommen. So scheiterte ein Bundesbeitritt Genfs am Widerstand der katholischen Orte. Umgekehrt wurde der Fürstbischof von Basel, der nach der Basler Reformation in Porrentruy regierte und über den Nordjura herrschte, von den protestantischen Orten nicht mehr als Zugewandter betrachtet.

Die Reformationszeit hatte die Schweiz also nochmals gründlich verändert. Die Ausweitung auf die heutige französische Schweiz war für die Eidgenossenschaft eine Neugeburt und langfristig vielleicht ihre Rettung, schreibt William Martin in seiner «Histoire de la Suisse»: «Man kann behaupten, dass die Schweiz, wenn sie rein deutschschweizerisch geblieben wäre, ihre Unabhängigkeit gegen die Nationalbewegung in moderner Zeit kaum hätte verteidigen können.»[47]

Eine ach so süsse Knechtschaft

Mitte des 16. Jahrhunderts war die Eidgenossenschaft ein bisschen frankophon geworden. Durch den Gewinn der Waadt, der Grafschaft Greyerz und des zweisprachigen Murtenbiets hatten Bern und Freiburg eine stattliche Zahl «romanischer» Untertanen gewonnen. Wie gingen sie mit den neuen Untertanenlanden und mit der Zweisprachigkeit um?

Im bernischen Waadtland kamen die Untertanen mit ihren neuen deutschsprachigen Herren eigentlich nur selten in Kontakt. Denn Bern hatte einen Grossteil des welschen Gebiets in einer neuen Verwaltungseinheit, genannt Welschland oder Pays de Vaud, zusammengefasst und ihr eigene Behörden gegeben. «Welschbern» wurde in dreizehn von bernischen Landvögten regierte Vogteien eingeteilt, und unterstand einem aus bernischem Geschlecht stammenden Welschseckelmeister. Im übrigen setzten sich die Vogteiverwaltungen aus Einheimischen zusammen. Die rechte Hand des Landvogts, der lieutenant baillival, wurde in der Regel unter den führenden Familien des Waadtlands gewählt.[48]

Der Landvogt (bailli) verkehrte mit den Untertanen in der Regel auf französisch. Französischsprachige Landvögte zu finden, war in Bern leicht, denn die bernische Elite war seit dem 15. Jahrhundert grösstenteils frankophil. Und vom 17. Jahrhundert an warf sich die Berner Aristokratie, wie wir noch sehen werden, vor dem französischen König hemmungslos auf die Knie. Auch im Rechtsbereich wurde die französische Sprache der Waadtländer Bevölkerung respektiert. Ja, es war vor allem Bern zu verdanken, dass das Französische früher als in vielen anderen frankophonen Gebieten das Latein als Rechtssprache ablöste. Schon in den ersten Artikeln, in denen die Gnädigen Herren von Bern das staatsrechtliche Verhältnis zu ihren waadtländischen Untertanen regelten, wurde den Notaren befohlen, ausschliesslich auf Französisch zu urkunden.

In den Landvogteigerichten und in den niederen Gerichtshöfen wurde Französisch ebenfalls zur Norm. Selbst das Appellationsgericht für Welschbern führte seine Verhandlungen auf Französisch. Sogar die vom Landvogt unabhängigen Gerichte mussten fortan Akten und Urkunden französisch führen. So knüpfte Bern die Anerkennung der Gerichtshoheit der ehemaligen Bischofsstadt Lausanne an die Bedingung, dass französisch und nicht mehr lateinisch prozessiert werde.[49]

Diese Romanisierungspolitik der Berner hatte nur bedingt mit bernischem Demokratie-Bewusstsein zu tun. Anfangs spielten konfessionell-ideologische Überlegungen wohl eine entscheidende Rolle: das Latein war ja die Sprache der katholischen Kirche. Mit der Förderung der französischen Sprache wollte Bern demonstrieren, dass der alte Klerus ausgedient hatte. Im übrigen entsprach es patriarchalischem Machtverständnis, sich im Umgang mit den Untertanen huldvoll ihrer Sprache zu bedienen.

Dies bedeutet jedoch nicht, dass die Beziehungen zwischen den Bernern und den Waadtländer Untertanen durchaus harmonisch gewesen wären. In einer Bittschrift machten die Waadtländer 1612 die «LL. EE.» (Leurs Excellences de Berne) nachdrücklich auf Unstimmigkeiten zwischen dem deutschsprachigen und dem welschen Teil aufmerksam, indem sie sich über Schmähreden und Sticheleien seitens der Deutschberner beklagten. Zugleich verlangten sie für den Fall, dass ein bernisches Heer aufgestellt würde, einheimische und welsche Offiziere für ihre Truppen. Noch weitergehend stellten sie das Begehren, in der deutschsprachigen Hauptstadt französische Gottesdienste einzuführen.[50]

Dass sich nicht alle Waadtländer mit dem bernischen Regime arrangieren wollten, bewies auch der Putschversuch des Majors Jean-Daniel-Abraham Davel. Dieser marschierte im Frühjahr 1723 mit einem Trüppchen aufs Lausanner Schloss, um die Waadt von den Berner Herren zu befreien. Doch der Volksbefreier wurde von seinem Volk schmählich im Stich gelassen, von der Obrigkeit schliesslich zum Tod verurteilt und enthauptet. Nun fällt auf, dass Davel in seinem Manifest die Gnädigen Herren von Bern zwar als Tyrannen apostrophierte und ihnen vorwarf, die Waadt mit Steuern und Bussen auszupressen. Aber dass ihr Staat mehrheitlich deutschsprachig war, kümmerte ihn offensichtlich wenig.

Das Debakel des Rebellen Davel – nach einem hübschen Wort des Waadtländer Schriftstellers Jean-Louis Cornuz war er «der einzige Offiziersputschist der Geschichte, der keinen einzigen Menschen getötet hat» – zeigt, dass das bernische Regime nicht unpopulär war. Das Welschland lebte unter der Berner Herrschaft von 1536 bis 1798 in einem relativen Wohlstand, der sich vor allem von den ärmlichen Lebensbedingungen im benachbarten Savoyen positiv abhob. Antibernische Gefühle waren zwar vorhanden, beschränkten sich jedoch weitgehend auf die städtische Elite – das Landvolk fand sich mit dem bernischen Regime durchaus ab. «Il est de Berne», er ist aus Bern, bedeutet im Waadtland auch heute noch: er ist ein glücklicher Mensch.

Von einer sprachlich-kulturellen Diskriminierung des welschen Waadtlands durch Bern kann ebenfalls kaum gesprochen werden. Obwohl die Regierungstätigkeit der bernischen Landvögte – wie jene der eidgenössischen Landvögte in anderen Herrschaftsgebieten – durchaus nicht unbestritten war und auch bei bernischen Intellektuellen im 18. Jahrhundert durchaus nicht nur auf Lob stiess, so scheinen die Berner in der Waadt ein im allgemeinen aufgeklärtes Regime geführt zu haben.

In seinen «Contes et croquis vaudois» erzählt der Pfarrer und Schriftsteller Alfred Cérésole eine Geschichte, welche die milde Despotie Berns und die Schlauheit der Waadtländer belegen soll. Ein aufmüpfiger Waadtländer Bauer namens Rodilliet wird vom bernischen Landvogt zum Tod verurteilt, weil er die Herrschaft geschmäht hat. Vor der Exekution wird ihm ein letzter Wunsch gewährt. Der schlaue Bauer antwortet, er möchte das Deutsch der Gnädigen Herren von Bern erlernen. Der naiv-täppische Berner Vogt ist tief gerührt und schickt ihn nach Bümpliz. Seither bleibt der Mann verschwunden. Ob er je deutsch gelernt hat, ist fraglich.[51]

Die welschen Untertanenlande des Kantons Freiburg scheinen in sprachlich-kultureller Hinsicht ebensowenig diskriminiert worden zu sein. Auch dort wurde Französisch ab dem 16. Jahrhundert Rechtssprache. Die sprachliche Problematik wurde im zweisprachigen Freiburg ja durch die Tatsache entschärft, dass dieser Kanton inzwischen grossmehrheitlich französischsprachig geworden war und sich die freiburgische Oberschicht noch stärker als die bernische an Frankreich orientierte.

In der Hauptstadt Freiburg und in der Alten Landschaft freilich blieb Deutsch aus aussenpolitischen Gründen – um die Zugehörigkeit zur Eidgenossenschaft zu demonstrieren – weiterhin Staatssprache und Gerichtssprache, obwohl das Kernland zweisprachig war. So gebot der Freiburger Rat 1580, alle Prozesse müssten deutsch geführt werden, selbst wenn die Parteien Welsche seien. Im 17. Jahrhundert liess sich freilich die Fiktion, wonach Freiburg ein rein deutschsprachiger Staat sei, immer weniger aufrechterhalten. Die Hinwendung der freiburgischen Oligarchie zur französischen Kultur führte dazu, dass das stockkonservative Regime die Zweisprachigkeit der Hauptstadt anerkennen musste. So wurde zwar vor dem Stadtgericht, wie auch vor dem für die Alte Landschaft zuständigen Landgericht, im Prinzip noch deutsch verhandelt, aber das Gericht liess jetzt auch französische Schriften zu. Die Zweisprachigkeit der Hauptstadt wurde mit einem im 18. Jahrhundert erlassenen sittenpolizeilichen Befehl indirekt anerkannt: Kuppler und Kupplerinnen wurden mit einer zweisprachigen Aufschrift um den Hals an den Pranger gestellt.[52]

Noch komplizierter gestalteten sich die Verhältnisse in der sprachlich und konfessionell gemischten Vogtei Murten, seit 1536 eine Gemeine Herrschaft Berns und Freiburgs. Die Mehrheit ihrer Bewohner dürfte deutsch gesprochen haben, während das Städtchen Murten anfangs wohl eine französischsprachige Bevölkerungsmehrheit aufwies. Im allgemeinen wurde aber auch hier die französische wie die deutsche Sprache respektiert. Die Murtner Stadtsatzung von 1715 beispielsweise war zweisprachig. Selbst bei einer öffentlichen Hinrichtung wurde die Zweisprachigkeit hochgehalten: der Stadtschreiber musste dem Verurteilten wie auch dem Volk das Urteil – «mit erhabener Stimme» – aus seinem Schwarzen Buch in deutscher und französischer Sprache verlesen. Deutschsprachigen Missetätern wurde ein deutscher, welschen Verurteilten ein französischsprachiger Pfarrer zugeteilt.[53]

Freilich förderte Bern die deutschsprachige Bevölkerung im Murtenbiet gelegentlich kräftig, in erster Linie wohl deshalb, weil sie zu einem guten Teil reformiert war. So beschloss der Berner Rat 1683, die welsche Schule in Salvenach (Salvagny) in eine deutschsprachige umzuwandeln, mit der Begründung, die «Unterweisung des Heils» könne dem Volk leichter auf Deutsch als in «korruptem Welsch» beigebracht werden.[54]

Sprachpolitische Auseinandersetzungen waren im Murtenbiet, an dieser Schnittstelle zwischen bernisch-reformiertem und freiburgisch-katholischem Einfluss, meist Erscheinungsformen ideologisch-konfessioneller

Konflikte. Weil Bern stärker war als Freiburg, drang hier die deutsche Sprache auch im 17. und 18. Jahrhundert vor, während zu jener Zeit in anderen Landesteilen das Französische an Boden gewann.

Im allgemeinen jedoch gilt, dass Bern und Freiburg die Sprache und Kultur der welschen Untertanen respektierten. Natürlich mussten die welschen Untertanen nach der Pfeife ihrer Herren tanzen. Aber das musste auch der Grossteil der deutschsprachigen Berner und Freiburger. Denn gerade Bern und Freiburg verwandelten sich im Zeitalter des Absolutismus in oligarchische Stadtstaaten, die von einigen wenigen «regimentsfähigen» Familien unter Ausschluss der Öffentlichkeit regiert wurden. So stellten in Bern 1775 ganze neun Geschlechter – die Wattenwil, Graffenried, Jenner, Stürler, May, Fischer, Tscharner, Steiger und Sinner – 114 von 293 Mitgliedern des Grossen Rates. Diese Oligarchien schlossen die meisten Menschen von der Beteiligung an den Staatsgeschäften aus, welcher Sprache sie auch immer waren.

Im Grossen und Ganzen waren die welschen Untertanen in Freiburg und Bern kaum schlechter gestellt als die deutschsprachigen. Dies heisst aber nicht, dass die Untertanengebiete nicht Grund zur Klage gehabt hätten. Vor allem im 18. Jahrhundert war die Oberschicht in den eidgenössischen Stadtkantonen bemüht, ihr Gebiet in straffer organisierte und zentralisierte Kleinstaaten umzuwandeln, mit der Folge, dass die lokalen Freiheitsrechte beschnitten und die Landgebiete immer mehr mit Steuern und Abgaben belastet wurden.

Deshalb kam es in vielen Gebieten der Schweiz – unter anderem in der Waadt (1723), in der Gegend von Porrentruy (1740), in der Leventina (1755), im Greyerzerland (1781) – zu Aufständen der Landbewohner gegen ihre Gnädigen Herren. Diese Aufstände waren vor allem wirtschaftlich und sozial, bisweilen auch religiös motiviert. Sprachliche Fragen spielten kaum eine Rolle. Dennoch kann man sich fragen, ob bei den Waadtländern, den Leventinern und den Greyerzern das Bewusstsein, einer anderen Kultur anzugehören als die Oligarchen in der Hauptstadt, die soziale Unrast nicht zumindest verstärkt habe.

Gott in Frankreich

Im 17. Jahrhundert stieg das Königreich Frankreich zur führenden Macht auf dem europäischen Kontinent auf. Nicht nur im politischen und militärischen, sondern auch im kulturellen Bereich wurde Frankreich die

Referenz. Von Madrid bis Sankt Petersburg, von Mailand bis Brüssel blickten die Herrschenden und Besitzenden, die Künstler und Intellektuellen, nach Paris und Versailles, wobei sie versuchten, französische Manieren und Unsitten nachzuahmen.

Die Eidgenossenschaft konnte sich der Macht und dem Prestige Frankreichs natürlich nicht entziehen, zumal der französische Machtzuwachs für die Schweiz fast schon «hautnahe» Folgen zeitigte. So schob Frankreich 1601 seine Grenzen auf Kosten Savoyens bis an die Rhone bei Genf vor. 1648 unterwarf der französische König das Oberelsass. 1674 ging die Freigrafschaft Burgund, dieses lange Zeit von Bern begehrte Land mit der alten Bischofstadt Besançon, vom habsburgischen Spanien in französischen Besitz über. Und 1681 fiel auch die Stadt Strassburg, welche Jahrhunderte lang mit Bern und Zürich liiert gewesen war, dem König anheim. Von Genf bis Basel rückte Frankreich an die Schweizer Grenzen vor – ein höchst unbequemer Nachbar.

Die Eidgenossenschaft wurde faktisch zu einem Protektorat des französischen Königs, zu einer von Frankreich kontrollierten antihabsburgischen Bastion, vergleichbar mit dem Rheinbund der westdeutschen Fürsten. Nicht zuletzt war es französischer Protektion zu verdanken, dass die Eidgenossenschaft 1648 im Westfälischen Friedenskongress, welcher dem Dreissigjährigen Krieg ein Ende setzte, die formelle Trennung («Exemtion») vom Deutschen Reich und eine erste völkerrechtliche Anerkennung ihrer Neutralität erreichte.

1663 erneuerten die Vertreter der Kantone in Versailles die Allianz mit dem französischen König. Die Zeremonie wurde zu einer Machtdemonstration des jungen Sonnenkönigs Ludwigs XIV. Die Satellisierung der Eidgenossenschaft schlug sich auch auf sprachlicher Ebene nieder. Als Ludwig XIV. 1681 im elsässischen Ensisheim die Vertreter der 13 Kantone traf, sprachen die Schweizer Repräsentanten Seine Majestät noch hochoffiziell in deutscher Sprache an. Die Ansprache wurde übersetzt. Der französische König fragte, ob die Schweizer Französisch verstünden, was fast bei allen der Fall war. Der König antwortete hierauf französisch.[55]

Gegen Ende des 18. Jahrhunderts war es freilich auch um diese symbolische Gleichberechtigung geschehen. Das 1777 abgeschlossene Bündnis mit Frankreich wurde französisch aufgesetzt, französisch verhandelt und französisch verabschiedet.[56] Nichts zeigt deutlicher, dass Sprache auch ein Ausdruck der Machtverhältnisse ist: Wessen Brot ich esse, dessen Sprache ich spreche …

Frankreichs Aufstieg zur europäischen Macht *par excellence* und die Abhängigkeit der Schweiz schlug sich in den Sitten der Schweizer Oberschicht nieder. Die Erzrepublikaner, die Söhne jenes sagenumwobenen Tell, der auf dem Hauptplatz von Altdorf den Gessler-Hut nicht hatte grüssen wollen, trugen nun wie französische Aristokraten einen Degen und setzten sich eine gepuderte Perücke aufs Haupt. In eidgenössischen Patrizierhäusern hielten Louis XV.-Möbel und Porzellan aus Sèvres Einzug. Nicht nur in der welschen, auch in der deutschen Schweiz wurde es schick, sich französisch zu kleiden, französisch zu möblieren, französisch zu tanzen – und französisch zu conversieren.

Am höchsten brandete die neue französische Welle an der deutschfranzösischen Sprachgrenze, in den «hochburgundischen» Städten Bern, Freiburg und Solothurn. Bern hatte, wie gesagt, schon von früh auf vielfältige Beziehungen zum französischsprachigen Raum gepflegt. Die Berner Elite war seit alters nach Westen orientiert. Schultheiss Adrian von Bubenberg, 1476 der Held der Schlacht von Murten, war in erster Ehe mit einer adligen Frau aus dem Neuenburgischen verheiratet, seine zweite Frau stammte aus der Waadtländer Noblesse. In seiner Jugendzeit hatte Adrian als Page am burgundischen Hof gedient. Sein Gegenspieler Niklaus von Diesbach war frankophon und frankophil. Als Repräsentant der frankreichfreundlichen Partei in Bern brachte er es sogar zum Kammerherrn Ludwigs XI.

Die Eroberung der Waadt im 16. Jahrhundert verstärkte die Romanisierung der Berner Oberschicht. Zahlreiche Berner Patrizierfamilien waren mit Waadtländer Adelsgeschlechtern verschwägert. Madame de Meuron, eine der letzten Repräsentantinnen der bernischen Aristokratie, die im späten 20. Jahrhundert mit Lorgnon (Stielbrille) und französisch angehauchtem Bärndütsch das demokratisch gewordene Bern erheiterte («Nämmet Ir Lohn oder syt Ir öpper?»), war das dekadente Produkt dieser bernischwaadtländischen Kulturmischung.

Im 17. und 18. Jahrhundert gab sich Bern die Allüren eines «Paris-sur-l'Aare». In den guten Familien wurde französisch und Bärndütsch bisweilen sogar gleichzeitig gesprochen. 1675 hielt es der Rat für notwendig, der Jugend in der Stadt Bern französischen Unterricht anzubieten. Der Lebensstil vieler Berner Patrizier war ein Abklatsch der französisch-aristokratischen Lebenskunst. Bernische Herrensöhnchen standen auch bezüglich Müssiggang den Schmarotzern der Pariser «Haute volée» kaum nach. Ihre «fürnehmste Occupation», heisst es in einem Reisebericht aus dem

17. Jahrhundert in dekorativstem Barock-Deutsch, bestehe «in spielen, und dem Baccho zu sacrificiren». Um es weniger freundlich und elegant zu sagen: man schlug die Zeit mit Kartenspiel und Saufen tot.

Auch an Standesbewusstsein konnten es manche Berner Patrizier mit ihren französischen Pairs aufnehmen. Ein Reiseschriftsteller bemerkte, dass die Berner Herren «viel gravitetischer dahergiengen» als andere Schweizer, und wunderte sich, dass die Untertanen «sich so tieff vor jhnen bucketen, dass jhnen der Nestel schier krachen thet, und mit stattlichen titulis sie anredeten.»[57]

Dass Stadt und Land Bern auf deutschsprachigem Gebiet lagen, tat der Frankophilie der Berner Herren keinen Abbruch. Im Gegenteil: so konnten sie sich vom Volk noch besser distinguieren. Die bernische Kultur- und Sprachmischung brachte aber auch Erfreuliches zustande. Albrecht von Haller (1708–1777), einer der grössten Gelehrten seiner Zeit, ist die vielleicht schönste Verkörperung alten Berner Geistes. Als Arzt, Naturforscher, Manager – er war zeitweise Verwalter der bernisch-waadtländischen Salinen in Bex –, als Dichter und Schriftsteller verkehrte von Haller mit einem Grossteil der europäischen Intelligentsia, und zwar grösstenteils auf französisch. Dies hinderte ihn nicht daran, mit seinem Lehrgedicht «Die Alpen» und den «Schweizerischen Gedichten» als grosser deutscher Schriftsteller in die Literaturgeschichte einzugehen. Es heisst, von Haller habe auf dem Totenbett als Arzt seinen Herzschlag kontrolliert und französisch zu Protokoll gegeben: «Il bat, il bat, il bat» (es schlägt, es schlägt, es schlägt). Sein letztes Wort soll «plus» (nicht mehr) gewesen sein. Der grosse Berner Denker wäre demnach mit einer Hommage an die französische Kultur aus dem Leben geschieden: *Se non è vero, è ben trovato.*[58]

Ein anderes illustres Beispiel bernischer Weltläufigkeit ist der Schriftsteller Beat von Muralt (1665–1749). Er war als Offizier in französischen Diensten in die französische Kultur eingetaucht, kehrte dann nach Bern zurück, musste jedoch 1701 wegen seiner religiösen Ansichten die Stadt verlassen, wonach er auf einem Gut im neuenburgischen Colombier lebte – wie Friedrich Dürrenmatt, 250 Jahre später, ein Repräsentant bernischer Kultur am Ufer des Neuenburgersees. Von Muralt publizierte 1725 seine Aufsehen erregenden «Lettres sur les Anglois et les François», in denen er den englischen *way of life* lobte und die französischen Sitten heftig kritisierte. Geschrieben hat er sie allerdings – auf französisch.[59]

Die Frankophilie der bernischen Oberschicht und derjenigen, die dazu gehören wollten, weckte immer wieder die Spottlust der Zeitgenossen. Im Alten Bern soll ein Dialog zweier bernischer Damen etwa so getönt haben: «Eh bonjour, ma chère, was lebet ihr geng? il y a longtemps, dass ich euch nüt ha gseh.» Antwort: «Bonjour, my Herzigi! O dieu que je suis heureuse ech az'treffe. Comment vous portez-vous?»[60]

Die bernische Elite war frankophil auch noch dann, als ihre Herrschaft vom revolutionären Frankreich bedroht wurde. Niklaus von Steiger, der letzte Schultheiss des Alten Bern, führte seine politische Korrespondenz französisch. Die bernische Staatssprache hingegen war und blieb Deutsch, denn sie war ein Attribut der bernischen Souveränität. Noch im Jahr 1790 erliessen *Messieurs de Berne* zum Schutz der alten Verhältnisse eine Verordnung, mit welcher die «Verwelschung» der regimentsfähigen Bürgerschaft aufgehalten werden sollte: «Damit auch aus den zwey Hauptstämmen der Bernerischen Angehörigen, der deutschen und welschen Landen, eine nach dem Verhältnis ihrer Volkmenge gleiche Anzahl von Persohnen zu dem Burgerrecht der Hauptstadt gelangen, so haben Me. G. H. H. und Obere zu verordnen gutgefunden, dass jeweylen zwey deutsche gegen einen welschen Angehörigen angenommen werden sollen.»[61] Kontingente bei der Einwanderungspolitik also schon damals.

Während an der Aare jene Mischung aus bernischer Bauernkultur und französischer Zivilisation entstand, die auch heute noch den Charme der Stadt Bern ausmacht, gab sich die zweisprachige katholische Zähringerstadt Freiburg ganz dem französischen Einfluss hin. Hier wurde in den Patrizierfamilien fast nur noch französisch gesprochen. Anfangs des 17. Jahrhunderts nahmen auch die als Demonstration eidgenössischer Gesinnung gedachten Verdeutschungsversuche in der Hauptstadt ein Ende. Das heisst nicht, dass die alte Fiktion, wonach der Staat Freiburg deutsch sei, aufgegeben worden wäre. Aber das französische Element war jetzt so omnipräsent, dass ein französischer Tourist schon 1618 Freiburg als «abrégé de Paris» (Resumee von Paris) bezeichnen konnte – ein süsses Kompliment im Munde eines Franzosen.[62]

Offiziell blieb zwar das Deutsche die Sprache der Regierung und des Patriziats. Doch im 18. Jahrhundert wurde es schon als besonders bemerkenswert hervorgehoben, wenn ein Freiburger Patrizier überhaupt Deutsch beherrschte. Und vor viele vormals verdeutschte Familiennamen wurde, wie wir gesehen haben, ein elegantes «de» gesetzt.

Der Zürcher Pfarrer und Geograph Johann Konrad Fäsi (1727–1790), der in der zweiten Hälfte des 18. Jahrhunderts die Schweiz bereiste, stellte fest, dass in Freiburg «Personen, die einen Vorzug vor dem gemeinen Mann haben wollen», ganz besonders «die Frauenzimmer», französisch oder Patois sprächen. Er fügte indessen an: «Der Gebrauch der teutschen Sprache in den Ratsversammlungen, den Canzleyen und einigen Kirchen ist die Ursache, dass diese Sprache in der Hauptstadt und dem Canton von der französischen noch nicht gänzlich hat mögen verdrängt werden.»[63]

Ähnlich frankophil gab sich die gute Gesellschaft in Solothurn, zumal der französische Ambassador, der Schattenkönig der Eidgenossen, hier residierte. Ein Franzose stellte 1780 fest, in der Ambassadorenstadt werde, wie in Bern und Freiburg, von Personen gehobenen Ranges mehr französisch als deutsch gesprochen. Ja, in diesen Städten gebe es Menschen beiderlei Geschlechts, die unfähig seien, ihre deutsche Muttersprache zu schreiben.[64] Casanova erzählt in seinen Lebenserinnerungen, er habe in Solothurn eine Theateraufführung in französischer Sprache besucht. An die 400 Zuschauer – darunter viele Mädchen, «die nicht zu verachten waren» – hätten der Aufführung beigewohnt, und alles habe französisch gesprochen.[65]

Das Idealbild des nach Frankreich orientierten solothurnischen Edelmanns wurde von Baron Peter Viktor von Besenval (1721–1791) verkörpert. Die Besenvals waren ursprünglich Savoyer; 1629 wurden sie in Solothurn eingebürgert. Besenvals Grossvater, Schultheiss von Solothurn, wurde mit neunzehn Jahren Hauptmann der Schweizergarde in Paris und später Gesandter des französischen Königs in Schweden und Polen. Peter Viktor kam mit neuneinhalb Jahren nach Paris, als Kadett der Schweizergarde. Er absolvierte in den französischen Truppen eine brillante militärische Karriere und wurde Vertrauter des Königs Ludwig XVI. und der Königin Marie-Antoinette. Zur Zeit der Französischen Revolution war er Militärkommandant in Paris. Am Ende seines Lebens bewohnte der lebenslustige Baron ein Palais an der Rue de Grenelle in Paris, das mit einem Schwimmbad ausgestattet war, das für die im Rokoko so beliebten Schäferspiele benützt wurde (heute ist die Schweizerbotschaft darin, d.h. im Palais).[66]

Auch in Basel sprach die Elite mehr und mehr französisch, zumal Frankreich gleichsam vor der Haustüre lag.[67] Wie sehr viele Basler bestrebt waren, französische Höflichkeitsformen zu übernehmen, zeigt das Beispiel von Felix Platter, Sohn des Thomas Platter. Er schreibt 1612: «Ich wollt höflich sein mit meiner Hochzeiterin, wie ich in Frankreich bey den Dänzen gewohnt.»

Im östlichen Teil der Eidgenossenschaft und in der Innerschweiz ging die Frankophilie nicht ganz so weit. Aber auch hier wehte ein kräftiger

Westwind. Die Gebildeten verstanden und sprachen wohl grösstenteils französisch. Und in der Konversation versuchten die Mehrbesseren, ihr Deutsch zumindest durch französische Fremdwörter auszuschmücken. So tauchten im 18. Jahrhundert in der deutschsprachigen Schweiz französische Gruss- und Abschiedsformeln auf, welche die alten deutschen verdrängten. Aus dem alten «ade» oder «alde» wurde das französische «Adieu». In vornehmen Basler Familien sagte man, wohl in Anlehnung an elsässische Bräuche, «merci» statt «danke» – was ja auch heute noch in der deutschen Schweiz gang und gäbe ist. Auch die Zürcher begannen, sich «Bonjour» statt «Guten Tag» zu wünschen. Ein Franzose bemerkte 1736, er habe bei den Stadtzürchern «nichts Schweizerisches gefunden, sondern viel gut Französisches»; und nicht nur Französisches, sondern sogar Elegantes und Feines.[68]

Selbst der grosse Zürcher Gelehrte Johann Jakob Bodmer, bestimmt kein Frankophiler, sondern ein namhafter Kritiker des französischen Einflusses auf die deutsche Literatur, konnte der *nouvelle vague* durchaus positive Seiten abgewinnen: «Die häufigen Reisen der jungen Herrchen in Frankreich brachten zwar Moden und Leichtsinn, doch auch Artigkeit, Bekanntschaft mit den klassischen Schriftstellern der Franzosen und Geschmack in unsere Stadt. Die Liebe zum Lesen warnd nicht mehr das Geschäft derer allein die von Gelehrsamkeit leben, sondern Personen in allen Ständen machten sich damit eine angenehme und lehrreiche Belehrung.»[69]

Bisweilen wurde die Frankomanie allerdings kritisiert. So begründeten die katholischen Orte ihre Opposition gegen eine 1678 projektierte gemeineidgenössische Kriegsordnung mit dem Argument, in der Vorlage seien unverständliche Fremdwörter verwendet worden. So schlugen sie vor, statt «Magazinhäuser» deutsch zu schreiben: «Eydtgenössischer Vorrat an Früchten zue Underhaltung dess ausziehenden Volkhess der Loblichen Orten, darunter fürnehmblich auch die weit entlegendsten gemeint».[70]

Wie in den eidgenössischen Orten setzten sich im 17. und 18. Jahrhundert auch bei den Zugewandten und Verbündeten französische Sprache und französische Manieren durch. Hier mischten sie sich aber mit deutschen und italienischen Einflüssen. Vertreter der Bündner Oberschicht beispielsweise korrespondierten oft auf Französisch oder Italienisch. Nur die mit der Eidgenossenschaft verbündeten Walliser stemmten sich weiterhin gegen die Romanisierungswelle. So erliessen Bürgermeister und Rat der Stadt Sitten noch 1679 eine Schulordnung, die den Schülern, wie früher in Freiburg, den Gebrauch der französischen Sprache aufs schärfste verbot: Patois-Sprechen wurde mit «Pfitzen» bestraft.[71]

Die Frankomanie, der sich grosse Teile Europas hingab, führte dazu, dass sich in der Schweiz die deutsch-französische Sprachgrenze wieder leicht nach Osten verschob, ohne aber den Stand vor 1500 ganz zu erreichen. So entstand in der Stadt Biel im 18. Jahrhundert eine starke welsche Minderheit, wobei die Entwicklung der jurassischen Uhrenindustrie ebenfalls eine wichtige Rolle spielte. Auch in Freiburg wich wie erwähnt die deutsche Sprache zurück. In einigen Dörfern um Murten breitete sich dagegen – unter tatkräftiger bernischer Mithilfe – das Deutsche noch im 18. Jahrhundert aus.

Des Königs Republikaner

Eine sehr schweizerische Exportindustrie, die Solddienste, trug ebenfalls zur Romanisierung der Eidgenossenschaft bei, wie wir dies bereits angetönt haben. Denn das Reislaufen brachte Tausende von Schweizern aus allen Schichten mit der französischen Kultur und Sprache in direkten Kontakt. Allein am Ende des Regnums Ludwigs XIV. standen 25 000 Schweizer in französischem Sold – wenn man bedenkt, dass die Schweiz damals nicht einmal zwei Millionen Einwohner zählte, eine stolze Zahl.

Welche Bedeutung die französischen Solddienste für die eidgenössische Wirtschaft im Laufe der Zeit bekam, hat Eduard Blocher, der Gründer des Deutschschweizerischen Sprachvereins und Grossvater von Christoph Blocher, sehr anschaulich beschrieben: «Rechnen wir dazu, dass eine ganz grosse Zahl von einflussreichen Persönlichkeiten als frühere französische Offiziere ein reiches Jahrgeld bezogen oder sonstwie für erwiesene Dienste bezahlt wurden, bedenken wir ferner, dass in den Länderkantonen die französischen Staatsbeiträge unter die Landleute verteilt wurden, sodass z. B. im 18. Jahrhundert die Angehörigen des Kantons Schwyz, statt Abgaben zu entrichten, Einkünfte vom Staate bezogen – jeder, selbst der Säugling, zwei Gulden jährlich – dann begreift man, wie stark die goldene Kette gewesen ist, die damals das ‹freie› Volk der Schweizer an das französische Königreich fesselte.»[72]

Pfarrer Blocher, der prominenteste Vertreter der deutschschweizerischen Germanophilen zu Beginn des 20. Jahrhunderts, brachte natürlich wenig Sympathie für die «Verwelschung» der Eidgenossenschaft auf, die aus solcher Abhängigkeit erwuchs. In Wirklichkeit hatte dieser grosse Drang nach Westen jedoch seine negativen und positiven Seiten. Für die eidgenössische Oberschicht öffnete die enge Anlehnung an die französische Monarchie interessante Perspektiven. So richtete der König, um den Offiziersnachwuchs in seinen Schweizer Regimentern zu fördern, für die Sprösslinge der guten Familien Stipendien aus, damit sie sich in Frankreich mit Kultur und Sprache vertraut machen konnten. Zeitweise wurde dieses Privileg auf die Schweizer aus den katholischen Kantonen beschränkt, aber nicht sehr lange. So durften sich auch junge Schaffhauser auf königliche Rechnung in Paris vergnügen.

Mehrere Schweizer Schriftsteller kamen in den Solddiensten erstmals mit der französischen Kultur in Kontakt, beispielsweise der Berner Beat von Muralt, der Zuger Beat von Zurlauben oder der Solothurner Viktor Peter von Besenval, die zu französischsprachigen Schriftstellern wurden. Aber auch der Bündner Johann Gaudenz von Salis-Seewis (1762–1834), Lyriker, Generalstabschef der helvetischen Armee 1799, war durch die französischen Dienste gegangen – eine weitere Widerlegung des lateinischen Sprichworts, wonach unter den Waffen die Musen schweigen.

Der französische Einfluss erfasste in der Eidgenossenschaft – im Gegensatz zu anderen Ländern, beispielsweise Russland – nicht nur die Oberschicht. Denn über die Solddienste wurden Zehntausende von Schweizern aus einfachen Familien mit französischer Kultur und Unkultur konfrontiert.

Manche Söldner fühlten sich wie Gott in Frankreich und blieben, nachdem sie ihre Dienstzeit absolviert hatten, am Ort. Viele verdingten sich bei guten französischen Familien als Wächter, Faktotum, Butler oder Türsteher – in modernen Kategorien: als Sicherheitsbeamte oder «Securitas». Eine einzige freiburgische Vogtei soll im 17. Jahrhundert der französischen Haute volée dreihundert Portiers geliefert haben.[73] Nicht umsonst wurde der Begriff «Suisse», Schweizer, in der französischen Sprache zum Synonym für Portier. Und «Suisse d'Eglise» (Kirchen-Schweizer) bezeichnete einen Hellebarden-tragenden Soldaten, der bei Prozessionen voranschritt.[74]

Andere kehrten jedoch von Heimweh geplagt nach Hause zurück und brachten französische Manieren, französische Mode und auch französische Wortbrocken in ihre guten Schweizerstuben. Die schweizerdeutsche Sprache bereicherte sich um viele französische Fremdwörter, nicht zuletzt aus dem militärischen Bereich. Plötzlich taten die Eidgenossen nur noch accomodieren, agregieren, ancommendieren, avancieren, convenieren, emploieren, engagieren, justificieren, montieren, perfectionieren, retirieren, retrasieren, visitieren – um nur einige Beispiele zu nennen.[75]

Die französische Mode rief natürlich bei den Anhängern alteidgenössischer Tugend immer wieder Kritik hervor. Schon der aus Rottweil stammende Berner Staatschreiber Valerius Anshelm hatte bekanntlich geklagt, die Solddienste hätten die deutsche Tapferkeit der Berner befleckt und die welsche Krämerei vermehrt.[76]

Eine ähnliche Kritik wurde zwei Jahrhunderte später von Jean-Jacques Rousseau vorgebracht. Auch er bedauerte, dass die einfachen Sitten der Schweizer durch den französischen Einfluss verdorben worden seien. Auf seinen Reisen durch die Eidgenossenschaft stellte er fest, dass es in den Schweizer Bergen bisweilen zu- und herging wie im eleganten Palais-Royal in Paris. Jean-Jacques will sogar einen schweizerischen Bauern gesehen haben, der mit Musselin gekleidet das Heu einfuhr.[77]

Gelobtes Land im Westen

Im gleichen Zug begannen die Deutschschweizer, auch die Romandie zu entdecken – und wiederum haben die Solddienste dabei eine wichtige Rolle gespielt.

Schon im 16. Jahrhundert wurden junge Leute aus der Oberschicht, welche für Offizierskarrieren in Frankreich vorgesehen waren, nach Genf und Lausanne geschickt, um dort Französisch zu lernen. So verbrachte Hans-Ludwig von Erlach (1595–1650), der spätere General und Staatsrat Ludwigs XIII., drei Jugendjahre in Genf. Dort wurde er auch zum überzeugten Calvinisten.

Im 18. Jahrhundert gingen der Zürcher Johann Jakob Bodmer und der Schaffhauser Johannes Müller (1752–1809) nach Genf, um Französisch zu lernen. Der Pfarrerssohn, der später als Johannes von Müller zum Übervater der schweizerischen Geschichtsschreibung werden sollte, lernte es so gut, dass er einen Teil seines monumentalen Werks auf Französisch schrieb.

Auch in Lausanne und Neuenburg nahm im 18. Jahrhundert eine neue Industrie ihren Aufschwung: die Privatschulen. Die pädagogische Ader der Schweizer, der Calvinismus und die französische Sprache begründeten das Renommée der Westschweizer Privatschulen. In diesen Brutstätten französischer Lebenskunst wurden neben jungen Deutschschweizern (und Deutschschweizerinnen) auch Deutsche und Engländer aus gutem Haus eurokompatibel und salonfähig gemacht. Im Fall von Neuenburg kam hinzu, dass das Fürstentum seit 1707 unter der Souveränität des preussischen Königs stand, was seine Attraktivität beim deutschen Adel erhöhte. Lange Zeit hiess es, in Neuenburg werde das beste Französisch der Westschweiz gesprochen.

Dem «Dictionnaire historique du parler neuchâtelois et suisse romand», einem bahnbrechenden Werk des Neuenburger Sprachforschers William Pierrehumbert, entnimmt man, dass bereits im 17. Jahrhundert Deutschschweizer und Westschweizer Familien einen Schüler-Austausch organisierten: ein junger Deutschschweizer ging zum Französischlernen in die Westschweiz und ein Romand zum Deutschlernen in die Deutschschweiz. Zwischen Neuenburg, Biel, Zürich, Basel, sogar dem elsässischen Mülhausen wurden die Jungen «getauscht». Im welschen Wortschatz bekam der Ausdruck «le change» den Sinn von «Austausch-Bub». Die weibliche Form «la changesse» bezeichnete ein «Austausch-Mädchen».[78]

Das Welschland übte im Laufe der Zeit nicht nur auf die deutschschweizerische Oberschicht, sondern auch auf die Handwerker eine grosse Anziehungskraft aus. Die populäre Deutschschweizer Tradition des «Welschlandjahrs» hat wahrscheinlich schon im 17. Jahrhundert ihren Anfang genommen. Eine ähnliche Gewohnheit entstand bei den Bauern. Deutschschweizer Bauernbuben fuhren so zahlreich ins Welschland, dass sich im welschen Wortschatz schon anfangs des 17. Jahrhunderts die Bezeichnung «Allemand» (Deutscher) für einen Deutschschweizer Knecht einbürgerte.[79] Umgekehrt gingen auch welsche Bauernsöhne «chez les Allemands», zu den Deutschen, d.h. in die Deutschschweiz – eine Tradition, die bis ins 20. Jahrhundert fortdauern wird.[80]

Auch Mädchen wurden zwischen den Sprachregionen munter hin- und hergeschoben. *Jeunes filles* aus der Deutschschweiz lernten zu Hunderten in der Welschschweiz die feine französische Lebensart – eine Tradition, die heute noch besteht, aber nicht mehr die gleiche Popularität hat wie früher. Dass die «Schönfilles» nicht selten von den «Madames» als billige Arbeitskräfte ausgenutzt werden, hat diese an und für sich schöne Tradition etwas in Verruf gebracht.

Wenn die jungen Deutschschweizerinnen in früheren Zeiten aus dem Welschland zurückkehrten, brachten sie – wie das auch bei den männlichen Kollegen aus den Solddiensten der Fall war – oft ein Stück französische Lebensweise nachhause. Mütter und Lehrer klagten dann, die junge

Mamsell sei «typisch französischer» Koketterie anheimgefallen. Das in Bern erscheinende «Freytags-Blätlein» machte sich 1722 über den Snobismus eines aus dem Waadtland zurückgekehrten «Frauenzimmers» lustig, indem es das Fräulein folgenden fiktiven Brief schreiben liess:

«Ma tres chere Amie. Seith meiner Heimkunfft aus dem Pays de Vaud habe ich lauter Chagrin, und tödlichen Verdruss. Von allen Ergötzlichkeiten die ich in eurer Freund- und Gesellschafft gehabt / bleibt mir nichts als ein Traur-volles und ängstliches Angedencken. Ich kan nicht laugnen / dass in der Zeit meines Auffenthalts zu N. nichts gespahret worden / weder an Kleider noch an Geld / um mir Freud zu verschaffen / wie ihr selber euch zu erinnern wissen werdet. Aber was hillft mir jetzt / daß ich weiß / de quelle maniere il se faut prendre pour se bien divertir; dass ich weiß / ce que c'est que le beau monde; ce que c'est que de savoir vivre. Wenn ich mich nun zwingen muß / von neuem die abgeschmackte Bern-Melodie zu singen. Was nutzen mich meine schönen Kleider & tous mes assortiments, wenn ich nun in einem leinenen Kittel stecken muss.»[81]

Der grosse Emmentaler Pfarrer, Schriftsteller und Moralist Jeremias Gotthelf hieb zu Beginn des 19. Jahrhunderts in die gleiche Kerbe. Sprachgewaltig machte er sich über die Bärner Bauernmeitschi lustig, die nur noch «merci bien» statt «danke» sagten und ihre Haare strählten, als stammten sie von «Jagdhunden mit Lampiohren» ab.[82]

Die Tradition des Welschlandjahrs war in der Nähe der Sprachgrenze, besonders im Kanton Bern, natürlich besonders verbreitet. Indessen scheint sie auch in der Ostschweiz Fuss gefasst zu haben. Dort stand das Welschland geradezu im Ruf, das Land zu sein, wo Milch und Honig fliesst. So erzählt Ulrich Bräker, der «arme Mann vom Toggenburg», in seiner berühmten Lebensbeschreibung ein Gespräch, das sein Vater mit dem Nachbarn Laurenz geführt hatte: «Unter allerhand Gesprächen kam's auch auf mich: ‹Ei, ei, Hans›, sagte Laurenz, ‹du hast da einen ganzen Haufen Buben. Was willst auch mit allen anfangen? Hast doch kein Gut und kann keiner kein Handwerk. Schad, dass du nicht die grössten in die Welt nausschickst. Da könnten sie ihr Glück gewiss machen. Siehst's ja an des Hans Joggelis seinen: Die haben im Welsch-Berngebiet gleich Dienst gefunden, sind noch kaum ein Jahr fort und kommen schon wie ganze Herren neumontiert, mit goldbordierten Hüten heim, sich zu zeigen, und würden um kein Geld mehr hiezuland bleiben.»[83]

An der Sprachgrenze kam es zu einer noch nachhaltigeren Bewegung in westlicher Richtung: Berner Bauern in wachsender Zahl wanderten in die welsche Schweiz aus, um sich dort dauerhaft niederzulassen. Die erste Welle ging auf Glaubensflüchtlinge zurück. Im 16. und 17. Jahrhundert flüchteten bernische Wiedertäufer in den fürstbischöflichen Jura. Die «Anabaptisten» waren Protestanten, denen die Reformation zu wenig weit gegangen war. Sie forderten die wörtliche Anwendung der Bergpredigt, freie christliche Gemeinden ohne staatlichen Zwang, die Abschaffung der Kinder- und die Einführung der Erwachsenentaufe. Als Gegner der Gewalt lehnten sie Kriegsdienstpflicht und Todesstrafe ab und verweigerten Eid, Zinsen und Zehnten. Kein Wunder, dass sie von den Gnädigen Herren von Bern gnadenlos verfolgt wurden.

Der Fürstbischof von Basel, der seit der Basler Reformation im Schloss zu Porrentruy residierte, liess diese Einwanderung zu, aber nur im südlichen, protestantischen Teil seines Herrschaftsgebietes. Wenn er schon Reformierte dulden musste, konnte er ja auch noch diese «Fundamentalisten» akzeptieren. Zudem waren die Wiedertäufer bereit, sich in den abgelegensten und unwirtlichsten Jurahöhen niederzulassen. Deshalb lehnte der Fürstbischof das Begehren Berns ab, diese tüchtigen Immigranten auszuweisen. Die Wiedertäufer lebten isoliert und bildeten deutsche Sprachinseln im französischsprachigen Jura. Diese Nachfahren der vom bernischen Staat Verfolgten wurden im 20. Jahrhundert zu einsamen Vorposten bernischer Kultur im Jura – wieder eine Ironie der Geschichte.

Nach der Auswanderung der Wiedertäufer kam es im 17. Jahrhundert zu einer zweiten Auswanderungsbewegung unter Berner Jungbauern. Diese Welle war nicht mehr religiös bedingt, sondern wahrscheinlich eine Folge des Bevölkerungsüberschusses auf bernischem Territorium. Auch dieser Drang nach Westen hatte wenig mit dem Wunsch zu tun, in der welschen Schweiz Französisch und die feine französische Lebensart zu lernen: Die Berner Bauern suchten billiges Land – *c'est tout*.[84]

Diese Auswanderungsbewegung ging nicht nur in den Südjura, sondern auch ins Fürstentum Neuenburg und ins bernische Waadtland. Die Historikerin Beatrix Mesmer schreibt: «Die Berner haben zu unrecht den Ruf, sesshaft und besonders schollenverbunden zu sein. Ihre sprichwörtliche Langsamkeit und Bewegungslosigkeit, welche in der Romandie zu Gemeinplätzen geworden sind, haben jedenfalls ihr Migrationsverhalten nicht beeinflusst.» Unter den in der Westschweiz niedergelassenen Einwohnern mit Deutschschweizer Abstammung bilden die Berner mit Abstand das grösste Kontingent.

Man sieht: die Deutschschweizer trieb es schon zu Zeiten der Alten Eidgenossenschaft unwiderstehlich nach Westen; auch wenn es damals noch keine Eisenbahn und kein Tunnel von Chexbres gab, wo sie, von den Reizen des Lac Léman überwältigt, das Retourbillet aus dem Fenster werfen konnten.

Die welsche Welle

Von 1481 bis zum Ende des 18. Jahrhunderts hatte sich die Schweiz gewandelt. Aus einem deutschsprachigen Land war ein mehrsprachiges geworden, in dem das französische Element zunehmend an Gewicht gewann. Am Ende dieser Periode umfasste die Eidgenossenschaft – unter Einbezug der Zugewandten Orte und der mit den eidgenössischen Kantonen lose liierten Herrschaften (Bünden, Wallis, Fürstbitum Basel usw.) – fast die ganze heutige Schweiz. Rund ein Viertel war fortan französischsprachig.

Die wachsende Bedeutung, die das Welschland im eidgenössischen Verband spielte, hing jedoch nicht nur mit der Ausdehnung des Territoriums zusammen, sondern auch mit der intellektuellen und wirtschaftlichen Vitalität der welschen Schweiz. Die Anziehungskraft des Welschlands war übrigens nicht auf die Deutschschweizer beschränkt. Die reformierten Städte Genf, Lausanne und Neuenburg wurden im 17. und 18. Jahrhundert zu intellektuellen Zentren, die europaweit Prestige genossen.

Die Stadtrepublik Genf stand seit Calvin im Ruf eines «protestantischen Roms». Die Quäker, welche 1620 mit dem Schiff Mayflower nach Amerika fuhren, trugen die «Geneva Bible» mit sich. Im 18. Jahrhundert wurde Genf auch zu einem Zentrum der Wissenschaft und Literatur. Schliesslich war der wohl einflussreichste Schriftsteller des 18. Jahrhunderts, Jean-Jacques Rousseau, Sohn eines Genfer Uhrmachers. Auch sein Gegenspieler Voltaire wohnte zeitweise vor den Toren Genfs, in Ferney.

Lausanne zog ebenfalls Ausländer in wachsender Zahl an. Aus ganz Europa reisten die Vermögenden nach Lausanne zum Arzt Samuel Tissot – der Beginn des Medizin-Tourismus in der Westschweiz. Das tolerante Klima der reformierten Welschschweiz machte es in der Zeit der Aufklärung auch zu einem Tummelplatz der Gegenkultur. Montesquieus berühmtes Werk «De l'esprit des lois» kam 1748 in Genf heraus. Und die «Encyclopédie» wurde von 1770 bis 1776 in Yverdon vom Drucker De Felice betreut.

Ende des 18. Jahrhunderts folgten Literaten und Intellektuelle aus ganz Europa den Spuren Rousseaus – so wie die Hippies aus dem Westen in den 1960er Jahren nach Katmandu oder auf Burroughs Spuren nach Tanger pilgerten. Dank Jean-Jacques entdeckten sie die landwirtschaftlichen Reize der Westschweiz, wobei vor allem englische Aristokraten vom Lac Léman und den Alpen schwärmten. Nachdem der Genfer Naturforscher Horace-Bénédict de Saussure mit der Erstbesteigung des Montblancs den Alpinismus lanciert hatte, brauchte die welsche Schweiz um touristische Werbung nicht mehr besorgt zu sein.

Neben dem kulturellen und wirtschaftlichen Aufschwung des Welschlands trug auch das Prestige der französischen Nation zur Aufwertung des welschen Landesteils bei. Zwar wurde im 18. Jahrhundert die Unterwerfung der Schweiz unter die französische Suprematie oft beklagt. Und auch das Primat, das das Französische in kulturellen Belangen ausübte, stiess immer wieder auf Kritik. Indessen hatte der Aufstieg Frankreichs zur führenden politischen und kulturellen Macht auf dem europäischen Festland auch positive Folgen für die Schweiz. Denn er stärkte den Romands, die gegenüber den Deutschschweizern anfangs eine schwache Minderheit darstellten, den Rücken. Das Prestige der französischen Kultur wirkte als Kompensation für die numerische und politische Unterlegenheit der Welschschweiz. Und dieses «kompensatorische Gleichgewicht» stellt bis heute ein wesentliches Element des Schweizer Sprachenfriedens dar.

Auf politischer Ebene spielte das Welschland bis Ende des 18. Jahrhunderts jedoch eine subalterne Rolle. Vergessen wir nicht, dass die Eidgenossenschaft, welche nach wie vor ein lockerer Staatenbund war, zu jener Zeit nur aus deutschsprachigen Vollmitgliedern und einem zweisprachigen Ort (Freiburg) bestand. Die Waadt und das französischsprachige Rhonetal waren Untertanenländer der mehrheitlich deutschsprachigen Kleinstaaten Bern und Wallis. Biel und der französischsprachige Südjura standen faktisch unter bernischem Protektorat. Und das Fürstentum Neuenburg stellte einen sonderbaren politischen Zwitter dar: einerseits war es dem König von Preussen untertan, anderseits stand es unter bernischem Einfluss.

Auf Dauer konnten sich die französischsprachigen Schweizer mit diesem Status nicht zufriedengeben. Allerdings brauchte es die Intervention eines ausländischen Staates, damit die politische Gleichheit der Bürger und damit auch die Gleichberechtigung der Sprachen, in der Schweiz Wirklichkeit wurde.

Die Geburt des Mehrsprachenstaates
(1798–1848)

«... dass alle Cantons Helvetiens die Aufklärung jeder in seiner Sprache erhalten sollen»
*Verordnung vom 25. Oktober 1798
der Einen und Untheilbaren
Helvetischen Republik*

Die Schweiz war bis 1798 ein buntscheckiger Flickenteppich, zusammengesetzt aus deutsch-, französisch-, italienischsprachigen und rätoromanischen Gebieten. Doch ein Mehrsprachenstaat war sie noch nicht, eigentlich überhaupt kein Staat, eher ein Staats-Embryo. Man kann die Alte Eidgenossenschaft nicht einmal als richtigen Staatenbund bezeichnen, denn dieser Ausdruck weckt die Vorstellung einer strukturierten Union von Staaten: «Staatenbündel» ist das passendere Wort.

Erst 1798, unter dem Einfluss der Französischen Revolution und mit reichlicher Nachhilfe seitens der französischen Armee, wandelte sich die Schweiz zu einem Staat. Und bei dieser Gelegenheit, mit der Schaffung der «einen und untheilbaren» Helvetischen Republik, wurde auch die Gleichberechtigung der Sprachen anerkannt und ansatzweise realisiert.

Die «Helvetik», die Periode der Helvetischen Republik, wurde von bürgerlichen Geschichtsschreibern lange Zeit als Klecks, als schwarzer Fleck im Reinheft der Schweizer Geschichte betrachtet. In ihren Augen stellte die kurzlebige Republik eine von aussen aufgezwungene Staatsschöpfung dar, eine Kreation wider die wahre Schweizernatur, die unter dem Vorwand, Glück zu bringen, dem Land vor allem Unglück beschert hat.

Es ist eine Tatsache, dass die Helvetische Republik unter französischem Diktat zustande kam und einen alles in allem wenig glücklichen Zeitabschnitt der Schweizer Geschichte markiert. Und doch werden heute mehr und mehr auch die Leistungen der Helvetischen Republik gewürdigt. Dank ihr wurde die Schweiz, wie gesagt, erst zu einem Staat. Und zu ihren Verdiensten gehört auch ein vorbildlicher Umgang mit der Mehrsprachigkeit.

Selbst die Vorstellung, wonach die Helvetische Republik ein der Schweiz aufgezwungenes Importmodell war, ist inzwischen teilrevidiert worden. Heute richtet sich das Augenmerk der Historiker vermehrt auf die «endogenen», d.h. die hausgemachten Ursachen, welche zum Untergang der Alten Eidgenossenschaft und zur helvetischen Revolution geführt haben. Die Helvetische Republik war nur zum Teil ein französisches Importprodukt, zum anderen Teil aber ein durchaus schweizerisches Erzeugnis.

Eine hausgemachte und eine importierte Revolution

Im Europa der Aufklärung stand die Eidgenossenschaft im Ruf eines Horts der Freiheit und des republikanischen Geistes. König Friedrich II. von Preussen beispielsweise bezeichnete die Eidgenossenschaft in seiner «Histoire de mon temps» als vorbildliche Republik, und die reichen und freien Schweizer Bauern erschienen dem König als die glücklichsten Sterblichen auf Erden.[1]

Der französische Schriftsteller und Staatsdenker Charles de Montesquieu pries in seinen «Lettres persanes» die Schweiz als Land der Freiheit. Und der englische Historiker Edward Gibbon, der lange Zeit in Lausanne verbrachte, dachte zeitweise daran, eine «Geschichte der Schweizer Freiheit» zu schreiben. Doch sah er schliesslich davon ab, weil die Materialien in der «Dunkelheit eines alten barbarischen deutschen Dialekts» eingeschlossen waren.

Auch die ersten Touristen, die Ende des 18. Jahrhunderts die Schweiz bereisten, schilderten die eidgenössischen Zustände oft in den vorteilhaftesten Farben. Hier sahen sie das Ideal einer väterlichen Obrigkeit verwirklicht, die über einem Volk von sittsamen Sennen wachte. Allerdings war die lobende Schilderung der Schweizer Zustände für manchen kritischen Autor vor allem ein Mittel, um gleichsam *a contrario* die heimischen Missstände anzuprangern.

Die reale Schweiz war weniger idyllisch, als manche Reiseberichterstatter in Ferienstimmung glaubten. Die vielgerühmte Schweizer Freiheit war nicht die Freiheit *der* Schweizer, sondern einiger Schweizer (von den Schweizerinnen gar nicht zu reden). Rund 1 600 000 Einwohner lebten am Ende des 18. Jahrhunderts auf eidgenössischem Gebiet. Davon hatten weniger als 200 000 Anspruch auf politische Mitsprache, und ein Grossteil jener, die theoretisch über politische Rechte verfügten, konnten sie nicht oder nur beschränkt ausüben.

Besonders in den Stadtkantonen war die Rechtsungleichheit krass. In den kleinen Schweizer Stadtstaaten grenzten sich die führenden Familien im 17. und 18. Jahrhundert vom Rest der Bevölkerung ab. Nicht nur die Landbewohner waren als Untertanen von der politischen Macht weitestgehend ausgeschlossen, auch in den Hauptstädten war die Teilnahme an den Staatsgeschäften auf einen kleinen Kreis führender Familien beschränkt. Da der Eintritt ins Bürgerrecht nach und nach erschwert und schliesslich praktisch unmöglich gemacht wurde, schrumpfte der Anteil der politisch berechtigten Bürger immer mehr. Es bildete sich eine Schicht von niedergelassenen, aber nicht als Bürger anerkannten Einwohnern, sogenannten «Hintersassen» oder «Aufenthaltern».

Noch exklusiver war der Kreis jener, die zur Regierungsgewalt zugelassen wurden. Hatte einst die Gesamtheit der Bürger die oberste Macht im Staat ausgeübt, so wurde der Grosse Rat in den Städten nach und nach zur eigentlichen Regierung, die keiner allgemeinen Bürgerversammlung mehr Rechenschaft schuldig war. In Basel, Biel, St. Gallen und Zürich rekrutierte sich der Grosse Rat aus den Zünften, während in Bern, Freiburg, Luzern, Genf und Solothurn keine eigentliche Zunftvertretung mehr bestand und der Grosse Rat aus den Mitgliedern des Patriziats bestellt wurde.

Das Prinzip der Kooptation (Selbstergänzung) der Räte trug wesentlich zur Herausbildung von Familienherrschaften bei. Da die Ratsherren ihre Kollegen mit Vorliebe unter ihren Söhnen, Schwiegersöhnen, Brüdern, Neffen und Cousins rekrutierten, kam es zu einer Oligarchisierung, die sogar immer mehr «regimentsfähige» (rechtlich zu den Regierungsgeschäften zugelassene) Familien von der Macht ausschloss. In Zürich beispielsweise wurde weniger als ein Siebtel der Mitglieder des Rates der Zweihundert durch die Zunftangehörigen gewählt, während der Rat sich im übrigen selbst ergänzte. Hinzu kam eine Verlagerung der eigentlichen Regierungsmacht auf den Kleinen Rat oder gar auf einen noch exklusiveren Geheimen Rat.

Wie im politischen, so bestand auch im wirtschaftlichen Bereich eine krasse Ungleichheit. In den Stadtkantonen waren die Untertanen von vielen Berufen ausgeschlossen. In Zürich, Luzern, Basel und Schaffhausen wurden Grosshandel und Gewerbe faktisch ein Monopol der Stadtbürger. Zahlreiche Ämter – Pfarramt, höhere Offizierschargen, Advokatur und höheres Lehramt – konnten nur von Stadtbürgern bekleidet werden.

Etwas besser sah es auf den ersten Blick in den Landsgemeindeorten aus. Aber auch dort war das Prinzip der Rechtsgleichheit im Laufe der Zeit immer mehr eingeschränkt worden. Wie in den Städten begann dieser Prozess damit, dass der Einkauf ins Bürger- oder Landrecht erschwert oder gar verunmöglicht wurde. Auch hier hatte eine Aristokratisierung und Oligarchisierung stattgefunden, mit der Folge, dass einige wenige Familien die wichtigsten Regierungsstellen und die einträglichsten Ämter unter sich aufteilten. Die sogenannten «Häupterfamilien» stellten eine Besitz- und Solddienstelite dar, die sich aus Rentnern, Gutsbesitzern und Militärunternehmern zusammensetzte. Überall ging die Klage, dass höhere Ämter nur durch Stimmenkauf erlangt wurden.

Die «Schweizerfreiheit», die von Ausländern gerühmt wurde, war also mehr Wunschbild und Projektion als Realität. Allerdings gab sich die Elite im einstigen Bauern- und Bürgerstaat nicht ganz so aristokratisch wie die Herren in den benachbarten Königs- und Fürstentümern: die Schweizer Oligarchie behielt einen volkstümlichen Anstrich, sie konnte ihre bäuerlich-bürgerliche Herkunft nicht ganz verleugnen. Dennoch liessen sich die städtischen Herren selbstgefällig und kastenbewusst von ihren Untertanen als «hochgeachte, wohledle, gestrenge, ehr- und nothfeste, wohl vornehme, fromme und hochweise allergnädigste Herren und Väter» ansprechen, und bestanden auf Empfehlungen wie «Euer Gnaden gehorsamster und mit Leib und Blut ergebenster unerthäniger Knecht» – und was der schönen barocken Titulorum sonst noch waren.

Sogar die höchsten Amtsinhaber in den Landsgemeindekantonen wurden als «höchstgebietende, gnädigste Herren und Obere» tituliert. So weit hatten es die Nachfahren von Wilhelm Tell gebracht ... Und diese Oligarchisierung des politischen, gesellschaftlichen und wirtschaftlichen Lebens schuf den Boden, auf dem die Ideen der Französischen Revolution gedeihen konnten.

Das Neue kommt aus dem Westen

Am 14. Juli 1789 stürmte das Pariser Volk die Bastille, das königliche Gefängnis und Symbol der französischen Monarchie. Dieses wurde nur noch von einigen Bündner Söldnern verteidigt, die unter den Aufständischen ein Blutbad anrichteten und schliesslich selbst das Leben lassen mussten: was wir heute im Rückblick «Französische Revolution» nennen, hatte begonnen. Nach diesem Einschnitt sollte die Welt ganz anders aussehen als zuvor.

Die Französische Revolution markiert auch eine Zäsur der Schweizer Geschichte. Die Nähe Frankreichs, aber auch die engen Bindungen zwischen dem französischen Königreich und der Eidgenossenschaft führten dazu, dass die Schweiz praktisch vom ersten Tag an von den französischen Vorgängen mitbetroffen war. Und als im August 1789 die Assemblée nationale alle Privilegien der Geburt und des Standes für aufgehoben erklärte, hatte dies auch folgen für die Eidgenossenschaft. Die Salzlieferungen an die Schweiz wurden eingestellt, Basel erhielt keine Einkünfte aus dem Elsass mehr. Und vor allem wurde beschlossen, die Schweizerregimenter in französischen Diensten sollten zu einem Teil der französischen Armee werden. In den Kantonen, die vom Solddienst lebten, bewirkten diese Beschlüsse dicke Luft.

In der Eidgenossenschaft wurden die Berichte aus Frankreich intensiv gelesen. Die Reaktionen waren unterschiedlich, so unterschiedlich wie die Interessen, die auf dem Spiel standen. In den aristokratischen Städten Bern, Freiburg und Solothurn, deren Eliten seit langem mit dem französischen Königshof verbandelt waren, breitete sich eine anti-revolutionäre Stimmung aus, welche bezeichnenderweise «Bernerfieber» genannt wurde. In den Handelsstädten Zürich, Basel und Schaffhausen hingegen bekundeten anfangs sogar Angehörige der herrschenden Familien Sympathie für die französische Umwälzung. Intellektuelle wie der Dichter und Physiognomiker Johann Caspar Lavater begrüssten die Revolution (später distanzierte er sich von der revolutionären Schreckensherrschaft). Und erst recht in der Bevölkerung der unterprivilegierten Landschaft freute man sich, dass die Macht der Mächtigen ins Wanken geriet. Vor allem die Forderung nach Abschaffung der Feudallasten war auch in der Eidgenossenschaft populär.

Zeitgenössische Berichte bestätigen, wie aufmerksam gerade die einfachen Leute die Ereignisse verfolgten. In einem Liestaler Wirtshaus wurde eine Meldung aus dem neuenburgischen Le Locle vorgelesen, wo von der Errichtung eines Freiheitsbaums die Rede war. Im baslerischen Bubendorf riefen die Kinder des Badwirts einem Emigranten provokativ «à la lanterne!» (an die Laterne) zu. Und die Basler Grenzwacht sang zusammen mit den französischen Soldaten das berühmte Revolutionslied:

> «Ah! ça ira, ça ira, ça ira – les aristocrates à la lanterne! /
> Ah! ça ira, ça ira, ça ira – les aristocrates, on les pendra!»

Erst recht bei den zahlreichen Schweizer Söldnern in französischen Diensten breitete sich das revolutionäre Gedankengut aus. Im August 1790 kam es im Regiment Châteauvieux, das hauptsächlich aus Westschweizern bestand, zu einer Revolte, ausgelöst durch ausstehende Soldzahlungen. Die Rebellion wurde von zwei Schweizer Regimentern niedergeworfen. Das eidgenössische Kriegsgericht wollte ein Exempel statuieren. Ein Anführer wurde gerädert, 22 wurden gehenkt, 41 auf die königlichen Galeeren verbannt.

Die Pariser Revolutionäre verehrten die Aufständischen als Freiheitshelden, und deren rote Galeerenmützen wurden zum Emblem der Revolution. Selbst König Ludwig XVI. ersuchte die Kantone um Gnade für die Aufständischen. Doch die Eidgenossen antworteten, sie seien allein für Ordnung und Ruhe in ihren Regimentern zuständig. Damit hatte die Eidgenossenschaft bei den französischen Linken endgültig das Image einer reaktionären Bastion erworben.

Während die eidgenössischen Herren glaubten, das Ancien Régime mit eiserner Faust verteidigen zu können, spitzten sich die Ereignisse in Frankreich weiter zu. Am 21. Juni 1791 versuchte der König, verkleidet aus Frankreich zu flüchten, wurde aber in Varennes bei Verdun erkannt und in den Tuilerien-Palast zurückgeführt. Eine Fluchtwelle unter französischen Aristokraten war die Folge. Hunderte verliessen das Land, und nicht wenige liessen sich in der grenznahen Schweiz nieder, wo sie gegen die neuen Herren Frankreichs intrigierten.

Die Eidgenossenschaft zog sich immer mehr den Groll der französischen Regierung zu. Um so mehr, als die eidgenössische Obrigkeit auch weiterhin mit Gewalt gegen die neuen Ideen vorging. Im Juli 1791 feierten Waadtländer Neugesinnte das Jubiläum der Erstürmung der Bastille, und zwar auf waadtländische Art: mit grossen Festgelagen in Rolle, Vevey und Lausanne. Dort trafen sich an die 150 Mann im Haus eines Bankiers. An einer Tafel, auf der ein Tellenhut stand, hielten sie feurige Reden, und dabei wurde auch etwas Wein getrunken. Es kreiste ein Kelch, der den Inhalt von zwölf Flaschen fasste und auf dem «Liberté, Fraternité, Egalité» stand, was die fortschrittliche Laune der Festbrüder wesentlich beförderte.

Die *Excellences de Berne* hatten indessen wenig Sinn für solche Lustbarkeiten. Bernische Truppen aus dem treuen deutschsprachigen Staatsgebiet wurden in die Waadt befohlen, und eine Vertretung des bernischen Regierungsrats ging ins Welschland, um höchstpersönlich für die Wiederherstellung der Ordnung zu sorgen. In den folgenden Prozessen wurden die Anführer der «Juli-Unruhen» zu strengen Strafen verurteilt. Einer der prominentesten, Amédée de La Harpe, wurde gar im Abwesenheitsverfahren zum Tod verurteilt und sein ganzer Besitz beschlagnahmt. Amédée ging nach Frankreich, brachte es in Napoleons Armee zum General, fiel schliesslich im Italienfeldzug, weshalb sein Name auf dem Arc de Triomphe in Paris verewigt ist. Doch seine Verbannung rettete das Berner Regime nicht, im Gegenteil: sein Cousin César Frédéric de La Harpe, ohnehin kein Freund der Berner Aristokratie, wandelte sich danach zum Chef der antibernischen Partei.

Derweil radikalisierte sich die Situation in Frankreich mehr und mehr. Am 10. August 1792 stürmten die Revolutionäre den königlichen Tuilerien-Palast, der nur von den Schweizer Gardisten in ihren roten Uniformen verteidigt wurde. Die Volksmenge war nicht aufzuhalten. Bei diesem Sturm und den kurz darauf inszenierten Septembermorden wurden Hunderte von Schweizern in königlichen Diensten hingemetzelt. Der Tod ihrer kadavergehorsamen Söhne schockierte die Schweiz und verstärkte die antirevolutionäre Stimmung.

Die Obrigkeit in den Kantonen, vor allem in Bern, schwenkte immer mehr auf eine antifranzösische Linie ein: Der Zusammenprall zwischen dem revolutionären Frankreich und der Eidgenossenschaft zeichnete sich ab. Im April 1792 begannen die Revolutionskriege. Die Girondins, welche in Frankreich an die Macht gekommen waren, erklärten Österreich den Krieg, und in diesen wurde auch der – mit Österreich verbündete – Fürstbischof von Basel hineingezogen. Am 28. April 1792 besetzten französische Truppen den katholischen Nordjura, also jenen Teil des Fürstbistums Basel, der nicht in der eidgenössischen Neutralität eingeschlossen war. Der Nordjura wurde zur «République rauracienne» und später als «Département du Mont-Terrible» Frankreich einverleibt.

Am 4. Dezember 1792 brach in Genf die Revolution aus. Die französischen Truppen standen vor Genfs Toren. Ein Krieg zwischen Frankreich und der Eidgenossenschaft schien unausweichlich. Doch die Schweiz wurde durch die internationale Entwicklung nochmals gerettet. Denn nach der Hinrichtung des französischen Königs im Januar 1793 griff England in den Krieg gegen Frankreich ein. Zudem brach in der Vendée, einer französischen Provinz im Nordwesten, ein Aufstand gegen das Revolutionsregime aus. Die Revolution war in der Defensive. Frankreich hatte jetzt andere Sorgen, als sich mit den Dreizehn Kantonen einzulassen.

Die Machthaber in der Eidgenossenschaft hätten den Aufschub jetzt nützen können, um die auch in der Schweiz drängenden Reformen durchzusetzen. Doch wenig geschah, und das Wenige ging in die kontrarevolutionäre Richtung. So wandten sich 1794 einige Notablen aus dem zürcherischen Seeort Stäfa an den Zürcher Rat. In einem moderaten Memorial, betitelt «Ein Wort zur Beherzigung an unsere theuersten Landesväter», verlangten sie eine Besserstellung der Landschaft. Die Reaktion auf das Gesuch fiel knüppeldick aus. Der Geheime Rat liess Stäfa besetzen. Der hochangesehene Sprecher der Stäfner Unzufriedenen wurde zuerst zum Tod verurteilt, dann zu lebenslänglicher Haft, und musste mit fünf anderen Verurteilten auf dem Richtplatz eine symbolische Hinrichtung über sich ergehen lassen. Mehr als 200 Landleute wurden mit Gefängnis, Verbannung, Pranger, Geld- und Ehrenstrafen gebüsst.

Nicht nur in Zürich, auch in anderen Kantonen erwies sich das Regime als reformunfähig. Doch mit seinem repressiven Durchgreifen hatte das Ancien Régime nur eine Galgenfrist gewonnen: Der Strick zog sich weiter zu. 1796 begann das französische Heer unter General Napoleon Bonaparte seinen Italienfeldzug. Von Sieg zu Sieg eilend, eroberten die französischen Truppen einen grossen Teil Oberitaliens. Im Frieden von Campoformio vom 17. Oktober 1797 bekam Frankreich die Lombardei, Österreich das Veneto.

Diese Ereignisse wirkten sich auf die Schweiz aus. Im Mai 1797 kam es im Veltlin, einem Untertanenland der Drei Bünde, zu einer Erhebung. Kurz darauf befahl Bonaparte die Vereinigung der bünderischen Vogteien Veltlin, Bormio und Chiavenna mit der Cisalpinischen Republik – zum erstenmal ging ein Stück altes eidgenössisches Territorium verloren.

Der Druck auf die Schweiz stieg weiter an: Revolutionäre wie der frankophile Basler Zunftmeister Peter Ochs und der Waadtländer César Frédéric Laharpe – er hatte seinen aristokratischen Namen inzwischen abgeändert und auf das «de» verzichtet – riefen zur Beseitigung des Ancien Régime auf und machten in Paris Stimmung gegen die eidgenössischen Machthaber. In Frankreich gewann die Idee eines Kriegs gegen die Eidgenossenschaft immer mehr Anhänger. Dabei spielte die Tatsache, dass die Schweiz mit ihren Alpenpässen eine eminente strategische Bedeutung hatte, eine wichtige Rolle. Zudem standen die Schweizer schon damals im Ruf, auf prallvollen Tresoren zu sitzen. Nicht zuletzt der bernische Staatsschatz weckte französische Begehrlichkeiten.

Die Feindseligkeiten begannen wiederum im Jura. Im Dezember 1797 erklärte sich Frankreich zum Rechtsnachfolger des Fürstbischofs von Basel. Französische Truppen okkupierten nun auch den Südjura, d.h. den südlichen, protestantischen und bislang in die eidgenössische Neutralität eingeschlossenen Teil des Fürstbistums Basel. Auch die Stadt Biel wurde besetzt: dem Berner Bären sass der französische Hahn im Nacken. Am 8. Januar 1798 stellte Frankreich Bern ein Ultimatum: Entweder werden die Emigranten sofort ausgewiesen, oder es gibt Krieg. Gleichzeitig wurden französische Truppen an den Waadtländer Grenzen postiert. Die Berner Regierung wusste nicht recht, was tun: eine Partei wollte den Krieg aufnehmen, die andere unbedingt Frieden schliessen.

In der Zwischenzeit regten sich in der Schweiz die Aufständischen, mutig geworden angesichts der Nähe der französischen Truppen. Am 17. Januar kam es im baslerischen Landstädtchen Liestal zu einer Erhebung. Eine Woche später probten die Waadtländer den Aufstand: In Lausanne wurde die «République lémanique» ausgerufen. Bis heute wird jedes Jahr am 24. Januar von den bürgerlichen Parteien die «Révolution vaudoise» gefeiert – bei den Liberalen mit «papet vaudois» (Kabiswurst mit Lauchkartoffelbrei), bei den Freisinnigen mit – Berner Platte.

(Die Waadtländer Spezialität «papet vaudois» soll übrigens einen politischen Hintergrund haben. Die «saucisses au choux», jene mit Fleisch und zerhacktem Kohl gefüllten Würste, welche gleichsam die Essenz dieser Speise darstellen, scheinen ihre Entstehung dem rebellischen Geist der Waadtländer zu verdanken. In der Waadt wird erzählt, die Waadtländer hätten früher den bernischen Landvögten regelmässig eine gewisse Menge Würste abliefern müssen. Um Fleisch zu sparen, hätten die einfallsreichen Untertanen Kohl in die Würste gesteckt, womit sie nicht nur die Vögte übertölpelt, sondern auch die Waadt zu ihrem Nationalgericht verholfen haben. Was beweist, dass die Berner Herrschaft auch segensreiche Folgen hatte.)

Zurück ins Jahr 1798. Nachdem in Lausanne die Freiheit und die Brüderlichkeit ausgerufen worden waren, zogen sich die Berner Truppen aus der Waadt zurück, um sich auf die Verteidigung des deutschsprachigen Staatsgebiets zu konzentrieren. Die Berner Landvögte, untröstlich über die Undankbarkeit des Volkes, verliessen das Land, wobei der Vogt von Grandson von seinen Untertanen unter Tränen aufs Schiff geleitet wurde. Am 28. Januar marschieren die Franzosen in die Waadt ein.

Die Berner Regierung war aber weiterhin wie gelähmt. Während die Berner Soldaten auf Befehle der Regierung warteten, stellte der französische General Brune der bernischen Regierung am 1. März ultimativ die Forderung, sie solle sich als provisorisch erklären. Tags darauf nahmen französische Truppen, von Norden und Westen herkommend, Solothurn und Freiburg ein, ohne dass es zu Gegenwehr kam. In Bern herrschte Endzeitstimmung. Schliesslich rief man eidgenössische Truppen um Hilfe an – zu spät. Am 5. März kam es zur Schlacht bei Neuenegg, wo die Berner hartnäckigen Widerstand leisteten, und im Grauholz, wo sie verheerend geschlagen wurden. Am Nachmittag besetzten französische Truppen die Stadt, die zuvor noch nie fremde Truppen in ihren Mauern gesehen hatte.

Der 69jährige Schultheiss Niklaus Friedrich von Steiger flüchtete über den Brünig ins Ausland. Generalmajor Karl Ludwig von Erlach, der Chef der bernischen Armee, setzte sich ins Oberland ab. Doch in einem Dorf zwischen Bern und Thun stiess er auf Oberländer Soldaten, die in den Krieg ziehen wollten. Als sie hörten, dass Bern kapituliert hatte, ging die Rede von Verrat. Generalmajor von Erlach, der Bärndütsch mit französischem Akzent sprach, weil er zeit seines Lebens vor allem französisch gesprochen hatte, wurde von einer Menschenmenge bedroht, schliesslich niedergestochen und gelyncht. Das alte Bern hatte gelebt.[2]

Mit dem Fall Berns war auch die Alte Eidgenossenschaft dem Untergang geweiht. In grossen Teilen der Schweiz kam es zu Aufständen. Am 12. April 1798 wurden im revolutionsfreundlichen Aarau, der provisorischen Hauptstadt, die «eine und untheilbare» Helvetische Republik ausgerufen. Ein Verfassungsrat gab der Schweiz ein Grundgesetz, das allen Bürgern gleiche Rechte und Pflichten einräumte. Allerdings glänzte ein Teil der Eidgenossen, vor allem jene aus den Landorten, durch Abwesenheit.

Die Innerschweiz leistete den Franzosen noch einige Monate lang Widerstand. In Nidwalden wehrten sich Männer, Frauen und Kinder mit Keulen, Hellebarden und Mistgabeln gegen die französischen Bajonette. Aber dann war's auch um die Urschweizer Guerilla geschehen: Die Schweiz war ein besetztes Land.

Der aufgezwungene Fortschritt

Die Invasion der Schweiz durch die französischen Revolutionsheere bedeutete den Niedergang der Alten Eidgenossenschaft, aber nicht das Ende der Eidgenossenschaft. Die Schweiz überlebte das Beben, und konnte auch ihre Mehrsprachigkeit aus dem Schlamassel retten.

Dies ist nicht selbstverständlich. Denn die Idee, die französischen und italienischen Glieder vom eidgenössischen Körper abzutrennen, geisterte damals durch die Köpfe der französischen Machthaber und sogar der Schweizer Revolutionäre. Laharpe beispielsweise wollte die französische Schweiz zu einem eigenständigen, mit Frankreich liierten Staat machen, da mit den Deutschschweizern, ihrem «barbarischen» Jargon und ihren archaischen Traditionen nichts anzufangen war. Auch eine Dreiteilung der Schweiz (Tellgau, Helvetien und Rhodanien) stand phasenweise zur Diskussion. Die vielsprachige Schweiz musste gerade in einer Zeit, als in Frankreich das Ideal des auf einer gemeinsamen Sprache beruhenden Nationalstaats triumphierte, als ein vernunftwidriges, barock-bizarres Relikt aus alten Zeiten erscheinen.

Indessen liess Napoleon Bonaparte die Teilungspläne schliesslich fallen, weil er feststellen musste, dass der Wille, schweizerisch zu bleiben, selbst in vormaligen Untertanenländern wie Tessin und Waadt stark war. Anschlussgelüste ans gleichsprachige Ausland waren zwar da und dort durchaus vorhanden, aber «mehrheitsfähig», wie man heute sagen würde, waren sie nicht. Somit behielt die Eidgenossenschaft 1798 einen Grossteil ihrer französisch- und italienischsprachigen Gebiete. Einige Verluste mussten die Eidgenossen dennoch hinnehmen. Das zugewandte Genf wurde abgetrennt und von Frankreich annektiert. Das preussische Fürstentum Neuenburg gehörte auch weiterhin nicht zum schweizerischen Verbund. Das zugewandte Mülhausen wurde endgültig französisch. Die Kernschweiz blieb jedoch unangetastet.

Die Helvetische Republik von Napoleons Gnaden machte die Schweiz zu einem Zentralstaat nach französischem Vorbild. Sie setzte sich aus anfangs 23, dann 18 Kantonen zusammen, die aber nicht mehr souveräne Kleinstaaten waren, sondern blosse Verwaltungseinheiten. Das stolze Bern, der grosse Brocken innerhalb der Alten Eidgenossenschaft, wurde gleich in vier Teile aufgeteilt (Kantone Bern, Oberland, Aargau, Waadt). Im Gegenzug wurden die Innerschweizer Orte Uri, Schwyz, Unterwalden und Zug in einem einzigen «Kanton Waldstätte» fusioniert.

Mit den Untertanengebieten räumte die Helvetische Republik ein für allemal auf. Aus vormaligen Vogteien und aufgehobenen Herrschaften (Abtei St. Gallen) wurden die Kantone Säntis, Linth, Thurgau, Aargau, Baden, Bellinzona und Lugano gebildet. Statt des pittoresken alten Staaten-Kunterbunts herrschte im Schweizer Staatsgebäude fortan französisch-aufklärerische Ordnung und Symmetrie.

Die Republik war zentralisiert: Sie wurde von einer fünfköpfigen Exekutive, dem Direktorium, regiert, welchem zuerst vier, später sechs Minister beigegeben wurden. Die Legislative setzte sich aus zwei Räten – einem Grossen Rat und einem Senat – zusammen. Die Kantone wurden von Statthaltern und Unterstatthaltern verwaltet: Das französische System mit seinen Präfekturen und Unterpräfekturen lässt grüssen. Die Republik basierte auf der Volkssouveränität, welche in Urversammlungen von je 100 Bürgern mit Elektorenwahlrecht ausgeübt wurde.

Für Altgesinnte waren diese Neuerungen fremdes, eidgenössischen Geist verhöhnendes Teufelswerk. Selbst in der Bezeichnung «Helvetische Republik», die anstelle des altehrwürdigen Begriffs «Eidgenossenschaft» getreten war, witterten sie einen Verstoss gegen die alteidgenössische Gesinnung. «Helveter» sei «ein herzloses, fremdes, ‹welsches› Wort», hiess es, das von den bösen Franzosen absichtlich gewählt worden war, um die Schweizer an die Schmach ihrer keltischen – und von den Römern unterworfenen – Ahnen zu erinnern.[3]

Nun mochten manche Neuerungen zwar als fremd erscheinen, schlecht waren sie deshalb nicht. Die Helvetische Republik hatte den Eidgenossen viele Reformen aufgezwungen, zu denen sie zuvor unfähig gewesen waren. Die Abschaffung der Untertanenverhältnisse gehörte hierzu, aber auch die Anerkennung der bürgerlichen Grundrechte. Das Fremde ist manchmal auch das Fortschrittliche.

Die Verfassung der Helvetischen Republik machte (fast) alle Schweizer Männer zu gleichberechtigten Bürgern: die jüdischen Schweizer und die Geistlichen waren allerdings von der «Egalité» ausgeschlossen. Feudale, an die unfreie Person gebundene Abgaben wurden abgeschafft, der Grundbesitz frei handelbar und das Eigentum garantiert. Es galt allgemeine Rechtsgleichheit, Handels- und Gewerbefreiheit. Die Schweizer verfügten über die Niederlassungsfreiheit, was zur Folge hatte, dass neben den Bürgergemeinden nun auch Einwohnergemeinden entstanden. Das Petitionsrecht, die Pressefreiheit und die Glaubens- und Gewissensfreiheit wurden anerkannt. Die helvetischen Landesväter, voll von pädagogischem Eifer, machten sich auch daran, ein modernes Schulsystem zu schaffen. Die Grundlagen zu einer modernen Statistik wurden gelegt. Gute Vorsätze, wohin man sah.

Was uns hier aber besonders interessiert: die Helvetische Republik brachte auch die Gleichberechtigung der Sprachen. Sie praktizierte – zumindest auf dem Papier – eine vorbildliche Mehrsprachigkeit. Auch dies mag heute fast selbstverständlich erscheinen, war es aber nicht. Das Zusammenleben von vier Sprachen (allerdings wurde auf die Rätoromanen damals noch keine Rücksicht genommen) in einem Mini-Staat brachte für diesen eine nicht unerhebliche Mehrbelastung mit sich, und dies zu einer Zeit, als die junge Republik viele andere Probleme zu lösen hatte.

Die Anerkennung der Gleichberechtigung der Sprachen erfolgte nicht ohne Zögern und Zaudern. Laharpe erklärte, die Mehrsprachigkeit habe ihn am meisten an der Helvetischen Republik zweifeln lassen. Der Waadtländer Revolutionsführer scheint sich zuerst mit dem Gedanken getragen zu haben, in den Räten das Französische, die Sprache der Revolution, zur offiziellen Sprache zu erheben. Im Februar 1798 beabsichtigte Laharpe, «den Unterschied des Idioms» zu regeln, indem er den beiden Räten der Helvetischen Republik das Französische vorschrieb und die Kenntnis der drei Landessprachen Französisch, Deutsch und Italienisch empfahl. Aber diese Regelung lief zu offensichtlich dem Volkswillen entgegen und wurde fallengelassen. Es wäre doch zu eigenartig gewesen, wenn ausgerechnet der neue Staat, der sich auf den Volkswillen berief, der Mehrheit der Bevölkerung eine fremde Sprache aufgezwungen hätte.

Schliesslich siegte der Wille, die Gleichheit der Bürger auch im Sprachlichen zu realisieren. Schon am 29. April 1798 wurde von den gesetzgebenden Räten bestimmt, das amtliche Tagblatt der Gesetze und Dekrete sei auf zwei verschiedenen Blättern zu drucken, das eine auf deutsch und das andere auf französisch. Damals gehörte die italienischsprachige Schweiz noch nicht zur Helvetischen Republik, so dass für den italienischen Text vorerst nicht gesorgt werden musste.

Auch in den eidgenössischen Räten wurden alle Sprachen zugelassen. Eine kleine Ausnahme vom Prinzip der Gleichberechtigung der Sprachen wurde beim Militär gemacht: Als Kommandosprache der für Frankreich kämpfenden helvetischen Legion galt ausdrücklich die deutsche.

Ein Problem ergab sich bei der Beschriftung der Münzen. Unmöglich, auf den neuen Geldstücken drei oder gar vier Sprachen unterzubringen, wie dies heute auf den Schweizer Banknoten der Fall ist. Schliesslich fanden die Väter der Republik eine elegante Lösung: sie lösten das Problem der Viersprachigkeit mit dem Gebrauch einer fünften Sprache und beschrifteten die Münzen lateinisch, mit «Confoederatio helvetica». So entstand das Kürzel «CH», das als internationales Kennzeichen heute auf Schweizer Autos zu sehen ist und keineswegs eine Anspielung auf den typisch alemannischen Krachlaut darstellt.

Die Schweizer hatten jetzt also einen modernen mehrsprachigen Staat. In der Theorie war alles bestens in der besten aller möglichen vielsprachigen Welten. Doch die Realität sah bisweilen anders aus. Es kam nämlich bald zu Problemen im Schriftverkehr – und die regelungsfreudige Helvetische Republik löste eine bis dahin unbekannte Papierflut aus. Da konnte es vorkommen, dass in der Eile gewisse Texte auch an die lateinischen Kantone auf deutsch verschickt wurden, was prompt zu geharnischten Reaktionen führte. So ersuchte die Verwaltungskammer des Kantons Léman die Zentralbehörde, ihre Texte gefälligst auf französisch abzufassen, denn man verstehe im Waadtland kein Deutsch («vu que nous n'entendons pas l'allemand»). Die Minderheit stellte sich taub. Kannitverstan: eine alte und immer aktuelle Minderheitsstrategie ...

Kommunikationsprobleme entstanden auch bei den Zentralbehörden. Nicht so sehr im Direktorium: dort sassen ja gebildete und durchwegs sprachkundige Männer. Der Waadtländer Laharpe, der in seinen jungen Jahren das vom Bündner Aufklärer Martin Planta gegründete Knabeninternat Haldenstein besucht und später in Tübingen Recht studiert hatte, war des Deutschen mächtig, und der aus kosmopolitisch-gebildetem Milieu stammende Ochs hatte als 15jähriger Dramen in französischer Sprache geschrieben. Aber im Parlament war das Volk vertreten, und das war alles andere als polyglott.

In der Tat können die Sprachenkenntnisse hüben und drüben kaum famos gewesen sein. Der Waadtländer Landammann Henri Monod, der wie sein Freund Laharpe im deutschen Tübingen studiert hatte, bedauerte die mangelnden Französischkenntnisse der Deutschschweizer bitter. Und die Deutschkenntnisse der französischen Schweizer waren wohl im allgemeinen kaum besser. So behalf man sich, indem man im Parlament einen deutschsprachigen und einen französischsprachigen Sekretär als Protokollführer bestimmte. Später kamen auch Dolmetscher hinzu.

Als sich im Juli 1798 auch die beiden italienischsprachigen Kantone Lugano und Bellinzona der Helvetischen Republik anschlossen, kam die Lackmusprobe für die vorbildliche Sprachenpolitik. Zwar wurde das Italienische als Staatssprache anerkannt, doch stellte sich die Frage, wie weit die Gleichberechtigung gehen sollte. Vorab im Parlament kam es zu harschen Diskussionen darüber, ob sämtliche Beschlüsse in drei Sprachen behandelt und veröffentlicht werden müssten.

Die Argumente für und wider eine konsequente Gleichberechtigung waren die gleichen, die heute noch vorgebracht werden. Während die eine Seite argumentierte, die Gleichheit der Bürger gelte auch für die Sprachen, hiess es auf der andern Seite, eine konsequente Dreisprachigkeit erschwere den Verwaltungsapparat und führe zu Rechtsunsicherheit. Gewisse Abgeordnete verlangten gar, es sei wie in Frankreich nur noch eine Sprache zu verwenden. Und ein Deutschschweizer Parlamentarier klagte, das Parlament gleiche bald mehr einer Sprachschule als einem Rat. Schliesslich resultierte ein typisch schweizerischer Kompromiss: man verzichtete auf die systematische Übersetzung aller Gesetzestexte in drei Sprachen, aber es wurde ein italienischsprachiger Dolmetscher angestellt, der die wichtigsten Dekrete und Erlasse auf italienisch zu übersetzen hatte. Zum Glück zeigten die Bündner bis 1799 der Helvetischen Republik die kalte Schulter, denn sonst hätte auch noch das Rätoromanische zur offiziellen Sprache ernannt werden müssen. Und dann hätte sich ja auch die (bis heute nicht endgültig gelöste) Frage gestellt, welches rätoromanische Idiom als das offizielle zu gelten habe. Zudem waren die Rätoromanen schon damals in der Regel so nett, deutsch zu können. Als der Kanton Rätien gegründet wurde, unterliessen es die helvetischen Regierungskommissäre indessen nicht, die provisorische Regierung anzuweisen, ihre Proklamationen ins Italienische und ins Romanische zu übersetzen.

Die Anerkennung der Mehrsprachigkeit der Helvetischen Republik war eine mutige Tat. Nicht umsonst setzten die Gegner der Republik das Argument Vielsprachigkeit ein, um gegen den neuen Staat Propaganda zu machen. «Hier sollen teutsch, französisch und italienisch sprechende Schweizer, die einander nicht einmal verstehen würden, beieinander sitzen», spotteten sie.

Laharpe dagegen deutete die Vielsprachigkeit im progressiven Sinn um. Er schrieb, «die Notwendigkeit, das Deutsche, Französische und Italienische zu lernen, werde die vielfachen Beziehungen der Nationalitäten zueinander verstärken und dem Vaterland die Möglichkeit zur Erweiterung der Bildung und Erziehung geben; dadurch würden die verborgenen Schätze dieser Sprachen erschlossen und die barbarischen Vorurteile zerstreut, die die Menschen zu Rivalen, dann zu Feinden, endlich zu Sklaven machten.»[4]

Damit wurde die Vielsprachigkeit von der Not in eine Tugend umgedeutet. Die Eidgenossenschaft erschien zwar in einer Zeit, da nationale Bewegungen in Frankreich, Deutschland und anderen Ländern das Prinzip «ein Volk – eine Sprache» auf ihre Fahne schrieben, weiterum als altmodisches, vom Zeitgeist überholtes Gebilde. Aber indem ihm jetzt die Bestimmung zugesprochen wurde, die Sprachkulturen miteinander zu versöhnen, bekam dieser gegenläufige Staat in den Augen seiner Repräsentanten eine übergeordnete Legitimität. Diese Idee lebte weiter, als der Aargauer Philipp Albert Stapfer, der rührige Erziehungsminister der Helvetischen Republik, dem Direktorium 1798 die Idee einer Landesuniversität vorlegte. Stapfer argumentierte, dieses Institut sei «vielleicht bestimmt, deutschen Tiefsinn mit fränkischer Gewandtheit und italiänischem Geschmack zu verbinden.»[5]

Das Projekt einer Landesuniversität kam nicht zustande. Die Idee wurde aber nach 1848 wieder aufgenommen – erneut erfolglos, wie wir sehen werden. Bis heute besitzt die Schweiz keine nationale Universität (dafür immerhin eine Eidgenössische Technische Hochschule in Zürich und eine weitere in Lausanne). Aber der Gedanke, dass der Charakter der Schweiz gerade auf dem Ausgleich zwischen deutscher und lateinischer Kultur beruht, hat nichts von seiner Aktualität verloren.

Mit guten Vorsätzen zur Hölle

Die Helvetische Republik, die mit vielen guten Vorsätzen gestartet war, stand nicht unter einem glücklichen Stern: Ab 1799 wurde die Schweiz zum Kriegsschauplatz, auf dem französische, österreichische und russische Armeen ein- und ausgingen. Die Bevölkerung musste Requisitionen, Zwangsanleihen und Einquartierungen über sich ergehen lassen. Zudem war die Schweiz gezwungen, der französischen Armee Soldaten zu liefern. Dass in dieser Lage nostalgische Erinnerungen an die gute alte Eidgenossenschaft aufkamen, versteht sich von selbst.

Die Republik war von Anfang an mit dem Makel der Fremdherrschaft behaftet. Doch hat der Misserfolg der Republik auch interne Gründe. So wurde sie durch ständige Konflikte zwischen Unitariern und Föderalisten gelähmt. (Anmerkung für Nichtschweizer: Als Föderalisten werden in der Schweiz, anders als in den Vereinigten Staaten, nicht die Verfechter eines starken Zentralstaats bezeichnet, sondern im Gegenteil die Anhänger starker Kantone.)

Auch Spannungen zwischen den Chefs – vor allem zwischen dem Basler Ochs und dem Waadtländer Laharpe – erschwerten das Regieren. Der neue Staat scheiterte aber nicht zuletzt an seiner Finanz- und Wirtschaftspolitik. Die Abschaffung der Feudallasten, Grundzinsen, Zehnten und Naturalabgaben – eines der Hauptanliegen der Revolutionäre – führte nicht zu den erhofften Erleichterungen fürs Volk. Im Gegenteil: sie stürzten den Staat in eine Finanzkrise, der mit neuen Steuern abgeholfen werden musste. Und damit wurde das Volk an seiner empfindlichsten Stelle getroffen. «Alle Revolutionen haben ihren Ursprung in den Steuern», sagte einst ein französischer Revolutionär. Statt weniger Steuern brachte die Republik mehr Steuern. Eine solche Politik musste zum Debakel führen – nicht nur bei den in Geldsachen empfindsamen Schweizern.

1800 glitt die Republik ins Chaos ab. Die Helvetische Republik glich mehr und mehr einem südamerikanischen Staat, der sich von einem *pronunciamiento* zum andern weiterhangelte. Mehrere Versuche wurden gemacht, um zu retten, was zu retten war. So wurde das Direktorium aufgelöst und durch einen aus Gemässigten und Konservativen zusammengesetzten Vollziehungsausschuss ersetzt. Damals wurde übrigens auch das Prinzip der Dreisprachigkeit über Bord geworfen. Doch nicht einmal so war das Regime zu retten. Die helvetischen Behörden mussten sich schliesslich nach Lausanne absetzen. Die Helvetische Republik endete in Schimpf und Schande. Aus der «République une et indivisible» war eine «République une et invisible» (eine und unsichtbare Republik) geworden.

Das Volk, dem zu helfen der neue Staat angetreten war, eilte ihm nicht zu Hilfe. Denn dort war von Sympathie nicht mehr viel zu spüren. Die formalen Rechte, die der Staat der Bevölkerung gebracht hatte, wogen nicht schwer angesichts der realen Lebensbedingungen, angesichts von Requisitionen und Zwangsrekrutierung. Ein Spottlied brachte die landläufige Stimmung zum Ausdruck:

«A mon Dieu! o mon Dieu!
Wie schlimm bin ik daran,
Ik abgeschlagnes Citoyen,
Weiss nik, wo an ...
Lass mik das Krieg quittieren,
Und frei nak Haus marschieren,
Dann pfeif ik gern, o Gratie,
Auf Liberté.»[6]

Fünf Jahre hatte die Helvetische Republik gedauert – ein überzeugendes Experiment war es nicht. Und dennoch: Es hat die Grundlage zu einem modernen Staat gelegt. Die Helvetische Republik hat vieles versucht, was dann später, nach der Gründung des Bundesstaates 1848, dauerhaft realisiert werden sollte. Man könnte 1798 in vieler Hinsicht als missglückte

Hauptprobe zu 1848 bezeichnen. Künstler wissen aber, dass auf missglückte Hauptproben oft gute Aufführungen folgen.

Gerade fürs Zusammenleben der Sprachgruppen war die Helvetische Republik ein Glücksfall. Der Historiker Karl Meyer hat einmal gesagt, die grösste Katastrophe der Schweizer Geschichte, nämlich der Einmarsch der französischen Revolutionstruppen, könne als Glück bezeichnet werden, denn sie habe das Erwachen eines sprachlich motivierten Nationalismus verhindert. Wäre der Grossteil der romanischsprachigen Eidgenossen im 19. Jahrhundert Untertanen geblieben, so hätte dies auf die Dauer Ressentiments erzeugt, die wahrscheinlich arge Folgen gehabt hätten. Der Politologe Kenneth D. McRae schreibt, die Schweiz habe nie für die sprachliche Gleichberechtigung kämpfen müssen, sondern habe sie quasi von aussen aufgedrängt bekommen.

Ein Verdienst der Helvetischen Republik liegt auch darin, dass sie die Stellung der französischen Schweiz gestärkt hat. Die Romands waren ab 1798 nicht nur gleichberechtigte Schweizer Bürger, sondern sie spielten in der Helvetik sogar eine führende Rolle. Das Projekt des französischen Directoire, die Eidgenossenschaft in drei unabhängige Republiken aufzusplittern, war ja vor allem durch den Waadtländer Revolutionär Laharpe vereitelt worden. Die Schweiz, schrieb Hermann Weilenmann, war 1798 von den Romands quasi ein zweites Mal gegründet worden.

Somit hat die Helvetische Republik das numerische und politische Übergewicht der deutschen Schweiz gemildert. In der Helvetik und auch in der nachrevolutionären Schweiz stellten die welschen Schweizer – anders als in der Alten Eidgenossenschaft – keine *quantité négligeable* mehr dar. Und dies hat bis heute wesentlich zum Schweizer Sprachenfrieden beigetragen.

Abbruch der Hauptprobe

Nachdem sich die Helvetische Republik aufzulösen begann, sah Napoleon Bonaparte ein, dass er diesen unmöglichen Eidgenossen keine Republik nach französischem Vorbild aufzwingen konnte. Er war jetzt bestrebt, seine Machtposition in Europa zu festigen, und deshalb brauchte er in erster Linie Ruhe und Ordnung im eidgenössischen Ländchen. Und zudem hatte der Premier Consul zuhause gründlich mit der revolutionären Hinterlassenschaft aufgeräumt. Deshalb war er nun auch zu Konzessionen an den

Schweizer Partikularismus bereit. Möglicherweise empfand der Korse sogar eine gewisse Sympathie für dieses störrische Alpenvolk, das einfach nicht modern sein wollte.

So oktroyierte Napoleon als Vermittler zwischen den verfeindeten Schweizer Parteien den Eidgenossen 1803 eine neue Verfassung auf («Mediationsverfassung»), die einen Kompromiss zwischen den Errungenschaften der Helvetik und den Traditionen der Alten Eidgenossenschaft darstellte. Die Dreizehn Orte wurden jetzt wieder hergestellt, freilich ohne die alten Untertanengebiete. Zwar forderten die Altgesinnten in den «Herrenstaaten» Bern und Uri flugs die Heimholung ihrer alten Untertanengebiete Waadt und Tessin, stiessen aber bei Napoleon auf taube Ohren. Dieser liess die Schweizer Vertreter, die zur Entgegennahme der Verfassung nach Paris beordert worden waren, gnädig wissen, dass die alten Zöpfe endgültig abgeschnitten seien. Mit der Freiheit der italienischen Schweiz sei die Ehre der Franzosen und Italiener verknüpft, liess er verlauten, und das Waadtland «liegt uns am Herzen wegen des Blutes, der Kultur und der Sprache seiner Bewohner». Der Herrscher über Europa fügte an: «Nie gebe ich zu, dass es wieder untertan werde; ich würde 50 000 Mann für seine Unabhängigkeit in Bewegung setzen.»[7]

Mit der Mediationsverfassung traten somit die Kantone St. Gallen, Aargau, Thurgau, Tessin und Waadt als vollberechtigte Kantone der Eidgenossenschaft bei. 1803 wird in diesen «neuen» Kantonen als Gründungsdatum gefeiert. Nicht umsonst wird hier die französische Epoche wesentlich positiver beurteilt als in den alten Kantonen. Zudem gehörten jetzt auch die vormaligen Drei Bünde als Kanton Graubünden der Eidgenossenschaft an.

Auch wenn 1803 gegenüber 1798 in vielem einen Schritt zurück bedeutet: die Schweiz blieb ein mehrsprachiges Land. Und das war, wie 1798, ein Glück. So wäre der Kanton Tessin, der aus dem Zusammenschluss von Bellinzona und Lugano gebildet wurde, beinahe von der Schweiz getrennt worden. Der französische Herrscher dachte nämlich zeitweise daran, das neue Königreich Italien bis an die Sprachgrenze und die Höhe der Alpen auszudehnen. Doch die Tessiner wehrten sich gegen einen solchen Anschluss. Gemäss ihrer schon 1798 vorgebrachten Forderung wollten sie «liberi e svizzeri» – frei und schweizerisch – sein: stolze Söhne von Guglielmo Tell.

Dennoch fehlten der Schweiz nach wie vor einige Gebiete. Neuenburg war immer noch preussisch (1810 wird Napoleon nach dem Sieg über

Preussen das kleine Fürstentum seinem Generalstabschef Berthier geben und ihm den Titel eines «Prince et Duc de Neuchâtel» verleihen). Genf gehörte weiterhin zu Frankreich, wie auch das frühere Fürstbistum Basel und die Stadt Biel. Und es fehlte auch das Wallis, das 1802 wegen der strategischen Bedeutung seiner Pässe zu einem eigenen Staat gemacht worden war und 1810 durch Einverleibung in Frankreich völlig verloren gehen sollte.

Die Mediationsverfassung machte die Eidgenossenschaft wieder zu einem lockeren Staatenbund, bestehend aus weitgehend souveränen Republiken. Die Tagsatzung ersetzte die Regierung, wobei ihre Befugnisse auf ein Minimum beschränkt wurden: vor allem auf die Verteidigungs- und Aussenpolitik. Wie in der Alten Eidgenossenschaft hatten alle Kantone gleich viele Vertreter an der Tagsatzung, doch galt jetzt die Bestimmung, dass die Stimmen der sechs grössten Kantone doppelt zählen sollten.

Die Führung der laufenden Geschäfte übernahm wieder ein bestimmter Kanton als «Vorort», jetzt Direktorialkanton genannt. Hatte aber bis 1798 Zürich allein diesen Vorsitz gehabt, so wurde nun ein Rotationssystem geschaffen: die sechs ersten Stadtkantone amteten abwechslungsweise als Vorort, wobei der betreffende Schultheiss oder Bürgermeister den Titel eines «Landammanns der Schweiz» erhielt. Er war als solcher Frankreich gegenüber verantwortlich. Napoleon hatte keine Lust, mit mehr als einem Dutzend souveräner kantonaler Kleinstaaten einzeln zu verhandeln.

Auch in den Grundrechten ging die Mediationsverfassung 1803 gegenüber 1798 einige Schritte zurück. Der Grundsatz der Gleichheit der Bürger wurde zwar in der neuen Bundesverfassung verankert, aber so restriktiv ausgelegt, dass es wieder zur alten Scheidung in Vollbürger und Hintersässen kam. Die eidgenössischen Garantien für Vereins-, Presse- und Glaubensfreiheit fielen weg.

Sprachpolitisch bedeutet die Mediationsverfassung gegenüber 1798 ebenfalls einen Rückschritt. Mit der vorbildlichen Dreisprachigkeit war es jetzt vorbei. Auf eidgenössischer Ebene wurden die Deutschschweizer wieder dominant. Die von Napoleon erlassene Verfassung war zwar in französischem Urtext geschrieben, aber an der Tagsatzung gaben die Deutschschweizer von neuem den Ton an. Die Vertreter der Waadt und des Tessins waren isoliert, da das aristokratische Freiburg wieder anfing, Nachkommen patrizischer Familien in die Tagsatzung abzuordnen, die unbedingt deutsch sprechen wollten. Kam hinzu, dass die Bündner Elite problemlos deutsch sprach und das zweisprachige Wallis nicht mehr zur Schweiz gehörte.

Zudem hatte die Waadt mit der Abkehr von der Revolution viel von ihrem Einfluss verloren. Und vom Vertreter des Kantons Tessin wurde erwartet, dass er deutsch oder französisch sprach.

Und dennoch erlebte die Schweiz unter der Mediationsverfassung zehn gute Jahre. Die Periode zwischen 1803 und 1813 war eine Zeit innerer Ruhe und Konsolidierung. Belastet wurde sie allerdings durch die sehr enge Bindung an Frankreich, welchem man, wie schon in der Helvetik, zwangsweise militärische Dienste zu leisten hatte. Allein beim Rückzug der französischen Armee aus Russland 1812 kamen 1200 von 1500 Schweizer Soldaten an der Beresina um.

Als Napoleons Herrschaft über Europa zu wanken begann, war die relative Ruhe auch für die Schweiz vorbei. Zwar hofften die Schweizer, sich wieder in die Neutralität retten zu können. Die Alliierten – Österreich, Russland, Preussen – aber überschritten Ende 1813 den Rhein, ohne Widerstand zu finden, und zwei Jahre lang wurde die Schweiz zum Aufmarschgebiet gegen Frankreich.

1814 wurde Napoleons europäische Ordnung zerschlagen. Nach der Niederlage des französischen Kaisers in der Völkerschlacht von Leipzig machten sich die neuen europäischen Machthaber daran, die alten Verhältnisse wieder herzustellen. Die Zeit der Reaktion war gekommen. Und es war einem Schweizer vorbehalten, dieser Epoche ihren Namen zu geben: Die Restaurationszeit, benannt nach dem Berner Staatsdenker Karl Ludwig von Haller, Autor des Werks «Restauration der Staatswissenschaften» und Enkel des grossen Albrecht von Haller, hatte begonnen.

Die unvollendete Restauration

Ende 1813, als sich Napoleons Sturz abzeichnete, gewann die Reaktion auch in der Schweiz Oberhand. Die Mediationsverfassung wurde aufgehoben. In den aristokratischen Kantonen kam wieder das Patriziat an die Macht. In den Zunftkantonen wurden die alten Zunftordnungen aus der Truhe geholt. Und die Anhänger des Ancien Régime träumten bereits von der Wiederherstellung der alten Untertanenverhältnisse.

In Paris und Wien begannen die Vertreter der Siegermächte, eine neue europäische Ordnung auszuhandeln. Die Schweizer waren ebenfalls präsent – und wie! Nicht nur die Eidgenossenschaft hatte drei Gesandte, selbst mehrere Kantone und Kantonsverbände hatten die ihren. So die Berner, die ebenfalls die Interessen der Waldstätte vertraten. So die Waadtländer und Aargauer, die auch für die neuen Kantone St. Gallen und Tessin sprachen. Das Fürstbistum Basel hatte zwei Abgesandte, die Stadt Biel einen, der Fürstbischof von St. Gallen ebenfalls. Alle hofften, in die alten Rechte eingesetzt zu werden. Die meisten setzten sich nur für ihre lokalen Eigeninteressen ein. Zum Glück zeigten die Genfer, angeführt vom Diplomaten Pictet de Rochemont, mehr Grösse. Ihnen war es zu verdanken, dass die Eidgenossenschaft schliesslich erstaunlich gut davon kam.

Die Schweiz machte zwar keine gute Figur. Aber niemand war am Verschwinden dieses Alpenstaates inmitten Europas interessiert, im Gegenteil: die eben noch verletzte Neutralität wurde am 20. März 1815 restauriert und als im Interesse Europas liegend zu einem immerwährenden völkerrechtlichen Prinzip erklärt. Als Sicherung gegen allfällige Aspirationen Frankreichs übertrug man der Schweiz sogar den Neutralitätsschutz für das hochsavoyische Gebiet des wiedererrichteten Königreichs Piemont-Sardinien.

Schliesslich wurden die Landesgrenzen neu gezogen, und zwar so, dass sie bis heute Bestand haben. Es blieb beim Verlust des zugewandten Stadtstaates Mülhausen, der nach 350 Jahren Allianz mit der Eidgenossenschaft endgültig zum Elsass geschlagen wurde. Auch blieb es beim Verlust der drei ennetbirgischen Vogteien der Bündner im Addatal: Veltlin, Bormio und Chiavenna gingen der Schweiz definitiv verloren. Für das Gleichgewicht der Schweizer Sprachgruppen eigentlich bedauerlich, denn damit verlor der ohnehin schon schwache italienische Bevölkerungsteil noch mehr an Gewicht (und die Schweiz die guten Veltliner Weine).

Dafür gehörte jetzt Genf als neuer Kanton der Eidgenossenschaft an, und dank der Eingliederung einiger savoyischer Gemeinden bekam der kleine Stadtstaat auch eine Landverbindung zur übrigen Schweiz. Das Wallis kam jetzt ebenfalls endgültig zur Eidgenossenschaft, wie das Fürstentum Neuenburg. Letzteres bildete fortan einen eigenartigen Zwitter: einerseits blieb es unter preussischer Souveränität, anderseits war es Teil der Eidgenossenschaft.

Was aber tun mit den in der Helvetik gegründeten neuen Kantonen? Die Konservativsten unter den Konservativen hofften, die Alte Eidgenossenschaft mit ihren Zugewandten Orten und Untertanenländern wieder herstellen zu können. So wollte Uri die Herrschaft über die Leventina, Bern jene über den westlichen Teil des Aargaus und über die Waadt zurück. Treuherzig riefen die Berner «ihre lieben und treuen Untertanen» in der

Waadt auf, gefälligst wieder ein bisschen untertan sein zu wollen. Aber die wollten überhaupt nicht, und die Berner gaben die Partie auf. Hingegen hofften sie noch eine Zeitlang, den früher bernischen Aargau zurückzubekommen.

Gegen solche Restaurationsabsichten stellten sich nicht nur die neuen Stände, sondern auch die gemässigten alten Kantone unter Führung Zürichs. Der Genfer Pictet de Rochemont und der Waadtländer César Frédéric Laharpe, einst Lehrmeister von Zar Alexander, machten sich ebenfalls zu Anwälten der neuen Kantone. Deshalb kamen die Altgesinnten am Wiener Kongress mit ihren Forderungen nicht durch.

Schliesslich wurden alle Kantone, welche dem Bund 1803 beigetreten waren, in ihren Rechten bestätigt. Immerhin bekamen die alten Patrizier einige Zückerchen verabreicht. So erhielt Bern das französischsprachige Gebiet und einige deutschsprachige Gemeinden des untergegangenen Fürstbistums Basel zugesprochen (ein kleiner deutschsprachiger Zipfel ging an den Kanton Basel). Für den Verlust seiner Rechte in der Waadt wurde Bern entschädigt. Der Betrag von 300 000 Pfund lag aber weit unter den Ansprüchen, welche die Berner mit akribischer Genauigkeit auf 4 657 061 Franken, 1 Batzen und 6 Rappen veranschlagt hatten.[8]

Mit der Integration des fürstbischöflichen Juras in den Kanton Bern wollten die europäischen Machthaber nicht nur die Berner Patrizier entschädigen, sondern auch die Schweizer Grenze zu Frankreich absichern. Die Berner waren über diese Transaktion nicht besonders glücklich. «Für einen Weinkeller und eine Kornkammer haben wir einen Holzschopf eingehandelt», schimpften sie. Und tatsächlich sollte der neue Besitz der Berner Republik wenig Segen bringen. Bern war deutschsprachig und reformiert, der Jura französischsprachig, im Süden zwar protestantisch und eidgenössisch gesinnt, im Norden aber katholisch und nach Frankreich ausgerichtet. Dies konnte nicht gut kommen. Und tatsächlich hatte sich Bern mit seinem jurassischen «Holzschopf» ein Problem aufgeladen, das eineinhalb Jahrhundert später zu einem politischen Brand führen würde. Der Wiener Kongress hatte dem Berner Mutzen einen Bärendienst erwiesen.

In der «Langen Tagsatzung», die sich vom April 1814 bis in den August 1815 hinzog, einigten sich die zweiundzwanzig Kantone (zwanzig Vollkantone und vier Halbkantone) schliesslich auf einen neuen Bundesvertrag. Das Wort «Verfassung» wurde absichtlich vermieden, weil ihm revolutionärer Schwefelgeruch anhaftete.

Der Bundesvertrag von 1815, mehr noch als die Mediationsverfassung von 1803, machte die Schweiz wieder zu einem lockeren Verband von Staaten. Wurde 1803 das Amt eines Landammanns der Schweiz geschaffen, so war es mit solchen Symbolen eidgenössischer Einheit jetzt vorbei. Allerdings blieb das unter der Helvetik geschaffene Generalsekretariat des Direktoriums erhalten, in Form des Amtes eines Kanzlers der Eidgenossenschaft. Was die Eidgenossenschaft an Rechtsbefugnissen besass, gehörte wieder dem Rat der Kantonsvertreter, der Tagsatzung. Die Zahl der Vororte wurde von sechs auf drei reduziert, und zwar auf die drei ältesten Stadtkantone Zürich, Bern und Luzern, welche schon im Mittelalter diese Rolle gespielt hatten, bevor sie ganz auf Zürich überging. 1815 wurde zudem eine zweijährige Rotation der Vororte festgelegt. Alle zwei Jahre musste also die eidgenössische Kanzlei mit der Kutsche zügeln: Die Schweiz besass – wohl ein Unikum in Europa – eine nomadisierende Verwaltung.

Die Eidgenossenschaft hatte ohnehin sehr beschränkte Kompetenzen, aber doch etwas mehr als vor dem Zusammenbruch des Ancien Régime. Die Führung der Aussenpolitik wurde ihr anheimgestellt, und das Militär vorsichtig nationalisiert: Ab 1815 bestimmte die Tagsatzung die Armeeleitung. Zudem wurde eine Kriegskasse geschaffen, welche von Grenzzöllen gespiesen wurde. Eine eidgenössische Militärorganisation ermöglichte die Schaffung eines eidgenössischen Generalstabs und einer zentralen Ausbildungsstätte für höhere Offiziere in Thun.

Auch in der Sprachpolitik liess sich das Rad nicht völlig zurückdrehen. Zwar geriet das Prinzip der Mehrsprachigkeit endgültig in Vergessenheit. Der Entwurf zum Bundesvertrag 1814 sah sogar vor, Deutsch wieder in den Rang der eidgenössischen Staatsprache zu erheben, um die Rückkehr zu den alten Verhältnissen zu demonstrieren – obgleich sich der Bund inzwischen um eine Vielzahl von lateinischen Kantonen erweitert hatte. Der Bundesvertrag vom 7. August 1815 enthielt jedoch keine solchen Bestimmungen mehr. Auch über die Sprache der Tagsatzung schwieg er sich aus. Aber die Protokolle und Abschiede dieser eidgenössischen Abgeordnetenversammlung wurden künftig deutsch abgefasst, und sogar der Eid musste deutsch abgelegt werden. Französisch als Sprache der Revolution, Deutsch als Sprache der Reaktion ...

In Wirklichkeit kam es an der Tagsatzung oft zu einer bizarren und paradoxen Sprachverwirrung. So sprach der Vertreter des mehrheitlich deutschsprachigen Bern an der Tagsatzung gelegentlich französisch, um zu zeigen, dass die Zeit der Pöbelherrschaft vorbei und jene der «alten Familien» wieder angebrochen war. Derweil aus dem gleichen Grund die Vertreter des mehrheitlich französischsprachigen Freiburgs, welche zuhause meist in der «langue de Molière» parlierten, im Rat wieder deutsch sprachen. Trotz solcher grotesker Demonstrationen sprachlicher Restaurationsbemühungen wurde die Mehrsprachigkeit der Helvetik jedoch faktisch mehr oder weniger fortgeführt. Obwohl die offizielle Tagsatzungssprache deutsch war, konnten die Abgeordneten der souveränen Kantone nicht daran gehindert werden, in ihrer eigenen Sprache zu sprechen. So sprachen die Westschweizer meist französisch, wie auch die Tessiner. Selbst die Abschiede der Tagsatzung waren mehrsprachig, da die Voten der Französischsprachigen in der Regel unübersetzt blieben. Die Beschlüsse der Tagsatzung wurden übersetzt. Allerdings erklärte die Tagsatzung 1821 den deutschen Text zur Gewährleistung der Rechtssicherheit als ausschlaggebend.

Theoretisch wurde 1814/1815 die deutsche Sprache in ihr altes Primat eingesetzt, in Wirklichkeit aber das französische Element gestärkt. Denn da Genf, Neuenburg und Wallis jetzt vollberechtigte Kantone waren, bekam die lateinische Minderheit bedeutenden Zuzug. Fortan bestand ja die Eidgenossenschaft aus 14 deutschsprachigen Kantonen, drei französischsprachigen, einem italienischsprachigen sowie vier mehrsprachigen Kantonen. Diese Realität konnten auch die verstocktesten Reaktionäre nicht übersehen: *les faits sont têtus* (die Fakten haben harte Köpfe).

Freilich wurde die Regelung der Sprachenfrage weitgehend in die einzelnen Kantone ausgelagert. Nun respektierten die mehrsprachigen Kantone zwar weitgehend die Gleichberechtigung der Sprachen, aber mit gewissen Nuancen. Im Kanton Freiburg, wo Deutsch wieder zur alleinigen Amtssprache erklärt worden war, um das Ende der Revolutionszeit zu versinnbildlichen, sprach gerade die Bonne société, wie schon erwähnt, grössenteils französisch, ja viele Freiburger aus gutem Haus waren des Deutschen kaum mächtig. Die groteske Folge war, dass zwar das Ratsprotokoll nach der Vorschrift der Verfassung deutsch redigiert werden musste, die Räte aber französisch debattierten.

Im Wallis versuchten 1814 die (mehrheitlich deutschsprachigen) Oberwalliser Zehnden, ihre alte Vorherrschaft über das (französischsprachige) Unterwallis wiederzuerlangen. Es kam zu Spannungen, bei denen auch eine Zweiteilung des Kantons erwogen wurde. Schliesslich blieben Ober- und Unterwallis beisammen, die ehemaligen Untertanengebiete wurden aber aufgewertet. Darauf wurde die Zweisprachigkeit in der Verfassung festgeschrieben.

Die Restauration der alten Verhältnisse, die die europäischen Machthaber 1814 versuchten, blieb also unvollendet. Unter der Etikette Restauration war eigentlich eine neue Ordnung geschaffen worden – in Europa wie in der Schweiz. Dies belegt, was der griechische Denker Heraklit in grauen Vorzeiten gelehrt hat: «Man steigt nicht zweimal in den gleichen Fluss.»

Biedermeier als Illusion

Die Schweiz der Restaurationszeit glich nach aussen der Alten Eidgenossenschaft. In den Städten wurden nachts die Tore wieder geschlossen, und die alten Sittengerichte sorgten erneut für Ruhe und Ordnung. Die Zensur war wieder am Werk, die alten Gesetze – an einigen Orten sogar die Folter – wurden wieder in Kraft gesetzt. Der Obrigkeitsstaat kehrte zurück, das Volk war gebeten, still zu sitzen. «Die Schweiz des Rokoko», so der Historiker Ulrich Im Hof, «lebte in romantisch-biedermeierlicher Form nochmals auf.»

In den Kantonen wurden die alten Verhältnisse, soweit 1803 nicht schon geschehen, restauriert. In Bern, Solothurn und Freiburg nahm das Patriziat wieder die Zügel in die Hand, und die Zunftkantone – beispielsweise Schaffhausen – hatten wieder ihre Zunftordnung. Die neuen Kantone dagegen behielten zwar ihre repräsentativen Verfassungen, aber das Wahlrecht wurde auch hier auf eine kleine Zahl der Besitzenden beschränkt. Die Presse-, Versammlungs – und Meinungsfreiheit wurde aufgehoben, und auch die Handels- und Gewerbefreiheit fiel dahin.

Aber die Zeiten ändern sich. Ende des 18. Jahrhunderts hatte in der Schweiz ein tiefreichender wirtschaftlicher Wandel eingesetzt. In der Ostschweiz breitete sich die Baumwollindustrie aus, vor allem in ländlichen Gegenden wie dem Zürcher Oberland, dem Toggenburg oder dem Appenzellerland. Allerdings wurden die Baumwollwaren anfangs vor allem in Heimarbeit hergestellt, was die Entstehung von grossen Fabriken und städtischen Ballungsräumen verlangsamte. Die Textilherstellung erfolgte bis zu Beginn des 19. Jahrhunderts noch weitgehend handwerklich. Doch um 1800 hielten in der Schweiz die ersten Maschinen Einzug, wobei englische Maschinentypen damals von den Eidgenossen so frohgemut kopiert wurden wie Schweizer Uhren heute von asiatischen Billigproduzenten. Es entstanden Spinnereien, die mechanische Fabrikationsverfahren anwendeten, wiederum vor allem in der Ostschweiz und im Kanton Zürich, auf dem sich bald die Hälfte der Produktionskapazität der Schweiz konzentrierte. Die industriellen Methoden hielten auch in der Weberei Einzug, aber langsamer. In der Weberei war die geographische Konzentration noch ausgeprägter als bei den Spinnereien: die aufstrebenden Unternehmen waren fast durchwegs in der Gegend zwischen Zürich und dem Toggenburg angesiedelt.

Die Ausfuhren der Schweizer Industrie wuchsen rasch an, wobei neben den europäischen Ländern mehr und mehr Destinationen in Übersee beliefert wurden. Der Aufschwung der Textilindustrie liess von 1820 an auch eine Maschinenindustrie entstehen. Die Maschinenindustrie wiederum zog die Metallindustrie mit. Der Solothurner Ludwig von Roll und der Schaffhauser Johann Conrad Fischer, der Grossvater von Georg Fischer, liessen Hochöfen errichten. Und die Textilindustrie wiederum führte zum Entstehen einer Farbstoffindustrie, aus der schliesslich die chemische Industrie hervorging.

In der Westschweiz begann sich die Uhrenindustrie im 18. Jahrhundert von Genf kommend über den ganzen Jura auszubreiten. Die Vallée de Joux, der Neuenburger Jura, schliesslich auch der Berner, Solothurner und Basler Jura gingen bald zu der lukrativen Uhrenherstellung über, und östliche Ableger entstanden sogar in Schaffhausen. Auch in der Horlogerie war lange Zeit Heimarbeit die Regel. Erste Fabriken sollten erst in der zweiten Hälfte des 19. Jahrhunderts entstehen.

Immerhin war in der Restaurationszeit die Grundlage zur Schweizer Industrie gelegt. Sie entwickelte sich umso rascher, als das Unternehmertum auf eine wachsende Zahl billiger Arbeitskräfte zurückgreifen konnte. Denn die Jahre nach den napoleonischen Kriegen hatten mit einer schrecklichen Wirtschaftskrise geendet. Es kam zu Landflucht und zu einer Emigrationswelle. Die Bauern verliessen ihre Dörfer und suchten Arbeit in den neu entstandenen Fabriken. Bauern wurden zu Proleten, Heimarbeiter zu Fabrikarbeitern.

Doch die Rückkehr zum alten Staatenbund widersprach dem Bedürfnis der aufstrebenden Schweizer Eliten nach einer stärkeren Integration des Landes. Handel, Gewerbe und Industrie verlangten einen Abbau der kantonalen Schranken. Die Zunftordnungen der Kantone schränkten die Wirtschaftsfreiheit ein. Für Münze, Mass und Gewicht galten 24 verschiedene kantonale Systeme.

Schlimmer noch sah es im Verkehrswesen aus. Die über vierhundert kantonalen, kommunalen und privaten Zollposten behinderten die Transporte. Der Güterverkehr innerhalb der Schweiz war so problematisch, dass die St. Galler ihre Textilwaren via Besançon nach Genf und über den Brenner nach Italien spedierten – ein Gipfel für den Passstaat Schweiz!

Die Unternehmer wollten Freiheit: Unternehmerfreiheit. Sie strebten nach einem vereinheitlichten Wirtschaftsraum. Die wirtschaftliche Dynamik rief nach Veränderung der politischen Strukturen. Während in anderen Ländern die politische Dynamik anfangs die Industrialisierung antrieb, war es in der Schweiz eher umgekehrt: von der Wirtschaftsentwicklung ging der Impuls zur politischen Veränderung aus.

Unzufriedenheit mit den politischen Verhältnissen herrschte aber nicht nur bei Unternehmern und Gewerbetreibenden, sondern auch bei den Bauern, die sich von den Städten diskriminiert fühlten, wie bei den Arbeitern, die vor dem Einzug der Maschinen Angst hatten (1832 kam es zu einem Maschinensturm und Fabrikbrand in Uster im Zürcher Oberland). Ebensowenig wollten sich die Intellektuellen mit der Wiederherstellung der alten Ordnung abfinden. Inspiriert von ausländischen Vorbildern – Deutschland, Italien und Griechenland –, träumten sie von einem schweizerischen Nationalstaat. Zwar war das nationale Experiment der Helvetischen Republik gescheitert. Aber in der Bildungselite war das Bedürfnis gross nach einer nationalen Einheit über den Kantonen.

Das Schweizer Nationalgefühl wurde auch durch das Militär gefördert, welches ja 1815 ansatzweise zentralisiert worden war. An der neugeschaffenen Zentralschule in Thun begegneten sich Schweizer aus verschiedenen Landesteilen. Hier begannen besonders auch Deutschschweizer und welsche Schweizer, Bekanntschaft zu schliessen. Die welsche Schweiz war nämlich nicht weniger militärfreundlich als die deutsche Schweiz. Der Kanton Waadt schickte sogar das grösste Kontingent von Offiziersschülern nach Thun – mehr noch als Zürich. Unter den Absolventen der Zentralschule waren aber auch die Genfer, Neuenburger und Freiburger gut vertreten, während Walliser nur sporadisch auftauchten. Übrigens wurde in Thun vor allem französisch gesprochen: das Prestige der französischen Armee wirkte trotz Napoleons Niederlage nach.

Das Militär spielte also schon in der Restaurationszeit eine wichtige Rolle als nationaler Schmelztiegel. Dabei darf man nicht vergessen, dass die Kriegszüge ins Ausland und die berühmten Fremden Dienste schon in der Alten Eidgenossenschaft wesentlich zu einem Schweizer Zusammengehörigkeitsgefühl beigetragen hatten, und dass das Militär (zusammen mit der Aussenpolitik) der erste Bereich war, wo bereits im Ancien Régime gewisse Kompetenzen an die Tagsatzung übertragen worden waren.

Überdies lernten sich die Schweizer in unpolitischen Vereinen kennen: 1807 wurde die Helvetische Gesellschaft, welche in der Aufklärung von Schweizer Philanthropen ins Leben gerufen worden war und sich den geistigen Austausch zwischen den Kantonen auf die Fahne geschrieben hatte, neu gegründet. 1810 entstanden auf schweizerischer Ebene die gemeinnützige Gesellschaft, 1811 die geschichtsforschende, 1815 die naturforschende Gesellschaft.

Einen grossen Beitrag zur «Nationalisierung der Gefühle» leisteten die Studentenverbindungen. 1819 wurde der «Zofingerverein schweizerischer Studierender» gegründet, für «Schweizerjünglinge, die sich zum Schweizerbürger erst noch bilden wollen». Die «Zofingia», wie auch die später gegründete freisinnige «Helvetia», war den deutschen Burschenschaften nicht unähnlich, aber gemässigter und liberaler. In diesen Studentenverbindungen kamen sich Deutschschweizer und Welsche näher. Zwar ging die Vereinsgründung von der deutschen Schweiz aus, doch waren die Romands praktisch von Anfang an dabei. Studenten aus der französischen Schweiz lasen Schillers «Tell» im Originaltext, pilgerten nach Zofingen und huldigten dort vor dem «autel de la patrie», dem Altar der Heimat, dem gemeinsamen Freiheitsideal. Das «Grütli» als Wiege der Schweizerfreiheit war in der französischen Schweiz so populär wie das Rütli in der deutschen.

Die Verständigung wurde durch die Tatsache erleichtert, dass sich die Elite der protestantischen Welschschweiz – Waadt, Genf, Neuenburg, Berner Jura – anfangs des 19. Jahrhunderts stark nach Deutschland orientierte. An den Akademien von Genf und Lausanne erfreute sich das Deutsche wegen der immer bedeutsameren deutsch-protestantischen Theologie wachsender Beliebtheit. Zudem studierten viele Westschweizer Studenten an deutschen Universitäten (der spätere Waadtländer Bundesrat Henri Druey beispielsweise hörte Hegels Vorlesungen in Berlin) – eine Tradition, die bis ins 20. Jahrhundert fortdauerte und leider erst in den letzten Jahrzehnten verloren ging. Wenn man weiss, dass gebildete Romands die grossen deutschen Autoren im Originaltext lasen, so geht man kaum fehl in der Annahme, dass die Deutschkenntnisse der welschen Elite damals besser waren als heute.

Umgekehrt waren die gebildeten Schichten der deutschen Schweiz der französischen Sprache mächtig, wenn auch mit regionalen Unterschieden: in Bern und Basel wurde im allgemeinen besser französisch gesprochen als in Zürich und in der Ostschweiz. Immerhin hielt der Französischunterricht jetzt an deutschschweizerischen Schulen Einzug: so wurde der Waadtländer Theologe Alexandre Vinet 1817 – als Zwanzigjähriger – als Französischlehrer ans Gymnasium Basel berufen, später an die Universität Basel. Die modernen Fremdsprachen Deutsch und Französisch bedeuteten den ersten Einbruch in die von den Altphilologen dominierte Welt der akademischen Bildung.

Eine wichtige Rolle für die schweizerische Nationalbewegung spielte schliesslich die Vereinsbewegung. 1824 entstand der Eidgenössische Schützenverein, dann der Turnverein und der Sängerverein. Wie bei den Studentenverbindungen, so zogen auch hier die Romands schon früh mit, obwohl die Bewegung meist von der Deutschschweiz ausgegangen war. Von den rund 3500 Mitgliedern, die der Eidgenössische Schützenverein 1830 zählte, stammte fast die Hälfte aus der französischen Schweiz.[9]

Obwohl die Schweiz offiziell nach wie vor ein Bund von 22 souveränen Staaten war, begann die Société civile doch zusammenzuwachsen. Dabei machte nicht nur das Zusammengehörigkeitsgefühl von Deutsch- und Welschschweizern, sondern auch jenes zwischen französischsprachigen Schweizern verschiedener Kantone Fortschritte. 1837 wurde in Lausanne eine «Société d'histoire de la Suisse romande» gegründet: die welsche Elite begann, ein gemeinsames Bewusstsein zu entwickeln. Die Ausdrücke «Suisse romande» oder «Suisse romane» als Bezeichnung für die Gesamtheit der französischsprachigen Eidgenossenschaft waren übrigens bereits im 18. Jahrhundert verbreitet.

1815 hatte die Schweiz nochmals die Fiktion der deutschen Nationalsprache aufleben lassen – aber auch dies entsprach den realen Gegebenheiten nicht mehr: Die Romands waren anfangs des 19. Jahrhunderts keine Zweitklass-Schweizer mehr. Zwar waren sie numerisch in der Minderzahl. Aber im kulturellen, politischen und sogar im wirtschaftlichen Leben stellte die welsche Schweiz alles andere als eine Provinz dar.

Genf konnte es seit langer Zeit mit allen grossen Schweizer Städten aufnehmen. Die Calvin-Zitadelle war in der Helvetik die mit Abstand grösste Schweizer Stadt: mit 30 000 Einwohnern war sie damals doppelt so gross wie Basel und dreimal so bevölkerungsreich wie Zürich und Bern. Bis Mitte des Jahrhunderts blieb Genf die Schweizer Metropole, wurde danach aber von Zürich überflügelt. Zudem war Genf ein Zentrum des kulturellen Lebens, und seine Wissenschaft und Technik waren in ganz Europa eine

Referenz. Aber auch die Stadt Lausanne und ihre Umgebung waren für ihr reges kulturelles Leben bekannt. Überhaupt spielte der fortschrittliche Kanton Waadt in der Schweiz der Restauration eine führende Rolle.

Die Uhrenindustrie führte im Jurabogen zu einem raschen Aufschwung. Und der aufkommende Tourismus brachte viel ausländische Prominenz in die Genfersee-Gegend, nach Vevey, Chillon, Montreux. Lord Byron und Shelley folgten 1816 den Spuren Rousseaus. Das erste Schweizer Dampfschiff, genannt «Wilhelm Tell», lief 1823 am Lac Léman vom Stapel. Es war eine grosse Sensation und erbrachte innerhalb von sechs Monaten einen Nettogewinn von 52 000 (alten!) Franken.

Zur Stärkung der Position der französischen Schweiz trug auch das Prestige der französischen Kultur bei, das unter der napoleonischen Niederlage kaum gelitten hatte. Aus ganz Europa, aber auch aus der deutschen Schweiz, wurden Söhne und Töchter aus gutem Haus in die Internate an den Genfersee geschickt. Der Schriftsteller Rodolphe Toepffer, der dank seinen «Voyages en zigue-zague» als einer der Erfinder der *Comic strips* bezeichnet werden kann, führte in Genf ein solches Internat.

Die Restaurationszeit hatte das welsche Element also nur scheinbar zurückgebunden. Freilich sollte sich später zeigen, dass die welsche Schweiz vom wirtschaftlichen Aufschwung der Restaurationszeit weniger erfasst worden war als die deutsche Schweiz. Das wirtschaftliche Ungleichgewicht, das der Schweiz heute grosse Probleme bereitet und das Verhältnis zwischen deutschem und welschem Landesteil belastet, hat möglicherweise in der Restaurationszeit seine Wurzeln.

Die Stunde der Liberalen

Der 1815 unternommene Versuch, die «Schweiz von vorgestern» (Markus Kutter) wiederherzustellen, konnte langfristig keinen Bestand haben: die wirtschaftlich-sozialen und die politisch-geistigen Veränderungen, welche durch die industrielle Umwälzung und die Französische Revolution ausgelöst worden waren, hatten die Welt zu sehr verändert.

Und so wurde in den Kantonen immer mehr der Ruf nach einer «Regeneration», nach einer liberalen Wiedergeburt des Staates laut. Schliesslich drängten neue Schichten nach oben: junge Juristen, Professoren, Ingenieure, emporstrebende Kaufleute, Gewerbetreibende und Unternehmer. Sie stammten vornehmlich aus der Oberschicht der unterprivilegierten

Regionen, die einst die Helvetik geprägt hatten. Sie verlangten Volkssouveränität, Gewaltentrennung, Öffentlichkeit der Staatsgeschäfte, Pressefreiheit, Versammlungsfreiheit, Wirtschaftsfreiheit, bessere Vertretung der Landschaft. Das liberale Gedankengut des aufstrebenden Bürgertums vermischte sich dabei mit dem Ressentiment der Landbevölkerung gegen die Hauptstädte.

Die Kritik an der Abhängigkeit vom Ausland, am föderalistischen Kantönligeist und am Ausschluss des Volks von den Staatsgeschäften äusserte sich nicht zuletzt in der rasch sich entwickelnden Presse. Der «Schweizer Bote», das Blatt des ursprünglich aus Magdeburg stammenden Aargauer Liberalen Heinrich Zschokke, begann die erste Ausgabe vom 7. Januar 1830 mit einem Gedicht, das neue Zeiten ankündigte:

> Doch was da schläft, das ist nicht todt;
> Denn bald erwacht ein Morgenroth
> Mit Frühlingshauch aus Wintersschrecken
> Der Freiheit junge Kraft zu wecken …
> Und, werd' ich Erstlingsblumen finden,
> Den Alpensöhnen all verkünden:
> «Der Freiheit Lenz ist da.»[10]

Unter dem Druck der liberalen Bewegung begannen Ende der 1820er Jahre mehrere Kantone, ihre Staatsordnung zu revidieren. 1830 gab die französische Julirevolution den Trompetenstoss zur Umwälzung. Petitionen an die Kantonsregierungen wurden lanciert, Massendemonstrationen und Volkstage abgehalten, an denen eine neue Verfassung verlangt wurde. Nach und nach wurde in fast allen Stadtkantonen, wie in allen neuen Kantonen ausser Neuenburg, die Verfassung revidiert. Etwas länger brauchten die Berner: hier traten die Aristokraten im Juni 1831 geschlossen von der Regierung zurück. Von den Stadtkantonen widerstanden nur Basel und Genf eine Zeitlang noch dem Zeitgeist. Vor allem die Stadtbasler, welche den Grossen Rat verächtlich als «Viehmarkt» bezeichneten, wollten von einer Gleichberechtigung der Landbewohner nach wie vor nichts wissen. Hier kam es zu einem äusserst gewalttätigen Bürgerkrieg, welcher 1833 zur Trennung in einen Halbkanton Basel-Stadt und einen (liberalen) Halbkanton Basel-Land führte.

Die liberalen Verfassungen beruhen auf dem Prinzip der Volkssouveränität, ausgedrückt durch die Volkswahl des Grossen Rates. Endlich erhielt die kantonale Landschaft eine proporzgerechte Vertretung und damit auch die Mehrheit. Durch die Gewaltenteilung verschob sich das Gewicht zugunsten der Legislative. An die Stelle des Kleinen Rates trat ein dem Grossen Rat verantwortlicher und von ihm abhängiger Regierungsrat. Die liberalen Postulate der Bürgerrechte und der ökonomischen Freiheitsrechte wurden Grundsatz und Realität, der obligatorische Volksschulunterricht gleichfalls. Die Hauptstadt hatte als Beherrscherin des Landes endgültig ausgespielt. Ihre schützenden Türme und Wälle wurden geschleift – ein Symbol der neuen Zeit.

Zwar erfasste die Regeneration nicht alle Kantone, aber die wirtschaftlich dynamischsten und bevölkerungsreichsten: zwei Drittel der Schweizer Bevölkerung lebten «regeneriert». In einigen Kantonen kam es freilich zu gewaltsamen Auseinandersetzungen, so in dem bereits erwähnten Basel. In Neuenburg versuchten Republikaner aus dem Neuenburger Jura 1831 das aristokratische, dem preussischen König ergebene Neuenburger Patriziat umzustürzen, doch der Aufstand scheiterte. In Schwyz konnte eine Teilung des Kantons zwischen dem liberalen Ausserschwyz und den sogenannt «altgefreiten» inneren Bezirken knapp vermieden werden.

Was für uns nun aber besonders bemerkenswert ist: diese Umwälzungen ergriffen sowohl die deutsche als auch die welsche Schweiz. Die politischen Ideen übersprangen die Sprachgrenzen; weder die deutsche noch die französische Schweiz bildeten einen Block. Unter den welschen Kantonen hatten sich die Waadt und Freiburg eine liberale Verfassung gegeben, während Genf, Neuenburg und Wallis anfänglich noch dem Zug der Zeit hintenher hinkten. Die Kluft zwischen den regenerierten und den anderen Kantonen lief quer zur Sprachgrenze.

Die Umwälzungen der Jahre 1830/31 veränderten auch die Beziehungen zwischen den Sprachengruppen in den mehrsprachigen Kantonen. Im Kanton Freiburg hatte die französischsprachige Bevölkerungsmehrheit – wie auch das reformierte Murtenbiet – entscheidenden Anteil an der liberalen Wende genommen, und diese führte dann auch zu einer Stärkung des welschen Kantonsteils. Bekanntlich hatte sich Freiburg 1815 sprachlich restauriert und das Deutsche wieder zur Behördensprache gemacht, obgleich zwei Drittel der Bevölkerung französisch sprachen. Die liberale Verfassung von 1831 brachte nun die grundsätzliche Änderung: Französisch wurde zur offiziellen Kantonssprache. War Deutsch die Sprache der Restauration und Reaktion gewesen, so war Französisch jetzt die Sprache des Liberalismus. Gleichzeitig wurde jedoch beschlossen, die behördlichen Gesetze und Beschlüsse auch auf deutsch zu verfassen. Dabei blieb es, sowohl bei der konservativen Wende von 1837 wie bei der Machtübernahme durch die Radikalen im Jahr 1847.

Auch im Wallis, dessen Bevölkerung wie in Freiburg zu zwei Dritteln französischsprachig war, hatte die liberale Bewegung starken Rückhalt im zurückversetzten welschen Kantonsteil. 1829 kam es beinahe zu einer Spaltung des Kantons. In der liberalen Periode 1839–1844 nahmen die Welschwalliser das Heft in die Hand. Deutsch und Französisch blieben jedoch anerkannte Amts- und Nationalsprachen. 1844 rissen die konservativen Oberwalliser, nach blutigen Kämpfen gegen die Unterwalliser, erneut die Macht an sich. An der Gleichberechtigung der Sprachen wurde jedoch nicht gerüttelt.

Eine Wende brachte das Jahr 1830 ebenfalls im Jura. Auch hier hatte der französischsprachige Kantonsteil wesentlichen Anteil an den politischen Veränderungen. «In der Geschichte der liberalen Volksbewegung der Schweiz nimmt der Berner Jura, ganz besonders sein nördlicher, katholischer Teil, einen Ehrenplatz ein», schreibt der Basler Historiker Adolf Gasser.[11] Die Notwendigkeit eines gründlichen Umbaus des Staates wurde dort besonders rasch erkannt, weil die lokalen Traditionen in der Epoche, als der Jura Teil Frankreichs war, weitgehend abgeschafft worden waren. Zudem hatte der Anschluss an Bern vor allem im Nordjura von Anfang an ein Unbehagen entstehen lassen. Die Übernahme der bernischen Rechtsordnung führte zu Protesten: der Jura hing am Code Napoléon. Und das selbstherrliche Regiment der Berner Patrizier kam bei den Jurassieren schlecht an.

Zum anerkannten Führer des jurassischen Liberalismus wurde Xavier Stockmar aus Porrentruy, ein hochintelligenter Mann, der mit Spekulationen zu einem wohlhabenden Mann geworden war. 1826, er war damals 29 Jahre alt, gelobte er mit zwei Freunden unter den Ruinen des Schlosses Morimont im Elsass, den Jura von der bernischen Tyrannei zu befreien – es war der Rütlischwur des jurassischen Separatismus.

Schon damals dachte Stockmar an die Gründung eines unabhängigen Kantons Raurachien. Dann aber fand er in Deutschbern Gleichgesinnte: so den Bieler Karl Neuhaus und die Brüder Schnell in Burgdorf. Mit ihnen zusammen bereitete er den Sturz des patrizischen Regiments vor und mässigte sein Programm. Er sprach jetzt nur noch von einer Autonomie im Rahmen des Kantons Bern. Im Januar 1831 dankte das bernische Patriziat ab. Gleichzeitig gelang es Neuhaus, seinen Freund Stockmar vom Gedanken an einen jurassischen Sonderstatut abzubringen. Das Französische wurde aber bei diesem Machtwechsel zur zweiten bernischen Nationalsprache erhoben. Damit war dem jurassischen Separatismus fürs erste die Spitze gebrochen. Doch nach der Machtübernahme durch die Liberalen kam es bei den kirchentreuen jurassischen Katholiken zu neuem Protest, der dann im Kulturkampf zu einer zweiten separatistischen Bewegung auswachsen sollte.

Liberale Radikale gegen radikale Klerikale

Die Liberalen, welche 1830/31 die Kantone «regeneriert» hatten, hofften, auch die Eidgenossenschaft erneuern zu können. In ihren Augen sollte der Bundesvertrag von 1815 einer echten liberalen Verfassung weichen. Dabei stiessen sie allerdings bei einem Teil der Bevölkerung auf harschen Widerstand, vor allem in den Landsgemeindekantonen und in den konservativen Orten, die keinen Schritt weg von der alten föderalistischen Ordnung machen wollten. Um liberale Revisionsabsichten zu durchkreuzen, schlossen sich sechs konservative Orte (Uri, Schwyz, Unterwalden, Neuenburg, Basel und Wallis) 1832 zum «Sarner Bund» zusammen. Eine Zweiteilung der Schweiz zeichnete sich ab.

Ein Versuch der Tagsatzung, dem Volk eine gemässigte Verfassung vorzulegen, die viel Föderalismus mit jener für die Schaffung eines schweizerischen Wirtschaftsraums unumgänglichen Prise Zentralisierung zu würzen versuchte, scheiterte 1833. Nun schlossen sich die regenerierten Kantone zusammen, um sich ihre Verfassungen zu garantieren und sich auf ein gemeinsames Programm zu einigen. Ein Jahr später verabschiedeten liberal-radikale Politiker aus sieben Kantonen – Bern, Luzern, Baselland, Aargau, Thurgau und St. Gallen – die sogenannten Badener Artikel, unter anderem mit dem Zweck, die katholische Kirche der Kontrolle des Staates zu unterstellen.

Folge dieser antiklerikalen Politik war, dass in den konservativen Kantonen die Ultra-Konservativen die Oberhand bekamen. Und dies führte wiederum zu einer Radikalisierung auf liberaler Seite. Dort sonderte sich eine radikale Linke von der Liberalen ab. Den Radikalen – «Freisinnigen» – erschienen die liberalen Errungenschaften als ungenügend. Sie forderten eine straffe Staatsordnung, den demokratischen Wohlfahrtsstaat, gerechtere

Steuern, vermehrte Volksrechte, die Laizisierung der verschiedenen Schulstufen, eine theologisch aufgeklärte Staatskirche. Sie postulierten die Zertrümmerung der Kantonsherrschaft und die Einsetzung einer zentralistischen Gesamtregierung.

Wie so oft schaukelten sich also die Extreme auf beiden Seiten hoch. Das Verheerende war, dass der Gegensatz zwischen fortschrittlichen und konservativen Kantonen immer mehr auch eine konfessionelle Komponente bekam. 1841 beschleunigte sich die Auseinandersetzung, als die radikale Aargauer Regierung, welche den Widerstand des konservativen Bevölkerungsteils brechen wollte, acht Klöster aufhob, darunter die Benediktinerabtei von Muri, eines der ältesten Klöster der Schweiz. Die Regierung warf den Mönchen vor, den katholischen Volksteil gegen die Regierung aufgehetzt zu haben. Ganze 48 Stunden wurden den Mönchen eingeräumt, um das Kloster zu verlassen, und dies mitten im Winter.

Die Aufhebung der Klöster war ein Affront für die katholischen Orte. Sie verstiess zudem gegen den Bundesvertrag, der die Existenz der Klöster ausdrücklich gewährleistete. Die Tagsatzung stellte einen Rechtsbruch fest, vermochte aber nicht, die Aargauer zum Einlenken zu zwingen. Schliesslich endete die Affäre mit einem mehr oder weniger überzeugenden Kompromiss: die Männerkloster blieben geschlossen, die Frauenklöster blieben bestehen.

Darauf reagierte als erster Kanton das katholische Luzern. Eine Massenpetition des frommen Luzerner Volks fegte die liberalen Aufklärer weg. Luzern ging bald einen verhängnisvollen Schritt weiter. 1844 beriefen die Luzerner Konservativen, unter Führung des charismatischen Bauernführers Joseph Leu, den Jesuitenorden. Auch dies war wiederum eine Provokation: die Gesellschaft Jesu war für die Liberalen der Ausbund der Reaktion, eine tiefschwarze Teufelsbrut. Dies zeigt das Gedicht eines unbekannten Zürcher Hochschulstudenten aus dem Jahr 1844, das zwar kein dichterisches Meisterwerk darstellt, an Deutlichkeit aber nichts zu wünschen übrig lässt:

> Du Jesuit, Luzerner Pfaff,
> Dass dich noch keine Kugel traf!
> Du, du verheerst das Schweizerland,
> Du Schuft verheerst das Freiheitsland.
> Du musst uns fort, du Höllentier,
> Was willst du noch so lange hier?
> Auf, Männer, kommt, das Land soll sein
> Vom Nuntius, von Pfaffen rein! ...[12]

Die Verteufelung des Gegners zeigte ihre Wirkung. Die Radikalen beschlossen, die verstockten Konservativen mit Brachialgewalt zum Fortschritt zu zwingen. Zweimal wälzten sich Freischarenzüge aus den radikalen Kantonen Zürich, Aargau und Bern nach Luzern. Sie endeten Ende 1844 und im Frühjahr 1845 in einem Blutbad, bei dem die Luzerner den Sieg davon trugen. Die Gewalt eskalierte: Im Juli 1845 wurde der Führer der Luzerner Konservativen von einem Meuchelmörder erschossen.

Nun schlossen sich sieben katholische Kantone – Uri, Schwyz, Unterwalden, Luzern, Zug, sowie die inzwischen wieder von einer konservativen Mehrheit regierten zweisprachigen Kantone Freiburg und Wallis – zu einer militärischen Schutzvereinigung zusammen, die einem gemeinsamen Kriegsrat unterstellt wurde. Die liberale Seite bezeichnete die katholische Allianz propagandistisch geschickt als «Sonderbund».[13] Die Liberalen versuchten zuerst, auf legalem Weg eine Auflösung des Sonderbundes zu erreichen. Während längerer Zeit herrschte in der Tagsatzung eine Pattsituation. Doch 1847 kam im Grossen Rat des konfessionell gemischten Kantons St. Gallen eine knappe liberale Mehrheit zustande, und nun hatten die Radikalen an der Tagsatzung die Mehrheit. Unter der entschlossenen Leitung des bernischen Tagsatzungspräsidenten Ulrich Ochsenbein, welcher als General an den Freischarenzügen teilgenommen hatte, fielen im Sommer 1847 die Entscheide: Auflösung des Sonderbundes mit Waffengewalt, Revision des Bundesvertrages und «Entfernung» der Jesuiten aus dem Land. Hierauf verliessen die Abgeordneten der konservativen Sonderbund-Kantone unter Protest die Tagsatzung. Wie zu Zeiten der Glaubenskriege war die Schweiz in zwei feindliche Lager zerbrochen. Ein Bürgerkrieg stand bevor.

What a lovely war!

Nachdem mehrere Schlichtungsversuche gescheitert waren, kam es im November 1847 zum Krieg. Das eine Lager bildeten die zwölfeinhalb Kantone, welche hinter den Beschlüssen der Tagsatzungsmehrheit standen: Zürich, Bern, Solothurn, Schaffhausen, St. Gallen, Thurgau, Aargau, Baselland, Appenzell-Ausserrhoden, Graubünden, Waadt, Genf und Tessin. Auf der andern Seite standen die sieben katholisch-konservativen Sonderbundskantone: Uri, Schwyz, Ob- und Nidwalden, Luzern, Zug, Freiburg und Wallis. Basel-Stadt versuchte bis zuletzt zu vermitteln, Neuenburg – wie auch Appenzell-Innerhoden – weigerte sich, Truppen zu schicken.

Der sogenannte «Sonderbundskrieg» war vor allem eine ideologische Konfrontation, die Züge einer konfessionellen Auseinandersetzung trug. Aber nur teilweise: die katholischen Kantone Tessin und Solothurn, wie auch der konfessionell gemischte Kanton St. Gallen, gehörten zum liberalen Lager, das katholische Appenzell-Innerrhoden stand abseits. Umgekehrt hielten sich auch die protestantischen Basler und Neuenburger zurück. Überhaupt keine Rolle spielten die sprachlichen Trennlinien. Auf beiden Seiten gab es deutschsprachige und welsche Kantone.

Die radikalen Orte wählten den konservativen Genfer Guillaume Henri Dufour zum Oberkommandierenden. Dieser 60jährige Militärfachmann, der als Genie-Offizier in Napoleons Armee gedient hatte und die Zentralschule der Schweizer Armee in Thun führte, war einer jener kultivierten Grand Bourgeois, wie sie die Republik Genf von Zeit zu Zeit hervorbringt. Als Kartograph hatte er die Vermessung der Schweiz geleitet (Dufour-Karten) und damit Pionier-Arbeit geleistet.

Dufour war keine Kriegsgurgel: Seine Wahl zum General nahm er nur widerwillig an, unter anderem mit dem Hinweis auf seine schlechten Deutschkenntnisse (er könne keine zwei Sätze Deutsch aneinanderreihen, behauptete Dufour, wobei er – wie viele Romands – seine Deutschkenntnisse wahrscheinlich noch schlechter machte als sie waren). Doch sein Ansehen war so gross, dass sich die Tagsatzung über seine Bedenken hinwegsetzte: Es waren Zeiten, da kompetente Romands auch ohne Deutschkenntnisse in den eidgenössischen Institutionen Karriere machen konnten …

Die Tagsatzung bewies mit diesem *Casting* eine glückliche Hand. Denn der hohe Militär war ein Mann der alten Schule, welcher sich seiner unangenehmen Aufgabe, gegen Mitbürger Krieg zu führen, möglichst rasch und schonungsvoll entledigen wollte. Er war auch kein Katholikenfresser oder ein fanatischer Radikaler, sondern, wie es der Historiker Edgar Bonjour formuliert hat, ein «liberalisierender Konservativer von überragender militärischer Begabung».

Im November 1847 begann der Krieg. Dank der klugen Kriegsführung Dufours – rasche Umzingelung des isolierten Freiburg, dann Angriff auf Zug, Luzern und die Innerschweiz, schliesslich Ausschaltung des Wallis – war der Krieg in drei Wochen ausgestanden: die Sonderbundstruppen, kommandiert vom (protestantischen) Bündner Berufsoffizier Johann Ulrich von Salis-Soglio, gingen sang- und klanglos unter. Allerdings hätten die Konservativen eigentlich wissen müssen, dass der Konflikt für sie nicht gut ausgehen konnte. Die Sonderbundskantone zählten nur 415 000 Einwohner, denen fast zwei Millionen Einwohner in den anderen Kantonen gegenüberstanden. Zudem bestand der Sonderbund vor allem aus ländlichen Bauernkantonen, während die liberale Seite die städtischen, reichen, technisch fortgeschrittenen und gut organisierten Gebiete der Schweiz hinter sich wusste.

Der Krieg kostete weniger als 100 Tote und 500 Verletzte. Man hatte zwar getötet, aber moderat. Der Schweizer Mini-Sezessionskrieg war ein «Very Civil War», wie es der amerikanische Historiker Joachim Remak so schön formuliert hat: ein sehr zivilisierter Bürgerkrieg. Er war aber auch ein bürgerlicher Bürgerkrieg, und zwar insofern, als Sachschaden mit bourgeoisem Sinn für Eigentum weitgehend vermieden und, wo nicht vermeidbar, wenn möglich wiedergutgemacht wurde. Nicht umsonst gehört General Dufour zu den wenigen Welschschweizern, die auch in der deutschen Schweiz populär wurden. In einer Zeit, da in Kosovo, Sierra Leone und in vielen anderen Teilen der Welt Bürgerkriege von unbeschreiblicher Brutalität geführt werden, dürfen ihm hier wohl einige Zeilen ehrenvollen Andenkens gewidmet werden.

Und dennoch bleibt die unangenehme Tatsache, dass der Weg zu einem Schweizer Bundesstaat durch einen Bürgerkrieg frei gemacht werden musste. Erst nach dem Sonderbundskrieg konnte das radikale Lager die Revision des Bundesvertrags durchsetzen. Die Schweiz wurde zu einer republikanischen Insel in einem monarchischen Europa. Ihr Glück war es, dass die konservativen Mächte, welche als Garanten des Bundesvertrags von 1815 die Schweizer Ereignisse mit wachsender Besorgnis verfolgten, genügend mit internen Problemen beschäftigt waren und sich nicht zu einer Intervention aufraffen konnten. Zudem tat England alles, um eine Strafaktion gegen die Schweizer Republikaner zu verhindern.

Der Sonderbundskrieg ist sicher kein erfreuliches Kapitel der Schweizer Geschichte. Was die Sprachenfrage betrifft, hat er freilich mehr geeint als gespalten. Denn die Trennlinien, die in diesem Krieg aufbrachen, liefen quer über die Sprachgrenzen. Auf liberaler Seite kämpften Zürcher und Berner neben Waadtländern, Genfern und Tessinern. Auf katholischer Seite standen Luzerner neben Freiburgern und Wallisern. Die konfessionellen, ideologischen und sprachlich-kulturellen Trennlinien überschnitten und neutralisierten sich einmal mehr. Und diese «cross-cutting cleavages», wie sie Politologen nennen, sind ein wichtiger Grund, weshalb die sprachlichen Gegensätze in der Schweiz bis heute keine unüberbrückbaren Gräben aufwerfen.

Eine beinahe sprachlose Bundesverfassung

Nach dem Sonderbundskrieg konnte sich die Tagsatzung endlich daran machen, die Eidgenossenschaft umzumodeln. In unschweizerisch raschem Tempo – von Februar bis Mai 1848 – arbeitete eine Tagsatzungskommission ihre Vorschläge für eine Bundesverfassung aus. Als deutschsprachiger Schriftführer wirkte der Thurgauer Johann Conrad Kern, als französischsprachiger Redaktor zeichnete Henri Druey, der starke Mann der Waadtländer Radikalen, die in Lausanne drei Jahre zuvor bei einem Mini-Putsch die Macht übernommen hatten. Im Mai trat die Tagsatzung zusammen, und im Juni wurde die Verfassung verabschiedet. Im September war der neue Bundesstaat eine Tatsache.

Wie schon 1798 wurde die Schweiz nun von einem Staatenbund in einen Bundesstaat umgewandelt. Aber diesmal auf Dauer. Der Schweizer Bundesstaat war eine der wenigen dauerhaften Früchte des Revolutionsjahrs 1848 – neben dem Kommunistischen Manifest ...

Obwohl der Bundesstaat im Wesentlichen eine Schöpfung des Freisinns war, stellte er gleichzeitig einen Kompromiss zwischen Zentralismus und Föderalismus dar. Die Suche nach Ausgleich mit der konservativen und föderalistischen Gegenseite ist der Verfassung auf Schritt und Tritt anzumerken. Die Schweiz wurde zu einem Staat mit einer eigenen Regierung, bestehend aus sieben vom Parlament gewählten Bundesräten und einer Bundeskanzlei. Die Eidgenossenschaft hatte endlich eine richtige

Regierung, und das war gar nicht so selbstverständlich. Es gab Politiker, die allen Ernstes prophezeiten, der neue Bundesrat werde zu wenig Arbeit vorfinden und nicht wissen, womit er seine Zeit totschlagen solle.[14]

Der Bund bekam ein richtiges Parlament, bestehend aus zwei Kammern, einem Nationalrat und einem Ständerat. Zudem entstand ein Bundesgericht, das sich aus elf nebenamtlichen Richtern zusammensetzte. Es war die höchste Instanz bei Streitigkeiten zwischen den Kantonen oder dem Bund und Privaten. Da es noch kein schweizerisches Zivil- oder Strafgesetzbuch gab, war sein Aufgabenkreis beschränkt.

Zu den Kompetenzen des Bundesstaats gehörte zuvor die Aussenpolitik. Die neue Verfassung verbot alle Bündnisse und Verträge politischer Art zwischen den Kantonen. Der amtliche Verkehr mit dem Ausland wurde den Kantonen untersagt. Auch die Militärkapitulationen (Solddienstverträge mit ausländischen Staaten) wurden verboten. Der Bund erhielt das Recht, ein Gesetz über die Organisation des Bundesheers zu erlassen, und die Bataillone bekamen einheitlich die Fahne mit dem eidgenössischen Kreuz. Alle Kompetenzen, die nicht ausdrücklich dem Bund zugeordnet wurden, verblieben indessen in der Oberhoheit der Kantone (sogenanntes Subsidiaritätsprinzip).

Und vor allem wurde 1848 die Grundlage dessen gelegt, was man mit einem modischen Wort als einheitlichen «Schweizer Wirtschaftsraum» bezeichnen könnte. Der Bund wurde beauftragt, Post, Währung, Gewichte und Masse zu vereinheitlichen. Die inneren Zölle verschwanden und die äussern wurden der Eidgenossenschaft unterstellt. Die Schweizer Bürger christlicher Konfession bekamen die Niederlassungsfreiheit. Im heutigen Jargon würde es heissen: die Verfassung schuf weitgehende Personenfreizügigkeit, von der die jüdischen Einwohner allerdings ausgenommen wurden – eine unrühmliche Ausnahme, die gegen den anfänglichen Widerstand der Kantonsvertreter von Aargau und der drei welschen Kantone Waadt, Neuenburg und Genf zustande kam.[15]

Jeder (männliche) Kantonsbürger wurde zum Schweizer Bürger erklärt und bekam das aktive und passive Wahlrecht. Die Presse-, Vereins- und Meinungsäusserungsfreiheit wurden garantiert, wie auch der freie Gottesdienst. Einen Schatten warfen die konfessionellen Ausnahmeartikel, die den Jesuitenorden verboten und Geistliche von der Wahl in eine Behörde ausschlossen.

Wie hat der neue Bundesstaat die Beziehungen zwischen den Sprachgruppen gelöst? Der Verfassungsentwurf enthielt überhaupt keine Bestimmungen zum Thema Sprache. Erst in der Parlamentsdebatte brachte der Waadtländer Deputierte Henri Druey den Antrag ein, die drei in der Schweiz gesprochenen Sprachen Deutsch, Französisch und Italienisch zu Nationalsprachen zu erklären. Nun hatte der Waadtländer vergessen, dass in der Schweiz auch rätoromanisch gesprochen wurde. So modifizierte man seinen Antrag etwas: in der Schlussfassung wurden Deutsch, Französisch und Italienisch als die «Hauptsprachen» der Eidgenossenschaft bezeichnet und zu Nationalsprachen erhoben. Nachdem die Waadtländer erklärt hatten, sie würden nicht auf der dreisprachigen Abfassung der Parlamentsdebatten beharren, war der Weg zur Annahme des Sprachenartikels frei. Und so wurde in der neuen Bundesverfassung ein Artikel 109 aufgenommen mit dem Wortlaut: «Die drei Hauptsprachen der Schweiz, die deutsche, französische und italienische, sind Nationalsprachen des Bundes.» Damit war zumindest die Dreisprachigkeit der Schweiz Verfassungsgrundsatz geworden. Die Schweiz ging bald dazu über, die drei Nationalsprachen auch als gleichberechtigte Staatssprachen anzusehen, d.h. die drei Texte aller Bundesurkunden zu authentischen Urtexten zu erklären.

Obgleich die Bundesverfassung ein subtil austariertes Werk war, weckte sie 1848 erstaunlich wenig Begeisterung: Bei der Schlussabstimmung in der Tagsatzung mochten sich nur gerade 13,5 Kantonsvertretungen zum neuen Werk bekennen. Weil der Verfassungstext ein Kompromiss war, konnte niemand ganz glücklich sein. Selbst ein Henri Druey, der an der Verfassung entscheidend mitgearbeitet hatte, setzte sich nur moderat dafür ein, denn er hätte lieber ein fortschrittlicheres Werk vorgelegt.

Die Volksabstimmungen, die darauf in allen Kantonen ausser Freiburg durchgeführt wurden (in Freiburg entschied der Grosse Rat zugunsten der Verfassung), ergaben ein besseres, aber auch wenig brillantes Resultat: 15,5 Kantone nahmen an, 6,5 lehnten ab. Zu den ablehnenden Kantonen gehörten fünf Sonderbundskantone (die von radikalen Regierungen geführten Kantone Luzern und Freiburg scherten aus), der Kanton Tessin, der sich vor der Abschaffung der kantonalen Zölle fürchtete, und das konservative Appenzell-Innerrhoden. Die Stimmbeteiligung schwankte zwischen 19% in Bern und 75% in den drei Kantonen mit Stimmzwang (Aargau, Thurgau und Schaffhausen), und erreichte gesamtschweizerisch nur 55%: Die Stimm-Abstinenzler bildeten schon damals die stärkste politische Gruppe.[16]

Diese Ergebnisse zeigen, wie sehr die Schweiz gespalten war. Sie belegen aber auch, wie wenig sprachliche Gegensätze eine Rolle gespielt haben.

Der Bundesstaat wurde von Deutschschweizern, Welschen, Tessiner und Rätoromanen gemeinsam gegründet. Sicher: der Bundesstaat war, wie William Rappard schreibt, wesentlich eine Schöpfung des Deutschschweizer Freisinns, insofern der Impuls zum Zusammenschluss zwischen den Kantonen von der wirtschaftlich dynamischen Deutschschweiz ausgegangen war und die bei der Ausarbeitung der Bundesverfassung führenden Männer grösstenteils aus dem Deutschschweizer Mittelland stammten. Aber die Deutschschweizer Radikalen konnten bei der Gründung des Bundestaats auf die Hilfe der welschen Radikalen zählen.

Und doch kamen in den welschen Kantonen da und dort Ängste vor einer Majorisierung durch «die deutsche Nation» zum Ausdruck, wie das Beispiel der Waadt belegt. Als das Waadtländer Parlament die neue Bundesverfassung zu ratifizieren hatte, wagten zwar nur gerade vier Abgeordnete, Einspruch zu erheben, eine der Wortmeldungen lässt jedoch aufhorchen. Grossrat Pellis erklärte nämlich: «Wir leben gut mit den Deutschen als Partner, Freunde, Brüder zusammen, hingegen verzichten wir lieber auf einen gemeinsamen Haushalt.» (Man beachte zweierlei: Deutschschweizer wurden damals noch als «Allemands» bezeichnet, nicht, wie das heute der Fall ist, als «Alémaniques». Und die Partnerschaft und der gemeinsame «Haushalt» von deutscher und welscher Schweiz war schon damals eine beliebte Metapher.)

Der Waadtländer Regierungspräsident erklärte hierauf, zwar werde die Mehrheit im neuen Bundesstaat deutsch sein, aber: Habe sie denn keinen Sinn für Gerechtigkeit? Hierauf wurde die neue Verfassung mit 140 zu 13 Stimmen gutgeheissen. Und bei der folgenden Volksabstimmung kam ebenfalls eine deutliche Mehrheit zustande: 15 232 zu 3513 Waadtländer nahmen die neue Bundesverfassung an.[17]

Die Romands hatten also nicht unwesentlich zur Annahme der neuen Verfassung beigetragen. Dafür wurden sie bei der Wahl der Hauptstadt belohnt. Nach harten Auseinandersetzungen wurde Bern zur neuen Bundesstadt gekürt, nicht zuletzt aus Rücksicht auf die welsche Schweiz. Luzern, das beim gescheiterten Revisionsversuch 1833 noch als Hauptstadt vorgesehen war, schied als Zentrum des Sonderbunds aus. Und auch Zürich blieb auf der Strecke, weil zu wenig zentral gelegen. Zudem war wahrscheinlich schon damals in Teilen der Schweiz, nicht zuletzt bei den Romands, Angst vor dem wirtschaftlich dynamischen Zürich verbreitet.

Bei der Wahl des ersten Regierungskollegiums wurde der Mehrsprachigkeit der Schweiz ebenfalls Rechnung getragen. Der erste Bundesrat setzte sich aus fünf Deutschsprachigen, einem Welschen (Henri Druey) und einem Tessiner (Stefano Franscini) zusammen, womit die lateinischen Minderheiten fast entsprechend ihrem Bevölkerungsanteil vertreten waren. Der Waadtländer Druey musste allerdings beinahe nach Bern geprügelt werden: Lieber war er Nummer eins in seinem Kanton als einer der ersten Sieben im Bund. Schon damals war manchen Romands die liebliche welsche Brise lieber als die Berner Voralpenluft. Und schon damals war es für den Bund gar nicht so einfach, Welschschweizer zu rekrutieren – wobei dies in einer Zeit, da man mit der Kutsche verkehrte, eigentlich leichter zu verstehen ist als im Zeitalter der totalen Mobilität.

Ideale Lösung des Nationalitätenproblems?

Hermann Weilenmann schreibt in seinem 1925 erschienenen Standardwerk «Die vielsprachige Schweiz»: «Seit die Eidgenossenschaft zum Staat geworden war, blieb tatsächlich kein Teil ihres Volkes zurückgesetzt.» Deutsche, Welsche, Italiener, Rätoromanen, so Weilenmann, waren künftig «in allem gleichberechtigte Schweizer.» Und: «Mit der Schaffung des Bundesstaates war das Problem der Nationalitätenstaaten gelöst: der gemeinsame Staat konnte von den Angehörigen jeder Sprachgruppe als ihre eigene, nach ihrem Bilde geschaffene Gemeinschaft empfunden werden.»[18]

Und so war es ganz folgerichtig, dass Weilenmann seine fundierte Darstellung, in der mehrere Generationen von Wissenschaftern und Publizisten ihre Informationen und Zitate geholt haben, mit dem Jahr 1848 beendete. Die ideale Lösung war geschaffen. Ende der Geschichte.

Ende der Geschichte? Ist der Bundesstaat wirklich die endgültige Lösung der Sprachenfrage? Leben wir seither in der besten aller möglichen mehrsprachigen Welten? Sicher, die Väter des 1848 geschaffenen Bundesstaats haben Vorkehren getroffen, um den Minderheiten entgegenzukommen und eine Tyrannie der Mehrheit zu verhindern. Sie dachten dabei nicht so sehr an die sprachlichen Minderheiten (wir haben gesehen, dass das Sprachenproblem damals kaum wahrgenommen wurde). Es ging ihnen vielmehr darum, die konservative und katholische Minderheit, die im Sonderbundskrieg unterlegen war, einzubinden. Daher die weitgehenden Konzessionen an den Föderalismus und das Subsidiaritätsprinzip.

Das föderalistische Prinzip führte jedoch – eigentlich ungewollt – dazu, dass die Sprachenprobleme ebenfalls entschärft wurden. Denn jeder Kanton hatte ja auch nach 1848 weiterhin das Recht, seine Schul- und Kulturpolitik, sein Rechtssystem, seine staatlichen Institutionen weitgehend nach eigenem Gusto zu gestalten. In den meisten Bereichen, in denen Probleme zwischen Sprachgemeinschaften hätten entstehen können, blieben die Kantone demnach autonom. In jenen Kantonen, in denen die Romands die Mehrheit hatten (und dies war in allen welschen Kantonen ausser Bern der Fall), konnten sie also recht gelassen sein und mussten nicht fürchten, von der Deutschschweizer Mehrheit an die Wand gedrückt zu werden.

Die 1848 geschaffene – oder genauer: neu interpretierte – föderalistische Ordnung hat ohne Zweifel einen wesentlichen Beitrag zum Sprachfrieden geleistet. Zudem lässt sich nicht abstreiten, dass der Bundesstaat von Anfang um eine weitgehende Gleichberechtigung der Sprachen bemüht war. Der Sprachenartikel der Bundesverfassung, aber auch die Vertretung der Sprachminderheiten im ersten Bundesrat, zeigen klar, dass die deutschschweizerische Sprachmehrheit nicht die Absicht hatte, das Mehrheitsprinzip schonungslos auszuspielen.

Und doch sind Korrekturen an Weilenmanns Idylle angebracht. Zuerst einmal kann keine Rede davon sein, dass im Bundesstaat von Anfang an die vier Sprachen gleichberechtigt gewesen wären. Das Rätoromanische war es offensichtlich nicht: es hatte nicht den Rang einer Staatssprache. Auch die Staatssprache Italienisch war von Anfang an etwas weniger Staatssprache als Deutsch und Französisch. In den eidgenössischen Räten ist das Italienische bis heute nicht ganz akzeptiert. Statt von einem viersprachigen Staat, sollte also eher von einem zweieinhalbsprachigen Staat die Rede sein.

Und dann sollte das Problem nicht nur von der institutionellen und formalrechtlichen Seite betrachtet werden. Im neuen Bundesstaat stellen ja die Deutschsprachigen mehr als drei Viertel und somit eine grosse Mehrheit der Landesbevölkerung. Und in vierzehn von zweiundzwanzig Kantonen wird praktisch nur deutsch gesprochen. Die Kantone der lateinischen Schweiz stellen also eine kleine Minderheit dar. Sie werden noch durch die Tatsache geschwächt, dass zwischen der welschen einerseits, der italienischen und rätoromanischen Schweiz anderseits keine geographischen und auch wenig kulturelle Verbindungen bestanden. Diese Kräfteverhältnisse lassen sich durch institutionelle Massnahmen zugunsten der Minderheit nicht völlig kompensieren.[19]

Die Gründerväter des Bundesstaates haben zwar das Zusammenleben der Sprachgruppen pragmatisch und klug angepackt. Aber eine ideale

153

Lösung haben sie sicher nicht geschaffen. «Die Eidgenossenschaft spricht zugleich mit drei Zungen», schreibt Weilenmann über den Bundesstaat. Doch spricht sie nicht in allen drei Zungen gleich oft, gleich gut und gleich gern.

Noch in anderer Hinsicht wurde das «Nationalitätenproblem» 1848 nicht ein für allemal gelöst. Das Prinzip Föderalismus, so nützlich es anfangs war, fördert ja nicht den Austausch zwischen den Sprachgruppen, sondern hält die Sprachgruppen auseinander. Sein Grundprinzip: Wo wenig Berührung ist, ist auch wenig Reibung. Mit anderen Worten: Föderalismus besteht darin, zwischen Nachbarn hohe Thuya-Hecken zu pflanzen. Hinter diesen Hecken kann jeder weitgehend machen, was er will.

Nun sind Hecken solange gut, als jeder mehr oder weniger allein seine Probleme lösen kann. Nach 1848 werden aber die Schweizer immer mehr miteinander zusammenarbeiten müssen. Und da nützen Hecken nichts, im Gegenteil: sie werden zu Hindernissen und zu Schranken. In der Tat werden die Schweizer nach der Schaffung des Bundesstaats mehr und mehr mit anderssprachigen Schweizern in Kontakt treten. Die Niederlassungsfreiheit, der Eisenbahnbau, überhaupt die wirtschaftliche Entwicklung sollten die Schweizer gründlich durcheinanderwirbeln. Das schafft Berührung – aber, wie wir sehen werden, auch Reibungsflächen.

Dass der Bundesstaat das Nationalitätenproblem ein für allemal gelöst habe, muss noch aus einem anderen Grund bezweifelt werden. Schliesslich wurden die Romands (wenn man von den Jurassiern absieht), wie auch die Tessiner, erst durch die Schaffung des Bundesstaats zu Sprachminderheiten gemacht. Solange jeder Kanton weitestgehend souverän war, konnten die meisten Romands ihre Angelegenheiten mehr oder weniger auf ihre Fasson lösen. Jetzt aber waren sie in einem neuen Staat eingebunden, in dem die Deutschschweizer die Mehrheit stellten. Zwar wurde dies anfangs kaum als Problem wahrgenommen, weil die Sprachproblematik gegenüber ideologisch-politischen Fragen weit zurückstand. Auf die Dauer freilich werden sich die Romands ihrer Minoritärenrolle mehr und mehr bewusst.

Hat der Bundesstaat die «Nationalitätenfrage» ein für allemal gelöst? Im Grunde genommen hat er sie erst geschaffen.

Die Schweizer schaufeln einen «Sprachengraben»
(1848–1918)

Nun sind der alemannische Krieger und das hübsche Fräulein vom Genfersee, von denen einst Gonzague de Reynold sprach, verheiratet. Das gemeinsame Haus ist gebaut, das gemeinsame Leben beginnt. Und jetzt kommen die Bewährungsproben des Alltags: Wer wäscht das Geschirr ab? Wer trägt den Kehrichtsack nach unten? Wieviel Gemeinsamkeit, wieviel Freiheit brauchen Frau und Mann? Wer verwaltet das Geld? Was gilt: Gütergemeinschaft oder Gütertrennung? Wie geht man mit den Nachbarn um? Mit welchen Freunden will man Umgang pflegen? – Unser Krieger und unsere Demoiselle werden rasch Gelegenheit bekommen, sich an diesen Problemen zu wetzen.

Liebesgrüsse aus Zürich

Ehe die neue Bundesverfassung geschrieben und verabschiedet war, begannen sich Deutschschweizer und Welsche schon zu streiten. Diese Spannungen hatten vor allem aussenpolitische Gründe: unter den Freisinnigen kam es nämlich zu Meinungsverschiedenheiten darüber, wie sich die Schweiz gegenüber den nationalen Befreiungsbewegungen verhalten sollte, die halb Europa 1847/48 in Revolutionswirren stürzten.

Damals kam es auch in vielen Städten Italiens – Palermo, Venedig, Mailand, Neapel – zu Aufständen. Das italienische «Risorgimento» wurde vom genuesischen Publizisten Giuseppe Mazzini, dem Gründer des Jungen Italien, alimentiert, der im Tessin Zuflucht gefunden hatte. Kein Wunder, dass die italienischen Revolutionäre in der republikanischen Schweiz nach Hilfe suchten.

Im Tessin und in der Westschweiz waren die Radikalen gern bereit, ihren italienischen Genossen zu Hilfe zu eilen. Auch wollten die Westschweizer Radikalen die Eidgenossenschaft auf die Seite der italienischen Revolutionäre ziehen. Dabei stiessen sie aber bei der Mehrheit der Deutschschweizer Freisinnigen auf Widerstand. Diese traten für eine strikte Neutralitätspolitik ein, denn sie fürchteten, ein Einmischen in fremde

Händel würde auch die fragile eidgenössische Republik, die den monarchistischen Regierungen der Nachbarländer schon lange ein Dorn im Auge war, in Gefahr bringen.

Die Auseinandersetzungen spitzten sich im April 1848 zu, als König Karl Albert von Sardinien-Piemont, der sich an die Spitze der italienischen Befreiungsbewegung gestellt hatte, den Eidgenossen ein Verteidigungs- und Angriffsbündnis anbot, das sie zum Stellen von 30 000 Mann verpflichtet hätte. Das königliche Angebot wurde vom Waadtländer Radikalenchef Henri Druey, seinem Genfer Kollegen James Fazy, aber auch vom bernischen Jakob Stämpfli, dem Anführer der radikalen Jungtürken im Berner Freisinn, unterstützt. Die Mehrheit der Tagsatzung lehnte das Ansinnen jedoch ab, vor allem auf Betreiben der ostschweizerischen Delegierten. Dabei bekannte sich Tagsatzungspräsident Ulrich Ochsenbein, der vormalige Berner Freischarengeneral, ein Haudegen also, entschieden zur Neutralitätspartei, wofür er seitens des freisinnigen Waadtländer Nationalrats Jules Eytel scharfe (verbale) Hiebe einstecken musste.

Die Radikalsten unter den Schweizer Radikalen unterstützten die Lombarden jedoch auch weiterhin. Waffen und Munition wurden nach Italien geschmuggelt, Freikorps organisiert. Vor allem in den welschen Kantonen Genf, Waadt, Wallis und Freiburg sowie im Tessin sympathisierten die Radikalen offen mit den lombardischen Rebellen. Allerdings lief die Trennlinie zwischen der Neutralitäts- und der Interventionspartei nicht genau zwischen lateinischer und deutscher Schweiz: der Berner Stämpfli gehörte wie erwähnt zu den internationalistischen Interventionisten. Dennoch nahm die Auseinandersetzung zeitweise Züge eines Konflikts zwischen Sprachengruppen an.

Jedenfalls fühlte sich die «Neue Zürcher Zeitung» im August 1848 bemüssigt, das Thema «Deutsch und welsch» aufzugreifen und beide Seiten zur Mässigung aufzurufen. Ihre Stellungnahme verdient es, ausführlich zitiert zu werden, enthält sie doch einerseits eine veritable Liebeserklärung an die französische Schweiz. Sie erhellt aber anderseits auch die Vorurteile und Verdächtigungen, welche Deutschschweizer und Romands bereits damals – und vielleicht schon in noch früheren Zeiten? – auf ihre anderssprachigen Landsleute projizierten.

Zuerst die Liebeserklärung: «In der deutschen Schweiz herrscht für die französischen Schweizer, namentlich für die Waadtländer, eine wahre Vorliebe, und die deutschen Schweizer werden uns nicht der Übertreibung bezichtigen, wenn wir behaupten, dass die Waadtländer eigentlich die Lieblinge des Volkes in den meisten Kantonen deutscher Zunge sind.»

Nach dieser *captatio benevolentiae* beschwor die NZZ schweizerischen Gemeinsinn: «Nicht das Band der Sprache hält die Schweiz zusammen – das weiss jeder Schweizer; das Band der gemeinsam erlebten Schicksale, das Band der republikanischen Freiheit hält die Schweizer umschlungen und vereint sie zu einem Volke. Es ist dieses so wahr, dass dem Schweizer deutscher Zunge ein Deutscher unendlich ferner steht, als ein französischer Schweizer.»

Und nun zur Sache: «Die zwischen dem Berner Ulrich Ochsenbein und dem Waadtländer Jules Eytel gewechselten Bitterkeiten sollten also weder der deutschen noch der französischen Schweiz auf die Rechnung geschrieben werden. Die deutschen Schweizer sind gewiss weit davon entfernt, der französischen Schweiz einen unschweizerischen Sinn und propagandistische Gelüste vorwerfen zu wollen; ebensowenig aber werden die französischen Schweizer glauben, die deutsche Schweiz buhle um die Gunst der Reaktion und hege im geheimen Sympathien für das deutsche Reich. Schweizer wollen wir Alle sein, Republikaner wollen wir Alle sein und bleiben und zwar innert unsern alten Grenzen, welche Sprache uns auch die Mutter zuerst gelehrt! Deutsche, Franzosen und Italiener gebe es in der Schweiz nur der Sprache, nicht der Gesinnung nach!»[1]

Das Interessanteste an dieser Passage ist – Sigmund Freud würde es wohl bestätigen – nicht so sehr das, was beteuert, sondern das, was abgestritten wird. Offenbar unterschoben die Romands ihren *compatriotes* damals bereits germanophile Neigungen, während die Deutschschweizer am Patriotismus der Romands zweifeln zu müssen glaubten. Allerdings nahmen diese Auseinandersetzungen bald ein Ende, denn der italienische Befreiungsfeldzug wurde von Österreich niedergeschlagen, worauf König Karl Albert abdankte und sein Nachfolger Vittorio Emmanuele 1849 mit der Donaumonarchie Frieden schloss. Die österreichische Herrschaft über Oberitalien wurde um einige Jahre verlängert. Dennoch zeigt die Episode, dass die Beziehungen zwischen deutscher und welscher Schweiz schon bei der Gründung des Bundesstaats alles andere als unproblematisch waren. Deutschschweizer, die strikt neutral sein wollen, kontra Romands, welche europäische Solidarität predigen: Erinnert die Polemik des Jahrs 1848 nicht an europapolitische Debatten der 1990er Jahre? Nichts Neues unter der Sonne?

Von Frankenfüsslern und Guldenfüsslern

Kurz nach der «Piemont-Affäre» kam es erneut zu Problemen zwischen Deutschschweizern und Romands, als nämlich der Bundesstaat daran ging, die Vereinheitlichung der Münzen, Masse und Gewichte, die für den Schweizer Wirtschaftsraum von entscheidender Bedeutung waren, zu verwirklichen.

Bekanntlich hatten sich die Gründerväter zum Ziel gesetzt, mit dem kantonalen Durcheinander auf dem Gebiet der Währung, der Gewichte und Masse aufzuräumen. Auf diesen Gebieten trieb der eidgenössische Kantönligeist in der Tat die sonderbarsten Blüten. Besonders im Münzwesen herrschte eine namenlose Verwirrung. Es gab Genfer Franken, Neuenburger Franken, Berner Dublonen und Dukaten, Zürcher Taler, Zürcher Gulden, Basler Taler, Luzerner Gulden, Schwizer Gulden, Zürcher Böcke, Graubündner Blutzger, Zürcher Schillinge, Biesli, Angster, usw. usf. Daneben kursierten noch alte Münzen aus der Zeit der Helvetik, des Bistums Basel – undsoweiter, undsofort.[2]

Indessen prallten bei der Währungsreform widersprüchliche Vorstellungen aufeinander: Die westliche Schweiz optierte für das französische Frankensystem, und die östliche Schweiz, einschliesslich Zürich, für das süddeutsche Guldensystem. Die Trennlinie lief allerdings auch in dieser Frage nicht genau der Sprachgrenze entlang. So wurde das Lager der «Frankophilen» vom prominenten Basler Bankdirektor Johann Jakob Speiser vertreten (Basel war wirtschaftlich stark mit dem Elsass und mit Frankreich verbunden).

Dem Basler Speiser war es hauptsächlich zu verdanken, dass die «Frankophilen» obenaus schwangen: 1850 besiegelten die eidgenössischen Räte den Sieg der «Frankenfüssler» über die «Guldenfüssler». Die Schweiz entschied sich für Franken und Centimes (Rappen), zumal das französische Modell auf dem Dezimalsystem beruhte und somit übersichtlicher erschien als das Guldensystem, das auf dem Hexagesimalsystem (Sechsersystem) aufgebaut war. Der Münzstreit, schreibt der Historiker Roland Ruffieux in der «Geschichte der Schweiz und der Schweizer», liefert ein gutes Beispiel dafür, wie aus einer Meinungsverschiedenheit über ein technisches Problem ein Politikum ersten Ranges werden kann.[3]

Bei der Reform der Masse und Gewichte trat ebenfalls ein Ost-West-Gegensatz zu Tag. So hatte die Westschweiz schon seit langem für das metrische System Frankreichs optiert, die Deutschschweizer Kantone dagegen hielten mehrheitlich an Mass, Fuss und Pfund fest. Das metrische System erschien ihnen viel zu revolutionär. Immerhin hatten zwölf Kantone 1835 ein Konkordat geschlossen und ein einheitliches «Schweizermass» eingeführt. Dieses wurde 1851 als obligatorisch erklärt – die Anhänger des Metermasses unterlagen.

Der Streit um Münzen und Masse war also mit einem gut schweizerischen Kompromiss (andere würden vielleicht von einem «Kuhhandel» sprechen) zu Ende gegangen. Auf die Dauer aber war der Westwind, auch wenn Mao Zedong später das Gegenteil gelehrt hat, stärker als der Ostwind: Das Metermass wurde 1868 fakultativ zugelassen und 1875 für obligatorisch erklärt. Französisches Mass hatte sich über Deutschschweizer Masse hinweggesetzt.

«Romanische Wildheit»

In den Anfangsjahren des Bundesstaats kam es zu einem weiteren Zusammenprall zwischen deutscher und welscher Schweiz. Dabei ging es um die Frage, ob der Bundesstaat eine nationale Universität gründen sollte.

Ein Teil der Radikalen, die für den Bundesstaat gekämpft hatten, war seit langem überzeugt, es müssten eidgenössische Schulen geschaffen werden, um der jungen Generation eidgenössisch-vaterländische Gesinnung einzupflanzen. Die Initianten wünschten, dass Schweizer Studenten nicht mehr auf deutschen, französischen oder italienischen Universitäten studieren müssten, wo sie «ent-nationalisiert» würden. So holten sie das aus der Helvetik stammende Projekt einer schweizerischen Landesuniversität aus der Truhe. Die Radikalen wollten dieser Landesuniversität eine theologische Fakultät beigeben, um den katholischen Klerus aus den «ultramontanen Fängen» zu befreien, sprich: der Kontrolle des Vatikans zu entziehen. Geplant war zudem die Gründung eines eidgenössischen Lehrerseminars (oder gar mehrerer Seminare, je eines pro Sprachregion), um bereits die Erzieher der Nation zu nationalem Bewusstsein zu erziehen.

In der vorbereitenden Kommission der Tagsatzung führten diese patriotisch-pädagogischen Absichten allerdings zu heftigen Debatten. Während ein Teil der Kommission die Gründung einer Universität, dreier Lehrerseminare und sogar einer polytechnischen Schule verfocht, widersetzte sich ein anderer Teil einem Eingriff in die Schulhoheit der Kantone. Pikant im Hinblick auf die weiteren Ereignisse war, dass nicht zuletzt die

Westschweizer Kommissionsmitglieder – der Waadtländer Staatsrat Henri Druey, der Freiburger Professor François Marcelin Bussard und der Genfer Berufsoffizier Louis Rilliet-Constant – vehement für eine Nationalisierung des Erziehungswesens eintraten, während beispielsweise der Zürcher Jonas Furrer anfangs wenig Interesse an eidgenössischen Schulen bekundete (Zürich hatte 1833 eine kantonale Universität gegründet).

Auch der Aargau, der Kanton der Helvetik, die Heimat des helvetischen Erziehungsdirektors Philipp Albert Stapfer, der sich so energisch für ein nationales Schulsystem ins Zeug geworfen hatte, widersetzte sich jetzt der Gründung einer eidgenössischen Universität. Sein Abgeordneter, der Berufsoffizier Friedrich Frey-Hérosé, hielt das Projekt für unausführbar: «Sollen auf derselben alle vier Fakultäten in den drei Nationalsprachen deutsch, französisch und italienisch, vielleicht sogar romanisch vertreten und besetzt sein?» Als resoluter Anhänger der Zentralisation erwies sich dagegen der Vertreter des Randkantons Tessin: Giacomo Luvini-Perseghini, auch er ein Berufsmilitär, erklärte, es reiche nicht aus, das Geld zu zentralisieren, man müsse auch den Geist zentralisieren: Das Wort «Zentralisation» hatte damals noch nicht den negativen Beiklang, der heute mitschwingt.

Schliesslich sprach sich die Kommission recht deutlich für ein eidgenössisches Polytechnikum, relativ knapp für die Gründung einer Landesuniversität und eines einzigen Lehrerseminars aus: die Anhänger der «Nationalbildung» hatten die erste Runde für sich entschieden. Im Plenum der Tagsatzung kam es jedoch erneut zu Polemiken zwischen Unitariern und Föderalisten, zwischen Anhängern eines starken Staats und Verfechtern eines schlanken Staats. Auch diesmal standen die Vertreter aller lateinischen Kantone ausser Neuenburg auf der Seite jener, die den Bund zum Schulmeister der Nation machen wollten. Und auch diesmal kamen sie zu einem (Teil-)Sieg. Zwar verzichtete das Parlament auf ein nationales Lehrerseminar, doch räumte es dem Bund das Recht ein, eine Landesuniversität und ein Polytechnikum zu gründen. Und so kam ein Artikel 22 in die Bundesverfassung, der besagte: «Der Bund ist befugt, eine Universität und eine polytechnische Schule zu gründen.»

Da nun aber der junge Bundesstaat daran ging, diesen Verfassungsauftrag auszuführen, war der Teufel los im Land. Die Opposition regte sich mächtig – und zwar nicht nur in den katholisch-konservativen Kantonen, sondern auch in der reformiert-freisinnigen Welschschweiz. Ausgerechnet die Waadtländer Freisinnigen, deren «Patron» Henri Druey zu den vehementesten Verfechtern des Zentralstaats gehörte, meldeten jetzt plötzlich föderalistische Bedenken an. Der berühmte welsche Föderalismus stieg aus dem Taufbecken – ganz zum Leidwesen von Bundesrat Druey, der, wie später so viele andere Waadtländer Bundesräte, von seinen Truppen im Stich gelassen wurde, und sogar, kaum war er in Bern, sich von seinen Landsleuten «Verrat» an seiner Heimat vorwerfen lassen musste.[4]

Ab 1849 herrschte grosse Aufregung in der Westschweiz. Eine Petition gegen die eidgenössische Universität zirkulierte und wurde zwischen Genf und Freiburg von mehreren tausend Bürgern unterschrieben. Nicht nur der sakrosankte Föderalismus wurde angerufen, auch der Erhalt französischer Kultur und Sprache figurierten im Argumentarium der Opponenten. «Wir sind Schweizer, mit Leib und Seele», schrieb beispielsweise die «Gazette de Lausanne», «wir wollen Schweizer bleiben, aber wir wollen es mit unserer Sprache, unseren Sitten und unserer eigenen Kultur sein. Man tue uns in diesem Punkt keine Gewalt an.»[5]

Als das eidgenössische Parlament ab 1851 die Beratungen über das Ausführungsgesetz aufnahm, gehörten die Waadtländer Vertreter erneut zu den rabiatesten Gegnern der Landesuniversität. Nun war damals noch geplant, die Universität zwar in Zürich, die Polytechnische Schule aber in Lausanne zu errichten – aber auch diese salomonische Teilung des Apfels brachte die Waadtländer Opposition nicht zum Verstummen. Dass die Kommissionen der eidgenössischen Räte danach beschlossen, die Landesuniversität und das Polytechnikum zu fusionieren und dem Plenum vorzuschlagen, beide an Zürich zu vergeben, machte die Sache aber auch nicht besser. Zwar versuchte der Waadtländer Bundesrat Henri Druey vor dem Nationalrat, die welschen Bedenken gegen die Landesuniversität auszuräumen, indem er erklärte: «Ich bin auf vielen deutschen Hochschulen herumgerutscht und dennoch nicht germanisiert worden.» Aber er musste feststellen, dass die Seinen sich endgültig ins föderalistische Schneckenloch zurückgezogen hatten.[6]

1854, als die Stunde der endgültigen Entscheidung nahte, ging ein wahrer Proteststurm durch die welsche, vor allem durch die waadtländische Presse. Das konservative Blatt «Le Pays» nannte die eidgenössische Universität einen wahren Turm von Babel: «Waadt und Genf werden bis zum Äussersten gehen, ehe sie sich germanisieren lassen.» Die ebenfalls der konservativen Partei angehörige «Gazette de Lausanne» stimmte sogar separatistische Töne an. Der radikale «Nouvelliste Vaudois» machte sich lustig über das Zürichdeutsch, das die Welschen in Zürich lernen würden, und bestritt dem industriellen Zürich die Qualitäten einer wahren Universitätsstadt: seine Spitäler seien ungenügend für die Bedürfnisse der Mediziner, die Theologen fänden keine Kanzelberedsamkeit, die Juristen keine Tribüne, die Philosophen keine Literatur.[7]

Die Wirren um die Universität wirkten sich auch auf die parteipolitische Landschaft aus: Im Hinblick auf die Nationalratswahlen vom Herbst 1854 einigten sich Freisinnige aus den Kantonen Waadt, Genf und Neuenburg auf ein Programm gegen die «Germanisierung». Schliesslich verzichtete das eidgenössische Parlament, durch die katholisch-konservative und die welsche Opposition mürbe gemacht, nun auch auf die Landesuniversität, nachdem ja bereits zuvor das Lehrerseminar fallengelassen worden war. Nur die Polytechnische Schule fand bei den eidgenössischen Räten Gnade. Als deren Sitz wurde Zürich gewählt, ein Trostpreis für die Stadt, welche 1848 nicht Hauptstadt hatte werden dürfen. Dabei waren ja die Zürcher anfangs alles andere als grosse Anhänger der eidgenössischen Schuloffensive gewesen.

Der Schiffbruch der Landesuniversität war ein harter Schlag für die Anhänger einer «Nationalbildung». Der Zürcher Schriftsteller Gottfried Keller, damals noch Bummelstudent in Berlin, liess seinem Zorn gegen die Welschen in einem Brief freien Lauf: «Die Idee einer schweizerischen Universität hat nach harten Kämpfen, worunter sich wunderliche Gegensätze offenbarten, im schönen Monat Januar oder Februar endlich Fiasko gemacht. Die Welschen stemmten sich mit aller undisziplinierten Wildheit des Romanismus gegen diesen Vorposten germanischer Kultur und liessen die katholischen Obskuranten der deutschen Urschweiz, die sich dagegen sperrten, als unschuldige Lämmlein erscheinen.»

Der Verzicht auf die Landesuniversität kam dem Polytechnikum zugute: das Parlament verlieh ihm einen quasi-universitären Status, indem es ihm eine Abteilung mit philosophischen und staatswirtschaftlichen Fächern angliederte. Die Eidgenössische Technische Hochschule (ETH) wurde im Oktober 1855 mit 22 Kanonenschüssen und Glockengeläut eingeweiht. Und 1864 konnte sie in den vom deutschen Architekten Gottfried Semper entworfenen Neubau einziehen, in dem sie heute noch ihren Hauptsitz hat.

Appenzeller Alpenbitter

Die Beziehungen zwischen deutscher und welscher Schweiz waren also schon in den ersten Jahren des Bundesstaats nicht ganz harmonisch. In einem erstaunlichen Artikel, datiert vom 3. Mai 1854, brachte die freisinnige «Appenzeller Zeitung» in Herisau das Thema ungewöhnlich unverblümt zur Sprache. Dieser Kommentar, welcher wahrscheinlich aus der Feder des damaligen Verlegers Michael Schläpfer stammt, ist einer der frühesten und offenherzigsten Belege dessen, was man heute als «Röstigraben»-Problematik bezeichnen würde. Er zeigt, dass das Klischee von der welschen Leichtlebigkeit und vom welschen Leichtsinn, wie auch das Klischee von der Deutschschweizer Schwerfälligkeit, keine Erfindungen der neuesten Zeiten sind.[8]

«Das, worauf wir jetzt zu sprechen kommen, ist nicht neu», beginnt der Leitartikel, «ist oft angedeutet, doch bisher nicht gründlich erörtert und als Erscheinung in der Geschichte des Vaterlandes unzureichend beachtet worden: wir meinen den Unterschied zwischen Deutsch und Wälsch von Haus aus.» Man könne zwar nicht von verschiedenen «Raçen» sprechen, meint der Appenzeller Publizist, aber doch von «raçen-artigen» Unterschieden. Deshalb die Witzeleien, Bespöttelungen, Sprichwörter, mit denen der «eine Stamm den andern neckt».

Und nun folgt ein Katalog dieser Witzeleien und Vorurteile, der auch heute noch durchaus aktuell erscheint: «Wir Deutsche (sic) halten die Wälschen (Franzosen) für getrüllte, feingestutzte Brüder, bei welchen es mehr auf Pikanterie als auf einen tüchtigen Lebenskern ankommt; für Lebensschwelger, die überall mit Zier und Ostensibilität auftreten, die Religion andern Völkern in's Stammbuch schreiben, die Moral als Galanterie betreiben und mit Goût sündigen; die das Vaterland lieben, weil darauf guter Wein wächst, und Politik und Krieg um des schwarzen Fracks willen handhaben. Umgekehrt sind wir Deutsche in den Augen der Wälschen des *têtes quarrées* (sic), unbehülfliche Spiessbürger, die zu Hause nach einer schwerfälligen Schablone leben.»

«Das Auseinandergehen der Interessen lässt sich in der Geschichte überall nachweisen», fährt der Appenzeller Journalist fort. «Warum kam Genf so spät zur Eidgenossenschaft? Weil es die deutschen Elemente in derselben scheute. Warum konnte die Waadt bei Bern nicht bleiben, wo es doch den mächtigsten Schutz genoss und mit reichen Staatsgenossen verbunden war? Weil sich der quecksilberne Waadtländer mit dem breiten biderben Berner nicht vertrug, das kochende Franzosenblut vom deutschen gemächlichen Szepter zu Bern nicht regiert werden wollte.»

Damit hatte der Appenzeller Editorialist zwar die Geschichte gehörig zurecht- und umgebogen, doch was nun folgte, stellte seiner Klarsicht ein ausgezeichnetes Zeugnis aus: «Warum ist der Jura bis auf den heutigen Tag der wunde Fleck des Bundeskantons? Man sagt: weil er katholisch sei; es ist dies ein Faktor, aber nur ein unbedeutender, den Hauptfaktor bildet das Wälschthum. Früher oder später wird sich der Jura jedenfalls von Bern ablösen und zu einem Kanton in Taschenformat ausbilden.»

Der Spruch vom «Kanton in Taschenformat» ist zwar nicht sehr freundlich, vor allem seitens eines Appenzellers, aber diese jurapolitische Prophetie aus dem Jahr 1854 zeugt von aussergewöhnlicher Hellsicht. Danach kam der Autor auf einige aktuelle Auseinandersetzungen zu sprechen: Münzstreit, Streit um Gewicht und Masse, Streit um die Landesuniversität. In allen drei Fällen hätten die «Wälschen» den Deutschschweizern ihr Diktat aufzwingen wollen, so der Kommentar. Er schliesst aber versöhnlicher:

«Es fällt uns nicht ein, unsern welschen Schweizern zuzumuthen, dass sie schlechtere Patrioten wären als wir, gestehen ihnen selbst einzelne Vorzüge zu, nehmen andere jedoch auch für uns Deutsche in Anspruch. In einem gewissen Sinne bedürfen wir sie sogar, sie ergänzen uns und bringen in das Schweizervolk eine Mischung, die seinem Leben Farben und graziösen Ausdruck verleiht. Sie bedürfen aber auch unser, anerkennen dies jedoch nicht, so leben wir mit ihnen bis jetzt in wilder Staatsehe. Engeres und vertraulicheres Anschliessen hängt von den Wälschen allein ab; wir Deutsche sind in billigen Dingen überall entgegen gekommen, mögen sie dies fortan auch thun!»

Romands gegen Antisemitismus

Der Verzicht auf die Landesuniversität setzte den Auseinandersetzungen zwischen Deutschschweizern und Welschen ein vorläufiges Ende. Aber die Spannungen zwischen zentralisierungsfreudigen Deutschschweizer Radikalen und föderalistischen Westschweizer *Radicaux* waren damit nicht aus der Welt geschafft. Und die in den Augen Gottfried Kellers geradezu widernatürliche Paarung zwischen welschen Föderalisten und den Katholisch-Konservativen der Zentralschweiz sollte den Anhängern eines starken Zentralstaats noch öfters das Leben schwer machen.

Eine neue Gelegenheit, «nein» zu sagen, bekam die Allianz der Neinsager, als die Revision der Bundesverfassung aktuell wurde. Die Verfassung aus dem Jahr 1848 zeigte nämlich bald einmal Mängel. Zum einen war sie manchen Demokraten zu wenig demokratisch. Tatsächlich war der Bundesstaat anfänglich eine repräsentative Demokratie: die berühmten Volksrechte, welche heute als Quintessenz schweizerischen Demokratieverständnisses gelten, sucht man in der Bundesverfassung von 1848 vergeblich. Vorgesehen war weder das Gesetzesreferendum noch die Verfassungsinitiative, geschweige denn eine Gesetzesinitiative. Eine Revision der Bundesverfassung war zwar möglich und unterlag der Volksabstimmung, die Initiative konnte aber nur von den eidgenössischen Räten ausgehen.[9]

Diese restriktive Regelung der Volksrechte wurde schon in den Anfangsjahren des Bundesstaats bemängelt. Die repräsentative Demokratie widersprach dem Staatsbegriff vieler Schweizer, um so mehr, als viele Kantone bereits «direktdemokratische» Volksrechte kannten. Zudem bildete sich im jungen Bundesstaat rasch eine oligarchische Führungsschicht heraus, welche im Zürcher Nationalrat und «Eisenbahnbaron» Alfred Escher ihre Galionsfigur besass, was den Ruf nach einem direktdemokratischen Korrektiv verstärkte. Als Reaktion gegen die neuen Herren, die den freisinnigen Staat kommandierten, bildete sich in mehreren Deutschschweizer Kantonen – Zürich, Thurgau, Baselland, Solothurn – eine demokratische Bewegung, welche einen stärkeren Einbezug des Volks in die Staatsgeschäfte und eine entsprechende Revision der Bundesverfassung forderte.

Kritik an der ehrwürdigen Bundesverfassung übten nicht nur die Demokraten, sondern auch all jene, welche an einer effizienten Rechtsordnung interessiert waren. Die 1848er Verfassung, welche einen Kompromiss zwischen Zentralisten, Liberalen und Konservativen darstellte, hatte, wie wir gesehen haben, auf eine Vereinheitlichung des Schweizer Rechts weitestgehend verzichtet. Das Durcheinander von 22 kantonalen Rechtssystemen behinderte jedoch die Wirtschaftsentwicklung, schränkte die Mobilität der Bevölkerung ein und führte zu endlosen Streitigkeiten zwischen Kantonen, was eine Flut von Rekursen an den Bund auslöste. Deshalb setzte sich in einem Teil der Elite bald einmal die Überzeugung durch, dass eine Revision der Bundesverfassung schleunigst an die Hand genommen werden sollte. Diese Forderung entflammte indessen erneut den Konflikt unter den verschiedenen Richtungen des herrschenden Freisinns. Die Liberalen um Alfred Escher wollten nichts von einer Revision wissen, die Gemässigten um den Zürcher Jakob Dubs sahen die Gelegenheit zu einer Teilrevision, und der demokratische Flügel forderte eine Totalrevision.

Der Anstoss zur Revision kam – wie das in unserem Land nur allzu oft der Fall ist – von aussen. 1864 schloss die Eidgenossenschaft einen Handelsvertrag mit Frankreich, welcher der Schweizer Exportwirtschaft grosse Erleichterungen brachte. Umgekehrt wurde allen französischen Bürgern – ohne Unterschied des Glaubens – das Recht der freien Niederlassung und Gewerbefreiheit auf Schweizer Gebiet zugesichert. Somit konnten sich auch französische Juden in der ganzen Schweiz niederlassen und frei betätigen. Nun merkten die Schweizer erst, dass sie einer fremden Nation ein Recht zugestanden hatten, das sie nicht einmal allen ihren eigenen Bürgern zusicherten: bekanntlich hatte die Bundesverfassung das freie Niederlassungsrecht auf die Angehörigen der christlichen Konfessionen beschränkt. Die Bundesversammlung verlangte deshalb vom Bundesrat, er möge prüfen, wie dieser Artikel der Bundesverfassung geändert werden könne. Die Regierung beschloss hierauf, das Problem im Rahmen einer Teilrevision der Bundesverfassung zu lösen.[10]

1865 schlug die Regierung den Kammern neun kleinere Verfassungsänderungen vor, wovon fünf die Rechtsgleichheit der Schweizer und vier die Wirtschaftsordnung betrafen. Vorgesehen war unter anderem: freie Niederlassung auch für Anhänger nicht anerkannter christlicher Konfessionen, Gleichbehandlung der niedergelassenen Schweizerbürger mit den Kantonsbürgern in den Gemeinden, Glaubensfreiheit und freier Gottesdienst auch für Nichtchristen, wie auch die Möglichkeit, durch Bundesgesetz gewisse Strafarten zu verbieten.[11]

Im Januar 1866 wurde nach einer äusserst bewegten Abstimmungskampagne nur eine einzige Neuerung angenommen: die volle Niederlassungsfreiheit. Und auch in diesem Punkt war die Mehrheit äusserst knapp: 170 032 Ja gegen 149 401 Nein, 12,5 zu 9,5 Kantone. Aber die Romands hatten kräftig mitgeholfen, um dieser Vorlage über die Hürde zu helfen: alle welschen Kantone ausser dem Wallis hatten sich für das freie Niederlassungsrecht ausgesprochen. Befürwortende Mehrheiten erbrachten zudem: Zürich, Obwalden, Glarus, Solothurn, Basel-Stadt, Basel-Land, Schaffhausen, Aargau, Thurgau, Tessin. Die freisinnigen Kantone der deutschen Schweiz hatten also im Verbund mit der lateinischen Schweiz einen antisemitischen Fleck aus der Bundesverfassung getilgt.[12]

«Il nous faut les Welsches» oder: Vom guten Gebrauch der Minderheit

Die Verfechter einer demokratischeren, aber auch zentralistischeren Schweiz gaben nach der 1866 erlittenen 8:1-Niederlage nicht auf. Mehr denn je setzten sie sich für eine Totalrevision ein, wobei sie vor allem eine Zentralisierung der Armee und die Vereinheitlichung des Rechtssystems anstrebten (ihr Slogan: «ein Recht, eine Armee»). Schützenhilfe kam vom schweizerischen Juristenverband, der in einer Eingabe an den Bundesrat eine Vereinheitlichung zumindest des Zivilrechts verlangte, was bei den Romands allerdings Ängste vor einer Unterwerfung unter das germanische Recht hervorrief.[13]

Dennoch waren auch in der Westschweiz Bedenken am föderalistischen Wildwuchs verbreitet: so forderte der Waadtländer Nationalrat Louis Ruchonnet, der aufsteigende Star des Waadtländer Freisinns, die rasche Beseitigung der Ehehindernisse und die bundesgesetzliche Regelung des Eherechts. Zwar wollte er mit seinem Vorstoss eine Totalrevision der Verfassung gerade unnötig machen. Aber die «Revisionisten» argumentierten, das Problem liesse sich nur im Rahmen einer Gesamtrevision lösen.

Der deutsch-französische Krieg 1870/71 gab ihnen noch zusätzlichen Auftrieb. Denn die revisionsfreudigen Kreise sahen im Sieg des Deutschen Reichs einen Grund mehr, die Bundesbehörden und vor allem die Armee zu stärken. Die Schweizer hatten während der Grenzbesetzung keine sonderlich gute Figur gemacht: Vor dem auftrumpfenden preussischen Heer wirkten die Bürgersoldaten der Schweizer Kantonskontingente wie sympathische Amateure.

Die Frage der Verfassungrevision blieb somit aktueller denn je. Schliesslich arbeiteten die eidgenössischen Räte vom November 1871 bis März 1872 eine neue Bundesverfassung aus, die beinahe einem Totalsieg der Totalrevisionisten gleichkam. Geplant war die Zentralisierung des Militärwesens, eine fast völlige Vereinheitlichung des Rechts, die Einführung des fakultativen Gesetzesreferendums, die Gesetzesinitiative und die Streichung der Standesstimmen bei Abstimmungen.[14]

Diese für Schweizer Verhältnisse ungewohnt forsche Reform musste eine Verweigerungsfront auf den Plan rufen. Und tatsächlich gingen die Katholisch-Konservativen und ein Grossteil der Romands sofort in Abwehrstellung. Selbst in den freisinnigen Kantonen der deutschen Schweiz regte sich unter Föderalisten und Gemässigten der Widerstand. Im Mai 1872 trug die Opposition den Sieg davon: mit einem hauchdünnen Mehr von 260 859 Nein gegen 255 606 Ja wurde die Revision abgelehnt. Deutlicher war das Ständemehr: dreizehn Stände – darunter die sieben Sonderbundskantone – lehnten die Revision ab, neun stimmten ihr zu. Der sprachregionale Gegensatz trat in aller Deutlichkeit zu Tage: sämtliche welschen Kantone wie auch das Tessin befanden sich im Oppositionslager.[15]

Zwei Gräben spalteten die Schweiz, ein sprachlicher und ein religiöser. Und doch war der sprachliche Gegensatz auch diesmal nicht allein ausschlaggebend. So gehörte der Waadtländer Bundesrat Paul Ceresole, obwohl kein grosser Zentralist, zu den Jasagern, während sein Zürcher Kollege Jakob Dubs aus der Landesregierung ausgetreten war, um die Führung des Oppositionslagers zu übernehmen. Beide Politiker mussten ihre Stellungnahme allerdings mit einem jähen Knick ihrer Popularitätskurve bei ihren Stammwählern büssen. Deshalb liess sich Ceresole vor den Nationalratswahlen 1872 im Berner Oberland aufstellen (die Bundesräte nahmen damals noch regelmässig an den Parlamentswahlen teil), während Dubs sich von den Waadtländern ins Bundesparlament wählen liess.

Für die Revisionisten war die Abstimmungsniederlage eine eiskalte Dusche. In einem Leitartikel vom 16. Mai 1872 liess die «Neue Zürcher Zeitung» ihrem Ärger über die treulosen Welschen freien Lauf: «Dass diese Partei (die Partei des Sonderbundes) durch den Sukkurs der welschen Kantone zum Siege geführt wurde, weil man hier den Racenkampf gegen die deutschen Schweizer predigte, wie es wüster und schändlicher im letzten Kriege seitens der niedrigsten französischen Blätter nicht geschehen ist, mit einem Fanatismus, der demjenigen der Römlinge um kein Haar nachsteht und in dieser Beziehung die Parteigenossenschaft mit diesem Feinde allerdings erklärt – denn Fanatismus ist Fanatismus –: das ist das Beschämende, das Traurige, das uns vor dem ganzen zivilisierten Ausland Kompromittierende.»[16]

Für die Revisionisten war die Lektion klar: Ohne Konzessionen an die welschen Föderalisten geht's nicht. Die «Basler Nachrichten» brachten das Fazit auf die griffige Formel «il nous faut les Welsches» (wir brauchen die Welschen) – eine Losung, der bald als geflügeltes Wort im Zitatenschatz der eidgenössischen Politik Aufnahme fand. Kurz darauf folgte ein neuer Revisionsversuch, der dann wesentlich geschickter eingefädelt wurde. Mit Rücksicht auf die Westschweiz sahen die Initianten von einer vollständigen Vereinheitlichung des Rechts ab und überliessen einen Teil der militärischen Kompetenzen weiterhin den Kantonen. Sie verzichteten zudem auf die Einführung der Volksinitiative und auf die Streichung der Standesstimmen bei Verfassungsabstimmungen. Die Treue der Demokraten wurde mit der Beibehaltung des Gesetzesreferendums belohnt.

Keine Konzessionen wurden hingegen den Katholisch-Konservativen gemacht, im Gegenteil: sie bekamen noch eins auf den Kopf. Der Verfassungstext wurde nämlich mit zwei neuen konfessionellen Ausnahmeartikeln angereichert, nämlich mit dem Verbot, neue Orden oder Klöster zu gründen, und mit der Vorschrift, dass die Errichtung neuer Bistümer vom Bund genehmigt werden müsse. Der zuerst in Preussen, dann auch in der Schweiz aufgebrochene «Kulturkampf» zwischen dem Staat und der katholischen Kirche hatte seine Spuren hinterlassen.

Die Romands konnten mit der neuen Verfassungsvorlage zufrieden sein: Mit dem Verzicht auf völlige Rechtseinheit wurde der welschen Schweiz eine gewichtige Konzession gemacht. Auch die Einführung des Gesetzesreferendums kam nicht nur den Demokraten, sondern auch den welschen Föderalisten entgegen. Und auch die konfessionellen Ausnahmeartikel stiessen bei vielen antiklerikalen Romands auf Zustimmung. Zudem machte der Verfassungtext den Romands noch eine weitere Konzession: die neue Verfassung schrieb ausdrücklich vor, bei der Besetzung des Bundesgerichts, das aufgewertet und zu einem ständigen Gerichtshof umgewandelt wurde, sollten die drei Nationalsprachen vertreten sein. Damit wurde der Respekt der Sprachminderheiten erstmals explizit zum Verfassungsgrundsatz erhoben.[17]

Diese Dosierung wirkte. Am 19. April 1874 nahm das Schweizer Volk – bei einer Stimmbeteiligung von über 80% – die neue Verfassung mit 340199 gegen 190013 Stimmen an. 8,5 Kantone sagten nein, 13,5 ja. Fünf Kantone, die zwei Jahre zuvor ablehnende Mehrheiten ergeben hatten, waren diesmal im Lager der Befürworter: Neben Graubünden und Appenzell-Ausserrhoden die drei reformierten welschen Kantone Waadt, Neuenburg und Genf. Die Romands hatten ganz wesentlich mitgeholfen, der Revision zum Durchbruch zu verhelfen.[18]

Sie bekamen kurz darauf für geleistete Dienste noch ein weiteres Geschenk: 1875 wählten die eidgenössischen Räte die Stadt Lausanne zum Sitz des Bundesgerichts. Die Revisionswirren hatten der welschen Schweiz handfeste Konzessionen eingetragen. Hingegen wurde die konfessionelle Minderheit, die Katholisch-Konservativen, auf dem Altar der Revision geopfert. Aber indem mit den Ausnahmeartikeln der Graben aus dem Sonderbundskrieg nochmals aufgerissen wurde, konnten die Spannungen zwischen den Sprachgruppen abgebaut werden.

Für das Gleichgewicht zwischen deutscher und welscher Schweiz waren die Revisionskämpfe also durchaus positiv: sie bremsten die Zentralisierungs- und Vereinheitlichungsbestrebungen des Deutschschweizer Freisinns, die wohl mittelfristig zu einem Aufstand der Sprachminderheiten geführt hätten. So schreibt der Historiker Ulrich Im Hof: «Die Demonstration von 1872 hatte *à la longue* die wichtige Folge, dass die deutsche Schweiz zum Respekt vor der französischsprachigen Minorität erzogen wurde.»[19]

Gotthard gegen Simplon, anno dazumal

Nicht nur Kämpfe zwischen Zentralisten und Föderalisten, auch der Eisenbahnbau führte in den 1870er Jahren zu Spannungen zwischen deutscher und welscher Schweiz. Vor allem die Frage, wo die grosse Nord-Süd-Verbindung über die Alpen gebaut werden sollte, entzweite die Schweizer. Während sich ein Grossteil der Deutschschweizer auf die Seite der Gotthard-Lobby stellte, unterstützten die Romands mehrheitlich die Simplonlinie. Gewiss handelte es sich hier in erster Linie um einen regionalen Verteilungskampf zwischen Ost-, Mittel- und Westschweiz, um einen Kampf zwischen geographischen und wirtschaftlichen Räumen, nicht zwischen Sprachgruppen. Aber weil sich die Wirtschaftsräume teilweise mit den Sprachregionen überdeckten, glichen diese Auseinandersetzungen zeitweise einem Konflikt zwischen dem deutschen und dem welschen Landesteil.

Die Schweiz ist heute als Eisenbahnland *par excellence* bekannt. Sie war es aber zu Beginn keineswegs. Als 1848 der Bundesstaat gegründet wurde, hatten die Schweizer den Eisenbahnbau beinahe verschlafen. Zwar stellte die französische Bahn Strassburg-Mülhausen-St. Louis seit 1845 die Verbindung zu Basel her. Und im August 1847 war die Baden-Zürich-Bahn, die «Spanischbrötli-Bahn», in Betrieb genommen worden, mit zwei Zügen pro Tag. Aber das war schon das ganze Angebot.

Die Führungsschicht des jungen Bundesstaates setzte sich deshalb zum vorrangigen Ziel, die Schweiz an das entstehende Eisenbahnnetz anzuschliessen. Das 1852 erlassene eidgenössische Eisenbahngesetz überliess den Eisenbahnbau der Privatwirtschaft. Das Recht zur Konzessionserteilung wurde den Kantonen zugesprochen. Ganz ausrangiert war der Bund dennoch nicht: der Zentralstaat besass das Recht, die kantonalen Konzessionen zu genehmigen, und für Verhandlungen mit auswärtigen Regierungen war ebenfalls «Bern» zuständig. Deshalb war der Bund nun auch in der Frage der Alpenbahn federführend.[20]

Nun war der Bund schon 1851 in einem Handelsvertrag mit Seiner Majestät dem König von Sardinien die Verpflichtung eingegangen, den Bau einer Alpenbahn zu fördern. Blieb die Frage, wo gebaut werden sollte. In den Augen eines Alfred Escher konnte dies nur der Gotthard sein. Der grosse Zürcher Industriekapitän wusste nicht nur die Innerschweiz und das Tessin, sondern auch ausländische Staaten und Kapitalisten hinter sich: besonders Italien und die deutschen Staaten waren an einer raschen Nord-Süd-Verbindung interessiert. 1866 sprach sich die italienische Regierung beim Bundesrat offiziell für eine Alpenbahn über den Gotthard aus. Darauf intervenierten auch der Norddeutsche Bund, Baden und Württemberg – und später das Deutsche Reich – zugunsten der Gotthardbahn. Auf eine Anfrage des Bundesrats hin bekannte sich eine grosse Mehrheit von siebzehn Kantonen ebenfalls zur Gotthardlinie.

Drei Jahre später berief der Bundesrat eine Konferenz nach Bern, an welcher die Schweiz, Italien, Baden, der Norddeutsche Bund und das Königreich Württemberg vertreten waren. Im Oktober des gleichen Jahrs folgte der Abschluss eines Staatsvertrags zwischen Italien und der Schweiz, dem sich 1871, nach der Reichsgründung, auch das Deutsche Reich anschloss. Die Parteien bekundeten ihren Entschluss, die Linie über den Gotthard zu führen, und verpflichteten sich, der Gotthardgesellschaft eine Subvention zu gewähren. Der Bund dagegen wollte von einer direkten finanziellen Beteiligung nichts wissen. Er verpflichtete sich lediglich, als Treuhänder die Anwendung des Staatsvertrags zu überwachen.[21]

Kurz nach 1870 wurde der Bau von einem deutschen Konsortium aufgenommen und vorwiegend von italienischen Arbeitern ausgeführt. Geleitet wurde der Tunneldurchstich vom Genfer Ingenieur Louis Favre. Bereits 1874 war jedoch klar, dass die Kosten viel zu tief veranschlagt worden waren. Das Projekt musste massiv reduziert werden, eine ganze Reihe von Zufahrtslinien wurde gestrichen (Erinnerungen an aktuelle Eisenbahnabenteuer werden wach).

Schliesslich fehlten weitere 40 Millionen Franken. Das war peinlich. Wie sag ich's meinen Geldgebern? 1877 sah sich der Bundesrat gezwungen, Italien und das Deutsche Reich zu einer neuen Konferenz nach Bern einzuladen. Dies führte 1878 zu einem Zusatzvertrag: Italien und das Deutsche Reich gewährten je 10 Millionen, die Schweiz 8 Millionen Franken Nachsubvention. Dabei sah sich der Bund gezwungen, zum ersten Mal gegenüber einer Eisenbahn eine finanzielle Verpflichtung einzugehen und selbst einen Teil des schweizerischen Beitrags (4,5 Mio Fr.) beizubringen.

Der Staatsvertrag von 1869 wie auch der Zusatzvertrag von 1878 führten im eidgenössischen Parlament zu einem harten Schlagabtausch. Vor allem Ostschweizer und Westschweizer machten Opposition. Die Ostschweiz und Graubünden setzten auf eine Alpenbahn über die Bündnerpässe. Genfer Finanzkreise versuchten dagegen seit Beginn der 1860er Jahre, mit Hilfe von französischem Kapital den Bau einer Simplonbahn voranzutreiben. Beiden Seite fürchteten, ihre Projekte würden durch eine Privilegierung der Gotthardlinie präjudiziert. Indessen kamen bei den Parlamentsdebatten auch grundsätzlichere Bedenken an den Tag. Für ausländische Kapitalinteressen war die Schweiz damals gleichsam ein Kolonialland, das nur auf Eroberung wartet, wie es ein Historiker einmal formuliert hat, und dies verletzte den Schweizer Nationalstolz. Die Schweiz habe ihre Souveränität ans Ausland verkauft, hiess es im Parlament, und dies ausgerechnet am Heiligen Berg der Eidgenossenschaft.[22]

Andere Parlamentarier sahen in den Gotthard-Verträgen einen Kniefall vor dem Deutschen Reich, und warnten vor deutschen Anschlussgelüsten. Der Bündner Peter Conradin von Planta erklärte, Preussen beabsichtige in der Schweiz Fuss zu fassen, um, nachdem die süddeutschen Staaten verschlungen seien, «auch an die stammesgenössigen Schweizer zu denken». Die Romands waren nicht die letzten, welche gegen das, was man ein Jahrhundert später als «Ausverkauf der Heimat» bezeichnen sollte, Sturm liefen. Der radikale Waadtländer Nationalrat Jules Eytel, dem wir schon in der Piemont-Affäre begegnet sind, kritisierte, dass der Gotthardvertrag nicht befristet und keine klare Rückkauf-Regelung getroffen worden war. Die Zukunft sollte zeigen, dass seine Einwände nur allzu begründet waren.[23]

Die Opposition der Randregionen gegen das grosse Loch am Gotthard konnte 1878 allerdings durch einen Kompromiss neutralisiert werden: der Freiburger Abgeordnete Louis de Weck-Reynold schlug vor, die Bundessubventionen nicht der Bahngesellschaft zu gewähren, sondern den beteiligten Kantonen. Zudem wurde den leer ausgehenden Ständen im Westen und Osten eine entsprechende Subvention für ihre eigenen Alpenbahnprojekte in Aussicht gestellt. Es sollte also das gut schweizerische Giesskannenprinzip zur Anwendung gelangen. Und so sagte das Parlament «Ja und Amen».

Gegen diesen sogenannten Gotthard-Kompromiss wurde dennoch von den Waadtländer Föderalisten und den Deutschschweizer Demokraten das Referendum ergriffen. Im Januar 1879 kam's zur Abstimmung, bei der die Vorlage deutlich angenommen wurde: Die Giesskanne hatte Wunder gewirkt. Nur die Kantone Waadt, Appenzell-Innerrhoden und Graubünden verweigerten dem austarierten Gesetzeswerk die Zustimmung. Die «Gotthardisten» konnten nun vorwärtsmachen, und 1882 war der Gotthard durchstossen. Erst danach kam auch Schwung ins Simplon-Projekt, das früher aufgegriffen worden war, aber später zum Ziel kam: Der Durchstich am Simplon erfolgte 1906. Und 1913 wurde der Lötschberg-Tunnel durchstossen.

Ende gut, alles gut? Nicht ganz. Denn die Alpenbahnen sollten, wie wir sehen werden, später nochmals die Gemüter in der deutschen und welschen Schweiz beschäftigen, als nämlich ihre Nationalisierung auf der Tagesordnung stand. Und am Ende des 20. Jahrhunderts, beim Bau der Alpentransversalen, wird die Rivalität zwischen Gotthardisten und Simplonisten erneut zu deutsch-welschen Spannungen führen. Man sagt zwar, neue Verkehrswege und neue Verkehrsmittel verbesserten das Verständnis zwischen den Regionen und den Kulturen. In Wirklichkeit aber ist oft das Gegenteil der Fall.

Eine nicht immer ganz «katholische» Allianz

Nach den Verfassungswirren 1872/1874 kam auch der Konflikt zwischen Deutschschweizer Zentralisten und welschen Föderalisten erneut aufs Tapet. Die forsch-fortschrittliche Fraktion des Freisinns, die sich nicht nur, aber zu einem guten Teil in der Deutschschweiz rekrutierte, verzichtete nämlich nach der moderaten Verfassungsrevision von 1874 keineswegs darauf, die Eidgenossenschaft zu einem anständigen Staat zu machen, der über eine moderne Verwaltung, eine moderne Armee, ein modernes Schulsystem und ein einigermassen einheitliches Rechtssystem verfügte; nur servierte sie ihre Politik künftig ratenweise. Und dagegen leistete ein Teil der Romands auch weiterhin Widerstand – ja sogar mehr denn je. Denn das bei der Verfassungsrevision eingeführte Gesetzesreferendum eröffnete den Minderheiten und Veto-Gruppen eine neue direktdemokratische Spielwiese, auf der sie ihren Einfluss geltend machen konnten.

Nun ist es zwar keineswegs so, dass bei den zwischen 1874 und 1914 stattfindenden «Referendumsschlachten» immer oder fast immer der Gegensatz zwischen zentralistischen Deutschschweizern und föderalistischen Romands im Vordergrund stand. Die politischen Frontstellung hing von vielfältigen Faktoren ab: der Konflikt zwischen Linken und Bürgerlichen, der Stadt-Land-Gegensatz, der alte konfessionelle Graben, die Kluft zwischen Föderalisten und Zentralisten spielten alle eine Rolle, ebensosehr und oft sogar noch mehr als sprachregionale Unterschiede. Und dennoch kam es, wie wir sehen werden, wiederholt zu Situationen, in denen die Mehrheit der Romands anders urteilte als die Mehrheit der Deutschschweizer.

Durch die Umgestaltung des Bundesstaats zu einer Referendumsdemokratie erhielten die «referendumsfähigen» Organisationen die Möglichkeit, den regierenden Freisinn praktisch permanent unter Druck zu setzen. Und die Koalition zwischen Deutschschweizer Konservativen und welschen Föderalisten, die schon in den Revisionskämpfen ihre Effizienz bewiesen hatte, packte die Möglichkeit, den freisinnigen Bundesrat in Bedrängnis zu bringen, noch so gern beim Schopf. Eine erste Gelegenheit bot sich schon einige Monate nach der Verfassungsrevision, als die Bundesbehörden daran gingen, die Zivilstandsregistrierung und die Eheschliessung jetzt endlich bundesrechtlich zu regeln. Geplant war, die Zivilehe als obligatorisch und die kirchliche Trauung als fakultativ zu erklären. Der Bundesrat legte der neugewählten Bundesversammlung im Oktober 1874 einen entsprechenden Gesetzesentwurf vor. Doch damit rief er prompt eine Allianz von Neinsagern auf den Plan: die katholische Kirche, die protestantischen Geistlichen – und natürlich föderalistisch gesinnte Romands. Der bundesratstreue «Bund» aus Bern hoffte zwar, «dass die Schweizer französischer Zunge hoffentlich nicht einer theoretischen Schrulle wegen – und mehr sind die erhobenen Kompetenzbedenken nicht – den Ultramontanen die Hand reichen werden, um die Ausdehnung ihrer eigenen Gesetzgebung über die ganze Schweiz zu verhindern.»

Genau dies passierte jedoch. Das Referendum wurde ergriffen – nicht von den Welschen freilich, sondern vom liberal-konservativen «Eidgenössischen Verein» –, fand aber in der Romandie besonderen Zuspruch. Und dabei wurde gleich noch eine zweite Vorlage in den Referendumsstrudel gerissen, nämlich ein Bundesgesetz, das Niederlassung, Aufenthalt und das Recht kantonsfremder Bürger auf Beteiligung an Wahlen und Abstimmungen regelte. Auch hier kam der Widerstand vor allem aus der Innerschweiz und aus der Westschweiz. Die Volksabstimmung im Mai 1875 erbrachte zwei hauchdünne Mehrheiten: die Stimmrechtsvorlage wurde knapp verworfen und die Zivilgesetzvorlage knapp angenommen. Dennoch bedeutete dieses Ergebnis einen Erfolg der Opposition, die erstmals einen Sieg gegen die parlamentarische Mehrheit errungen hatte. Der radikale Bundesrat war gewarnt.[24]

Opposition weckte auch das Bestreben der Regierung, der Schweizer Armee, welche im deutsch-französischen Krieg keine gute Gattung gemacht hatte, zu einer zeitgemässen Organisation zu verhelfen. Anlass zu einem ersten militärpolitischen Scharmützel gab ein Gesetz über eine Militärpflichtersatzsteuer. Diesmal ging der Widerstand von der Westschweiz aus, welche mit dem Referendum vor allem eine Demonstration gegen die preussenfreundliche Spitzhelm-Fraktion des Deutschschweizer Freisinns beabsichtigte. Der konservativ-liberale «Eidgenössische Verein» schloss sich der Referendumsbewegung an, wie auch der – in der Westschweiz besonders gut verankerte – gemässigt-linke Grütliverein. Wiederum liefen die Konfliktlinien quer durch alle politischen Lager. Und siehe da: In der Volksabstimmung 1876 wurde die Vorlage schonungslos bachab geschickt. Nur sechs Kantone (Zürich, Glarus, Schaffhausen, Aargau, Thurgau und die beiden Basel) nahmen das Gesetz an. Das radikale Regierungslager hatte eine zweite Niederlage erlitten. Der dritte Streich folgte sogleich. Denn ein Jahr später verabschiedete das Parlament eine neue Variante der Militärsteuer. Erneut ergriff der «Eidgenössische Verein» das Referendum, und auch das neue Gesetz kam zu Fall.

1877 begann eine weitere wichtige Referendumsschlacht, bei der die Mehrheit der Romands unterlag – es ging um das eidgenössische Fabrikgesetz. Mit dieser fortschrittlichen Vorlage, welche auf einem Gesetz des Kantons Glarus beruhte, wurde der Arbeitstag in den Fabriken auf elf Stunden beschränkt und die Kinderarbeit geregelt. Die Unternehmer und Manchester-Liberalen schrien Zeter und Mordio. Das Referendum kam zustande, wobei die Kantone, welche von der konjunkturanfälligen Textilindustrie lebten, einen Grossteil der erforderlichen Unterschriften beibrachten. Diesmal wurde die fortschrittliche Fraktion des Freisinns und die Linke, welche das Gesetz befürworteten, allerdings von den Konservativ-Katholischen unterstützt, denn diese wollte den Manchester-Liberalen einen Denkzettel verpassen. Das Gesetz wurde in der Volksabstimmung angenommen, wenn auch äusserst knapp. Aber alle welschen Kantone – wie auch die Textilkantone der deutschen Schweiz – votierten dagegen. Das welsche Nein hing wohl teilweise mit Bedenken gegen eine Ausdehnung der Bundeskompetenzen zusammen, anderseits aber auch mit wirtschaftlichen Faktoren: in der welschen Schweiz war die Industrialisierung weniger fortgeschritten als in der deutschen Schweiz. Die Romands waren deshalb weniger mit dem Arbeiterelend konfrontiert.[25]

In der ersten Hälfte der achtziger Jahre kam es erneut zu einem Konflikt zwischen zentralistischen Beschleunigern und föderalistischen Bremsern. Der Bundesrat wollte nämlich einen eidgenössischen Schulsekretär einsetzen, um den Kantonen in Sachen Primarschule auf die Finger zu sehen und bei den als rückständig geltenden katholischen Kantonen Dampf aufzusetzen. Die konservative Opposition holte gegen den «Schulvogt», wie sie den Schulsekretär in Erinnerung an Tell und Gessler propagandistisch genial titulierte, die Armbrust aus der Truhe und lancierte ein Referendum. Und tatsächlich errangen die Neinsager einmal mehr einen spektakulären Sieg: Im November 1882 wurde die Schulsekretärsvorlage mit 68 027 Ja- gegen 254 340 Neinstimmen abgeschmettert – bei einer noch nie erreichten Stimmbeteiligung von 77 %. Die Westschweiz aber war diesmal konfessionell gespalten: Während das Wallis und Freiburg hochkant ablehnten, war die Nein-Mehrheit in den Kantonen Waadt und Genf recht knapp, und der Kanton Neuenburg, der für die Katholisch-Konservativen schon immer ein steiniger Boden war, verzeichnete den höchsten Ja-Anteil aller Kantone. Was klar zeigt, dass es sich hier nur beschränkt um einen Zusammenstoss zwischen «zentralistischen Deutschschweizern» und «föderalistischen Romands» handelte.[26]

Ein anderes Gebiet, auf dem Zentralisten und Föderalisten sich ins Gehege kamen, war die Bankgesetzgebung. Schon zur Zeit der Verfassungsrevision 1874 standen sich Anhänger einer «nationalen» und Befürworter einer «privaten» Lösung gegenüber. In diesem Konflikt zwischen den Interessen der Privatbanken, der Kantonsbanken und der Bundesbank kam schliesslich als Artikel 39 BV ein gewundener Kompromiss zustande[27]. Die Funktionsunfähigkeit des schweizerischen Geldmarktes und die Bedürfnisse einer wachsenden Wirtschaft zwangen den Gesetzgeber zu einer schnellen Ausführung dieses Verfassungsartikels. 1876 wurde dem Volk ein Gesetz vorgelegt. Prompt wurde das Referendum von Genfer Bankvertretern lanciert, die in der Notenemission sehr aktiv waren und eine Kreditschädigung und eine Einschränkung ihrer Geschäftstätigkeit fürchteten. Zu den Hauptgegnern gehörten zudem die Neuenburger Bankinstitute. Obwohl einflussreiche Organisationen für das Gesetz eintraten, wurde es im April 1876 zur allgemeinen Überraschung abgelehnt. Ein zweites, verwässertes, Gesetz wurde 1881 ohne Referendum rechtskräftig. Es war aber so mangelhaft, dass die Angelegenheit kurz darauf wieder auf der Traktandenliste erschien. Im Oktober 1891 wurde ein neuer Bundesverfassungsartikel (Artikel 39) zur Abstimmung vorgelegt, der einen Kompromiss zwischen Zentralisten und Föderalisten darstellte: der Bund bekam das Banknotenmonopol, doch sicherten sich die Kantone zwei Drittel des Reinertrags der zu schaffenden Nationalbank. Der Kompromiss wurde angenommen – erneut gegen den Willen aller Westschweizer Kantone.[28]

Nach 1891 flachten die Zusammenstösse zwischen Regierungsmehrheit und Opposition etwas ab. Die Radikalen hatten gemerkt, dass sie die Konservativen nicht dauerhaft von der Macht ausschliessen konnten, und gewährten ihnen einen Bundesratssitz, der vom Luzerner Joseph Zemp belegt wurde. Indem sie den «Sonderbündlern» einen Klappsessel am Tisch der Macht überliessen, hofften die Freisinnigen, das konservative Störpotential zu neutralisieren und nicht zuletzt die Chancen für eine Nationalisierung der Eisenbahnen – das grosse Politikum jener Zeit – zu verbessern. Auch die Gefahr, die von der erstarkten Arbeiterbewegung ausging, liess einen bürgerlichen Schulterschluss wünschenswert erscheinen. Der Konflikt Zentralismus/Föderalismus, der jahrzehntelang das Bürgertum entzweit hatte, rückte vor dem gemeinsamen Feind, dem Sozialismus, nach und nach in den Hintergrund.

Ja-Sager und «non»-Sager

Die Teil-Integration der Konservativen ins Machtkartell war ein Rückschlag für die welschen Föderalisten. Denn solange die radikale Mehrheit in Bern die Erben des Sonderbunds ins «Getto» verbannte, blieb die referendumspolitische Stellung der welschen Föderalisten stark, denn die Konservativen kamen ihnen regelmässig als starker Bündnispartner zu Hilfe. Der Auszug der Katholisch-Konservativen aus dem Getto und ihre Einbindung in die Regierungsverantwortung schwächte die Opposition und machte der Regierung das Leben leichter. So wurde 1898 die Verstaatlichung («Rückkauf») der Eisenbahnen vom Volk angenommen, obwohl alle welschen Kantone ausser der Waadt die Vorlage ablehnten. Das Kalkül der Radikalen war aufgegangen: Weil die welschen Föderalisten diesmal nicht auf das katholisch-konservative Lager zählen konnten, wurden sie von der Deutschschweizer Dampflokomotive überrollt.

Und dennoch meldete die Westschweiz auch weiterhin Widerspruch gegen die vom Deutschschweizer Freisinn geprägte Bundespolitik an. Weil 1891 die schon seit langem geforderte Volksinitiative eingeführt worden war, kam es jetzt sogar zu einer Erweiterung der Abstimmungsdemokratie, was der welschen Schweiz noch mehr Gelegenheit bot, in Abstimmungskämpfen Widerstand zu leisten. Schon bei der ersten Verfassungsinitiative, die vors Volk kam, wurde die Mehrheit der Romands überstimmt.

1893 gelangte eine erste Volksinitiative für ein Schächt-Verbot zur Abstimmung. Die Initianten wollten den Juden das rituelle Schlachten von Opfertieren durch Aufschneiden der Adern verbieten – und dies mittels eines Verfassungsartikels. Und tatsächlich wurde die antisemitisch angehauchte Vorlage vom Volk angenommen, und zwar gegen den Willen des Bundesrates, welcher meinte, ein Artikel über die Metzgerei gehörte nun wirklich nicht ins Grundgesetz. Allerdings wiesen alle welschen Kantone, wie auch Graubünden und das Tessin, die zweifelhafte Initiative deutlich zurück. Waren die Romands weniger antisemitisch, oder hatte ein entwickelteres Sensorium der Deutschschweizer für Tierschutzfragen den Ausschlag gegeben? Sagen wir's salomonisch: Beides mag mitgespielt haben.

Meinungsverschiedenheiten zwischen Deutschschweizern und Romands schuf um die Jahrhundertwende aber vor allem die Militärpolitik. Nachdem die unter der Losung «ein Recht – eine Armee» verkaufte Verfassungsrevision 1872 gescheitert war, teilte die Bundesverfassung von 1874 die militärischen Befugnisse zwischen dem Bund und den Kantonen auf. Dieser sehr helvetische Kompromiss wurde aber bald in Frage gestellt. Vor allem Freisinnige und Linksliberale wollten das ganze Heerwesen dem Bund anheimstellen: den umgebenden Nationalstaaten sollte sich die Schweiz als stolze und verteidigungsfähige Nation zeigen.[29]

Unterstützt wurden die Nationalisierer nicht zuletzt von hohen Militärs, die mit der kantonalen Armee-Folklore aufräumen wollten. Zu diesen gehörte unter anderem der Divisionär und spätere General Ulrich Wille, ein autokratischer, aber kompetenter Berufsoffizier, der aus seiner Bewunderung für das preussische Modell nicht den geringsten Hehl machte (die Zeiten, als Napoleons Grande Armée bei Militärs als das grosse Vorbild galt, lagen weit zurück). Willes Ahne war aus dem vormals preussischen Neuenburg nach Deutschland ausgewandert, wo er seinen typisch jurassischen Namen «Vuille» in ein deutsches, schopenhauerisches «Wille» umwandelte. François Wille, der Vater des Generals, kehrte in die Schweiz zurück, soll aber zeitlebens nur Hochdeutsch gesprochen haben. Ulrich

Wille war mit einer Clara Gräfin von Bismarck verheiratet und unterhielt enge familiäre Bindungen zu Deutschland.

1895 lag nach langen politischen Querelen eine Neufassung des Militärartikels der Bundesverfassung vor. Vorgesehen war, das Heerwesen zur Bundessache zu erklären. Die Kantone wären ihrer wichtigsten militärischen Befugnisse beraubt worden, insbesondere ihres Rechts, eigene Truppeneinheiten aufzustellen und deren Offiziere zu wählen. Die Anhänger eines starken Schweizer Nationalstaats jubilierten:

«Ein Volk – ein Heer! Gewiss ihr Herren!
Ihr mögt euch winden, mögt euch sperren,
gesonderbündelt wird nicht mehr!
Trotz Hoheitsrechten von Kantonen,
Anspruch auf eigene Kanonen
rufts tausendfach: ein Volk – ein Heer!»[30]

Zum Leidwesen der ehernen Modernisierer rief die hehre Vorlage wieder einmal den Widerstand von Föderalisten, Konservativen, Linken und Antimilitaristen hervor, nicht nur, aber ganz besonders in der Westschweiz. «Typisch welsch», hiess es in der deutschen Schweiz. Obwohl es in der Romandie auch Befürworter gab – der Chefredaktor der «Gazette de Lausanne», Edouard Secretan, genannt der «Oberst», gehörte zu ihnen –, liessen sich Deutschschweizer vernehmen, die den welschen Widerstand mit dem mangelnden Sinn der Romands für Militärisches erklärten, ja sich nicht entblödeten, die welsche Skepsis gegen die Militärvorlage auf die niedrigere Kulturstufe der Romands zurückzuführen ...

Ein Deutschschweizer Pfarrer, für den die Militärvorlage die Bibel war, liess die welschen *confédérés* im Hinblick auf die Abstimmung vom 3. November 1895 spöttisch wissen:

«Wei am dritte lut verchünde
Däne chers Confédérés:
'S git vo Genf bis uf Graubünde
Künftig numme ei Armee!»[31]

Et bien non! Die Vorlage wurde abgelehnt, und zwar auch in grossen Teilen der Deutschschweiz. Nur viereinhalb Kantone (Zürich, Bern, Aargau, Thurgau und Basel-Stadt) hatten der grossen Reform zugestimmt. In der welschen Schweiz wurde den Militärreformern eine memorable Ohrfeige verpasst: Einzig der Kanton Genf kam auf mehr als 20% Ja-Stimmen.

Die hohen Militärs liessen sich nicht beirren: Im September 1896 kam eine neue militärpolitische Vorlage, die Disziplinarstrafen in der Armee betreffend, vors Volk. O Jammer, auch diese Vorlage scheiterte kläglich, nicht zuletzt am deutlichen Nein der welschen Kantone. Während zwei Drittel der Stimmbürger in den Deutschschweizer Kantonen die Vorlage annahmen, erreichten sie im Welschland nur gerade 16% Stimmenanteil. Damit hatte die Pickelhauben-Fraktion einen weiteren kräftigen Hieb aufs Haupt bekommen. Erst 1907 wurde eine neue Militärordnung, welche eine moderate Reform des Schweizer Heeres ermöglichte, angenommen. Aber einmal mehr wählten alle welschen Kantone ausser der Waadt die Opposition.

Neben der Militärpolitik flackerte auch der Kampf um die Zentralisierung des Bankensektors an der Jahrhundertwende nochmals auf, wobei sich die Mehrheit der Romands weiterhin durch ihren Widerstand gegen eine nationale Lösung auszeichnete. Wir haben gesehen, dass 1891 nach langen Geburtswehen ein Verfassungsartikel aus der Taufe gehoben werden konnte, der die Gründung einer Nationalbank – allerdings unter Beteiligung der Kantone – ermöglichte. Doch gegen das Ausführungsgesetz wurde im Oktober 1897 erneut das Referendum ergriffen, wobei die Westschweiz wieder einmal die Opposition anführte. Und bei der Volksabstimmung kam das Gesetz prompt zu Fall. Sämtliche welschen Kantone verwarfen die Vorlage, und zwar haushoch.[32]

Erst 1906 konnte ein Gesetz über eine Nationalbank erlassen werden. Es war, wie der Verfassungsartikel, ein Kompromiss: der Nationalbank wurde zwar das Banknotenmonopol übertragen, aber die Kantone wie die bisherigen Emissionsbanken bekamen eine Beteiligung am Grundkapital. Auch in der Frage, wo die Nationalbank ihr Domizil haben sollte, kam ein Vergleich zwischen Ost- und Westschweiz zustande. Der Sitz der Nationalbank wurde zwischen Bern und Zürich aufgeteilt: die Romands hatten sich, wie schon in der Frage der Hauptstadt, massiv für Bern eingesetzt.

Wenn die Romands widerholt «non» sagten, so bedeutet dies jedoch nicht, dass sie systematisch als Ewiggestrige gegen alle neuen Vorlagen aus Bundesbern opponierten. So wurde im November 1898 ein Verfassungsartikel über die Vereinheitlichung des Zivilrechts und des Strafrechts klar angenommen, auch durch die welschen Kantone Genf, Waadt und Neuenburg. Hierauf verfasste Eugen Huber das vorbildliche Zivilgesetzbuch, das

1907 vom Parlament angenommen wurde und fünf Jahre später, ohne dass das Referendum ergriffen wurde, in Kraft trat (es wurde später sogar von der Türkei übernommen). Viel länger brauchte freilich die Vereinheitlichung des Strafrechts: ein neues Strafgesetzbuch sollte erst 1938 vors Volk kommen – und die deutsche und die welsche Schweiz entzweien.

Man sieht: Nicht immer, aber oft standen sich zwischen 1874 und 1914 Deutschschweizer Ja-Sager und welsche «non»-Sager gegenüber, wobei in der Regel die Frage, wieviel (Zentral-)Staat der Schweiz gut bekommt, im Vordergrund stand. Wahrscheinlich wurzeln die Kämpfe zwischen Deutschschweizer Zentralisten und welschen Föderalisten zu einem guten Teil in Verschiedenheiten der politischen Kultur: die Minderheiten identifizieren sich in der Regel weniger mit dem Zentralstaat als jene, die die Mehrheit stellen. Aber die Opposition der Romands hing wahrscheinlich ebenfalls mit der wirtschaftlich-sozialen Ungleichentwicklung der Landesteile zusammen. Das Deutschschweizer Mittelland entwickelte sich in jenem Zeitraum zum starken Wirtschaftspol. Deshalb stiess der Ruf nach einer Vereinheitlichung des Wirtschafts- und Rechtsraums, aber auch die Forderung nach einer vermehrten Intervention des Staates in wirtschaftlichen und sozialen Belangen vor allem in der deutschen Schweiz auf Echo. Die welsche Schweiz setzte dem Zentralismus und dem Staatsinterventionismus deutschschweizerischer Prägung dagegen einen auf Föderalismus, Freihandel und repräsentative Demokratie beruhenden «Liberalismus alten Stils» (Roland Ruffieux) entgegen.[33]

Pikanterweise trat die Opposition zwischen interventionistischen und staatsgläubigen Deutschschweizern und föderalistischen Romands nicht nur im bürgerlichen Lager, sondern auch auf der Linken immer wieder zu Tage. Während in der deutschen Schweiz – unter dem Einfluss deutscher Arbeiterführer wie Hermann Greulich – sich eine Sozialdemokratie herausbildete, welche auf die Intervention des Zentralstaats in sozialen und wirtschaftlichen Fragen zählte, waren in der welschen Linken lange Zeit anarcho-syndikalistische und föderalistische Strömungen vorherrschend, welche die Staatsgläubigkeit der Deutschschweizer Genossen nicht teilten.[34]

Die deutsche Versuchung

Neben den innenpolitischen Auseinandersetzungen – zwischen Zentralisten und Föderalisten, zwischen «Gotthardisten» und «Simplonisten» – belasteten um die Jahrhundertwende auch aussenpolitische Meinungsverschiedenheiten das Verhältnis zwischen deutscher und welscher Schweiz. Vor allem die Rivalität zwischen Frankreich und dem Deutschen Reich liess zentrifugale Kräfte zu Tage treten.

Im deutsch-französischen Krieg 1870/71 wurde die Parteinahme der Schweizer allerdings noch weitgehend durch politisch-ideologische Positionen beeinflusst. Zu Beginn des Kriegs war sowohl in der deutschen als auch in der welschen Schweiz wenig Sympathie für das französische Second Empire vorhanden, obwohl Kaiser Napoleon III., der Neffe des Grossen Napoleon Bonaparte, einen Teil seiner Jugendzeit im Thurgau verbracht und einst fliessend schwyzertütsch gesprochen hatte (er ist wohl der einzige französische Staatschef, der Deutschschweizer Mundart beherrschte).

Der klerikale «Caesarismus» des früheren Prinzen Louis Napoleon war indessen den meisten Schweizern suspekt. Die Republikaner verziehen ihm nicht, dass er die französische Republik in einem Staatsstreich liquidiert hatte. Auch war es 1860, als sich Frankreich dank einem *Deal* mit dem piemontesischen Königshaus das französischsprachige Savoyen einhandelte, zu Spannungen zwischen Frankreich und der Schweiz, der Garantin der Neutralität von Hochsavoyen, gekommen. Radikale wie der Berner Jakob Stämpfli riefen damals sogar zu einem Feldzug nach Savoyen auf.

Zudem warf man 1870 dem französischen Kaiser vor, den Krieg mit Deutschland angezettelt zu haben. Die deutschen Staaten dagegen hatten einen vergleichsweise guten Ruf. Preussen, das mit eiserner Faust die Einigung Deutschlands an die Hand genommen hatte, galt im schweizerischen Bürgertum als aufgeschlossen und fortschrittlich. Auch das konfessionelle Moment spielte dabei eine Rolle: Die Verkündigung des Dogmas von der Unfehlbarkeit des Papstes durch den Vatikan, die zeitlich fast mit dem Ausbruch des Kriegs zusammenfiel, erregte bei Protestanten und liberalen Katholiken grosse Empörung. Manche erblickten im deutsch-französischen Krieg eine gigantische Auseinandersetzung zwischen dem katholischen und konservativen Obskurantismus einerseits, dem Liberalismus und dem Fortschritt anderseits.[35]

Damals konnte man beispielsweise in der «Neuen Zürcher Zeitung» lesen, der französische Volksgeist habe zwar seit Ludwig XIV. die Entwicklung Europas geprägt. Aber der französische Volksgeist sei «in seiner Masse oberflächlich, zum Leichtsinn geneigt; es mangelt ihm die rechte Gründlichkeit, Ausdauer und Zähigkeit; er hat mehr den Schein als das Wesen vor Augen.» Der deutsche Geist zeichne sich dagegen durch wissenschaftliche Tüchtigkeit, Gründlichkeit und Selbstständigkeit aus. Wenn nun in diesem Krieg Deutschland siege, so werde fortan der germanische Geist den grössten Einfluss auf Europa gewinnen. Dies könne für Europa nur von Vorteil sein.[36]

Im Verlauf des Kriegs verschoben sich die Sympathien auf die französische Seite. Nach der für Frankreich verheerenden Niederlage von Sédan, nach dem Sturz Napoléons III. und der Ausrufung der Republik ergriffen vor allem die Schweizer Demokraten und Linken resolut Partei für Frankreich. Und als die Soldaten der französischen Bourbaki-Armee im Januar 1871 zerlumpt, verfroren und ausgehungert über die Schweizer Grenze humpelten, strömte eine Welle der Sympathie und der Hilfsbereitschaft durch die ganze Schweiz.

Nach der Krönung Wilhelms I. zum Deutschen Kaiser im Januar 1871 kam bei vielen Deutschschweizern Angst vor pangermanistischen Annexionsbestrebungen auf. Mancher Schweizer fragte sich beklommen, ob nach dem Anschluss von Elsass-Lothringen nicht bald auch die deutschsprachige Schweiz an der Reihe sei. Gegen Ende des Kriegs kühlte sich die Frankophilie indessen wieder ab und machte einer verhaltenen Deutschlandfreundlichkeit Platz. Nach der Ausrufung der Kommune hatte sich Frankreich in bürgerlichen Kreisen die Sympathie verspielt. Deutschschweizer Konservative waren fürchterlich beeindruckt von preussischer Zucht und Ordnung, die mit der französischen Unordnung und Anarchie so vorteilhaft kontrastierte.

Auch wirtschaftliche Überlegungen sprachen jetzt für Deutschland. Vertreter des Handels und der Industrie kapierten, dass sich im Norden eine kolossale Wirtschaftsmacht bildete, mit der man alles Interesse hatte, gut auszukommen. Die Schweizer Wirtschaft, die bis dahin eher zu Frankreich hinneigte, dem sie den Handelsvertrag von 1864 verdankte, begann jetzt mehr und mehr nach Norden zu blicken. Auch beim Bau der Gotthard-Bahn setzte man, wie wir gesehen haben, auf deutsche Hilfe. Und zudem galten deutsche Wissenschaft und deutsche Technik jetzt als das *Nec plus ultra*. Zwischen dem «aufsteigenden Deutschland» und dem «dekadenten Frankreich» hatten viele Schweizer ihre Wahl getroffen: Wer wählte nicht den Aufstieg?

Und doch konnte auch gegen Ende des deutsch-französischen Kriegs in der deutschen Schweiz nicht von einer eigentlichen Deutschlandbegeisterung die Rede sein, wie der Zürcher «Tonhalle-Krawall» beweist. Im März 1871 wollte die grosse deutsche Kolonie in Zürich den deutschen Sieg und die Ausrufung des Deutschen Reichs mit einem «Abend-Kommers» feiern. Doch die Siegesfeier im Tonhalle-Saal wurde von Randalierern gestört. Eine tausendköpfige Menge begann, die feiernden Damen und Herren mit Steinen zu bewerfen. Die Deutschen bewaffneten sich, so gut sie konnten. Stuhlbeine wurden ausgerissen, Latten aus den Dekorationsgerüsten gezerrt, Musikpulte zerschlagen und zu Schlägern umfunktioniert – es ging zu wie bei einem Rolling Stones-Konzert. Auch Offiziere und Soldaten der in der Schweiz internierten Bourbaki-Armee beteiligten sich an der Saalschlacht. Der Abend-Kommers musste abgebrochen werden und ging mit gehörigem Sachschaden, aber ohne grössere Verluste an Leib und Leben zu Ende.

Die deutsche Presse machte den Schweizern grosse Vorwürfe, warf vor allem den Deutschschweizern «Deutschenhass» vor (eine deutsche Siegesfeier war notabene in Genf ohne Störungen über die Bühne gegangen). Schweizer Politiker wie der «Industriebaron» Alfred Escher versuchten zu beschwichtigen: der Radau sei von einigen unverantwortlichen Randalierern veranstaltet worden, von «Deutschenhass» könne keine Rede sein. Dennoch zeigten die Vorgänge, dass in der deutschen Schweiz durchaus anti-deutsche Gefühle vorhanden waren, und zwar nicht zuletzt bei Handwerkern und Arbeitern. Nicht nur die republikanischen Überzeugungen der Schweizer, auch Abwehrreaktionen, Futterneid und Konkurrenzängste gegenüber den zahlreichen in der Schweiz niedergelassenen Handwerkern, Arbeitern und Dienstboten aus Deutschland waren im Tonhalle-Saal lärmig zum Ausbruch gekommen.

Spannungen zwischen Deutschschweizer und deutschen Arbeitern und Handwerkern waren schon in den Jahren vor dem Krieg entstanden, beispielsweise im Grütli-Verein. So war 1865 der Niederlassungsvertrag zwischen der Eidgenossenschaft und Württemberg von den Grütlianern scharf kritisiert worden. In Lausanne wurde eine Volksversammlung gegen die «Invasion fremder Arbeiter» veranstaltet, an der ein Internationalist die einseitigen Vorteile für Württemberg beklagte und die Befürchtung äusserte, der Vertrag könne zu einem verstärkten Druck auf die Löhne führen. In Solothurn erklärte ein Grütlianer, es sei «nur gut, wenn die Schwaben mit dem Bajonett in ihr Chnöpfliland getrieben würden».[37]

Entsprechend zaghaft war auch die Zusammenarbeit zwischen dem Grütliverein und den parallelen deutschen Arbeitervereinen. Die deutschen Immigranten wurden nicht immer zur traditionellen Novemberfeier der Grütlianer eingeladen, und zwar mit der Begründung: «Denn die Deutschen sind schon von Natur aus mit einem besseren Mundstück begabt als wir Schweizer, und wenn wir sie einladen, so werden wir einsehen müssen, dass wir durch ihre Vorträge ganz in den Hintergrund geschoben werden, und zudem sind sie in der ganzen Schweiz verhasst.»

(Die Abwehrhaltung der Deutschschweizer gegenüber den eloquenten respektive grossmäuligen Deutschen entspricht der Komplex der welschen Schweizer gegenüber den eloquenten Franzosen – eine «Röstigraben»-überschreitende Gemeinsamkeit.)

Die Spannungen zwischen Deutschschweizer und Deutschen wurden 1870/71 durch den französisch-deutschen Krieg nicht gemildert, im Gegenteil: die Aversionen nahmen noch zu, weil viele Schweizer einen deutschen Angriff befürchteten. Auch danach blieben die Beziehungen der Grütlianer zu den Deutschen kühl. 1871 wurde an einer Versammlung in Herisau gefordert, die einheimischen Arbeiter müssten mehr verdienen als fremde. Ein anderer Grütlianer erklärte: «Jeder Schweizer trägt einen Hass gegen die Deutschen, und warum: weil sie immer hinterlistig den andern überfallen.»

Während die «Stammesverwandtschaft» mit Deutschland bei Deutschschweizer Arbeitern und Handwerkern wenig Wirkung zeitigte, so liess die «Wiedererweckung» des Deutschen Reichs 1870/71 die Intellektuellen und Kulturschaffenden dagegen nicht gleichgültig. Mancher Deutschschweizer Schriftsteller fühlte sich durch den Aufstieg Deutschlands angesprochen. Zu ihnen gehörte der Zürcher Schriftsteller Gottfried Keller, der lange Zeit in Deutschland gelebt hatte und sich, obwohl Schweizer Patriot, mit der deutschen Kultur zutiefst verbunden fühlte. Indessen musste gerade er erfahren, dass diese seine Sympathie nicht von allen Landsleuten geteilt wurde.

Im März 1872 wurde an der Universität Zürich eine Abschiedsfeier für den nach Strassburg berufenen deutschen Mediziner Adolf Gusserow gegeben. Keller nahm daran teil (er hatte übrigens auch an der Krawall-Siegesfeier in der Tonhalle teilgenommen), und gab zu vorgerückter Stunde einen Trinkspruch zum Besten. Der soll so gelautet haben: «Sagen Sie den Deutschen, dass, wenn sie einmal unter einer Verfassung leben, die auch ungleichartige Bestandteile zu ertragen vermag, die Zeit kommen dürfte, in der auch wir Schweizer wieder zu Kaiser und Reich zurückkehren könnten.»[38]

In einem Teil der Schweizer Presse erhob sich jetzt ein Sturm der Entrüstung gegen den unvorsichtigen Schriftsteller. Was, Keller will heim ins Reich! «*Nai, also so öppis!*», hiess es an Zürcher Stammtischen. Der arme Keller, in Sachen Patriotismus eigentlich über jeden Verdacht erhaben, rechtfertigte sich, die Journalisten hätten seinen Spruch falsch widergegeben. Er habe doch nur gesagt: «Gusserow möchte die Strassburger von ihren alten Freunden, den Zürchern, grüssen, und ihnen sagen, sie möchten sich nicht allzu unglücklich fühlen im neuen Reiche. Vielleicht käme eine Zeit, wo dieses deutsche Reich auch Staatsformen ertrüge, welche den Schweizern notwendig seien, und dann sei eine Rückkehr der letztern wohl denkbar.»[39]

Nach einigen Wochen legte sich der Sturm. Die Affäre zeigte aber einmal mehr, dass die deutsche Schweiz weit von einer uneingeschränkten Deutschland-Begeisterung entfernt war. Allerdings war Gottfried Keller bei weitem nicht der einzige Intellektuelle, der sich über die Überwindung der deutschen Kleinstaaterei und die Wiedererweckung des Deutschen Reichs mächtig freute. Sein Schriftstellerkollege Conrad Ferdinand Meyer, der viele – und seine glücklichsten – Jugendjahre in der welschen Schweiz verbracht hatte (er fühlte sich mit dem lateinischen Kulturraum so eng verbunden, dass er zeitweise daran dachte, französisch zu schreiben), entdeckte 1871 seine deutsche Seele: «Von einem unmerklich gereiften Stammesgefühl jetzt mächtig ergriffen, tat ich bei diesem weltgeschichtlichen Anlasse das französische Wesen ab.»[40]

Neben Keller und Meyer erlagen auch weniger bekannte Deutschschweizer Schriftsteller der Faszination, die das deutschen Reich ausübte. Ferdinand Schmid, der sich als Dichter Dranmoir nannte, brachte seine Bewunderung für den *furor teutonicus* in pathetischen Worten zum Ausdruck:

«Träumt von tausend grünen Inseln, schwimmend in der Tropen Duft; /
Träumt von deutschen Kolonieen, wo die deutsche Flagge weht, /
Sieht ein Reich, in dessen Grenzen nie die Sonne untergeht. /
Ja, das ist der Hauch des Frühlings, der des Dichters Busen schwellt: /
Deutschland, dir gehört die Palme! Deutschland, dir gehört die Welt!»

Und der Zürcher Lyriker Heinrich Leuthold, ein tragischer Aussenseiter, dem wir einige wunderbare und zu Unrecht in Vergessenheit geratene

Gedichte verdanken, wurde durch den deutschen Triumph zu einigen
schwächeren Versen verleitet:

«Und wieder walten Treu und Glaube,
Von keinem welschen Trug entstellt …–
Der deutsche Geist tritt aus dem Staube
Und setzt sich auf den Thron der Welt.»[41]

Wenn man die heutigen Gefühle der Deutschschweizer gegenüber den
Deutschen kennt, ist man ob solchen Deutschland-Taumels bass erstaunt!
Man darf aber nicht vergessen, dass das Deutsche Reich damals ein junger
und aufstrebender Staat war, der als Aussenseiter und *Newcomer* im Konzert der Grossmächte galt und entsprechende Sympathie in Anspruch nehmen konnte. Zudem waren die Beziehungen zwischen der deutschen
Schweiz und Deutschland noch nicht durch zwei Weltkriege und durch die
nationalsozialistische Entartung des deutschen Nationalismus zerrüttet.

Und dennoch – wir können's nicht genügend betonen – war es keineswegs so, dass die sprachliche Solidarität damals alle anderen Bindungen
überwogen hätte. Nachbarschaft schafft nicht gezwungenermassen Nähe
und Sympathie, im Gegenteil: sie kann auch zu einem verstärkten Abgrenzungsbedürfnis führen. So sympathisierten reformierte Westschweizer
manchmal gerade deshalb mit Preussen, weil sie sich ein Gegengewicht
zum nahen, katholischen und «jesuitischen», Frankreich Napoleons III.
wünschten. Umgekehrt war ein Teil der Deutschschweizer deshalb frankophil, weil sie den heissen Atem des Bismarckschen Deutschlands im
Nacken fühlten.[42]

Jedenfalls kann für die Periode 1870/71 noch nicht von einem Graben zwischen deutscher und welscher Schweiz gesprochen werden. Der
«Rassenkampf» zwischen Deutschland und Frankreich führt noch nicht zu
binnenschweizerischen Sprachengrabenkämpfen, wie sie im Ersten Weltkrieg ausbrechen werden. Indessen war mit jenem Krieg eine Saat ausgestreut, die in den folgenden Jahrzehnten bittere Früchte tragen sollte.

Immerhin: Nach dem deutsch-französischen Krieg begann die
Schweizer Elite, eine schweizerische Staatsidee zu entwickeln, die gerade
nicht auf dem Prinzip des einsprachigen Nationalstaats, sondern auf der
Vielsprachigkeit beruhte. 1875 schrieb der Staatsrechtler Carl Hilty, die
Eidgenossenschaft habe sich zum Ziel gesetzt, aus den nach «Natur, Sprache, Blut und Stammeseigenart» verschiedenen Schweizern durch «wohl-

tätige Vermischung in einem freien Gemeinwesen eine eigene neue Nationalität mit bestimmtem Charakter – nicht deutsch und nicht lateinisch – zu bilden, die, stärker als all der natürliche Zug zur Stammesverwandtschaft, diese vergessen machen soll.» Auch der Staatsrechtsprofessor Johann Caspar Bluntschli betonte, es sei die Aufgabe der Schweiz, Europa das friedliche Zusammenleben dreier Kulturen und Sprachen vorzuleben. Die Vielsprachigkeit wird also von der Not zur Tugend umgebogen, und dies zu einer Zeit, da andere mehrsprachige Gebiete und Staaten Europas (Savoyen-Piemont, Schleswig-Holstein, Elsass, Österreich-Ungarn) von nationalistischen Leidenschaften zerrissen wurden.

Zudem erfanden die Eidgenossen gegen Ende des Jahrhunderts eine Art verspäteter Nationalkult. Die Schweiz bekam einen Nationalfeiertag (1. August) und eine üppige Nationalheilige namens «Helvetia» – man veranstaltete nun nationale Verbrüderungsfeste wie die Landesausstellung in Zürich 1883 oder jene in Genf 1896, wo ein einschlägiges Schweizerdorf, so exotisch wie ein «Negerdorf», besichtigt werden konnte. Es handelte sich einerseits um den Versuch, den Klassenkampf-Parolen der Linken einen nationalen Einigkeitsdiskurs entgegenzusetzen, anderseits um das Bestreben, dem föderalistischen und lange Zeit nur notdürftig integrierten Bundesstaat einen stärkeren nationalen Zusammenhalt zu geben. Von dem in ganz Europa sich ausbreitenden Nationalismus gingen zersetzende Wirkungen auf den Schweizer Vielsprachenstaat aus, denen mit einem schweizerischen Nationalkult entgegengewirkt werden sollte. Dieser konnte indessen nicht verhindern, dass gerade zwischen deutscher und welscher Schweiz immer mehr zentrifugale Kräfte wirksam wurden.

Germanisierung oder «Verwelschung»?

Gegen Ende des 19. Jahrhunderts färbte der deutsch-französische Hader immer mehr auf die Schweiz ab. Der Chauvinismus schwappte über die Grenze. In der deutschen und in der welschen Schweiz wurde nun plötzlich eine «Sprachenfrage» aufs Tapet gebracht. Germanophile warnten vor einer «Verwelschung» der Schweiz (der hässliche Ausdruck erinnert an das unselige Unwort «Verjudung»), während in der Romandie das Schreckgespenst der Germanisierung an die Wand gemalt wurde.

Schon in den 1880er Jahren kam es in der deutschen Schweiz zu vereinzelten Klagen über eine Gefährdung des «Deutschtums». In einer

Zuschrift, welche die «Neue Zürcher Zeitung» am 24. Januar 1886 abdruckte, schlug ein Einsender aus dem Oberaargau Alarm: «Rings um die Westgrenze des alten Kantons Bern brandet die welsche Hochfluth.» Besonders im Kanton Bern dringe die französische Sprache gewaltig vor. Ein Dorn im Auge war dem Schreiber der Ausbau des Fremdsprachen-Unterrichts an den Berner Schulen: Wenn die kleinen Berner immer mehr Französisch lernten, «dann hört die Berner Schule nicht allein auf, das Niveau deutschen Unterrichtes und deutscher Wissenschaft als letztes Bollwerk derselben im Westen zu behaupten, sondern sie wird dann auch geradezu die tödtliche Waffe in der Hand des Feindes.»[43]

Dies war eine wüste, in hölzerner Sprache abgefasste Eingabe, die der deutschen Kultur nicht gerade zur Ehre gereichte. Leider waren die martialischen Töne, die hier angeschlagen wurden, typisch für den damaligen Sprach-Chauvinismus, der sich bezeichnenderweise häufig militärischer (Un)Wörter bediente. Da wird einmal von den «Eroberungsaussichten» der deutschen Sprache im Berner Jura gesprochen, dann heisst es wieder, in Siders (Sierre) scheine das Deutsche «auf der ganzen Linie vor dem Französischen kapituliert zu haben».

Die Nervosität, die die Beziehungen zwischen deutscher und welscher Schweiz an der Jahrhundertwende charakterisiert, wurde durch den Eisenbahnbau noch verstärkt. Dieser führte zu einer höheren Mobilität und Durchmischung der Schweizer Bevölkerung, was Kontakte, aber auch Konflikte zwischen Angehörigen verschiedener Sprachgruppen schuf – ganz nach dem Prinzip «wo Berührung ist, entsteht auch Reibung». So wurde im Tessin nach dem Bau der Gotthardlinie eine wachsende Germanisierung beklagt. Stein des Anstosses war die Gründung deutschsprachiger Eisenbahnerschulen auf italienischsprachigem Gebiet – ein Verstoss gegen das Territorialitätsprinzips, das besagt, dass sich Neuzuzüger an die althergebrachte Sprache der Region anzupassen haben. Zudem liessen sich nach dem Durchstich des Gotthards immer mehr Reichsdeutsche an der Alpensüdseite nieder, wo sie Italianità in schweizerischer Verpackung vorfanden: Das «Sonnenstuben»-Syndrom begann zu wirken.

Spannungen entstanden aber auch an der deutsch-welschen Sprachgrenze. Die Eröffnung der Bahnlinie Sitten-Brig führte zu Klagen über eine wachsende Verwelschung des deutschsprachigen Oberwallis. Im Oberwallis, so jammerten Deutschsprachige, befände sich die deutsche Sprache «in grosser Bedrängnis». Der Verwaltung der Jura-Simplonbahn wurde vorgeworfen, die Französisierung des Wallis voranzutreiben: Sämtliche

Bahnhöfe waren nur mit «gare» beschriftet, und der ganze Verkehr mit den Bahnbeamten musste französisch geführt werden. Selbst die Oberwalliser Bahnhöfe waren französisch beschriftet: statt in Visp und Brig landete man in Viège und Brigue. *Quelle horreur!*

1892 erschien in der «Neuen Zürcher Zeitung» ein Artikel, der sich unter dem Titel «Ein Sprachkampf» mit den Walliser Sprachproblemen beschäftigte. Der Autor warnte, die Sprachgrenze verschiebe sich immer mehr in östlicher Richtung, und längst seien der Kantonshauptort Sitten und das früher deutschsprachige Siders romanisiert. Dabei wurden nicht nur die Eisenbahnen für den Missstand verantwortlich gemacht, sondern auch die «Sprachfeigheit» der Oberwalliser gegeisselt: «Mancher schämt sich gegenüber der stärker anschwellenden fremden Sprachfluth seiner angestammten Muttersprache, wie eines weniger guten Rockes und er glaubt sich feiner auszunehmen, wenn er in nicht immer ganz zierlichem Französisch einherstolzirt. Es gibt z. B. gute alte deutsche Familien in Sitten, welche anfangen französisch zu welschen, obschon sie eben so gut oder besser ihren deutschen Dialekt reden können, und sich dabei einbilden, vornehmer oder gebildeter zu erscheinen.»[44]

Auch der Tourismus und das Schulsystem wurden im Wallis für die Romanisierung verantwortlich gemacht. Die Klagen der Deutschsprachigen führten zwar zu einigen Verbesserungen, aber die Walliser Sprachenpolemik war damit nicht aus der Welt geschafft. Selbst die Verstaatlichung der Jura-Simplon-Bahn 1903 setzte den Klagen über die Hintansetzung des Deutschen kein Ende: weiterhin wurde über die Verwelschung der SBB-Kreisdirektion Lausanne geklagt.

«Kein Poststempel, kein Stationsname und kein Verein kann das Oberwallis von Siders bis Brig vor der Verwelschung innerhalb eines Menschenalters bewahren», wurde 1905 prophezeit. Die Eröffnung der Lötschbergbahn, welche ab 1913 das Oberwallis mit dem deutschsprachigen Berner Oberland verband, beruhigte jedoch die germanischen Gemüter. Die BLS (Bern-Lötschberg-Simplon-Bahn) wurde als Retterin der deutschen Sprache gefeiert. Was zeigt, dass Eisenbahnen zwar nicht immer der gleichen Sprache den Weg ebnen, aber fast immer zu einer Verschiebung der sprachlichen Kräfteverhältnisse führen. «Eisenbahnen sind sprachliche Heerstrassen», schrieb der Romanist Heinrich Morf. Auf diesen Heerstrassen erfolgt der Vormarsch einmal von der einen, dann wieder von der anderen Seite.

Während im Wallis die Eisenbahn anfangs vor allem als Romanisierungsfaktor angesehen wurde, war im Jura ein Sprachenkampf mit umgekehrten Vorzeichen im Gang. Mit dem Eisenbahnbau liessen sich im französischsprachigen Berner Jura zahlreiche deutschsprachige Eisenbahner nieder. In Delémont entstand ein fast vollständig deutschsprachiges Bahnhofquartier. Die 1875 eröffnete Birstalbahn schloss einen Teil des Juras stärker an die Basler Region an. «Das Land ist eine wirtschaftliche Dependenz der deutschen (sic) Rheinstadt geworden», schrieb der bereits erwähnte Heinrich Morf.

Zu Beginn des 20. Jahrhunderts war es die SBB-Kreisdirektion II in Basel, welche angeklagt wurde, die Germanisierung des Berner Juras zu betreiben. 1907 reichte der bernjurassische Nationalrat Virgile Rossel eine Motion ein, die den Bundesrat auf die Germanisierungstendenzen in der Kreisdirektion II aufmerksam machte und vor allem deren Rekrutierungspolitik kritisierte. Dabei erzählte der Freisinnige Rossel auch die folgende symbolträchtige «Gruselgeschichte»: Die Kreisdirektion habe dem Bahnhofvorstand eines kleinen Dorfs an der schweizerisch-französischen Grenze deutschsprachige Formulare geschickt. Auf dessen Antwort, er verstehe kein Deutsch, lautete die lapidare Antwort: «Lernen Sie es!»[45]

Ein rechter Blocher

Diese Unstimmigkeiten an der deutsch-welschen Sprachgrenze wären nicht so arg gewesen, wenn nicht gewisse sprachchauvinistische Intellektuelle kräftig in die Glut geblasen hätten, um auf dem Herd sprachpolitischer Reibereien ein politisches Süppchen zu kochen.

1890 wurde in Frankfurt am Main ein Alldeutscher Verband gegründet. Als Initiant zeichnete der Multimillionär Alfred Hugenberg, der als Herr über einen Presse- und Filmkonzern, in den Zwischenkriegsjahren als Führer der Deutschnationalen Partei und als Förderer Hitlers unseligen Ruhm erwerben sollte. Der Anstoss zum pangermanischen Treiben war von dem in Zürich lebenden deutschen Augenarzt Adolf Eugen Fick ausgegangen. Der Alldeutsche Verband bezweckte die «Pflege und Unterstützung deutsch-nationaler Bestrebungen in allen Ländern, wo Angehörige unseres Volkes um die Behauptung ihrer Eigenart zu kämpfen haben, und Zusammenfassung aller deutschen Elemente auf der Erde für diese Ziele».[46]

Der Verband hatte seinen Sitz in Berlin, nahm sich aber mit besonderer Liebe des deutschsprachigen Auslands an. 1897 schrieb seine Geschäftsstelle Klartext: «Der Verband ist nicht der Ansicht, dass die deutsche, nationale Entwicklung mit den Erfolgen des Krieges von 1870/71, so gross und herrlich sie auch gewesen sind, entgültig (sic) abgeschlossen sei; er ist vielmehr überzeugt, dass mit der damals errungenen Stellung dem deutschen Volke eine ganze Reihe neuer und grosser Pflichten und Aufgaben zugewachsen sind. Zu diesen Aufgaben zählt in Europa ein enger wirtschaftlicher und staatsrechtlicher Zusammenschluss mit den übrigen Staaten germanischer Art, also zunächst mit Österreich, den beiden Niederlanden und mit der Schweiz.»[47]

Dieser Zusammenschluss sollte aber nicht etwa auf der Basis von Gleichberechtigung erfolgen, sondern in Form eines puren Anschlusses ans Deutsche Reich. Der langjährige Vorsitzende des Verbands, Ernst Hasse, sah die «Wiedergewinnung» der Schweiz und der Niederlande so: «Die wichtigste und lohnendste Aufgabe der jetzigen und der künftigen deutschen Staatskunst wird es sein, die an unseren Grenzen wohnenden Auslandsdeutschen zu Inlandsdeutschen zu machen, sie im Rahmen deutscher Grenzpolitik staatlich einzugliedern.» Hasse war überzeugt, das künftige deutsche Ausdehnungsgebiet werde die «sogenannten Zwischenländer aufsaugen und sich von der Nordsee und Ostsee über die Niederlande und Luxemburg, und auch die Schweiz einschliessend, über das ganze Donaugebiet, die Balkanhalbinsel, Kleinasien bis zum persischen Meere erstrecken.»[48]

Dabei hatten die Pangermanisten nicht nur die deutsche Schweiz im Visier: sie beanspruchten auch die französische Schweiz, das alte Hochburgund, als ein dem Deutschtum verlorengegangenes Gebiet. Ein alldeutscher Publizist, Kurd von Strantz, verstieg sich in seiner Schrift «Das verwelschte Deutschtum» gar zur Behauptung: «Neuenburg und das Waadtland waren zur Reformationszeit noch deutsch; höchstens trug das Seeufer der Waadt Spuren der Verwelschung.» Zudem wurde ein geschichtliches Recht der deutschen Sprache aufs Welschland aus dem Umstand abgeleitet, dass dieses Gebiet einst dem Heiligen Römischen Reich angehört hatte. (Eine ähnliche Geschichtsklitterei wurde bisweilen auch auf französischer Seite betrieben. So behauptete 1910 ein französischer Schriftsteller namens Clarsol in der Zeitschrift «Revue», die französische Sprache sei erst durch die französischen Glaubensflüchtlinge in die welsche Schweiz gekommen!)

Nun besass der Alldeutsche Verband zwar Ableger in der Schweiz, zum Glück aber kümmerten sich seine Mitglieder – meist Deutsche – nicht allzu sehr um die eidgenössischen Angelegenheiten. Aber die Alldeutschtümelei fand indirekt auch in der Schweiz ein Echo. Denn die vom Alldeutschen Verband herausgegebene Zeitschrift «Deutsche Erde» beschäftigte sich wiederholt mit der Schweizer Sprachenfrage.

1894 erschien in der alldeutschen Presse die Untersuchung über «Verbreitung und Bewegung der Deutschen in der französischen Schweiz» eines gewissen Dr. Johannes Zemmrich. Dieser Sachse aus Zwickau, welcher in Leipzig und Neuenburg studiert hatte, belegte erfreut die «Expansionskraft» der deutschen Bevölkerung in der Schweiz – wobei natürlich alle Deutschsprachigen, Deutschschweizer eingeschlossen, kurzerhand als «Deutsche» bezeichnet wurden. Er schloss sein Büchlein mit der hoffnungsvollen Prognose: «Es ist keine Übertreibung, wenn ich behaupte, dass bei Errichtung deutscher Schulen die Sprachgrenze bald bis La Chaux-de-Fonds und Neuchâtel vorrücken werde.»[49]

1896 widersprach Jakob Hunziker, deutschgesinnter Französischprofessor am Gymnasium Aarau, allerdings diesem Optimismus, nachdem die Volkszählung 1888 einen leichten «Vormarsch» der französischen Sprache zum Vorschein gebracht hatte. Hunziker fürchtete eine weitere «Verwelschung», denn die nächste Volkszählung werde wiederum einen gesteigerten Rückgang des Deutschen und einen entsprechenden Fortschritt des Französischen zu Tage fördern.

Zwei Jahre später gab Hunziker in der vom Alldeutschen Verband herausgegebenen Reihe «Der Kampf um das Deutschtum» ein Heft über die Schweizer Sprachensituation heraus. Einmal mehr kam er dabei zu einem schlimmen Befund: Die in die welsche Schweiz eingewanderten Deutschschweizer liessen sich meist «widerstandslos» romanisieren, und die übrigen Deutschschweizer, welche an der Sprachgrenze lebten, kämen dem Französischen zu weit entgegen.

Von 1891 bis 1899 erschien ein dreiteiliges Werk des Philologen Jakob Zimmerli über «Die deutsch-französische Sprachgrenze in der Schweiz». Diese Studie war das Ergebnis persönlicher Erhebungen an der Sprachgrenze. Obwohl Zimmerli selten polemisierte, wurde sein Werk zu einer wichtigen Grundlage der Bestrebungen zugunsten der deutschen Sprache. Allerdings wurde der Autor nicht ganz wider Willen zur Stütze der Schweizer Deutschgesinnten: Während der erste Teil über den Jura noch ziemlich sachlich abgefasst war, bekundete der Autor im zweiten (Freiburg) und dritten Teil (Wallis) deutlich seine Sympathie für den deutschsprachigen Bevölkerungsteil. Nicht umsonst gehörte Zimmerli zu den Gründungsmitgliedern des Deutschschweizerischen Sprachvereins, von dem bald die Rede sein wird.

Gelegenheit zu sprachpolitischer Polemik boten die seit 1860 regelmässig durchgeführten Schweizer Volkszählungen, bei denen auch Daten zur Muttersprache erhoben wurden. So ergab die Volkszählung 1900, wie schon jene von 1888, eine leichte Zunahme der französischsprachigen Bevölkerung. Der Anteil der Deutschsprachigen an der Gesamtbevölkerung war von 71,4 auf 69,8 % gefallen, jene der Französischsprachigen von 21,8 auf 22 % gestiegen. Zudem zeigte die Volkszählung eine Schwächung des rätoromanischen und eine kräftige Zunahme des italienischsprachigen Elements (von 5,3 auf 6,7 %), wobei letzteres vor allem auf die Einwanderung italienischer Arbeiter – unter anderem wegen des Baus des Simplontunnels – zurückzuführen war.

«Verwelschung», raunten einmal mehr die Deutschgesinnten: Die Deutschschweizer liessen sich zu leicht assimilieren. Zudem wurden auch statistische Annexionsgelüste denunziert. Deutschgesinnte warfen den welschen Zählern Fälschung vor: vor allem im Jura seien deutschsprachige Bewohner, deren Kinder die französischen Schulen besuchten, kurzerhand der französischsprachigen Bevölkerung zugerechnet worden. Diese Klagen hinderten die Germanophilen jedoch nicht daran, die leichte Zunahme des französischsprachigen Bevölkerungsteils der Schweiz handkehrum als Argumentation für einen stärkeren Schutz der deutschen Sprache zu benützen. Die «Verwelschung» machte konservativen Deutschtümelnden umso mehr Sorge, als sie sich auch noch mit einem sozialen Element mischte.

1903 meldete sich ein Emil F. Garraux zu Wort. Zusammen mit einem Pfarrer Eduard Blocher veröffentlichte er in der völkischen Zeitschrift «Deutsche Erde» eine Liste von deutschen Namen welschschweizerischer Orte – wie Losanen (Lausanne) und Muchtern (Montreux). Der in Solothurn geborene Garraux war – trotz seines Namens – deutscher als deutsch. Er bezeichnete sich als ein «von Urgrossvaters Zeiten her bis auf den Namen regermanisierten Jurassier». In seinen jurassischen Landsleuten sah Garraux die Abkömmlinge des «alten deutschen Stammes der Burgunder», also ursprünglich Germanen. Für den Germanen Garraux war die Schweiz urdeutsches Land, Punkt Schluss.

Im November 1904 gründeten zwölf Schweizer in Burgdorf den «Deutschschweizerischen Sprachverein». Ermuntert wurden sie vom Vorsitzenden des Allgemeinen Deutschen Sprachvereins. Vorsichtigerweise verzichteten die Schweizer jedoch auf eine offizielle Verbindung mit dem deutschen Sprachverein, da «sonst sogleich der Vorwurf erfolgt wäre, es mischten sich ausländische Körperschaften in schweizerische Angelegenheiten».

Als Ziel des Sprachvereins nannten die Statuten die Pflege und den Schutz der deutschen Sprache in der Schweiz. Als eigentlicher Gründer galt Jakob Brodbeck-Arbenz, ein Basler Kaufmann, der im Ausland «seines heimatlichen Volkstums bewusst geworden» war. Zu den ersten Mitgliedern gehörten der erwähnte Garraux, aber auch der Berner Germanist Otto von Greyerz, sein Kollege Ferdinand Vetter und der Berufsoffizier Ulrich Wille. Zur treibenden Kraft wurde jedoch bald Pfarrer Eduard Blocher. Nach dem eher zurückhaltenden Brodbeck gab der frühere Fremdenlegionspfarrer dem Verband einen polemischeren Auftritt. 1905 wurde er Schriftführer und übernahm 1912 den Vorsitz, den er fast bis zu seinem Tod im Jahr 1942 inne haben wird. Wie spätere Blocher bekundete Pfarrer Eduard keine Angst, sich zu exponieren – im Gegenteil: mit Genuss begann er, den «alldeutschen Böölimann» zu spielen.

Die Familie Blocher stammte ursprünglich aus Deutschland. Eduards Grossvater Johann Georg war als schwäbischer Schreinergeselle 1829 nach Basel eingewandert. Dort liess sich der Ahne zum Lehrer weiterbilden. In Schattenhalb bei Meiringen, wo er unterrichtete, erwarb er das Bürgerrecht. Sein Sohn Emmanuel, Eduards Vater, wurde Direktor der Baumwollspinnerei Sarasin & Heusler und wohnte mit seiner Familie in Münchenstein.

Eduard wurde am 16. November 1870 im Basler Vorort «Neue Welt» geboren. Er studierte Theologie in Basel, Marburg und Berlin. Nachdem er seine Berufstätigkeit als Vikar in Frankreich begonnen hatte, betreute er das zweisprachige Pfarramt der Fremdenlegion in der algerischen Stadt Sidi-bel-Abbès. Dort heiratete er die Tochter eines Weimarer Geheimrats und Botanik-Professors, Mathilde Wigand. Ebenfalls ein zweisprachiges Pfarramt versah Blocher von 1898 bis 1905 in Sitten. Infolge seiner langjährigen Aufenthalte in fremdem Sprachgebiet und der Familientradition gemäss fühlte er sich ausgesprochen als Deutscher, so dass es ihm Genugtuung bereitete, seit seiner Übersiedlung nach Zürich – er amtete bis kurz vor seinem Tod als Pfarrer der kantonalen Krankenanstalten – vermehrt für die deutsche Sprache eintreten zu können.

Die Überzeugung, dass die deutsche Kultur jeder anderen überlegen sei, war ihm – so der Historiker Klaus Urner – schon als Familientradition mitgegeben worden. Sein Vater hatte mit wirtschaftlichen Argumenten den Anschluss der Schweiz an den Deutschen Zollverein befürwortet. Ambivalenz kennzeichnete auch Blochers Verhältnis zur Schweiz: Einerseits fühlte er sich kulturell als Deutscher. Anderseits stellte er die Eigenstaatlichkeit der Schweiz nie offen in Frage.

Unter Blochers Anleitung setzte sich der Sprachverein kräftig für die deutsche Sprache ein, wobei dem Kampf gegen Fremdwörter besondere Aufmerksamkeit geschenkt wurde. Bundesverwaltung, Zoll-, Post- und Eisenbahnverwaltung wurden in harschen Eingaben ersucht, der deutschen Sprache den gebührenden Platz einzuräumen. 1906 mischte sich der Sprachverein kräftig in den bernjurassischen Schulstreit ein, indem er sich für die deutschsprachigen Schulen im französischsprachigen Jura einsetzte.

Blocher scheute es nicht, zu polemisieren und zu polarisieren. So veröffentlichte er 1910 eine Schrift, die den provozierenden Titel «Sind wir Deutsche?» trug. Dort legte der streitbare Pfarrer dar, dass der Deutschschweizer seine politische Freiheit mit einem inneren Zwiespalt habe bezahlen müsse: Mit seinem Willen strebe er ganz nach der eigenen politischen Gemeinschaft, während seine eigentliche Natur trotz aller gegenteiligen Anstrengungen in ihm das Bewusstsein der deutschen Volkszugehörigkeit immer wieder zum Durchbruch bringe. Schweizer und Deutscher zugleich zu sein, dies gelte es zu lernen, wobei sich Blocher ganz einseitig darauf verlegte, nach Kräften ein deutsches Volksbewusstsein zu fördern.

Der Sprachverein bemühte sich offiziell um die Pflege deutscher Sprache, wurde von Blocher und Garraux mehr und mehr aber zu einer Kampforganisation für die deutsche Sprache und gegen die französische Sprache umfunktioniert. In einer Schrift über den «Fremdsprachen-Unfug» schrieb der polyglotte Pfarrer gegen den Französisch-Unterricht an deutschsprachigen Schulen an. In den eigenen Reihen war Blochers Kurs nicht unumstritten. Sein Bruder Hermann, der als Marxist und Sozialist Basler Regierungsrat werden sollte, soll im Sprachverein öfters Opposition betrieben haben.

Blochers Klub wurde immer mehr zu einem Brückenkopf germanophilen Treibens. 1911 wendete sich Blocher an den Vorstand für das Deutschtum im Ausland um finanzielle Hilfe und bekam prompt Geld.[50] Und der Berner Schriftsteller Carl Albert Loosli, der dem Verband nach eigener Aussage beinahe beigetreten wäre, weil er glaubte, dem Verband sei es um Sprachpflege zu tun, warf ihm vor, er betreibe «Sprachenhatz», ein regelrechtes «Rassenkesseltreiben gegen die Welschen».

Im Ersten Weltkrieg war er ein Hort germanophiler und antiwelscher Gesinnung. So zeichnete Blocher ab 1915 als Vorsitzender der Genossenschaft «Stimmen im Sturm», welche deutschfreundliche Propaganda betrieb. Danach war er auch Mitglied der «Deutschschweizerischen Gesellschaft», welche sich ebenfalls durch ihre Deutschfreundlichkeit bemerkbar machte. Damals schrieb Garraux an Blocher: «Wenn wir doch nur frei von den Welschen würden und meinetwegen reichsdeutsch! Nur nicht schweizerisch mit welscher Oberschicht, sonst wandere ich auf meine alten Tage wieder aus.» Und wenig später: «Sie hinauswerfen können wir nicht, weil sie das Land mitnehmen würden, und dies Land gehört zur Eidgenossenschaft, obschon ich nicht verstehen kann, wieso es keine Schweiz mehr gäbe, wenn die Welschen sich von uns trennten.»[51]

Auch nach dem Weltkrieg setzten die Kreise um den Sprachverein ihren prononciert deutschlandfreundlichen Kurs fort. Mit Verve bekämpften sie einen Beitritt der Schweiz zum Völkerbund, den sie als Instrument der amerikanisch-französisch-englischen Siegermächte verabscheuten. Von der Superiorität der deutschen Kultur war Pfarrer Blocher auch weiterhin überzeugt.

In seinem 1923 erschienenen Buch, das sich sowohl durch eine schöne und kräftige Sprache wie seinen provozierenden Inhalt auszeichnet, macht er die Schweiz zu einem durch und durch germanischen Produkt (wobei Pfarrer Blocher auch den Protestantismus ganz als ein Erbe des Germanentums interpretiert). Da heisst es beispielsweise: «Den Alemannen verdanken fast drei Viertel der Schweiz zunächst einmal die geistigen, übertragbaren Güter, Sprache, Sagen, Sitten, Gebräuche, kurz das, was man zusammenfassend als Volkstum bezeichnet. Den Alemannen verdanken wir ferner unsern Staat. Ihr Freiheitssinn hat ihn gegründet, ihre Kriegstüchtigkeit ihn verteidigt und am Leben erhalten». Oder: «Denn, wie wir gesehen haben, ist der germanische Blutsteil der beste, den wir haben. Die Leistungen der Schweiz beruhen auf der germanischen Besitzergreifung. Die Triebkraft ist das Germanentum, der Rest wird mitgezogen.»[52]

In den dreissiger Jahren geriet ein Teil der Seilschaft um den Deutschschweizerischen Sprachverein – so Blocher-Adlatus Hektor Ammann – ins frontistische und nationalsozialistische Fahrwasser. Pfarrer Blocher dagegen lehnte den Nationalsozialismus entschieden ab. Der deutschen Sprache und Kultur hat er freilich bis zu seinem Tod im März 1942 die Treue gehalten, obwohl er auf seinem Todesbett den provenzalischen Schriftsteller Mistral gelesen haben soll. Bei seiner Beerdigung wurde den Hinterlassenen ein Blocher-Gedicht verlesen, das seine Verbundenheit mit der deutschen Kultur mitten in der Hitlerei nochmals in deutlichen Worten zum Ausdruck bringt:

«Singt mir auch ein kräftig Lied
deutsch die Worte, deutsch die Weise;
denkt an das, was ich euch riet
und dann drückt euch weg – ganz leise.»

Die Aggressiven und die Schüchternen

Dem germanischen Gepolter auf deutschschweizerischer Seite antwortete «Frankolatrie» auf welscher Seite. Vor allem ein Charles Knapp, zuerst Geographielehrer, dann Ethnographieprofessor an der Universität Neuenburg, tat sich als Warner und Wacher vor der pangermanischen Flut hervor. So sehr ein Pfarrer Blocher von der Überlegenheit des germanischen Wesens überzeugt war, so sehr war Knapp von der Superiorität der französischen Kultur eingenommen. Dass es die «barbarischen Dialekte» der Deutschschweizer mit der französischen Sprache nicht aufnehmen konnten, war für ihn sonnenklar.

Knapps Ansichten blieben in der welschen Schweiz indessen nicht unwidersprochen: führende welsche Intellektuelle warnten davor, die Deutschschweizer zu verletzen und einen Sprachkrieg anzuzetteln. Paul Seippel, Professor für französische Literatur an der ETH, machte sich lustig über den selbsternannten Sprachretter: «Knapp ist ein Wachposten auf den Neuenburger Bergen. Überall sieht er die pangermanische Flut steigen, die die lateinische Welt zu verschlingen droht. Und diese Gefahr hindert ihn am Schlafen.»[53]

Im September 1905 tagte in Lüttich ein «Congrès pour l'extension et la culture de la langue française». Daraus entstand eine «Fédération internationale», mit dem Ziel, die Vereinigungen zu gruppieren, die sich in den französisch- und gemischtsprachigen Ländern für die französische Sprache einsetzten. Ein erstes Büro umfasste Mitglieder aus Frankreich, Belgien, Luxemburg, Kanada, Niederlanden, Dänemark, Russland, Rumänien – und der Schweiz. Schweizer Delegierte waren der Rektor der Universität Genf, Bernard Bouvier, sowie zwei Professoren der Universität Lausanne.

Ende 1907 lud ein aus Neuenburgern und Lausannern bestehendes Initiativkomitee zur Gründung einer «Union romande» ein, die als schweizerische Sektion der «Fédération internationale» gedacht war. Die rund fünfzig Teilnehmer aus Wissenschaft, Kunst und Presse spalteten sich aber sogleich in zwei Lager: die «timides» – Schüchternen – und die «aggressifs».

Die Schüchternen wollten ausschliesslich Sprachpflege betreiben, den Aggressiven ging es darum, die französische Sprache und Kultur zu «verteidigen». Auch in der Frage eines Beitritts zur Fédération waren sie sich uneinig. Die Aggressiven (wie Charles Knapp, Albert Bonnard und Alfred Lombard) wollten ihren «frères de langue et de race» die Hand reichen – die Schüchternen (Paul Seippel, Ernest Bovet, Gonzague de Reynold) lehnten es ab, dem Pangermanismus einen «Pangallismus» entgegenzustellen.

Sprachchauvinistische Töne fanden in der Romandie also nur ein geringes Echo. In diesem Zusammenhang ist nicht zu vergessen, dass die meisten welschen Intellektuellen um die Jahrhundertwende ausgesprochen «helvetistisch» gesinnt waren. Die Genfer Landesausstellung 1896, an der ein Schweizer Dorf – mitsamt einschlägigen «Eingeborenen» – besichtigt werden konnte, die Tell-Spiele, die im Volkstheater im waadtländischen Mézières gespielt wurden, die führende Rolle der Romands in der Heimatschutz-Bewegung sind Anzeichen dafür, dass die welsche Elite durchaus national fühlte – vielleicht sogar nationaler als die modernistischere Deutschschweizer Führungsschicht. Georg Kreis hat sogar das Wort von den «Romands als den besseren Patrioten» geprägt und dies mit dem wirtschaftlichen Inferioritätsgefühl der Welschen erklärt.

Auch die selbsternannten Verteidiger der französischen Kultur mussten feststellen, dass sich mit der «promotion de la culture française» in der Welschschweiz schlecht hausieren liess. Schliesslich beschloss man, auf den Anschluss an die Fédération vorläufig zu verzichten. Damit verloren die «Aggressiven» ihr Interesse an der Initiative. Das mit der Ausarbeitung der Statuten beauftragte Neuenburger Lokalkomitee liess nichts mehr von sich hören: die «Union romande» wurde zur Totgeburt. Niemand trauerte ihr nach – ausser vielleicht der Deutschschweizerische Sprachverein. Denn die Germanophilen und die Frankophilen benötigten sich gegenseitig, um ihre Existenz zu rechtfertigen.

Dies zeigt, wie wenig Knapp und seine Genossen repräsentativ waren. Und dennoch war im Welschland weiterhin Irritation über das germanophile Treiben in der deutschen Schweiz verbreitet. Und als Gegenreaktion wurde die Flagge der lateinischen Kultur gehisst. 1904 gründeten einige junge welsche Literaten die Kulturzeitschrift «La Voile latine» (das lateinische Segel). Dieser Begriff aus der Seefahrt war hier natürlich auch Programm: Die jungen Literaten, welche gegen die Generation ihrer helvetisch eingestellten Väter rebellierten, wollten zu ihren lateinischen Wurzeln zurück. Zu den Gründern gehörten der Genfer Maler Alexandre Cingria, sein Bruder, der Schriftsteller Charles-Albert Cingria, der junge Freiburger Aristokrat Gonzague de Reynold, zeitweise der Waadtländer Schriftsteller Charles-Ferdinand Ramuz und ab 1906 der Bankier Robert de Traz. Die Gruppe stand weit rechts und war von der monarchistischen und rechtspopulistischen «Action française» von Charles Maurras fasziniert. Die modernen Zeiten – oder was sie damit in Verbindung setzten: der Materialismus, der «jüdische Geist» – waren ihnen verhasst: sie wollten zurück zu den alten Werten.

Das lateinische Segel begann indessen wegen Meinungsverschiedenheiten unter den Steuerleuten zu flattern. Der Freiburger de Reynold war mit dem hysterisch anti-germanischen und anti-reformierten Kurs der Gebrüder Cingria nicht einverstanden, zumal der wendige Aristokrat damals auf einen Lehrstuhl an der Universität Genf hoffte. Gegen den Latinismus der beiden Cingria postulierte er die Existenz einer – Alemannen und Lateiner verbindenden – helvetischen Kultur, die vor allem auf geographischen und geschichtlichen Gemeinsamkeiten, nicht zuletzt dem Alpenmythos, beruhte. Unterstützt wurde er vom tüchtigen Intendanten de Traz, dem der katholische Konfessionalismus der Gebrüder Cingria ebenfalls nicht behagte. Die Beziehungen verschlechterten sich. Als de Reynold die Brüder Cingria, deren Familie ursprünglich aus Konstantinopel stammte, als «métèques» verunglimpfte, brach der Konflikt aus («métèque» ist ein von der Action française popularisierter Schimpfname für einen Fremden). Alexandre Cingria passte seinen Rivalen de Reynold bei einem Messebesuch ab und verprügelte ihn wüst. Es gab einen Prozess, der in Genf grosses Aufsehen und noch grössere Schadenfreude hervorrief. Und 1911 musste die «Voile latine» ihre Segel streichen.

Gonzague de Reynold ging jetzt immer mehr zu einem helvetischen Diskurs über. 1914 gehörte er zu den Gründern der «Neuen Helvetischen Gesellschaft», einer Vereinigung, die das nationale Zusammengehörigkeitsgefühl stärken wollte. Dem überhandnehmenden Materialismus, der «Überfremdung» der Schweiz, der Zerrüttung der moralischen Ordnung sollte dank einer Neubesinnung auf die nationalen Werte ein Bollwerk entgegengestellt werden. Und schliesslich ging es den Gründern der «NHG» auch darum, den Spannungen zwischen deutscher und welscher Schweiz entgegenzuwirken.

Deutsch-deutschschweizerische Hassliebe

Anfang des Jahrhunderts ballten sich immer mehr dunkle Wolken über der deutsch-welschen Sprachgrenze zusammen. Verdächtigungen hüben und drüben, Sticheleien, böse Worte, Vorwürfe. Auf beiden Seiten der Sprachgrenze bemühten sich Zeitungsleute, die Gegenseite anzuschwärzen, wobei sie bisweilen die dümmsten, aus Deutschland und Frankreich importierten Vorurteile und Klischees reproduzierten. «Der welsche Mann ist untrüw», hiess es da beispielsweise in einer Ostschweizer Zeitung. Und auch die Romands hielten sich mit Polemik nicht zurück.

Dies bedeutet allerdings nicht, dass nun alle Deutschschweizer resolut nach Deutschland und alle Romands *en bloc* nach Frankreich gestarrt hätten. Die Scharfmacher auf beiden Seiten waren kaum repräsentativ für die Mehrheit der Bevölkerung. Wir haben schon gesehen, dass sich die meisten Romands nach wie vor als schweizerische Patrioten empfanden – keine Rede davon, dass sich die Welschen, wie dies von Blocher und Konsorten behauptet wurde, hemmungslos frankophilen und germanophoben Gefühlen ergeben hätten. Es war aber auch nicht so, dass alle Deutschschweizer Herzen nun plötzlich nur noch fürs Deutsche Reich geschlagen hätten. Der Deutschschweizerische Sprachverein zählte nie mehr als einige hundert Mitglieder, und viele von ihnen waren wohl mehr an der Pflege der deutschen Sprache als an den sprachpolitischen Positionen ihrer Führer interessiert.

Mit offener Deutschlandbegeisterung waren in der deutschen Schweiz auch zu Beginn des 20. Jahrhunderts wenig Lorbeeren zu ernten, wie die skurrile «Affäre Vetter» beweist. Im Juni 1902 begab sich der an der Universität Bern lehrende Germanist Ferdinand Vetter als Vertreter der Deutschschweizer Hochschulen ans Jubiläum des Germanischen Museums nach Nürnberg. Beim anschliessenden Empfang richtete Vetter im Namen der Deutschschweizer Hochschulen einige Worte an die Festgemeinde. Dabei soll er, berichteten die Zeitungen, die Schweiz als «deutsche Provinz» bezeichnet haben. Ein Sturm der Entrüstung ging nun durch die Schweizer Presse. Vetter bestritt es und sagte, er sei falsch zitiert worden. In einer Rechtfertigungsschrift gab er seinen Toast so wieder: «Eine deutsche Provinz in geistiger Beziehung wollen wir in der deutschen Schweiz sein und bleiben, allerdings mit sehr bestimmten Reservatsrechten!»

Die Beteuerungen des Germanistikprofessors verhallten ungehört. Patrioten wollten deshalb dem germanophilen Germanisten eine Lektion erteilen. Studentenverbindungen riefen zu einer Kundgebung vor dem Berner Haus des Herrn Professors. Am 23. Juni abends versammelte sich eine Menschenmenge, die eine «Katzenmusik» und ein Pfeifkonzert vor den Fenstern des unvorsichtigen Professors veranstaltete. Die Kundgebung verlief ohne weitere Unanehmlichkeiten. Der Sturm blieb im Wasserglas. Immerhin wurde jetzt die Demission Vetters gefordert. Und der allzu germanische Germanistikprofessor verliess kurz darauf seinen Berner Lehrstuhl.

Die Affäre Vetter zeigt, dass nicht nur die Romands, sondern auch ein Teil der Deutschschweizer durchaus Distanz zum Deutschen Reich hielt. So wurde denn auch in deutschen Zeitungen regelmässig gegen die Germanophobie der Deutschschweizer polemisiert, was natürlich deren Sympathie nicht verstärkte.

Am 2. August 1907 berichtete die «Thurgauer Zeitung»: «Die Schweiz scheint gegenwärtig Gegenstand eines regelrechten alldeutschen Ansturmes zu sein. Wenigstens sieht es wie nach Verabredung aus, dass verschiedene reichsdeutsche Blätter gleichzeitig Artikel bringen, in welchen über zunehmende Französelei in der deutschen Schweiz geklagt wird. Der eine jammert darüber, dass die schönen deutschen Ortsnamen in der Westschweiz immer mehr verloren gehen. Ein anderer empfindet es als eine Schmach, dass auf der Visp-Zermatterbahn sowie der Gornergratbahn, die doch durch rein deutschsprachiges Gebiet führen, der ganze Bahnbetrieb sich in französischer Sprache abwickle. Einem dritten haben auf einer Tour vom Rheinfall über den Vierwaldstättersee nach Basel die französischen Speisekarten sozusagen das Essen vergällt.» – Ganz gewiss sei die pedantische Schulmeisterei von reichsdeutscher Seite nicht geeignet, die Sympathien der deutschen Schweiz für Deutschland zu stärken, fuhr die (im übrigen durchaus deutschfreundliche) «Thurgauer Zeitung» fort: «Jedenfalls aber lassen wir uns in der Schweiz, wo trotz verschiedner Sprachen bis jetzt leidliche Eintracht geherrscht hat, den Sprachenstreit, an dem Österreich verblutet, von fremden Nationalitäts-Fanatikern nicht über die Grenze schmuggeln!»[54]

Dennoch war die Faszination vieler Deutschschweizer für das Deutsche Reich eine Tatsache. 1912 lösten der Besuch des Kaisers Wilhelm II. in der Schweiz und die dabei veranstalteten «Kaisermanöver», geradezu Begeisterungsstürme aus. War er nicht nett, dieser Kaiser, der sich sogar bückte, um dem Schweizer Bundesrat Ludwig Forrer, dem Erzrepublikaner, der im Stadtanzug zum Kaiserempfang gekommen war, den Hut aufzuheben! Die Söhne Tells jubelten dem Kaiser zu, waren angesichts der schönen Uniformen und Spitzhelme ganz aus dem Häuschen – vielleicht gerade deshalb, weil sie selbst ausser Schützenkönigen schon lange keine Könige mehr besessen hatten.

Die Faszination der kleinen Schweizer für den grossen Kaiser hatte etwas Niedliches und vielleicht auch Harmloses. Dahinter versteckte sich aber eine weniger harmlose Tatsache: Viele Deutschschweizer bewunderten nicht die deutsche Kultur, sondern die deutsche Macht, das Eisen und das Eichenlaub. Im damaligen Sozialdarwinismus war die Verherrlichung des Starken zum Religionsersatz geworden. Vor dem deutschen Heer, der deutschen Schwerindustrie, vor Ruhr und Krupp und Eisenstahl, gingen nur allzu viele gute Republikaner in Achtungsstellung. Deutschland, nicht den alten Weltmächten England und Frankreich, schien die Zukunft zu gehören.

Dabei ist nicht zu vergessen, dass die deutsche Schweiz zu einem guten Teil bereits germanisiert war. Ein grosser Teil der Professoren an den Deutschschweizer Universitäten waren reichsdeutsch. Die Bevölkerung der Stadt Zürich bestand zu einem Drittel aus Deutschen. Kein Wunder, dass in den Zürcher Strassen immer mehr Hochdeutsch gesprochen wurde. Ein Linguist wagte damals die Prognose, dass in Kürze die Schweizer Mundart aus den Basler und Zürcher Strassen verschwunden sein würde. Natürlich wurden diese Anzeichen einer Germanisierung gerade in der welschen Schweiz mit Besorgnis registriert. Dass sich heute die Romands nicht wegen des Vormarschs des Hochdeutschen, sondern wegen der Mundart-Welle in der deutschen Schweiz Sorgen machen, gehört zu den gerade in diesem Bereich nur allzu zahlreichen Ironien der Geschichte.

Der Graben ist da!

Die Begeisterung vieler Deutschschweizer fürs Deutsche Reich machte den Welschen zusehends Mühe. Nervosität staute sich auf. Sie kam 1909/13, in den Diskussionen um den sogenannten «Gotthardvertrag», ans Licht.

Wie wir gesehen haben, wurde im Februar 1898 das eidgenössische «Rückkaufgesetz» angenommen. Dieses wichtige Gesetz sah vor, dass der Bund die fünf wichtigsten Eisenbahnen – inklusive Gotthard- und Simplonbahn – übernahm. Von 1898 bis 1903 führte der Bundesrat die Verstaatlichung der Zentralbahn, der Nordostbahn und der Vereinigten

Schweizerbahnen durch. Als wesentlich kniffliger erwies sich die Nationalisierung von Simplon und Gotthard, weil hier ausländische Interessen beteiligt waren. Immerhin konnte 1899 in einem Staatsvertrag zwischen der Schweiz und Italien der Rückkauf der Simplonlinie geregelt werden. Dabei musste die Eidgenossenschaft allerdings eine schwerwiegende Konzession machen und in die Einsetzung einer internationalen Simplonkommission einwilligen.

Noch heikler gestaltete sich der Rückkauf der Gotthardbahn. Der Bundesrat glaubte zwar anfangs, die Verträge mit dem Deutschen Reich und Italien auf 1909 kündigen zu können, ohne wesentliche Zugeständnisse finanzieller Art machen zu müssen. Doch noch vor Ablauf der Vertragsfrist liessen die beiden Staaten wissen, dass sie sich nicht so leicht aus dem Verkehr ziehen lassen würden. Schliesslich musste der Bund im April 1909 wieder eine Gotthardkonferenz nach Bern einberufen. Dabei wurde ein neuer Gotthardvertrag ausgehandelt, der Deutschland und Italien weitgehende Zugeständnisse machte. Die beiden Staaten bekamen unter anderem eine Mehrbegünstigung bei den Tarifen. Zudem musste sich die Schweiz verpflichten, bei der Elektrifizierung der Gotthardlinie auch deutsche und italienische Unternehmen zur Submission zuzulassen.

Einmal mehr war also die Souveränität der Eidgenossenschaft beschnitten worden. Ein Sturm der Entrüstung ging jetzt durchs Schweizerland. Es entstand eine patriotische Volksbewegung, die sich an Protestkundgebungen und «Landsgemeinden» Luft machte. Eine Petition gegen den Gotthardvertrag wurde von mehr als 130 000 Personen unterzeichnet. Die Bewegung erfasste zwar die ganze Schweiz, war aber im Kanton Bern und in der Westschweiz besonders virulent. In der Romandie wurde der Gotthardvertrag als Kniefall vor dem Deutschen Reich empfunden, Pangermanismus und Germanophilie angeprangert. Allerdings wurden auch in der deutschen Schweiz Warnungen vor einer «Überflutung durch Reichsdeutsche» laut: das hässliche Bild von der drohenden «Fremdenflut», welche heute im grauenhaften Ausdruck «Asylantenschwemme» eine Neuauflage erlebt, wurde also schon damals ausgiebig bemüht.

Vor der Ratifizierungsdebatte im National- und Ständerat erreichte die Erregung ihren Höhepunkt. An einer Waadtländer «Landsgemeinde» in Lausanne strömten am 20. März 1913 mehrere tausend Menschen auf die Place de la Riponne. Mitglieder von Turn-, Gesangs- und Schützenvereinen, von militärischen Gesellschaften und Studentenverbindungen liessen eidgenössische Töne erklingen. Man spielte patriotische Weisen wie «O monts indépendants», «Roulez tambours!» und die Landeshymne. Und einmal mehr wurde der Bundesrat aufgerufen, den infamen Gotthardvertrag zu zerreissen. In der Parlamentsdebatte im Frühjahr 1913 ging es hart auf hart. Einmal mehr prangerten Gegner des Gotthardvertrags die laue Haltung des Bundesrats an und klopften sich auf die stolze vaterländische Brust. Und einmal mehr gehörten die Romands zu den resolutesten Patrioten. Doch die «Gotthardisten» wollten sich nicht mangelnden Patriotismus vorwerfen lassen. Vielmehr warfen sie den Romands vor, ihre Opposition kaschiere Animositäten gegen Deutschland und die traditionelle Eifersucht gegen den Gotthard. Es sei «der alte blinde, törichte Eifer gegen den Gotthard», der bei vielen Romands zu Tage trete, behauptete beispielsweise der Luzerner Nationalrat Heinrich Walther.

Nun warfen sich die Romands erst recht in den Harnisch. Ein Neuenburger Nationalrat Mosimann widersetzte sich der Behauptung, die Bewegung gegen den Gotthardvertrag sei von der Westschweiz ausgegangen. Der Waadtländer de Meuron erinnerte daran, dass gerade die Westschweiz in bedeutendem Mass an der Gotthardlinie beteiligt war. Erregt rief er in den Saal: «Sind die Welschen eine minderwertige Rasse? Gehören denn die welschen Kantone noch zur Eidgenossenschaft?»

Wie gereizt die Stimmung war, zeigt die Tatsache, dass sogar der in der Deutschschweiz weitverbreitete (und in der Regel nicht despektierlich gemeinte) Ausdruck «Welsche» von Romands nun als Schimpfwort empfunden wurde. Kein Geringerer als der bernjurassische Abgeordnete Albert Gobat, der frühere Berner Erziehungsdirektor und Friedens-Nobelpreisträger, entrüstete sich über den Gebrauch dieser Bezeichnung und warf der Gegenseite vor, die französischen Schweizer als *quantité négligeable* zu behandeln.[55]

Gobat erklärte den welschen Widerstand gegen den Gotthardvertrag damit, dass die französischen Schweizer sensibler auf Eingriffe in Freiheit und Würde des Landes reagierten. Diese Behauptung stiess erneut die Deutschschweizer vor den Kopf. Sie warfen den Romands vor, einen «Graben» zwischen den Landesteilen aufzuwerfen – das ominöse Wort «Graben» ist möglicherweise bei dieser Gelegenheit erstmals auf die Beziehungen zwischen Deutsch- und Welschschweiz angewendet worden (es fehlte aber noch die «Rösti»). Besonnene Männer, nicht zuletzt in den welschen Reihen, riefen schliesslich zur Mässigung auf. So beschwor der Waadtländer Liberale Edouard Secretan, der Chefredaktor der «Gazette de Lausanne», seine Kollegen in pathetischen Worten, man möge nicht die Saat der Entzweiung säen.[56]

So deutlich wie beim Gotthardvertrag waren die Spannungen zwischen deutscher und welscher Schweiz kaum je zuvor aufgetreten. Sie waren jedenfalls ernsthaft genug, um den federführenden Bundesrat Edmund Schulthess zu beruhigenden Worten an die Adresse der Romands zu bewegen. «Wir wünschen im Bundesrate gegen niemand, sondern mit allen Sprachstämmen (sic!) im Interesse des ganzen Landes sowie aller seiner Angehörigen zu regieren», erklärte er. Wobei es pikant ist, wie oft gerade in jener angeblich so entwickelten Zeit von «Stämmen» die Rede war.

Die zweiwöchige Redeschlacht im Parlament endete schliesslich mit der Ratifizierung des Gotthardvertrags. Und weil internationale Verträge damals noch keiner Volksabstimmung unterlagen, trat er gleich in Kraft. Für die Gegner eine schmerzliche Niederlage. «Ein trüber Tag, ein dunkler Tag, ein Tag des Unheils», kommentierte das «Berner Tagblatt», «es ist ein Reif gefallen auf die schweizerische Freiheitsblüte!» Der Lausanner Buchhändler Biedermann, der sein Geschäft im gleichen Gebäude wie das deutsche Konsulat hatte, setzte eine umflorte Schweizerfahne in sein Schaufenster. Ein Genfer Witzblatt zeigte ein Bild des Schweizer Bundesrates, der unter den Fittichen des Reichsadlers gefesselt war. Im Vordergrund führt Wilhelm Tell den verwundeten Winkelried weg mit den Worten: «Chomm, Winkelried, mer hei da nüt meh z'tue!» (Komm, da haben wir nichts mehr zu tun.)[57]

Die Auseinandersetzungen um den Gotthardvertrag hatten aber nachhaltige Folgen. Im Zeichen dieser Auseinandersetzungen wurde ein Volksbegehren mit der Forderung lanciert, dass Staatsverträge von mehr als 15 Jahren Dauer dem Referendum unterstellt werden sollten. Zur Abstimmung kam die Vorlage aber erst nach dem Ersten Weltkrieg. Sie wurde 1921 angenommen – nicht zuletzt dank der massiven Unterstützung in den welschen Kantonen.

Die Entfremdung zwischen deutscher und welscher Schweiz kam auch 1914, also kurz vor Ausbruch des Ersten Weltkriegs, anlässlich der Landesausstellung in Bern nochmals ans Tageslicht. Die erste Expo des Jahrhunderts war eine gewerbliche und industrielle Leistungsschau und wollte «wahrhaft nationales Denken fördern». Stattdessen führte sie zu neuem Hader zwischen Deutschschweiz und Romandie. Zum Streit kam es bereits wegen des offiziellen Ausstellungsplakats. Der von der Jury ausgewählte «Reiter» des bekannten Kunstmalers Emil Cardinaux löste heftige Proteste aus, besonders in der Romandie. Anstoss nahm man vor allem an der grünen Farbe des Pferdes. Die Reklamationen bewirkten, dass die Ausstellungsleitung ein neues Plakat drucken liess. Der grüne Reiter blieb in der Folge den Deutschschweizern, Deutschen und Österrreichern vorbehalten, während in der Romandie, in Frankreich, Italien, England und in Amerika ein Jungfrau-Plakat für die Ausstellung warb.

Auch die modernistische Architektur wurde von traditionalistischen welschen Künstlerkreisen kritisiert. Der wirtschaftliche Charakter der Ausstellung schlug sich im nüchternen Stil der grossen Zweckhallen für die Industrie- und Gewerbeausstellung nieder, vor allem in der Eisenkonstruktion der Maschinenhalle. Namhafte Deutschschweizer Architekten hatten diese Gebäude entworfen. Den Welschen erschienen die Bauten der Deutschschweizer Architekten als unschweizerisch. Für sie war es germanisierte Architektur oder «style de Munich», Münchner Stil.[58]

Die Bauten der welschen Architekten wiesen dagegen nach französischen Vorbildern vorwiegend historisierende Formen auf, welche von Deutschschweizer Seite kritisiert wurden. Trotz dieser Polemiken wurde die Landesausstellung aber zu einem Publikumserfolg. Bis Ende Juli 1914 wurden zwei Millionen Besucher gezählt. Unter den sportlichen Veranstaltungen zog das nationale Fussballspiel «deutsche Schweiz gegen welsche Schweiz» viel Publikum an. Zum Ärger der Deutschschweizer gewannen die Romands 6:0! Leider machte die Weltgeschichte den Veranstaltern einen dicken Strich durch ihre Rechnung. Die Landesausstellung musste wegen Kriegsausbruchs abgebrochen werden: in Bern waren die Schüsse von Sarajewo zu hören.

Ein Schweizer Grabenkrieg

An einem heissen Sommertag, dem 28. Juni 1914, ermordete ein bosnischserbischer Student namens Princip den österreichischen Erzherzog und Thronfolger Franz Ferdinand von Habsburg und seine Gemahlin in Sarajewo: Der Funken war ans europäische Pulverfass gelegt. Mit unerbittlicher Folgerichtigkeit stürzten sich die europäischen Staaten in den Krieg: österreichisches Ultimatum (23.7.) an Serbien, gefolgt von der österreichischen Kriegserklärung (28.7.). Hierauf Mobilmachung des mit Serbien verbündeten Russland (29.7.). Kriegserklärung des mit Österreich verbündeten Deutschen Reichs an Russland (1.8.). Kriegserklärung Deutschlands an das mit Russland verbündete Frankreich (3.8.). Einmarsch der deutschen Truppen ins neutrale Belgien, Kriegseintritt des mit Frankreich verbündeten

Grossbritannien (4.8). Dann Kriegserklärung Serbiens an Deutschland, Österreich-Ungarns an Russland (6.8.), Frankreichs an Österreich-Ungarn (11.8.), Englands an Österreich-Ungarn (12.8). Wie Lemminge stürzten sich die zivilsationsmüden Europäer in ihren grossen selbstmörderischen Krieg, den sie sich als männliches Ferienlager vorstellten, und sangen dabei begeistert Kriegslieder.

Und die Schweiz? Es war Krieg, und sie ging nicht hin. Stattdessen proklamierte sie ihre Neutralität und rief am 1. August, ihrem Nationalfeiertag, die Allgemeine Mobilmachung aus. Wenn der Staat Schweiz neutral war, so bedeutete dies indessen nicht, dass die Schweizer neutral waren. Die Eidgenossen ergriffen leidenschaftlich Partei, wobei die Sympathien in der Bevölkerung geteilt waren: Während die Deutschschweizer mehrheitlich mit den «Zentrumsmächten» (Deutschland und Österreich-Ungarn) sympathisierten, solidarisierten sich die Welschen mit der Entente Frankreich-England. Konflikte zwischen ihren Nachbarn sind immer auch Zerreissproben für die Schweiz. Deshalb hat die Schweiz auch die Neutralität «erfunden»: diese bezweckt ja nicht zuletzt, den zentrifugalen Kräften im Innern entgegenzuwirken.

Die Schweizer Armee wurde zum Grenzschutz aufgeboten. Auch schritt man, wie immer in Kriegszeiten, zur Wahl eines Generals. Als Favorit und Kandidat der Mehrheit des Bundesrates drängte sich der 66jährige Korpskommandat Ulrich Wille, der Modernisierer der Schweizer Armee, geradezu auf. Dies war nun freilich für die Romands kein unverdächtiger Mann. Zwar galt er als Militärfachmann, aber auch als Galionsfigur der Preussen-Verehrer und Pickelhauben-Fraktion. Als solcher war er in den grossen Militärabstimmungen an der Jahrhundertwende regelmässig angefochten worden. So scharten sich die Romands, zusammen mit einem Teil des Zentrums und der Sozialdemokraten, mehrheitlich hinter Oberstkorpskommandant Theophil Sprecher von Bernegg, einem Bündner Aristokraten, dem zwar Sympathien für Österreich nachgesagt wurden, der aber als weniger germanisch-sperrig galt als Wille.

Im Augenblick, als die Schweiz ihre Einigkeit demonstrieren wollte, drohte einmal mehr eine Demonstration ihrer Gespaltenheit. Die «Willensnation» hatte wieder einmal gezeigt, dass sie nicht nur einen Willen, sondern gleich mehrere besass. Schliesslich wurde eine Konfrontation vermieden, weil Sprecher von Bernegg auf eine Kandidatur verzichtete. In der Abstimmung im eidgenössischen Parlament erhielt Wille 122 von 185 Stimmen, Sprecher unterlag mit 63 Stimmen und wurde Generalstabschef.

Die Proklamation der Neutralität und die Mobilisierung der Armee setzten den Spannungen in der Bevölkerung kein Ende. In der welschen Schweiz wurde die deutschschweizerische Germanophilie angeprangert. Die Romands solidarisierten sich mit dem neutralen und mehrsprachigen Belgien, das von den Deutschen in flagranter Verletzung des Neutralitätsrechts angegriffen worden war. In der deutschen Schweiz dagegen bezichtigte man die Welschen, der französischen Kriegspropaganda nach dem Mund zu reden. Anhänger der Zentrumsmächte und solche der Entente, Germanophile und Frankophile befeindeten sich: ein Riss ging durch die Schweiz.[59]

Besonders wüst tobte es in der Presse. Deutschschweizer Zeitungen beschuldigten die Welschen, mit Frankreich zu paktieren; welsche Zeitungen bezichtigten die Deutschschweizer, mit dem deutschen Reich zu sympathisieren. Selbstverständlich warf jede Seite der anderen vor, die Neutralität zu verraten und den inneren Frieden zu gefährden. Die Pressefehde wurde dadurch verstärkt, dass die Deutschschweizer Zeitungen weitgehend von deutschen Informationsquellen und die welschen Zeitungen von den Agenturen der Alliierten abhängig waren, wenn sie nicht gar von ausländischen Financiers kontrolliert wurden. Der Name der französischen Presseagentur «Havas» wurde damals in der deutschen Schweiz zu einem Synonym für eine Falschmeldung oder einen sonstigen Humbug, nicht ganz zu Unrecht. Nur vergassen die Deutschschweizer: die deutschen Agenturmeldungen waren auch nicht vertrauenswürdiger. Wenn man den deutschen Meldungen Glauben schenken wollte, so eilte das deutsche Heer von Sieg zu Sieg – bis zur endgültigen Niederlage.[60]

Auf beiden Seiten gab es Scharfmacher, die munter Öl ins Feuer gossen. In einem wüsten Pamphlet warf der Genfer William Vogt den Deutschschweizern pauschal vor, vor den Preussen in die Knie zu gehen. Ihm antworteten die Germanophilen rund um den Deutschschweizerischen Sprachverein und die Herausgeber der «Stimmen im Sturm». Ein Glück nur, dass die Kämpfe zwischen Deutschschweizern und Romands mit Tinte und Druckerschwärze geführt wurden, nicht mit Maschinengewehren und Kampfgas. Der helvetische Grabenkrieg war vor allem ein Medienkrieg. Allerdings scheint es auch auf den Strassen und in den Restaurants bisweilen zu Beschimpfungen und sogar zu Handgreiflichkeiten gekommen zu sein. Selbst die Armee war Schauplatz deutsch-welschen Bruderzwistes. Als General Wille den Walliser Brigadekommandanten Ribordy durch den germanophilen Appenzeller Emil Sonderegger ersetzte, einen Militaristen, dem wir noch im Generalstreik begegnen werden, kam es zu erzürnten Reaktionen bei den Waadtländer und Walliser Soldaten. Die Westschweizer spien Gift und Galle gegen den «Deutschen Wille», der ihren populären Offizier abgehalftert hatte.[61]

Es war kein schönes Bild, das die Schweiz im ersten Kriegsjahr bot: Während in den Nachbarländern Schützengräben ausgehoben wurden, buddelten die Schweizer einen Sprachengraben. Nun wurden auch die Begriffe «Kluft» und «Graben», die in den Polemiken rund um den Gotthardvertrag aufgetaucht waren, zu Alltagsbegriffen. Allerdings meldeten sich jetzt auch Stimmen, die beide Seiten zur Einigkeit und Mässigung aufriefen. Der Deutschschweizer Schriftsteller Konrad Falke publizierte einen Essay, in dem er eine «Überbrückung des Grabens» versuchte.[62]

Zu den Publizisten, die zur Einigkeit aufriefen, gehörte auch der nonkonformistische Berner Publizist Carl Albert Loosli. Er machte die «unverschämte» Propaganda der kriegführenden Länder – vor allem Deutschlands – für die Zerstörung des schweizerischen Einvernehmens verantwortlich. Der Bundesrat, schrieb Loosli, hätte zu Kriegsbeginn klarer zur Einheit und Besonnenheit aufrufen und «zwei oder drei Lügenfabriken, die man sonst Redaktionsstuben nennt», für ein paar Tage schliessen sollen, um die Schweizer zur Räson zu bringen.[63]

Am 14. Dezember 1914 hielt der Basler Schriftsteller Carl Spitteler auf Einladung der Neuen Helvetischen Gesellschaft in Zürich einen Vortrag, in dem er zur Versöhnung zwischen deutschen und welschen Schweizern aufrief. Zwar gab der Basler Schriftsteller durchaus seiner Sympathie für die deutsche Kultur Ausdruck, mahnte jedoch die Deutschschweizer in schönen und eindringlichen Worten zur Rücksicht auf ihre welschen Brüder. Diese würdevolle Rede musste der in Deutschland gefeierte Schriftsteller teuer bezahlen: seine Bücher wurden vom deutschen Markt verbannt. Aber selbst in der deutschen Schweiz wurde Spitteler angefeindet. Erst 1919, nach Kriegsende, bekam er als späte Genugtuung den Nobelpreis für Literatur. Pikant ist, dass Spittelers Werke – wie seine Hauptwerke «Der Olympische Frühling» und «Prometheus und Epimetheus» – weitgehend der Vergessenheit anheim gefallen sind, seine Rede «Unser Schweizer Standpunkt» dagegen ein Begriff geblieben ist; wobei auch diese Rede häufiger genannt als gelesen wird.

Die Reaktion der Besonnenen scheint die Gemüter kurz beruhigt zu haben, aber nicht für lange Zeit. Im März 1915 kam es zu einem neuen Zwischenfall, und zwar im zweisprachigen Freiburg. Angeblich hatten die Militärbehörden das Anhalten der Eisenbahnzüge mit internierten französischen Soldaten untersagt. Die Frankophilen demonstrierten gegen die «germanophilen» Militärbehörden, wobei einige reichsdeutsche Professoren der Universität belästigt wurden. Hierauf empörten sich die Deutschfreiburger. Die «Freiburger Nachrichten» schrieben entrüstet, Deutschschweizer Soldaten seien auf dem Bahnhofplatz ausgepfiffen und als «sales boches» tituliert worden.

(«Boches», das französische Schimpfwort für die Deutschen, wurde bis in jüngere Zeiten gelegentlich von Romands auf die Deutschschweizer appliziert – möglicherweise eine traurige Erbschaft aus der Zeit des Ersten Weltkriegs?)

Für ärgeren Zwist sorgte 1915 die «Oberstenaffäre». Der Chef des Nachrichtendienstes der Armee, Oberst Moritz von Wattenwyl, und sein Mitarbeiter, Oberst Karl Egli, hatten dem deutschen und dem österreichungarischen Militärattaché das geheime Nachrichtenbulletin des Schweizer Generalstabs zugeschickt; wie sie später erklärten, handelte es sich um ein Tauschgeschäft, einen Informationsaustausch zwischen Geheimdienstlern. Ein welscher Mitarbeiter des Chiffrierungsdienstes des Generalstabs informierte hierauf den Vorsteher des Militärdepartements, den Waadtländer Camille Decoppet, und ein paar welsche Journalisten. Die Affäre flog auf und führte zu einem Riesenskandal.

Westschweizer Zeitungen werteten die Affäre als neuen Beweis für die Deutschlandfreundlichkeit der Militärspitze, einige sprachen gar von Hochverrat. Im Januar 1916 überantwortete der Bundesrat den Fall der Militärjustiz. Die beiden Offiziere kamen vor ein Militärgericht und – wurden freigesprochen. Lediglich wegen Neutralitätsverletzung durch Nachlässigkeiten verknurrte sie der General zu einer Disziplinarstrafe: 20 Tage Arrest. Neuerlicher Protest der welschen Presse. Schliesslich wurden die beiden Offiziere vom Bundesrat versetzt. Damit war die Sache offiziell beerdigt, aber der Unmut schwelte weiter, zumal der Vorsteher des Militärdepartements, Camille Decoppet, in einer späteren Parlamentsdebatte einräumte, dass zur Zeit des Prozesses zwecks Vermeidung von Unruhen Truppen in die welsche Schweiz verlegt worden seien.

Im Januar 1916 rissen zwei Gymnasiasten vor dem deutschen Konsulat in Lausanne die deutsche Fahne herunter, die zum Geburtstag des Kaisers gehisst worden war. Erneut kam es zu Aufruhr. Und wieder wurde die Armee zur Aufrechterhaltung von Ruhe und Ordnung aufgeboten.

Besonders vergiftet war die Atmosphäre im bernischen Jura. Ein Grossteil der Jurassier war ausgesprochen frankophil. Jurassische Zeitungen polemisierten gegen die deutschfreundliche Armeespitze und wurden von den Zensurbehörden wegen Verleumdung der Armee verurteilt. Die Missstimmung führte im September 1917 zur Gründung eines «Comité pour la création d'un canton du Jura».

1917 schuf ein neuer Skandal, die Affäre «Hoffmann-Grimm», böses Blut. Im April verliess Lenin, der die Kriegsjahre als Emigrant in Genf und Zürich verbracht hatte, die Schweiz Richtung Russland, in einem plombierten Eisenbahnwagen und mit einer Fahrkarte «Moskau einfach». Lenins Moskau-Reise war durch eine Vereinbarung zwischen dem Bundesrat und dem deutschen Reich möglich geworden. Die Deutschen hofften, die Revolutionierung Russlands werde zu einem Rückzug des Zarenreichs aus dem Krieg führen. Kurz darauf, im Juni 1917, unternahm der Schweizer Arbeiterführer Robert Grimm für die Internationale eine Reise nach Petrograd (St. Petersburg). Er wollte dabei sondieren, ob ein Separatfriede zwischen Deutschland und Russland möglich wäre. Kurioserweise war der Sozialist zuvor mit Bundesrat Hoffmann mehrmals zusammengetroffen und hatte dabei die Erlaubnis bekommen, den Telegrafen der Schweizer Botschaft zu benützen. Mehrmals wurden zwischen Hoffmann und Grimm Telegramme gewechselt. Ein Telegramm Hoffmanns landete jedoch bei einer schwedischen Zeitung und bewirkte eine riesige Sensation. Grimm wurde als «deutscher Agent» aus Russland ausgewiesen.

Die Entente-Länder protestierten beim Bundesrat: Sie sahen in der Hoffmann-Grimmschen Initiative einen Versuch, Deutschlands Position durch einen Separatfrieden zu stärken und jene der Entente zu schwächen. Die Schweiz, deren Neutralität ohnehin bei den Entente-Staaten schlecht verstanden wurde, kam unter Beschuss. In Bern herrschte Bestürzung, Perplexität, nicht zuletzt weil Hoffmann als besonnener Mann, ja als der überragende Staatsmann im Bundesrat galt. Die welsche Presse sprach von einem «scandale suprême», aber auch in der deutschen Schweiz verstand man nicht, wie Hoffmann einen solchen Bock hatte schiessen können. Ausgerechnet am Tag, als das Bundesbern den 60. Geburtstag des St. Gallers feierte, musste der Jubilar seine Demission einreichen.

Bei der Wahl seines Nachfolgers machten die eidgenössischen Räte den Romands eine Konzession. Anstelle Hoffmanns wählten sie den angesehenen Genfer Liberal-Konservativen Gustave Ador, den Präsidenten des Internationalen Komitees vom Roten Kreuz, in den Bundesrat. Ador war 1913 ein resoluter Gegner des Gotthardvertrags gewesen, und galt als sehr Entente-freundlich. Mit dieser Geste wurde die welsche Schweiz besänftigt.

Sie hatte jetzt wieder zwei Vertreter im Bundesrat. Da auch der Tessiner Giuseppe Motta und der Rätoromane Felix Calonder der Landesregierung angehörten, war die lateinische Schweiz sogar überproportional vertreten. Adors Wahl besänftigte die Romands. Die massive Deutschlandfreundlichkeit der Deutschschweizer flachte sich gegen Kriegsende ohnehin ab, da die deutsche Armee nicht mehr so erfolgreich war wie zuvor. Siegern fehlt es selten an Sympathisanten, Verlierern dagegen schon eher. Und die Zentrumsmächte waren im November 1918, als der Grosse Krieg zu Ende ging, die grossen Verlierer.

Ein Graben deckt den andern zu

Während sich gegen Ende des Weltkriegs die Gemüter an der helvetischen «Sprachenfront» etwas beruhigten, spitzten sich die Auseinandersetzungen an der sozialen Front zu. Obwohl die Schweiz vom Kriegsgeschehen verschont blieb, bekamen die Schweizer den Krieg gleichwohl zu spüren. Viele Arbeiter verloren ihre Stelle, weil sie Militärdienst leisten mussten, wo lange Märsche, Drill und Plackerei auf sie warteten, wofür sie nicht mehr als einen symbolischen Sold erhielten. Die Teuerung und Lebensmittelknappheit plagten die einfachen Leute. Das Volk darbte, während Neureiche und Kriegsgewinnler ihren Reichtum skrupellos spazieren führten. Der Weltkrieg hatte nicht gebracht, was sich kriegsbegeisterte Europäer und auch manche Schweizer von ihm versprochen hatten: kein kurzes begeisterndes kollektives Abenteuer, sondern lange Mühsal, Langweile, Entbehrungen, Blut, Schweiss und Tränen.

Die einfachen Leute, die am meisten unter dem Krieg litten, waren entmutigt, empört, demoralisiert. Die internationale Arbeiterbewegung radikalisierte sich, vor allem in Russland und Deutschland. Diese Radikalisierung wirkte sich auch auf die Schweiz aus, die vielen Arbeiterführern als Asylland diente.[64] Immer offener äusserte sich in der Schweizer Linken die Opposition gegen die Armeespitze und das Vollmachtenregime des Bundesrats. An einem Kongress der Sozialdemokratischen Partei in Bern wurden im Sommer 1917 die Militärkredite hochkant abgelehnt. Der Oktoberputsch in Russland weckte November 1917 in Schweizer Arbeiterkreisen grosse Hoffnungen, während sich in bürgerlichen Kreisen und in der Armeeführung Angst vor einem revolutionären Umsturz breit machte. An einer Revolutionsfeier in Zürich kam es am 17. November 1917 zu Zusammenstössen zwischen Arbeitern und der Armee: vier Tote und 28 Verletzte blieben auf dem Pflaster.

Im letzten Kriegsjahr nahm die Agitation noch zu. Im Januar 1918 veröffentlichte der Bundesrat eine Vorlage für die Schaffung eines obligatorischen Zivildienstes. Die Linke warf der Landesregierung vor, die Schweiz in ein grosses Witzwil, in eine Strafanstalt, verwandeln zu wollen. Robert Grimm, bemüht, sein durch die gleichnamige Affäre angeschlagenes Prestige aufzumöbeln, rief im Februar die Chefs der SP und des Gewerkschaftsbunds nach Olten. Das «Oltner Komitee», eine Art sozialistischen Schattenkabinetts, war geboren.

Das Oltner Komitee drohte mit dem Generalstreik, falls der Bundesrat nicht soziale und politische Konzessionen zugestehe. Es stellte einen Forderungskatalog auf, der mehr reformerischen als revolutionären Inhalts war.[65] Im Verlauf des Sommers und des Herbstes zogen sich die Diskussionen zwischen dem Generalstreikkomitee und dem Bundesrat hin. Die Landesregierung schien zeitweise bereit, Konzessionen zu machen. Aber die Armeeführer warnten vor einer Revolutionierung und drängten darauf, mit dem «Sozialistenpack» aufzuräumen. Ende September 1918 riefen die Bankangestellten des Kantons Zürich, welche Lohnerhöhungen und die Anerkennung ihres im Vorjahr gegründeten Syndikats forderten, einen Streik aus (das gab's damals noch: streikende Bänkler!). Das Bürgertum war zutiefst erschrocken. Die Rechte fürchtete einen sozialistischen Umsturz, die Linke einen Armeeputsch. Eine Grippewelle, welche im Spätsommer 1918 ausbrach und Hunderte von Toten forderte, spannte die Nerven noch zusätzlich an.

Schliesslich forderte die Zürcher Kantonsregierung beim Bundesrat Truppen an, um für Ruhe und Ordnung zu sorgen. Die Armeespitze war entschlossen, den sozialistischen Unfug zu beenden. Am 7. November wurden vier Infanterieregimenter und vier Kavallerieregimenter mobilisiert und nach Zürich verlegt. Wille wählte den schneidigen Obersten Sonderegger, im Zivil Direktor einer Textilfabrik in Herisau, zum Kommandanten. Dieser Scharfmacher und Säbelrassler machte Zürich zu einer durchmilitarisierten Stadt. Die Linke fühlte sich provoziert.

Am 11. November, während der Krieg in Europa endet, begann in der Schweiz ein Generalstreik. 250 000 Streikende standen 100 000 Soldaten gegenüber, die von Bürgerwehren verstärkt wurden. In den grossen Städten wurde die Arbeit niedergelegt. Befolgt wurden die Generalstreik-Parolen vor allem in den Bastionen der Sozialdemokraten: Zürich, Basel,

Bern, Schaffhausen, Biel und La Chaux-de-Fonds. Die zivilen und militärischen Behörden versuchten, den Streik niederzuwerfen. In Zürich und in Grenchen floss Blut. Am 15. November mussten die Streikführer den Generalstreik abblasen. Erreicht hatten sie wenig. Ein Teil ihrer Forderungen ging in den späteren Jahren dennoch in Erfüllung: so wurde die Proporzwahl des Nationalrats bereits 1919 eingeführt.

Der Generalstreik spaltete die Schweiz: auf der einen Seite eine radikalisierte Arbeiterbewegung, auf der anderen Seite ein erschrockenes Bürgertum. Der soziale Graben hatte aber immerhin etwas Gutes: der Graben zwischen deutscher und welscher Schweiz wurde jetzt mehr oder weniger «vergessen». Das Bürgertum verschob seine deutsch-welschen Händel auf später.

Allerdings trat auch jetzt die Sprachdimension nicht völlig in den Hintergrund. Das Oltner Komitee war eine Deutschschweizer «Erfindung». Die Galionsfiguren Robert Grimm und Fritz Platten wurden in der Welschschweiz bisweilen glatt als «Deutsche» bezeichnet. Der Gewerkschafter Paul Graber aus La Chaux-de-Fonds – der Vater des späteren SP-Bundesrats Pierre Graber und einer der beiden welschen Vertreter im Oltner Komitee – wurde sogar in Arbeiterkreisen bisweilen als Verräter an der welschen Sache hingestellt. Die frankophilen welschen Zeitungen bezeichneten das Generalstreikkomitee als Instrument der Bolschewiken – und der Deutschen. «Nachdem Deutschland den Krieg verloren hat, will es Europa in die Revolution stürzen», so der Grundtenor. «Le Soviet d'Olten travaille pour les Boches» (der Oltner Soviet arbeitet für die Deutschen): mit dieser Schlagzeile brachte es eine Zeitung des Berner Juras auf einen einfachen Nenner, was zeigt, dass die Journalisten sich auch damals nicht immer durch grosse Subtilität auszeichneten.[66]

Die Gleichung «Generalstreik = Bolschewismus = deutsche Agitation» wurde auch im gemässigten Arbeitermilieu der welschen Schweiz herumgeboten. So schrieb ein Grütlianer im November 1918, der Generalstreik sei nur dazu ausgerufen worden, um die Welschen am Feiern des Waffenstillstands zu hindern, der den Sieg des «welschen Standpunkts» darstellte.[67]

Die Generalstreik-Parole wurde denn auch in der welschen Schweiz weniger befolgt. Die Genfer und Lausanner Arbeiter machten nur halbherzig mit. Auch im Entente-freundlichen Tessin fanden sie – ausser bei den Eisenbahnern, den Metallarbeitern und den Steinmetzen – wenig Echo.[68]

Obgleich der Generalstreik also vor allem ein Deutschschweizer Phänomen darstellte, trat der «Graben» zwischen deutscher und welscher Schweiz, der zu Kriegsbeginn die Gemüter erregt hatte, dennoch mehr und mehr in den Hintergrund. Einmal mehr hatte die Schweiz die «Sprachenfrage» nicht gelöst, sondern ausgesessen: Ein Graben schüttete den anderen zu.

Mehrsprachigkeit: Aus der Not wird eine Tugend
(1918–1945)

Zwischen 1848 und 1918 haben sich Herr Schweizer und Madame Romandie ins Zusammenleben eingeübt. Unser «Paar» musste lernen, einen Haushalt zu teilen. Und prompt trug es auch seine ersten Ehekrisen aus, die so ernsthaft waren, dass von einem «Graben» gesprochen wurde. Schliesslich lief die Krise noch einigermassen glimpflich ab, nicht so sehr, weil die Probleme gelöst worden wären, sondern weil das Paar plötzlich andere – handfeste, will sagen: finanzielle – Sorgen hatte.

Aber die «auseinanderstrebenden Affinitäten» der beiden Partner sollten sich nach einigen Jahren wieder mächtig regen. Mit welchen Nachbarn Umgang pflegen? In einem grossen Bett schlafen oder in getrennten Zimmern? Wie viel Eigenraum und Freiheit beanspruchen? Diese Fragen werden unser Paar auch in der nun beginnenden Periode ausgiebig beschäftigen.

Der Völkerbund spaltet die Schweizer

Obwohl der «Graben» zwischen deutscher und welscher Schweiz Ende 1918 durch die soziale Frage überdeckt wurde, waren die Divergenzen zwischen den beiden Sprachgruppen deswegen keineswegs beseitigt. Schon kurz nach Kriegsende rieben sich Romands und Deutschschweizer erneut an aussenpolitischen Problemen und ganz besonders an der Frage, welchen Platz die Schweiz in der neuen europäischen Ordnung der Siegermächte einnehmen sollte.

Im Januar 1918 veröffentlichte der amerikanische Präsident Woodrow Wilson, der ein Jahr zuvor die USA in den Krieg geführt und damit die Wende zugunsten der Entente eingeleitet hatte, ein «Friedensprogramm». In diesem «14 Punkte-Programm» war auch die Gründung eines Völkerbunds vorgesehen, d.h. einer supranationalen Organisation, die den Frieden auf Erden sichern sollte. Hierauf begann sich die Schweizer Diplomatie unter dem (Entente-freundlichen) Genfer Bundesrat Gustave Ador mit der Frage zu beschäftigen, ob die Schweiz dem Völkerbund beitreten sollte und welche Konsequenzen ein Beitritt für die «immerwährende Neutralität» des Landes haben könnte. Dabei meldete die Schweiz bei den Ententemächten vorsorglich ihr Interesse als Sitz des Völkerbunds an.

An der Pariser Konferenz, welche im Januar 1919 eröffnet wurde, stellte Bundesrat Felix Calonder, der Ador abgelöst hatte, offiziell den Antrag, Genf zum Sitz des Völkerbunds zu wählen. Schon im April erfolgte dann der Durchbruch: Der Schweizer Antrag wurde angenommen. Zudem gab die Schweiz bekannt, sie wolle dem Völkerbund beitreten, sofern ihre völkerrechtlich abgesicherte Neutralität gewährleistet bliebe.

Der Bundesrat ging deshalb so unschweizerisch schnell voran, weil er der Schweiz den Status eines Gründermitglieds des Völkerbunds sichern wollte und der Völkerbundssitz auch von den Belgiern begehrt wurde. Dennoch beschloss die Landesregierung, den Völkerbundsbeitritt vorgängig dem Volk zu unterbreiten, obwohl sie formaljuristisch nicht dazu gezwungen gewesen wäre: internationale Verträge unterstanden damals noch nicht der Volksabstimmung.

Die öffentliche Meinung besteht bekanntlich aus unterschiedlichen Meinungen. So war es auch damals: Vor allem um die Neutralität wurde engagiert gestritten. Der Beitritt der Schweiz zum Völkerbund setzte einen Wandel in der Neutralitätspolitik voraus. Zwar hatte sich die Eidgenossenschaft das Recht ausbedungen, nicht an militärischen Sanktionsmassnahmen gegen einen rechtsbrüchigen Staat teilnehmen zu müssen, aber allfällige wirtschaftliche Sanktionen des Völkerbunds musste sie mittragen. Im Schweizer Sprachgebrauch bedeutete dies: statt der «integralen» sollte künftig eine «differentielle» Neutralität gelten. Und dies weckte Widerstand.

Opposition gegen den Beitritt regte sich erstens in der Armee und in jenen Kreisen, die sich gegen jegliche Aufweichung der integralen Neutralitätspolitik zur Wehr setzten. Zweitens bei den Germanophilen und all jenen, die im Völkerbundsbeitritt eine Anerkennung der Nachkriegsverträge und vor allem die Absegnung der drakonischen Konditionen erblickten, welche die Sieger den Unterlegenen, besonders den Deutschen, auferlegt hatten. Und drittens bei den Sozialisten, die den Völkerbund als kapitalistische Internationale, als Machtkartell der imperialistischen Entente-Mächte England, Frankreich und USA betrachteten. Pikanterweise waren es also nicht zuletzt die Linken, welche sich zu Gralshütern der Schweizer Neutralität aufschwangen. Die Neutralität sei «schliesslich das wertvollste, ideale Gut des Landes auch für den Schweizer Arbeiter», schrieb beispielsweise das Zürcher «Volksrecht». Die «differentielle Neutralität» sei nichts anderes als eine «neutralitätslose Neutralität, ein Ding ähnlich dem nikotinfreien Tabak».[1]

Im November 1919 kam die Vorlage vor die eidgenössischen Räte. Das Parlament hiess den Beitritt zum Völkerbund nach einer Monsterdebatte gut, doch mit gewissen Einschränkungen vor allem neutralitätspolitischer Art. Der Tessiner Bundesrat Giuseppe Motta, der anfangs 1920 das Aussendepartement übernommen hatte und fast dreissig Jahre lang die Schweizer Diplomatie führen sollte, versuchte, die Opposition mit dem Versprechen zu beschwichtigen, bei den Siegermächten eine ausdrückliche Garantie der Schweizer Neutralität einzuholen. Dies gelang ihm dann auch rasch. Worauf die Vorlage im März 1920 nach einer zweiten Parlamentsdebatte endgültig verabschiedet wurde.

Schon im Mai 1920 kam die Vorlage vors Volk. Allerdings traten im Vorfeld der Abstimmung auch sprachregionale Gegensätze auf. Während sich in der Westschweiz und im Tessin kaum gewichtige Stimmen gegen den Völkerbundsbeitritt erhoben, war die deutsche Schweiz geteilt. In der Zentral- und Ostschweiz schien Skepsis zu überwiegen. Indessen meldeten sich auch in der Deutschschweiz einflussreiche Befürworter zu Wort. Die «Neue Zürcher Zeitung» beispielsweise, welche anfangs eher kritisch war, setzte sich schliesslich kräftig für den Beitritt ein.

Am 16. Mai schwangen die Befürworter dann obenaus: 416 870 Ja gegen 323 719 Nein wurden abgegeben, bei einer stolzen Stimmbeteiligung von 76 %. Dies stellt ein recht deutliches Resultat dar, doch die Befürworter mussten am Abstimmungstag bis zuletzt bangen, weil das Ständemehr lange unsicher schien. Erst als Graubünden eine hauchdünne Ja-Mehrheit meldete, war die Vorlage über den Berg: Schliesslich hatten 11,5 Kantone für den Vertrag und 10,5 gegen den Vertrag gestimmt.

Im Lager der Befürworter standen Bern, Appenzell-Ausserrhoden, Thurgau, Graubünden und ein Teil der Innerschweizer Kantone (Obwalden, Nidwalden und Luzern). Die übrigen Deutschschweizer Kantone sagten «nein», teilweise sogar wuchtig (Zürich und Aargau). Hingegen hatten sämtliche welschen Kantone überaus deutliche Ja-Mehrheiten erbracht, wie auch das Tessin, der Heimatkanton von Bundesrat Motta (letzterer allerdings bei einer Stimmbeteiligung von weniger als 50 %).[2]

Die französische Schweiz hatte also mit ihrem kräftigen «Ja» wesentlich dazu beigetragen, die Vorlage durchzubringen. Es zeigte sich, dass die Romands nicht die gleiche, fast mythisch überhöhte Ehrfurcht vor der

219

Neutralität bekundeten wie manche Deutschschweizer. Zum abweichenden Resultat der deutschen und der welschen Schweiz hatte wahrscheinlich auch die Tatsache beigetragen, dass sich die Hochburg der Linken in den grossen Deutschschweizer Städten befand. Die Propaganda des prominent besetzten, deutschlandfreundlichen «Volksbundes für die Unabhängigkeit der Schweiz» hatte ebenfalls vor allem östlich der Saane gewirkt. So hatten sich General Ulrich Wille und sein Generalstabschef Theophil Sprecher von Bernegg als Völkerbundsgegner deklariert. Wahrscheinlich hatte aber auch die «sprachlich-kulturelle Verbundenheit mit der Völkerbundsmacht Frankreich» beim welschen Votum eine entscheidende Rolle gespielt.[3]

Der Ausgang der Abstimmung zum Völkerbund erinnert frappant an die EWR-Abstimmung 1992 – mit dem wesentlichen Unterschied, dass die Romands 1920 die deutsche Schweiz gleichsam überstimmen konnten (1992 war es umgekehrt). Auffallend ist zudem, dass die welsche Schweiz beim Völkerbundsbeitritt von mehreren Innerschweizer Kantonen, aber auch von Graubünden und dem Tessin unterstützt wurde, was bei der EWR-Abstimmung nicht mehr der Fall war. Dagegen standen die beiden Basel 1920 – anders als 1992 – im ablehnenden Lager.

Die Abstimmung über den Völkerbund ist einer der frappantesten Fälle, wo die Westschweiz in einer wesentlichen politischen Frage der eidgenössischen Politik die Fahrtrichtung vorgeben konnte. Wobei anzufügen ist, dass die Vorlage auch vom Bundesrat und den eidgenössischen Räten befürwortet worden war, die Romands sich also gouvernementaler verhielten als die Deutschschweizer.

Allerdings waren die aussenpolitischen Gegensätze zwischen deutscher und welscher Schweiz mit dem Beitritt zum Völkerbund nicht überwunden, im Gegenteil: sie kamen in der Folge erst recht zur Geltung. Schon bei der Eröffnung des Völkerbunds, als Giuseppe Motta eine Rede hielt, in der er für die Universalität der neuen Weltgemeinschaft und für die Aufnahme Deutschlands in die Organisation eintrat, kam es zu Polemiken: welsche Kommentatoren fanden Mottas Plädoyer zumindest ungeschickt. Und auch später kamen unterschiedliche Sensibilitäten der Sprachregionen zum Vorschein, vor allem als der Antagonismus zwischen Frankreich und Deutschland wieder aufbrach. Dies war während der Ruhrkrise oder anlässlich der Aufnahme Deutschlands in den Völkerbund (1926) der Fall.

So oder so: den Romands war es damals gelungen, der Schweizer Neutralitätspolitik eine weltoffenere Wendung zu geben. Mit der «differentiellen Neutralität» machte das Land allerdings nicht nur gute Erfahrungen: in den dreissiger Jahren kam die Schweiz, als der Völkerbund nach der Invasion Abessiniens durch Mussolinis Truppen Sanktionen gegen das faschistische Italien verhängte, in arge Schwierigkeiten, die nur dadurch gelöst werden konnten, dass die Schweiz ihre Sanktionen nicht nur über den Angreifer, sondern auch über das Opfer verhängte – keine sehr würdige Lösung. 1938 kehrte die Schweiz wieder zur integralen Neutralität zurück.

Im föderalistischen Réduit

Nicht nur die Aussenpolitik, auch die häuslichen Angelegenheiten führten in den Zwischenkriegsjahren zu Missstimmung zwischen deutscher und welscher Schweiz. Sie drehten sich vor allem um die altbekannte Frage: Wieviel Zentralstaatlichkeit braucht das Land, wieviel Eigenstaatlichkeit die Kantone?

Auch weiterhin waren es vor allem Romands, welche für starke Kantone und eine Rückbindung des Zentralstaats eintraten. Dass gerade die Sprachminderheit einen möglichst grossen Freiraum einforderte, versteht sich eigentlich von selbst: Wenn der Elefant und die Maus Hcohzeit feiern würden, so wäre es wahrscheinlich die Maus, die auf getrennten Betten bestünde.

Die Tendenz der Romands, sich ins föderalistische Bollwerk einzuschliessen, hatte sich, wie wir gesehen haben, schon in der zweiten Hälfte des 19. Jahrhunderts bemerkbar gemacht, sie verstärkte sich aber noch nach der Jahrhundertwende. Denn in der sogenannten Belle Epoque begannen die vom Freisinn repräsentierten Grundwerte – ein solid-bürgerlicher Fortschrittsglaube, verbunden mit helvetisch-republikanischem Nationalstolz –, immer mehr zu wanken. Die Folge war eine geistige Krise, die von jungen welschen Intellektuellen mit einem militanten Föderalismus und dem Rückgriff auf eine mythologisierte «Latinität» beantwortet wurde.

Der vom Weltkrieg und dem Generalstreik ausgelöste Schock verstärkte diese Entwicklung. Immer mehr machte sich jetzt in der Romandie die Angst breit, von der deutschen Schweiz überrollt zu werden. Abwehrreaktionen gegen die deutschschweizerische Hegemonie mehrten sich, wobei sich der welsche Konservatismus der Zwischenkriegsjahre nicht nur von der Linken, sondern auch vom fortschrittlichen Flügel des Deutschschweizer Freisinns abgrenzte. Letzterem wurde vorgeworfen, dem Sozialismus der Linken einen bürgerlichen «Staatssozialismus» entgegenzusetzen.

Der Rückzug der Romands in die föderalistische Igelstellung führte zu Erdbewegungen in der Parteilandschaft. So spalteten sich die Waadtländer, Genfer und Neuenburger Freisinnigen ausgangs des ersten Weltkriegs von der Landespartei ab, um gegen die Einführung einer direkten Bundessteuer zu protestieren. Indessen wurden die welschen Schäfchen nach einigen Irrungen und Wirrungen von den Parteihirten wieder in die Herde zurückgeführt.

Nachhaltiger und für den Freisinn nachteiliger war die endgültige Entfremdung der welschen Liberalkonservativen. Schon gegen Ende des 19. Jahrhunderts fühlten sich die in mehreren Kantonen bestehenden rechtsliberalen Parteien, die auch protestantische Konservative in ihren Reihen aufgenommen hatten, in der freisinnigen Grossfamilie nicht mehr wohl. 1893 gründeten sie im Bundesparlament eine liberaldemokratische Gruppe. 1913 entstand eine lose organisierte Bundespartei. In der deutschen Schweiz, ausser in Basel-Stadt, gingen die liberalen Kantonalparteien allerdings wieder ein, während sie in Genf, Waadt und Neuenburg zu einem gewichtigen politischen Faktor wurden. Dort schwangen sie sich zu Bannerträgern des Föderalismus auf. Da sie über einflussreiche Zeitungen («Gazette de Lausanne» und «Journal de Genève») verfügten, gaben sie im kultivierten Bürgertum der protestantischen Welschschweiz meist den Ton an.

Die Schwächung des welschen Freisinns, kombiniert mit Abbröckelungserscheinungen in der deutschen Schweiz (nach dem Weltkrieg spaltete sich hier eine Bauernpartei vom Freisinn ab), führte die grosse alte Partei in eine historische Niederlage. Die Freisinnigen, welche den Bundestaat gegründet, aufgebaut und jahrzehntelang monopolartig verwaltet hatten, verloren 1919 bei den eidgenössischen Wahlen, welche erstmals nach dem Proporzsystem organisiert wurden, die absolute Mehrheit im Nationalrat. Mehr als ein halbes Jahrhundert lang hatten die Freisinnigen mit der ihnen eigenen Mischung von Zentralismus und Föderalismus, von Fortschrittlichkeit und Bürgerlichkeit die zentrifugalen Kräfte im Hause Schweiz zusammengehalten.

Damit war es jetzt vorbei. Und dies hatte auch Folgen für das Zusammenleben zwischen deutscher und welscher Schweiz. Die welsche Elite, welche zwar auch schon vor dem Ersten Weltkrieg gelegentliche föderalistische Fieberstösse gekannt hatte und dennoch in ihrer Mehrheit ausgesprochen helvetistisch gestimmt war, verbarrikadierte sich immer mehr hinter den Kantonsgrenzen, ja, begab sich immer mehr ins innere Exil.

Diese Abwehrreaktion trat auch in Abstimmungen zu Tage. 1923 ergriffen welsche Arbeitgeberkreise das Referendum gegen ein eidgenössisches Arbeitsgesetz, das unter anderem die Schaffung einer eidgenössischen Lohnkommission vorsah. Dies war Teil des «sozialpolitischen Galopps», mit welchem der fortschrittliche Flügel des Deutschschweizer Freisinns den im Generalstreik aufgebrochenen sozialen Graben zuschütten wollte. Die fortschrittliche Vorlage wurde auf Landesebene knapp, in den welschen Kantonen jedoch haushoch verworfen. Die Mehrheit der welschen Stimmbürger wollten sich nicht vom Bund – und von den an einer Annäherung an die Arbeiterschaft interessierten Deutschschweizer Unternehmern – einen etatistischen Marsch blasen lassen.

Das welsche Bürgertum meldete sich immer mehr vom Bundesstaat ab. Ist es nicht bezeichnend, dass auch der Begriff «Romandie» in der Zeit nach dem Ersten Weltkrieg aufkam? Die Vaterschaft an diesem ausserordentlich erfolgreichen Neologismus wird dem welschen Journalisten Maurice Porta zugeschrieben, der ihn 1919 in einem Artikel der «Tribune de Lausanne» verwendete. Die neue Bezeichnung, welche an regionale Begriffe wie «Wallonie» anklingt, suggeriert nämlich, dass die welschen Kantone eine gewisse Einheit bilden, die sowohl von Frankreich wie auch von der deutschen Schweiz klar unterschieden werden muss. Der Begriff «Romandie» – anstelle des damals gebräuchlichen «Suisse romande» – grenzte das Welschland von der restlichen Schweiz ab, auch wenn sich Porta in seinem Beitrag als guter föderalistischer Schweizer Patriot zu erkennen gab und alles andere als sezessionistische Töne anschlug.

Portas Auseinandersetzung mit der «Romandie» zeigt, wie intensiv sich die welsche Elite gerade in jenen Jahren mit der welschen Minderheitenrolle auseinandersetzte. Überhaupt wimmelt es in der welschen Publizistik der Zwischenkriegsjahre nur so von Beiträgen, die sich mit der Eigenart, dem «génie propre» der Romandie beschäftigten, wobei sowohl das Verhältnis zur deutschen Schweiz wie auch jenes zu Frankreich thematisiert wurde. Diese Artikel, welche zumeist aus der rechtsbürgerlichen, liberalkonservativen Küche stammten, können wohl als Indiz einer welschen Identitätskrise gewertet werden.[4]

Ein Monument welschen föderalistischen Denkens katholisch-konservativer Spielart bildet das 1929 erschienene Werk von Gonzague de Reynold «La démocratie suisse». Der Freiburger Publizist, der sich selbst gern

223

als «reaktionär, nicht konservativ» bezeichnete, sprach darin einer Erneuerung des Föderalismus und einer radikalen Zurückdämmung des bundesstaatlichen Interventionismus das Wort. Auch rehabilitierte der Freiburger Aristokrat die Institutionen der alten Eidgenossenschaft, womit er zur freisinnigen Geschichtsschreibung auf Distanz ging, was ihm prompt als «klerikal-faschistische Philosophie der Schweizergeschichte» ausgelegt wurde. Reynold, damals Professor für französische Literatur an der Universität Bern, bekam's hierauf mit seinen Kollegen zu tun und musste 1932 seine Professur abgeben.

Im gleichen Jahr, in dem Reynold seine radikal föderalistische Sicht der Schweizergeschichte darlegte, publizierte der Neuenburger Literaturprofessor Alfred Lombard ein mit «Une terre, une langue» übertiteltes Büchlein, in dem er sich seinerseits mit den Problemen der welschen Minderheit auseinandersetzte. Die welsche Schweiz sei zwar nicht gerade diskriminiert, schrieb er, aber durch den bundesstaatlichen Zentralismus bedroht. Wichtige Entscheide würden immer öfters von Deutschschweizer Amtsstellen, Verbandszentralen und Unternehmensleitungen getroffen, klagte der Neuenburger Professor. Das schlechte «français fédéral» aus Bern überschwemme die welsche Schweiz, die französische Kultur der welschen Schweiz sei in Gefahr.

Lombards Analyse war ein typischer Ausdruck der Geisteshaltung des welschen, protestantisch-liberalkonservativen Intellektuellenmilieus. Interessant ist, dass Lombard dabei auch die wirtschaftliche Dominanz der deutschen Schweiz zur Sprache brachte – eine Problematik, der bis dahin wenig Beachtung geschenkt worden war. So spricht Lombard davon, dass kaum ein Monat vergehe, ohne dass ein welsches Geschäft, eine Fabrik oder sonst ein Unternehmen zur Tochtergesellschaft oder zur Filiale eines Basler oder Zürcher «Kartells» umgewandelt werde.[5]

Befremdend aus heutiger Warte ist, dass sich Lombard gegen eine Durchdringung der Kulturen, beispielsweise durch intensiven Sprachunterricht, aussprach: Je klarer die Sprachen getrennt werden, desto besser (ähnlich äusserte sich übrigens auch Gonzague de Reynold). Diese Besorgnis um kulturell-sprachliche «Reinheit» scheint typisch für eine Geisteshaltung, die in jenen Jahren nicht nur in welschen Kreisen dominant war. Guter Wein ist immer pur, ein Verschnitt immer mittelmässig: mit dieser Metapher aus dem Weinbau hieb die «Gazette de Lausanne» im August 1929 in die gleiche Kerbe.[6]

Das «welsche Malaise»

Die 1929 einsetzende Weltwirtschaftskrise, die nach und nach auch die Schweiz erfasste, gab den welschen «Herr im Haus bleiben»-Allüren zusätzlichen Aufwind. 1933 schnürte der Bund ein Finanzpaket, das auch die Erhebung einer Weinsteuer vorsah, zur Deckung der aus der Krise erwachsenen Ausgaben. In der Romandie erhob sich ein Sturm der Empörung über diesen schnöden «anti-welschen» Finanzplan. Weinbauernorganisationen erhoben Protest und zwangen den Schweizerischen Bauernverband, das Referendum zu ergreifen. Der Bundesrat verzichtete hierauf auf seine Weinsteuer, was zum Rückzug der Initiative führte.

Der Kampf gegen die Weinsteuer hatte indessen eine Nebenwirkung: die Gründung der «Ligue vaudoise» und ihres Kampfblatts «La Nation» (mit der Nation war natürlich die waadtländische gemeint). Diese von der Action française inspirierte Bewegung, welche im Lausanner Anwalt Marcel Regamey, dem hochbegabten Sohn eines Lausanner Metzgers, ihren charismatischen Führer fand, strebte eine «Renaissance der waadtländischen Nation» an, wobei die Nation statt des parlamentarisch-demokratischen Systems künftig autokratisch von einem Gouverneur regiert werden sollte. Die Eidgenossenschaft sollte nach dem Wunsch der Waadtländer Erzföderalisten wieder zu dem werden, was sie vor der Französischen Revolution gewesen war, ein lockeres militärisches Bündnis selbständiger Kantone. Die Ligue vaudoise trieb also den welschen – oder genauer: den Waadtländer – Erzföderalismus auf die Spitze. Sie ist übrigens die einzige Bewegung aus dem «Frontenfrühling» 1933, die auch heute noch aktiv ist.

Pikant ist, dass die rechtsnationalistischen Fronten, die um 1933 auch in der Schweiz eine – zum Glück – kurze Blüte erlebten, ähnliche Gegensätze zwischen deutscher und welscher Schweiz reproduzierten, wie sie im politischen Establishment wirksam waren. Während sich die Deutschschweizer Fronten in der Regel für die eidgenössische Nation in die Brust warfen, gaben sich die welschen Fröntler meist als überzeugte Kantonalisten. Und während die Deutschschweizer Fronten vor allem nationalsozialistische Vorbilder kopierten, waren die welschen Fröntler vom «lateinischen Faschismus» eines Mussolini oder Salazar fasziniert. Dies erschwerte die zeitweise versuchte Annäherung zwischen welschen und Deutschschweizer Fronten – was kein Unglück darstellt.

Die Wirtschaftskrise der dreissiger Jahre förderte im welschen Kleinbürgertum die Angst vor Verarmung und sozialer Deklassierung. Deshalb mussten Feindbilder her. Für die Wirtschaftsmisere wurden einmal jüdische Kaufleute, einmal das Grosskapital oder aber Deutschschweizer «Kartelle» und Unternehmen verantwortlich gemacht. An einer «Landsgemeinde» der Waadtländer Handels- und Gewerbetreibenden im Juli 1933 stellte ein Redner die Migros als ein kantonsfremdes Unternehmen an den Pranger – und erntete stürmischen Applaus. Solche verbalen Angriffe gegen Deutschschweizer Kapitalisten gehörten auch in den folgenden Jahren zur Tagesordnung, wobei sie allerdings – anders als die antisemitischen Ausfälle – in der Regel mit einer gewissen Zurückhaltung vorgebracht wurden.

Nicht nur die Kolonisierung durch die Deutschschweizer Wirtschaft, auch die demographische Entwicklung wurde in der Romandie immer wieder als Bedrohung dargestellt. Die höhere Fertilität der Deutschschweizer führe zu einer «Invasion» der welschen Schweiz durch Deutschschweizer Immigranten – so lautete ein Klagelied, das sich wie ein Leitmotiv durch die welsche Publizistik der Dreissigerjahre zog (was wahrscheinlich auch als Echo auf den damals in Frankreich variierten Refrain von der ungenügenden Fertilität der Französinnen und Franzosen interpretiert werden kann).

Im April 1934 erschien in der «Gazette de Lausanne» ein Artikel des liberal-konservativen Waadtländer Nationalrats Charles Gorgerat, der für erhebliches Aufsehen sorgte. Vom ethnischen, linguistischen und politischen Standpunkt aus werde die Waadt immer mehr zu einer grossen Strassenkreuzung, schrieb Gorgerat. Die Vermischung verschiedenartigster Bevölkerungsteile habe zu einem Bruch der intellektuellen und moralischen Einheit geführt, die starke Zuwanderung überfordere die Assimilationskraft des Kantons. Der Artikel war mit «Malaise» (Unbehagen) überschrieben, womit, so Hans Amstutz, dem wir hier folgen, «ein Begriff in die Welt gesetzt war, der fortan zum festen Vokabular innenpolitischer Auseinandersetzungen in der Schweiz gehören sollte».[7]

Gorgerats Stellungnahme blieb zwar in der welschen Schweiz nicht unwidersprochen. Dennoch hatte der Nationalrat zweifellos ein in der welschen Schweiz weitverbreitetes Unmutsgefühl zum Ausdruck gebracht. Die Themen, die er angeschlagen hatte, blieben jedenfalls auch weiterhin Gegenstand der öffentlichen Diskussion. So meldete sich 1936 der Journalist Georges Rigassi im Jahrbuch der Neuen Helvetischen Gesellschaft mit einem Beitrag zum demographischen Ungleichgewicht zwischen deutscher und welscher Schweiz zu Wort. Der Autor unterschied zwischen der «invasion pacifique», der friedlichen Invasion der welschen Schweiz durch

Deutschschweizer, welche vor allem auf wirtschaftliche Ursachen zurückgehe, und eigentlichen deutschschweizerischen Kolonisationsbestrebungen. Letztere, vorab die von landwirtschaftlichen Kreisen betriebene systematische Kolonisation der Waadt durch Deutschschweizer Bauern, dürfe nicht toleriert werden, schrieb der bekannte Westschweizer Publizist.

Die Warnungen vor der «Überfremdung» der welschen Schweiz durch Deutschschweizer Immigranten trugen bisweilen sonderbare Blüten. So forderte der Genfer Renaud Barde 1937 im Jahrbuch der Neuen Helvetischen Gesellschaft, die von der Bundesverfassung gewährleistete Niederlassungsfreiheit – eines der grossen Anliegen der Bundesväter von 1848 – sei mittels Verfassungsrevision einzuschränken. Auch das kantonale Stimmrecht für Zuwanderer nach nur drei Monaten Aufenthalt müsse aufgehoben werden.

Das Gefühl, dass die politische, wirtschaftliche und kulturelle Identität der Romandie durch die übermächtige deutsche Schweiz bedroht sei, war also auch in den Jahren unmittelbar vor dem Zweiten Weltkrieg durchaus verbreitet. Deshalb wurde auch schon die Forderung nach einem Zusammengehen der welschen Kantone erhoben. 1937 verlangte der Neuenburger Pierre Guye in seinem Buch «Le pays romand et la civilisation latine» einen Zusammenschluss der welschen Kantone und eine Umgestaltung der Eidgenossenschaft nach sprachlich-kulturellen Kriterien. Guye, der stark vom rechtskonservativen Gedankengut eines Gonzague de Reynold beeinflusst war, interpretierte die Jahre 1848 und 1874 als Etappen eines Wegs, der auf die Entmündigung der Romandie hinauslaufe.[8]

Guyes Buch fand wenig Beachtung, aber die «Affäre Ramuz» brachte im gleichen Jahr das welsche Malaise nochmals in die Schlagzeilen. Der Waadtländer Schriftsteller Charles-Ferdinand Ramuz warf im Oktober 1937 in einem offenen Brief an die Pariser Kulturzeitschrift «Esprit» einige provokante Fragen auf, die das gesamtschweizerische Selbstverständnis in Frage stellten. Die zentrale Frage in Ramuz' Brief lautete: «La Suisse existe-t-elle?» – Die Antwort: Die Schweiz sei gewiss eine politische und militärische Einheit; aber davon könne keine gemeinsame Mentalität oder eine gemeinsame Kultur abgeleitet werden. Ramuz' Text diente als Grundlage für eine von Denis de Rougemont redigierte Sondernummer über die Schweiz, in der ausschliesslich Schweizer Autoren zu Wort kamen.

(«Suiza no existe»: der Slogan aus dem Schweizer Pavillon an der Weltausstellung in Sevilla 1992, hat also illustre Vorgänger. Es ist offenbar eine Spezialität der Schweizer, zu zweifeln, ob es die Schweiz gebe. Wenn der

Philosoph René Descartes mit seiner Maxime «ich zweifle, also bin ich» recht hatte, so kann an der Existenz der Schweizer nicht gezweifelt werden.)

Ramuz hatte die Problematik der geistig-kulturellen Einheit der Schweiz zur Diskussion gestellt, nicht ihre politische Existenz. Dies war aber in den damaligen Zeiten, als angesichts der nationalsozialistischen Gefahr die nationale Einheit auf die Schweizer Fahnen geschrieben wurde, schon zuviel. In den folgenden Monaten entbrannte eine öffentliche Polemik, die bis März 1938 dauern sollte. In dieser Zeit erschienen nicht weniger als 160 Artikel, die sich mit dem «Fall» beschäftigten. Der häufigste Vorwurf in der deutschen Schweiz lautete, Ramuz und seine Gesinnungsgenossen versuchten, entlang der Sprachgrenze eine Mauer zu errichten und die Einheit des Landes zu untergraben.

Dass ein Teil der welschen Eliten vor allem rechtsbürgerlicher Observanz nicht bereit war, am Föderalismus und an der Eigenständigkeit der welschen Kantone rütteln zu lassen, zeigte sich 1938 nochmals in der politischen Arena, beim Abstimmungskampf um das neue eidgenössische Strafgesetzbuch. Zur Erinnerung: 1898 hatten die Schweizer Stimmbürger die Vereinheitlichung der Straf- und Zivilgesetzgebung beschlossen, und damals hatten auch die Romands mehrheitlich zugestimmt. 1912 wurde das eidgenössische Zivilgesetzbuch in Kraft gesetzt, ohne dass sich die welsche Schweiz dagegen gewehrt hätte.

Die Vereinheitlichung des Strafgesetzes in den Zwischenkriegsjahren erwies sich jedoch als wesentlich kniffliger, gerade auch deshalb, weil die welschen Abwehrängste inzwischen jede «Nationalisierung» der Gesetzgebung erschwerten. So zog sich die Ausarbeitung des Strafgesetzbuchs bis in die späten dreissiger Jahre hinein. Bei der Abstimmungskampagne 1938 meldete sich der Widerstand der welschen Föderalisten erneut, und schliesslich wurde die Vorlage nur knapp angenommen (358 438 Ja zu 312 030 Nein). Aber alle welschen Kantone, der Tessin und die Sonderbundskantone sagten «nein»: die alte Allianz zwischen welschen Föderalisten und Katholisch-Konservativen, welche in der zweiten Hälfte des 19. Jahrhunderts den Freisinnigen das Regieren schwer gemacht hatte, war wieder zustande gekommen. Die Nein-Mehrheiten in den Kantonen Wallis, Freiburg und Waadt lagen zwischen 69 und 77 %. Für die Gegner des Strafgesetzbuchs ging es um nichts Geringeres als die Bewahrung der kulturellen Identität der welschen Schweiz. Dass dies zumindest übertrieben war, zeigte allerdings die relativ tiefe Stimmbeteiligung der welschen Kantone.

Am Vorabend des Zweiten Weltkriegs nahm die Vehemenz der welschen Föderalisten indessen ab. Zwar schrieb Gonzague de Reynold noch 1939 in einem «Billet à ces Messieurs de Berne», die Westschweiz fühle sich nicht glücklich unter dem jetzigen Regime. Aber in einer Zeit, da ein neuer Weltkrieg hinaufdämmerte, wendeten sich auch die welschen Erzföderalisten anderen Problemen zu.

Deutschschweizerische Verbrüderung

Während die welsche Intelligentsia sich in den Zwischenkriegsjahren intensiv und kritisch mit dem Verhältnis zwischen deutscher und welscher Schweiz auseinandersetzte, zählte dieses Thema zumindest in den zwanziger Jahren nicht zu den vorrangigen Interessen der Deutschschweiz. Wenn ein Malaise in den Beziehungen zwischen den Sprachgruppen bestand, so wurde es von den Welschen artikuliert. Und dies ist eigentlich auch normal. Eine Minderheit definiert sich dadurch, dass sie sich von der Mehrheit abgrenzt. Die Mehrheit dagegen genügt sich selbst. Die Minderheit sagt: «Ich bin nicht die Mehrheit.» Die Mehrheit *ist* einfach.

Im Verlauf der dreissiger Jahre nahm jedoch das Interesse für Sprachenfragen und für die Mehrsprachigkeit auch in der deutschen Schweiz rasch zu. Das hatte mit der internationalen Lage und besonders mit dem Nationalsozialismus in Deutschland zu tun. Hitlers Wahl zum deutschen Reichskanzler 1933 führte zwar auch in der Schweiz anfangs zu einer Proliferation von rechtsextremen Bewegungen, ein Phänomen, welches viel zu poetisch als «Frontenfrühling» bezeichnet wird. Doch gegen Mitte der dreissiger Jahre wich das extremistische Gekläff dem Ruf nach einem grossen nationalen Schulterschluss, nach einem «Burgfrieden» der staatstragenden Kräfte. Und im Rahmen dieser eidgenössischen Abwehrbewegung wurde auch die sprachliche Vielfalt zu einem nationalen Gütesiegel erklärt.[9]

Auf politischer und sozialer Ebene vollzog sich der nationale Zusammenschluss, der Mitte der dreissiger Jahre zum kategorischen Imperativ der eidgenössischen Politik erhoben wurde, in Form einer Annäherung zwischen fortschrittlichen Bürgerlichen und gemässigten Linken. So schlossen Unternehmer und Gewerkschaften der Metall- und Maschinenindustrie 1937 das «Friedensabkommen», die Magna Charta der Sozialpartnerschaft nach Schweizerart. Nachdem sich die Sozialdemokraten 1935 zur Landesverteidigung bekannt hatten, war ein wachsender Teil der Bürgerlichen ebenfalls bereit, den Sozialdemokraten einen Sitz im Bundesrat freizumachen. (Allerdings sollte es 1943 werden, bis der gute Wille in die Tat umgesetzt wurde und der Gewerkschafter Ernst Nobs als erster Sozialdemokrat in der Landesregierung Einsitz nehmen konnte.)

Nun stellte diese nationale Verbrüderungsbewegung anfangs hauptsächlich eine Deutschschweizer Erscheinung dar, die im Welschland nicht so recht verstanden und akzeptiert wurde. Als bei den Bundesratswahlen 1929 ein Teil der Deutschschweizer Bürgerlichen die Wahl des Zürcher SP-Stadtpräsidenten Emil Klöti in Erwägung zog, waren die welschen Bürgerlichen hell entrüstet. Und auch Mitte der Dreissigerjahre kam aus der Romandie massiver Widerstand gegen eine Annäherung zwischen Bürgerlichen und Sozialdemokraten.

Dass das welsche Bürgertum damals scharf antisozialistisch und antikommunistisch eingestellt war, hängt möglicherweise damit zusammen, dass die Linke in Genf und in Lausanne ausserordnetlich stark war. In der Genfer Kantonsregierung hielt die Linke, angeführt vom charismatischen Linkssozialisten Léon Nicole, von 1933 bis 1936 die Mehrheit, und auch das «rote Lausanne» war zeitweise in sozialistischen Händen. Dies alimentierte in der Romandie die Furcht vor dem «Roten mit dem Messer im Mund». Diese war umso grösser, als die Linke auch in Frankreich 1936 die Regierungsmehrheit übernahm (Front populaire). Die im welschen Bürgertum grassierende Angst vor der Revolution führte dazu, dass die Kantone Genf, Waadt und Neuenburg 1937/1938 die kommunistische Partei verboten – also noch bevor die Eidgenossenschaft das gleiche Verbot verhängte, und zu einer Zeit, als in der Deutschschweiz, wie erwähnt, eine Entschärfung der Beziehungen zwischen Rechten und Linken im Gange war.

Diese deutsch-welsche Ungleichzeitigkeit lässt sich vielleicht auch mit der Tatsache erklären, dass die deutsche Schweiz nach 1933 rasch der nationalsozialistischen Fratze ins Auge sehen musste, während sich die welschen Bürgerlichen noch Illusionen über einen «gemässigten» lateinischen Faschismus hingaben und vom autoritären Regime eines Mussolini, Franco oder Salazar äusserst angetan waren. Es ist durchaus kein Zufall, wenn Mussolini 1937, also ein Jahr nach Beginn des Abessinienkriegs, mit dem Titel eines *doctor honoris causa* der Universität Lausanne geehrt wurde.

Der «Burgfriede» zwischen Unternehmern und Gewerkschaften, zwischen Bürgerlichen und Sozialdemokraten war aber nur der institutionelle

Aspekt der grossen nationalen Allianz, welche Mitte der Dreissigerjahre ausgerufen wurde. Daneben vollzog sich auf kultureller und ideologischer Ebene eine ähnliche Bewegung. Fortan war ein Teil der deutschschweizerischen Intelligentsia damit beschäftigt, nationale Einheit und Eigenart zu zelebrieren. Die Zielsetzung war eine doppelte: einerseits sollten die sozialen Spannungen, die im Generalstreik aufgebrochen waren, entschärft werden. Anderseits ging es darum, dem untypischen und – angesichts der sich allenthalben verschärfenden nationalistischen Strömungen – geradezu gegenläufigen Staat Schweiz eine nationale Legitimität zu verschaffen. Diese Bewegung lief unter dem Titel «Geistige Landesverteidigung» und bekam durch die sogenannte Kulturbotschaft des Bundesrats 1938 einen quasi-offiziellen Charakter.

Die in der Geistigen Landesverteidigung eingespannten Intellektuellen machten sich daran, die Vorzüge der Eidgenossenschaft in den schönsten Farben zu schildern und dabei auch das alte Bild von der Schweiz als Vereinigung dreier europäischer Hochkulturen auf Hochglanz zu polieren. Diesem Staat, der gerade nicht auf rassischer, sprachlicher oder kultureller Einheit, sondern auf Vielfalt beruhte, wurde die Aufgabe zugeschrieben, der europäischen Zerrüttung eine friedliche Alternative entgegenzusetzen. Die Vielfalt des Landes wurde einmal mehr von der Not in eine Tugend umgebogen und zu einem positiven Merkmal der Schweiz umgedeutet. Dieser Diskurs war nicht immer frei von chauvinistischer Überheblichkeit, machte auch vor Anleihen beim nationalsozialistischen «Blut-und-Boden»-Kult nicht Halt. Aber was soll's? Mit diesem «soften» helvetischen Nationalismus versuchte die Schweizer Elite, den agressiven Nationalismus deutscher und italienischer Provenienz aus dem Feld zu schlagen: *à la guerre comme à la guerre ...*

Freilich war aber auch die sogenannte Geistige Landesverteidigung anfangs vor allem ein Deutschschweizer Phänomen. Zum patriotischen geistigen Aufrüstungsprogramm gehörte unter anderem auch eine Neuentdeckung der Schweizer Historiographie: Im Rahmen der Aufwertung der alt-eidgenössischen Heldengeschichte wurde beispielsweise Wilhelm Tell wieder zur realen historischen Gestalt gemacht. Dies war allerdings weitestgehend eine Angelegenheit der Deutschschweizer Historikerzunft.

Dass die Geistige Landesverteidigung vor allem auf die Bedürfnisse der deutschen Schweiz ausgerichtet war, kann man auch am Beispiel Film erkennen. 1938 wurde die Schweizer Filmkammer gegründet, was während der fünf folgenden Jahre zu einer Blüte der schweizerischen Filmproduktion führte. Doch nur ein einziger der einheimischen Spielfilme errang in der welschen Schweiz einen Publikumserfolg. «Gilberte de Courgenay», der Film über jene reizende Serviertochter, die im Ersten Weltkrieg die Herzen der Schweizer Soldaten höher schlagen liess, spielte ja auch in der Welschschweiz.[10] Die eidgenössische «Lili Marleen» wurde übrigens von einer Schauspielerin (Anne-Marie Blanc) gespielt, die aus der Westschweiz stammte und in Zürich lebte, und somit selbst eine elegante Verkörperung eidgenössischen Grenzgängertums darstellte. Abgesehen von der Verfilmung des Romans «Farinet» von Charles-Ferdinand Ramuz, beruhten alle Schweizer Filme jener Jahre auf Werken von Deutschschweizer Autoren, und in vielen wurde Deutschschweizer Mundart gesprochen. Auch die seit 1940 produzierte Schweizerische Filmwochenschau, deren Programmierung für alle Kinobesitzer obligatorisch wurde, stiess in der Romandie auf mässige Begeisterung.[11]

Letzten Endes war die Geistige Landesverteidigung eine Geburt aus dem Geist der Deutschschweiz. Sie war es ja, der die germanischen «Heim ins Reich»-Appelle in den Ohren gellten. Viele Romands dagegen verstanden nicht so recht, wozu der eidgenössische Nationalkult dienen sollte. Und manche sahen in der «défense spirituelle du pays», wie das eigenartige Ding auf französisch genannt wurde, einen deutschschweizerischen Abklatsch deutscher Vorbilder.[12]

Anderseits kommt den Geistigen Landesverteidigern doch das Verdienst zu, das Verständnis und das Interesse für die Mehrsprachigkeit der Schweiz geschärft zu haben. Natürlich folgten den grossen Worten nicht immer grosse Taten. Aber den Protagonisten muss zugute gehalten werden, dass sie – zumindest auf der Ebene der Prinzipien – die sprachlich-kulturelle Vielfalt und nicht Einheitlichkeit oder gar rassische Reinheit zum Ideal erhoben. Wobei anzufügen wäre, dass sich der postulierte Pluralismus im wesentlichen auf die Schweizer Sprachgruppen beschränkte und beispielsweise antisemitische Abwehrreaktionen gegen Juden aus Osteuropa nicht ausschloss. Die Schweizer Freude an der Vielfalt beschränkte sich auf die Vielfalt der Schweizer.

Sprachlicher Heimatstil

Zu den im Rahmen der Geistigen Landesverteidigung geförderten Bestrebungen gehörte unter anderem die Pflege und Aufwertung der schweizerdeutschen Dialekte – auch dies, bewusst oder unbewusst, eine Abgrenzungsmassnahme gegen Nazideutschland. Eines der erstaunlichsten Phänomene dieser sprachlichen Heimatstil-Bewegung ist ein Buch, das Emil Baer 1937 unter dem Titel «Alemannisch – die Rettung der eidgenössischen Seele» veröffentlichte. Darin fordert der Autor, dem Schweizerdeutschen müsse schnellstens die Würde einer geschriebenen Sprache verliehen werden. Sonst sei das Schweizerdeutsch verloren. Denn «dass unsere schweizerischen Dialekte rettungslos dem Untergang geweiht und dazu bestimmt seien, in absehbarer Zeit einem provinzial gefärbten Hochdeutsch Platz zu machen, darüber herrscht unter Fachleuten schon seit langem eine Meinung», schreibt Baer, eine aus heutiger Warte allerdings völlig irrige Ansicht. Was zeigt, dass man sich vor Prognosen und vor Fachleuten nie genügend hüten kann ...[13]

Für Baer ging es aber nicht nur um eine Rettungsmassnahme für eine vom Aussterben bedrohte Sprache, sondern um den Schutz des eidgenössischen Nationalgefühls und der Unabhängigkeit der Schweiz. Allerdings wollte Baer die Nabelschnur zu Deutschland nicht ganz abschneiden: Das Hochdeutsche sollte künftig in den Deutschschweizer Schulen als erste Fremdsprache gelehrt werden, anstelle des Französischen (der Französischunterricht wäre künftig einer Deutschschweizer Elite vorbehalten). Die Welschen, Tessiner und Rätoromanen dagegen müssten als erste Fremdsprache, *waseli-was?*, ja: Schweizerdeutsch lernen.

Baers Vorschlag: «Jedes normalbegabte Schweizerkind, ob alemannischer oder französischer oder italienischer Zunge, lernt zunächst seine eigene Sprache gründlich für mündlichen und schriftlichen Gebrauch: Alemannisch, Französisch oder Italienisch. Von einem bestimmten Schuljahre an wird es in eine Fremdsprache eingeführt, und zwar das alemannische Kind ins Deutsche, das französische und italienische Kind ins Alemannische. Diese Ordnung übt allen gegenüber gleichermassen Gerechtigkeit. Denn jedes hat auf diese Weise Anschluss gewonnen an eine der grossen Kultur- und Weltsprachen Europas, jedes aber wird auch befähigt, sich mit jedem andern Schweizerkinde zu verständigen.»[14]

Dem Autor war es also keineswegs entgangen, dass seine Rosskur den Sprachminderheiten als etwas gar bittere Medizin erscheinen musste: man stelle sich vor, dass die Romands, die mit der «langue de Goethe» schon ihre liebe Mühe haben, jetzt die «langue de Gotthelf» parlieren sollten! Aber Baer meinte, dieses Opfer sei ihnen zuzumuten. Denn sie besässen ja den Vorteil, dank ihrer Muttersprachen einen direkten Zugang zu einer europäischen Hochkultur zu haben. Aus heutiger Sicht mutet Baers Schrift reichlich eigenartig an. Heutzutage, da in der Romandie das Klagelied über die Mundartwelle in der deutschen Schweiz umgeht, hat man Mühe, die Kassandrarufe über ein Verschwinden der Schweizerdeutschen Dialekte zu verstehen.

Wie reagierte nun aber die welsche Schweiz auf die Deutschschweizer Mundartbewegung? Nun, viel Verständnis fand sie in der Romandie nicht. Wie sollte sie auch, da ja die welsche Schweiz ihre Dialekte weitgehend verloren hatte! In gut französischer Tradition missachteten viele Romands die Dialekte als inferiore Sprachen. Beispielsweise verglich 1930 ein Mitarbeiter der «Gazette de Lausanne» das rauhe Schweizerdeutsch mit einer «Kehlkopfkrankheit» – ein dummer Spruch, der zwar in der welschen Schweiz bis heute zu hören ist, deswegen aber nicht gescheiter wird.[15]

Bis etwa 1938 reagierten die Romands vor allem mit Ablehnung oder Gleichgültigkeit auf die alemannische Mundartpflege. So erhielten auch die Vorschläge von Emil Baer in der welschen Schweiz anfangs wenig Echo. Erst im September 1938 ging Charly Clerc, Professor der französischen Literatur an der ETH Zürich und unermüdlicher Vermittler zwischen deutscher und welscher Schweiz, auf sie ein. Er erinnerte die Deutschschweizer an die Kommunikationsprobleme, die aus einem vermehrten Gebrauch der Mundart entstünden. Die welschen Stellungnahmen waren aber, im allgemeinen, in einem konzilianten Ton gehalten. Dem Argument, ein vermehrter Mundartgebrauch komme der Eigenständigkeit der Schweiz zugute, wurde in der Romandie entgegengehalten, die Welschen hätten ihre Patois auch aufgegeben, ohne deswegen schlechtere Schweizer zu sein.

Die Mundartbewegung der dreissiger Jahre war letzlich der Ausdruck einer Deutschschweizer Identitätskrise. Ihre konkreten Auswirkungen auf das Zusammenleben zwischen deutscher und welscher Schweiz blieben bescheiden. So kam auch Baers Foderung, das Schweizerdeutsche zu einer schweizerischen Gemeinsprache zu machen, nie aus dem Stadium des Gedankenspiels hinaus. Aber Baers Schrift ist dennoch bezeichnend für die Ängste und Werte seiner Epoche. Und sie zeigt einmal mehr, dass sprachpolitische Diskussionen immer auch politische Verhältnisse widerspiegeln.

Mehrsprachigkeit als nationales Abwehrdispositiv

Eine dauerhafte Leistung der Geistigen Landesverteidigung war dagegen die Aufnahme eines neuen Sprachenartikels in die Bundesverfassung, der das Rätoromanische zur vierten Landessprache erhob. Der Einsatz für den Schutz und die Anerkennung des Rätoromanischen hatte bereits nach dem Ersten Weltkrieg begonnen, vor allem mit der 1919 erfolgten Gründung der «Lia Rumantscha». In den dreissiger Jahren kam Aufwind. 1934 deponierte der Bündner Grossrat Sep Modest May zusammen mit achtunddreissig Kollegen eine Motion im Grossen Rat des Kantons Graubünden, in der er die Kantonsexekutive aufrief, dem Bundesrat das Begehren des Bündner Volks nach Anerkennung des Rätoromanischen als Nationalsprache kundzutun. Im September 1935 übermittelte die Kantonsregierung dem Bundesrat das bündnerische Begehren, wobei es die stolzen Bündner nicht unterliessen, das Rätoromanische als älteste lebende Sprache der Schweiz zu bezeichnen.

Die Eingabe wurde vom Bundesrat im Juni 1937 gutgeheissen. In seiner Botschaft an die eidgenössischen Räte lobte die Regierung das «zähe Ringen der wackern Rätoromanen für die Erhaltung ihrer angestammten Muttersprache», und schrieb, es sei die Pflicht des Landes, nicht nur den wirtschaftlichen Wohlstand, sondern auch «seinen vielgestaltigen geistigen Reichtum zu verteidigen».

Im Dezember 1937 beschlossen auch die eidgenössischen Räte, das Rätoromanische zur «Nationalsprache» (nicht aber zur Amtssprache) zu erheben. Die Unterscheidung zwischen Nationalsprache und Amtssprache bedeutete, dass nicht alle amtlichen Texte der Eidgenossenschaft in die verschiedenen Varianten des Rätoromanischen übersetzt werden mussten. Alt-Bundesrat Heinrich Häberlin lobte im Rückblick die «weise Selbstbeschränkung» der Rätoromanen, die darauf verzichtet hatten, die volle Gleichberechtigung der Sprachen einzufordern, denn es hätte ein «Totreiten der Idee» der Gleichberechtigung bedeutet, wenn für ein Prozent der Schweizer Bevölkerung alle Amtstexte ins Rätoromanische übersetzt werden müssten. Einmal mehr lag also ein Kompromiss zwischen dem Prinzip der Gleichberechtigung und eidgenössischem Spar- und Kostenbewusstsein vor.

Der Verfassungsartikel 116 bekam folgenden – sprachlich nicht gerade eleganten – Wortlaut: «Das Deutsche, Französische, Italienische und Rätoromanische sind die Nationalsprachen der Schweiz. Als Amtssprachen des Bundes werden das Deutsche, Französische und Italienische erklärt.»[16]

Am 20. Februar 1938 wurde abgestimmt. Der Urnengang erbrachte eine Mehrheit, die geradezu an volksdemokratische Verhältnisse erinnert: 92 % der Stimmbürger und alle Kantone nahmen die Vorlage an. Freilich war die Stimmbeteiligung an dieser symbolträchtigen Abstimmung nicht gerade überwältigend: mit 54 % lag sie klar unter dem Durchschnitt der Zwischenkriegsjahre. Besonders tief war sie in der Romandie: Im Kanton Genf betrug sie 24 %, in Neuenburg 25 %. Dies dürfte nicht nur mit der traditionell grösseren Stimmabstinenz der welschen Bürger zusammenhängen, sondern auch mit der Tatsache, dass Graubünden für viele Westschweizer unbekannter Ferner Osten war. Darüber hinaus scheint die tiefe Stimmbeteiligung der welschen Schweiz ein weiterer Beweis dafür zu sein, dass die Romands von der Geistigen Landesverteidigung weniger überzeugt waren als ihre Deutschschweizer *compatriotes*. Von der oft beschworenen «Solidarität der lateinischen Minderheiten» jedenfalls keine Spur.

Das Abstimmungsresultat erschien vor allem als patriotisches Symbol. Die konkreten Folgen waren hingegen beschränkt, da ja das Rätoromanische auch weiterhin keine Amtssprache war. Immerhin: Mit ihrem Bekenntnis zur viersprachigen Schweiz hatten die Eidgenossen zum deutschen und italienischen Nationalismus einen pluralistischen Kontrapunkt gesetzt. Die Mehrsprachigkeit der Schweiz zu betonen, war vor allem für die deutsche Schweiz ein Mittel, um sich den nationalsozialistischen Umarmungsversuchen zu entziehen. Was erneut zeigt, dass Sprache nicht nur ein Kommunikationsvehikel, sondern auch ein Identitätsmerkmal ist – und ein Instrument der Politik.[17]

«Allons à la Landi»

Eine andere Gelegenheit, nationales Wesen hochleben zu lassen, bot ein Jahr später die Landesausstellung in Zürich, schweizerdeutsch-liebevoll als «Landi» bezeichnet. Diese vom Luzerner Architekten Armin Meili orchestrierte nationale Leistungsschau wurde für die bedrohte Schweiz zur Gelegenheit, ihren Patriotismus und ihren Willen zur Eigenständigkeit zu feiern. Dabei setzte sie sich nicht zuletzt zum Ziel, die Vielfalt der Schweiz in den schönsten Farben erscheinen zu lassen. Ein «Höhenweg» mit den Fahnen aller Schweizer Gemeinden geriet für Tausende von Besuchern zum grossen Erlebnis, das die vaterländischen Herzen höher schlagen liess.

Auch die Schweizer Mehrsprachigkeit wurde an der Landi gebührend gefeiert. Auf einer Sprachenkarte, die auf dem Höhenweg zu sehen war, wurden stolz die vier Landessprachen genannt: Rätoromanisch, Italienisch, Französisch und – «Schwyzerdütsch». Dass Schweizerdeutsch, nicht Deutsch die Sprache der Deutschschweizer sein sollte, führte allerdings zu einer Einsprache des Deutschschweizerischen Sprachvereins. Sein Begehren, das «Schwyzerdütsch» durch das von der Bundesverfassung genannte «Deutsch» zu ersetzen, wurde aber höchst ungnädig entgegengenommen: «Ihr Ansinnen, das sich übrigens mit frontistischen Begehren deckt, wird von der Direktion der Landesausstellung entrüstet zurückgewiesen.»[18]

Befremdend ist, dass sich sogar die Landesausstellung, welche die Schweizer Eigenständigkeit verherrlichen und deutsche «Heim ins Reich»-Anmassungen abwehren wollte, streckenweise an deutschen Vorbildern orientierte. Die Inszenierung des «Eidgenössischen Wettspiels» von Edwin Arnet beispielsweise war eindeutig von der Nürnberger Massen-Choreographie inspiriert.

Wenn in Zürich noch und noch die fast wunderbare Eintracht der vier Schweizer Sprachgruppen gefeiert wurde, so herrschte allerdings zuvor in der Kulisse alles andere als guteidgenössische Konkordanz. Der Landesausstellung waren Streitigkeiten zwischen deutscher und welscher Schweiz vorausgegangen. Sie führten zu vehementen Unmutsäusserungen der Romands, die sich bei der Planung und bei der personellen Vertretung übergangen fühlten: von 199 Mitgliedern der Grossen Kommission stammten 1936 nur gerade neun aus der Romandie.[19]

Diese Ungerechtigkeit konnte aber noch rechzeitig behoben werden. Bei der Eröffnung im Mai 1939 herrschte dann eitel Minne, und selbst die «Gazette de Lausanne» war des Lobes voll über die Harmonie, die auf dem Ausstellungsgelände herrschte. Der Waadtländer Nationalratspräsident Henry Vallotton wollte an der Landesausstellung keine Deutschschweizer und keine Welschen gesehen haben – nur Schweizer.

Die Romands strömten in Scharen «à la Landi» und «au Höhenweg», und nicht wenige Welsche kamen damals zum erstenmal in die deutsche Schweiz. Bis zum Ende der Ausstellung im November 1939 wurden 10,5 Millionen Besucher gezählt. Und der Ausstellung wäre wohl ein noch grösserer Publikumserfolg beschieden gewesen, wenn nicht – wie schon bei der Landesausstellung in Bern 1914 – mitten in den Schweizer Feierlichkeiten ein Weltkrieg ausgebrochen wäre.

Wie Hitler die Schweiz «einte»

Die Zeit des Zweiten Weltkriegs gilt als eine glückliche Periode im Zusammenleben zwischen deutscher und welscher Schweiz. Das Sprachproblem führte diesmal nicht zu eidgenössischen Grabenkämpfen. Dennoch ist fraglich, ob wirklich immer alles so harmonisch zu- und hergegangen ist, wie dies die offiziöse Geschichtsschreibung lange Zeit wahrhaben wollte.

Immerhin zeigte die «Classe politique» gleich zu Beginn des Weltkriegs, dass sie die Eintracht der Sprachgruppen besser pflegen wollte als 1914. Als am 30. August 1939 die Vereinigte Bundesversammlung den Bundesrat zur Neutralitätserklärung ermächtigte und zur Wahl eines Generals schritt, stand fest, dass der neue Chef der Schweizer Armee nur ein Romand sein konnte. Und tatsächlich wurde darauf der Waadtländer Oberstkorpskommandant Henri Guisan mit grossem Mehr gewählt. Mit der Wahl eines «Lateiners» setzte die Schweiz nicht nur ein innenpolitisches Zeichen, sondern auch ein Signal nach aussen: «Wir sind kein (nur) deutsches Volk», war die Botschaft. Guisan, der umgängliche Waadtländer *gentleman farmer* und Berufsoffizier, wurde in der ganzen Schweiz zum Symbol des nationalen Widerstandswillens. Und noch heute hängt sein Bild an manchen Beizenwänden – in der welschen wie in der deutschen Schweiz.

Doch obgleich der Krieg die innenpolitischen Gegensätze in den Hintergrund drängte und auch die Mentalitätsunterschiede zwischen den Sprachregionen eine Zeitlang als fast belanglos erscheinen liess, waren sie deswegen nicht gänzlich beseitigt. Als die Schweizer im Juni 1939, also kurz vor Kriegsausbruch, über einen Rüstungskredit abstimmten, wurde die Vorlage zwar angenommen, aber gegen den Willen der welschen Kantone Genf, Waadt und Neuenburg. Sogar in dieser kritischen Phase zeigte es sich also, dass die Romands den «Herren von Bern» enge Zügel anlegen wollten, selbst wenn es sich um die Landesverteidigung handelte. Die liberal-konservative «Gazette de Lausanne» ging damals gar so weit zu schreiben, die Schweiz habe sich mit dieser Vorlage freiwillig in die «Mühle des Totalitarismus» begeben. Mit ähnlichen Argumenten bezog die einflussreiche Waadtländer Zeitung im März 1940 erneut Stellung gegen Bundessteuern.

Auch die wenigen Volksabstimmungen, die während des Kriegs stattfanden, zeigten, dass die alten politischen Gegensätze im Zeichen der nationalen Allianz nicht völlig eingeebnet worden waren. Die Debatten um die Einführung des militärischen Vorunterrichts sind diesbezüglich aufschlussreich. Diese Vorlage wurde 1940 von den bürgerlichen Parteien durchs Parlament gepeitscht, während sich die Sozialdemokraten der Stimme enthielten. Darauf wurde von katholischen Bauern, Föderalisten und Deutschschweizer Pastoren das Referendum ergriffen. Anfangs Dezember 1940 kam's zur Abstimmung: die Vorlage wurde abgelehnt, wobei die welsche Schweiz besonders deutlich «non» sagte. Das Projekt fand nur in einigen Deutschschweizer Kantonen (Zürich, Solothurn, beide Basel, Schaffhausen) Zustimmung, sowie erstaunlicherweise in dem als wenig militärfreundlich geltenden Kanton Genf.[20]

Die Romands blieben also auch weiterhin skeptisch gegenüber neuen Interventionen aus Bundesbern. Der welsche Antizentralismus kam auch in der Publizistik gelegentlich zum Vorschein. Beispielsweise schrieb der einflussreiche Journalist Georges Rigassi im Februar 1941 in einer Artikelserie über den welschen Liberalismus, die liberale Doktrin – «propre à la Suisse française protestante» – sei weiterhin resolut anti-etatistisch.[21]

Auch der in der Romandie oft intonierte Refrain vom wirtschaftlichen Übergewicht der deutschen Schweiz wurde durch den Krieg nicht zum Verstummen gebracht. Im Gegenteil: es ging die Kunde, die Kriegswirtschaft habe sogar zu einem verschärften Diktat der deutschen Schweiz geführt, da die welsche Schweiz in den grossen Verbänden und parastaatlichen Gremien schwach vertreten sei.[22]

Welsche Klagen über den Deutschschweizer Etatismus wurden in der deutschen Schweiz gelegentlich mit Breitseiten gegen den Schlendrian und den mangelnden Patriotismus der Romands beantwortet. Es wurde gemunkelt, in der Romandie blühe der Schwarzmarkt. So schrieb die «Berner Tagwacht» im April 1942 reichlich bösartig: «Westwärts der Aare, wo, wir wiederholen, die eidgenössischen Gesetze, aber nicht die eidgenössischen Subventionen aufhören, soll es punkto Lebensmittel- und Mahlzeitenkarten noch recht lustig zugehen.»[23]

Unterschiede zwischen deutscher und welscher Schweiz zeigten sich auch in der Frage, welche Rolle die Linke im Staat zu spielen habe. Sogar während des Krieges wurde deutlich, dass der Schulterschluss aller nichtextremistischen politischen Kräfte in der Romandie nicht immer verstanden wurde: die Opposition zwischen Bürgerlichen und Linken scheint im Welschland länger virulent geblieben zu sein als in der deutschen Schweiz. So wurde die SP-Initiative für eine Erhöhung der Zahl der Bundesräte und ihre Volkswahl im Januar 1942 von der welschen Schweiz noch deutlicher abgelehnt als in der deutschen Schweiz.[24]

Es war damit nicht weiter erstaunlich, dass die Wahl des ersten SP-Bundesrates Ernst Nobs im Dezember 1943 nur unter Deutschschweizer Druck zustande kam. Die welschen Bürgerlichen willigten schliesslich ein, sahen jedoch in der SP-Regierungsbeteiligung ein Provisorium. Die welsche Kompromissbereitschaft, so Amstutz, hing möglicherweise damit zusammen, dass die welschen Bürgerlichen im Dezember 1943 stärker damit beschäftigt waren, die Wahl des umstrittenen Waadtländer Radikalen Pilet-Golaz sicherzustellen, als jene des Sozialdemokraten zu verhindern.[25]

Auch das «welsche Malaise» artikulierte sich während des Kriegs noch gelegentlich. In einem Buch mit dem Titel «Silence obligé» (obligates Schweigen) meldete sich 1943 der Literaturhistoriker Paul André, ein Verfechter des «génie latin», zu Wort. Der Autor beschwor die Gefahren, die der «unitäre Totalitarismus» für die Romandie, aber auch für die deutsche Schweiz bedeutete.[26]

«Du befiehlst mir zu lieben – und ich gehorche»

Man sieht: Ganz so einfach und harmonisch, wie man das gerne hätte, waren die Beziehungen zwischen den Sprachgruppen auch in Kriegszeiten nicht. Wurde die Annäherung zwischen deutscher und welscher Schweiz, welche die Elite als Gebot der Stunde deklariert hatte, vom Volk auch wirklich gelebt? Die Frage ist schwer zu beantworten. Denn zwischen 1939 und 1945 unterlag die Presse der Zensur, und die Abstimmungsdemokratie wurde im Zeichen des Vollmachtenregimes teilweise suspendiert. Die Schweiz war, laut Edgar Bonjour, eine «autoritäre Demokratie». Hierzu gehörte, dass innenpolitische Gegensätze mehr oder weniger tabuisiert wurden, weshalb auch Spannungen zwischen den Sprachgruppen nur sehr beschränkt an die Öffentlichkeit kamen.

«Tu m'as dit d'aimer: j'obéis …» (du heisst mich zu lieben, und ich gehorche): Mit diesem Zitat aus der «Prière patriotique» des Komponisten Emile Jacques-Dalcroze hat der Genfer Historiker Jean-Claude Favez die Natur der deutsch-welschen Beziehungen in jener Zeit trefflich resümiert. Wenn zwischen Herrn Schweizer und Madame Romandie tatsächlich Liebe «herrschte», so handelte es sich dabei – zumindest teilweise – um eine amtlich verordnete Liebe.

Manfred Gsteiger erzählt in seinem schönen Buch «Westwind» eine Erinnerung aus seinen Kindheitsjahren in der Nähe von Biel, in unmittelbarer Nähe der Sprachgrenze: «Das Welschland, so nah und zugleich so fern, war das ‹Andere›, das Fremde auch, dann und wann sogar das Feindliche. Bei einem Schulausflug auf den Tessenberg erlebte ich, wie ein kleines Mädchen, das uns, an einen Gartenzaun gelehnt, beim Herankommen kritisch musterte, unversehens sagte: ‹Voici les boches!›. Wir wussten nicht, was ‹boches› seien, aber dass das Wort etwas Unschönes bedeutete, das ahnten wir. Umgekehrt skandierten wir dann: ‹D Franzose, mit de rote Hose, mit gälbe Finke, pfui die schtinke›, und der Lehrer hatte gegen solchen Jugendchauvinismus nichts einzuwenden.»[27]

Und dennoch trifft es wohl zu, dass der nationale Zusammenhalt zwischen 1939 und 1945 nicht ernstlich bedroht war. Der Hader, der im Ersten Weltkrieg die Schweizer Sprachgruppen entzweite, blieb aus. Die gemeinsame Gefahr führte zwischen 1939 und 1945 zu einem ausgeprägten nationalen Zusammengehörigkeitsgefühl: nie fühlen sich die Schweizer einiger, als wenn sie einen gemeinsamen Feind haben. Zugespitzt formuliert könnte man sagen, dass der Schulterschluss zwischen deutscher und welscher Schweiz und die Pflege der eidgenössischen Mehrsprachigkeit ein Stück weit auch Hitlers Werk war.

Der Nationalsozialismus war für die Eidgenossenschaft nationaler Kitt. Er zeitigte aber noch eine andere Wirkung: das Dritte Reich führte zu einem tiefen Riss, zu einer radikalen Entfremdung zwischen Deutschland und der deutschen Schweiz. Eine Entwicklung, die im 15. Jahrhundert mit dem Schwabenkrieg begonnen hatte, fand in der Periode des Nationalsozialismus ihre bittere Fortsetzung. Und dies hat Auswirkungen bis in die heutige Zeit.

Wenn sich die Deutschschweizer heutzutage mit dem Hochdeutschen so schwer tun, so hat dies nicht nur, aber auch mit der in jenen Jahren aufgerissenen Kluft zwischen der deutschen Schweiz und Deutschland zu tun. Und selbst die Euroskepsis vieler Deutschschweizer, welche die Romands so sehr enerviert, geht zumindest teilweise auf diese bis heute nicht verheilte Wunde zurück.

Und plötzlich klaffte der «Röstigraben»
(1945–2000)

> Mais comment dire un insaisissable malaise?
> *Gustave Flaubert, «Madame Bovary»*

Im Vorfeld des Zweiten Weltkriegs war das Verhältnis zwischen deutscher und welscher Schweiz, wie wir im vorausgehenden Kapitel gesehen haben, zur Liebesehe hochstilisiert worden. Damals deklarierten die «Geistigen Landesverteidiger» den helvetischen Sprachenhaushalt zum Modell, welches dem von den Dämonen des Nationalismus besessenen Europa als Vorbild dienen sollte. Wie so oft in der Schweizer Geschichte, wurde das innere Einvernehmen mächtig durch die äussere Gefahr gefördert. In den sechs Jahren, die der Weltkrieg dauerte, war die Eidgenossenschaft erst recht zur Pflege der Gemeinsamkeit verdammt. Während draussen Bomben fielen, duckten sich die Schweizer hinter ihren vier Wänden und rückten eng zusammen. Als 1945 der Spuk vorbei und die eidgenössische Klausur beendet war, durften sie endlich wieder ins Freie hinaus, wo Trümmer lagen und Verwüstung herrschte. Nun drang frische und kalte Luft in die warme, aber auch etwas stickige Schweizer Stube – und damit sollte auch für die Schweiz eine neue Bewährungsprobe beginnen. Wird die im Zeichen der Geistigen Landesverteidigung proklamierte Liebe zwischen den Schweizer Sprachkulturen Bestand haben, jetzt, da die äussere Gefahr vorbei ist? Was bleibt von der grossen eidgenössischen Verbrüder- und Verschwesterung, wenn der amtlich verhängte Zustand der Liebe aufgehoben wird? In der Periode, in die wir nun eintreten, werden sich diese Fragen mit aller Dringlichkeit stellen.

Wessen Malaise?

Am Ende des Zweiten Weltkriegs erschien die Schweiz wie die Insel der Seligen in einem unseligen Europa. Wie im vorausgegangenen grossen europäischen Krieg war das Ländli auch diesmal scheinbar heil davongekommen. «Die Schweiz, mehr als irgendein anderes Land, erscheint uns als eine Art verlorenes Paradies», schrieb der französische Politologe André Siegfried, der in den Nachkriegsjahren (auf Rechnung des Gastlandes) die Schweiz bereist hatte, in seinem 1948 erschienenen Buch «La Suisse – démocratie-témoin». Die Schweizer besässen eigentlich alles, was man sich wünschen könne: hohen Lebensstandard, fortgeschrittene Technik, politische Weitsicht, Bildung. Ja, der französische Publizist mit dem wagnerianisch anmutenden Namen machte den Schweizern das schönste Kompliment, das ein Franzose machen kann: Dieses Volk besitze nicht nur Geld, sondern auch Geist.[1]

Demnach könnte man meinen, in der Schweiz müsse nach dem Weltkrieg ein intensives Glücksgefühl geherrscht haben. Doch in Wirklichkeit war dies nicht der Fall, im Gegenteil: Bedrückung herrschte vor. Das schlechte Gewissen des Überlebenden regte sich, aber auch das Bewusstsein, dass die Schweiz für ihre Unversehrtheit einen hohen, vielleicht zu hohen Preis bezahlt hatte. Die restriktive Flüchtlingspolitik der Schweiz («das Boot ist voll»), die unselige Erfindung des Judenstempels durch die eidgenössische Fremdenpolizei, die Geschäfte der Schweizer Wirtschaft mit dem nationalsozialistischen Deutschland waren schon in der Nachkriegszeit Gegenstand von Polemiken. Und: Wie immun waren die Schweizer gegenüber der nationalsozialistischen Pest eigentlich gewesen? Auch diese Frage führte schon kurz nach der Rückkehr des Friedens zu Unfrieden unter Eidgenossen. Schmutzige Wäsche wurde in aller Öffentlichkeit gewaschen – und da hatte es auch braune Westen und schwarze Hemden drunter.

Selten ist in der Schweizer Geschichte so oft vom «helvetischen Malaise» oder vom «helvetischen Unbehagen» gesprochen worden wie damals. Dieser Begriff, welcher wie die «Graben»-Metaphorik ein wahres Loch-Ness-Ungeheuer des helvetischen Wortschatzes darstellt, war ja bereits in den Zwischenkriegsjahren verschiedentlich verwendet worden; nun tauchte er in einer Artikelreihe der «Weltwoche» an der Jahreswende 1945/46 wieder auf. Danach ging er auch in der welschen Schweiz um: am 12. Januar 1946 beschäftigte sich der Chefredaktor der «Gazette de Lausanne», Georges Rigassi, in einem Leitartikel mit dem Schweizer Unbehagen, wobei er das «malaise helvétique» in der Überschrift allerdings mit einem Fragezeichen versah. Darauf publizierte Olivier Reverdin im «Journal de Genève» seinerseits einen Beitrag zum «malaise suisse». Der Genfer Journalist, welcher später als liberaler National- und Ständerat als einer der brillantesten Vertreter der welschen Geisteselite gelten sollte, stellte vor allem ein deutschschweizerisches Unbehagen fest. Der politische und moralische Zusammenbruch Deutschlands, schrieb er, habe auch die deutschschweizerische Seele zutiefst verletzt.[2]

In der deutschen Schweiz wurde dagegen das «welsche Malaise» zum festen Begriff. Der Literaturprofessor Alfred Berchtold, Autor eines Standardwerks über die Westschweizer Literatur («La Suisse romande au cap du XXe siècle»), erzählt in seinen Erinnerungen eine die damalige Stimmung erhellende Anekdote. Als junger Student an der Universität Zürich gehörte er zu den Organisatoren eines Vortrags über das «Malaise». Allerdings glänzten die welschen Kommilitonen bei diesem Anlass durch ihre Abwesenheit – was einen Deutschschweizer Redner zur witzigen Bemerkung veranlasste: «Nous constatons avec satisfaction que le malaise romand existe bel et bien!» (Wir stellen befriedigt fest, dass das welsche Unbehagen tatsächlich existiert.)[3]

Diese «Malaise»-Diskussionen – Ausdruck eines sehr schweizerischen Hangs zur Selbstquälerei und zum Selbstzweifel – zeigen, dass in der Schweiz der Nachkriegszeit alles andere als Euphorie herrschte. Die Schweizer hatten Glück gehabt, aber glücklich waren sie nicht. Im Gegenteil: Aufs Glück im Unglück folgte das Unglück im Glück. Worin bestand nun aber eigentlich das helvetische, deutschschweizerische oder welsche «Malaise»? Niemand wusste es so recht, und das Vage ist ja auch das Typische am Unbehagen: man fühlt sich unwohl, weiss aber nicht genau, weshalb. Und das Nicht-Wissen ist selbst ein Teil des Unbehagens. Das Schöne am «Malaise» war jedoch, dass es offensichtlich von der deutschen wie auch von der welschen Schweiz geteilt wurde. Einmal mehr schienen Deutschschweizer und Romands glücklich vereint: im gemeinsamen Unbehagen.

Romands gegen die «Herren von Bern»

Eine vorrangige Frage, die ausgangs des Zweiten Weltkriegs die Schweizer Politik beschäftigte, betraf das Verhältnis der Schweiz zu den 1945 gegründeten Vereinten Nationen (UNO). Soll die Schweiz der UNO beitreten oder nicht? Wäre ein solcher Beitritt mit der Neutralität vereinbar oder nicht? Anders als nach dem Ersten Weltkrieg, als die Frage eines Beitritts zum Völkerbund die deutsche und die welsche Schweiz entzweite, überwog diesmal die Skepsis sowohl in der deutschen Schweiz als auch in der Romandie. Die Eidgenossenschaft verharrte in ihrer Igelstellung, in ihrer «splendid isolation». Dies frustrierte zwar einen Teil der Intelligentsia, die mehr aussenpolitisches Engagement forderte, verhinderte aber einen deutsch-welsch-Graben, wie er bei der Völkerbundabstimmung 1921 aufgetreten war. Die Schweiz hatte an ihrer Grenze eine chinesische Mauer gebaut – und dadurch die Einheit im Innern zementiert.[4]

Und dennoch waren die Beziehungen zwischen deutscher und welscher Schweiz nach dem Zweiten Weltkrieg nicht ganz so entspannt, wie dies bisweilen lobend gesagt wurde. 1947 kam die Jurafrage wieder aufs Tapet, als das bernische Kantonsparlament dem SP-Regierungsrat Georges Moeckli, einem der beiden Jurassier in der Kantonsregierung, die Übernahme des Baudepartements verweigerte – obwohl Moeckli vom Regierungskollegium dafür vorgeschlagen worden war und aufgrund der Amtsdauer eigentlich an der Reihe gewesen wäre. Ein Parlamentarier aus dem Berner Oberland begründete diesen Affront damit, dass Moeckli, der Jurassier thurgauischer Abstammung, nicht genügend deutsch könne – eine Erklärung, welche den Funken ans Pulverfass der jurassischen Revolte legte. Notabeln aus dem Berner Jura gründeten hierauf ein «Comité de Moutier», das eine Autonomie des Juras innerhalb des Kantons Bern forderte. Von einer Trennung von Bern wollte das Komitee nicht sprechen, weil es einen solchen Schritt für utopisch hielt. Aber es sollte nicht lange dauern, bis sich radikalere Kreise im «Rassemblement jurassien» zusammenschlossen, das Undenkbare dachten und die Forderung nach Separation erhoben.

Dass der Jurakonflikt, der sich schon im Kulturkampf und kurz nach dem Ersten Weltkrieg zeitweise zugespitzt hatte, gerade jetzt wieder aufflackerte, war kein Zufall: viele jurassische Intellektuelle und Literaten – wie der spätere Ständerat Roland Schaffter und der Chefideologe des Rassemblement jurassien, Roland Béguelin – hatten in den dreissiger und vierziger Jahren, unter dem Einfluss der Action française, den Kult des französischen Genius zelebriert, wobei die lateinische Kultur der germanischen Barbarei entgegengesetzt wurde. In der Periode des Nationalsozialismus wurde das alte jurassische Unbehagen im Staate Bern neu aufgeladen: die antigermanischsten unter den jurassischen Intellektuellen setzten deutschschweizerisch mit deutsch gleich und deutsch mit nationalsozialistisch. Und leiteten daraus die Forderung ab: weg von Bern! Die Folgen werden wir sehen.[5]

Nicht nur im Jura manifestierte sich in den Nachkriegsjahren das «welsche Malaise»: in grossen Teilen der Romandie herrschte Unzufriedenheit mit dem aus den Kriegszeiten geerbten Ausnahmezustand. Das

1939 eingeführte sogenannte Vollmachtenregime, das die Regierung weitgehend der Kontrolle des Volks entzog und die Volksrechte beschnitt, stellte besonders in den Augen der welschen Föderalisten einen Stein des Anstosses dar, den es möglichst schnell zu beseitigen galt. So war es durchaus kein Zufall, dass in der welschen Schweiz noch vor Kriegsende eine Bewegung gegen das ungeliebte Vollmachtenregime entstand. Weil sich der Bundesrat zierte und sich auch nach Beendigung des Kriegs mit der Abschaffung des Ausnahmezustands – gleichsam nach dem gutbernischen Motto «numä nid gschprängt!» – Zeit lassen wollte, lancierte die Ligue vaudoise eine Volksinitiative für die «Rückkehr zur direkten Demokratie». Dass ausgerechnet eine Bewegung, die in den dreissiger Jahren die Demokratie durch ein autoritäres Regime hatte ersetzen wollen, gegen den Autoritarismus der Herren von Bern in die Schlacht zog, entbehrt nicht der Ironie: Offenbar können Antidemokraten gelegentlich zu Ultrademokraten mutieren.

Die Initianten vermochten nicht ohne Mühe, 54 000 Unterschriften zusammenzubringen (50 000 waren gefordert), wovon ein Drittel im Kanton Waadt, ein Drittel in der restlichen Romandie und ein Drittel in der deutschen Schweiz gesammelt wurde. Das Volksbegehren, welches vom Bundesrat bekämpft wurde, gelangte im September 1949 nach langem Hin und Her vors Volk. Und siehe da: es wurde angenommen, wenn auch mit hauchdünnem Mehr. Dies war ein historisches Ereignis. Denn bis anfangs der achtziger Jahre war diese Vorlage die einzige Volksinitiative der Nachkriegszeit, die Gnade vor den Stimmbürgern fand.[6]

Dieser erstaunliche Sieg über «die Herren von Bern» kam vor allem dank der lateinischen Schweiz zustande. Alle welschen Kantone wie auch das Tessin hatten der Vorlage zugestimmt. In der Deutschschweiz dagegen wurde die Initiative mehrheitlich verworfen: die Koalition der Minderheiten hatte also die Mehrheit überstimmt.[7]

Der Rote Romand

Wir treten jetzt in die fünfziger Jahre ein. Sie stellen in der Geschichte der Beziehungen zwischen deutscher und welscher Schweiz eine Art «terra incognita» dar, gelten als eine Periode, in der zwischen deutscher und welscher Schweiz «nichts» passiert ist: nichts Positives, aber auch nichts Negatives. Deshalb wurde das Verhältnis zwischen Deutschschweiz und Romandie in diesem Zeitabschnitt nur selten Gegenstand genauerer Betrachtung. Im Zeichen des Kalten Kriegs, so lässt sich bei Historikern nachlesen, wurde der Geist der Geistigen Landesverteidigung gleichsam perpetuiert: das Feindbild Stalin trat an die Stelle des Feindbilds Hitler. Der Krieg ging in den eidgenössischen Köpfen weiter. Da blieb, so schien es, den Schweizern wenig Musse, um sich zu streiten.

In Wirklichkeit hatten Deutschschweizer und Romands auch in den Jahren des Kalten Kriegs wiederholt Gelegenheit, sich aneinander zu reiben. Denn der Antikommunismus, der einen Grossteil der Schweizer Bevölkerung damals ideologisch zusammenschweisste, entwickelte in der deutschen und der welschen Schweiz nicht die gleiche Durchschlagskraft. Der antikommunistische Konsens war in der deutschen Schweiz stärker als in der welschen Schweiz. Und dies führte zu gelegentlichen Misstrauensbekundungen hüben und drüben.

Auch die politische Landschaft entwickelte sich in den beiden Sprachenregionen recht unterschiedlich. Während die radikale Linke in der deutschen Schweiz nach dem Zweiten Weltkrieg weitgehend von der Bildfläche verschwand, blieb der Romandie eine Linke links der Sozialdemokratischen Partei erhalten. Bei den Wahlen der Nachkriegszeit gelang der «Partei der Arbeit» (PdA), welche von Altkommunisten und den Genfer Linkssozialisten um Léon Nicole 1944 gegründet worden war, in den Kantonen Genf, Waadt und Neuenburg ein eigentlicher Durchbruch. In der deutschen Schweiz dagegen konnte sich die PdA nur in Basel und in der Stadt Zürich etablieren – und auch dort war ihre Macht bei weitem nicht mit jener in ihren welschen Bastionen vergleichbar, wo sie auch nach 1947, als ihr Höhenflug zu Ende ging, Nationalratsstärke erreichte. Bemerkenswert war, dass die Kommunisten in den welschen Kantonen reformierter Tradition – also in Genf, Waadt und Neuenburg – sogar im Bürgertum Anhänger und Sympathisanten fanden. Der Waadtländer PdA-Nationalrat André Muret stammte aus reichem Haus und sein Genosse Armin Forel aus einer berühmten Waadtländer Gelehrtenfamilie. In Genf war Jean Vincent, Sohn eines Pastors, bis ins calvinistische Bürgertum populär, wirkte er doch wie der Inbegriff des selbstlosen Verteidigers der Witwen und Waisen.

Während in den Zwischenkriegsjahren das welsche Bürgertum, wie wir gesehen haben, einen noch ausgeprägteren Antikommunismus und Antisozialismus an den Tag gelegt hatte als die Deutschschweizer Elite, war es in den Nachkriegsjahren also gerade umgekehrt. Warum? Eine Hypothese: Nach dem Zweiten Weltkrieg war das Image der Kommunisten in der welschen Schweiz – ähnlich wie in Frankreich und Italien – stark von der Résistance geprägt. Zudem sah die welsche Elite in der Sowjetunion, trotz aller Vorbehalte gegenüber dem kommunistischen Modell, doch das Land, welches entscheidend zum Sieg gegen die nationalsozialistische Barbarei beigetragen hatte. Auch im französischen Bürgertum war eine gewisse Sympathie für die Sowjetunion bestimmend, welche – zum Beispiel bei den Gaullisten – vom Misstrauen gegenüber den USA noch gefördert wurde. Die Deutschschweiz dagegen stand, wie Deutschland, stärker unter atlantischem Einfluss. Zudem wurde die deutschsprachige Welt schneller mit dem «real existierenden Kommunismus» konfrontiert: schliesslich gab es nach der Gründung der DDR einen kommunistischen deutschen Staat. Romantische Verklärung des Stalin-Regimes kam unter diesen Umständen schwerlich auf.

Eine andere Hypothese: In den Zwischenkriegsjahren gingen die Bestrebungen zur Integration der Sozialdemokratie und der Gewerkschaften ins Machtkartell vor allem vom Deutschschweizer Bürgertum aus, während sich die welsche Elite gegenüber solchen Integrationsversuchen lange Zeit ablehnend verhielt. Die Zähmung der Linken mittels ihrer Einbindung ins System hatte zur Folge, dass sich die Deutschschweizer Linke ideologisch mässigte. Diese Entwicklung scheint sich in der welschen Schweiz nicht im gleichen Mass vollzogen zu haben: hier verharrte ein Teil der Linken auf radikaleren Positionen. Die Minderheitsposition der Romands hat das Phänomen möglicherweise noch verstärkt.

Diese politische Ungleichentwicklung führte in den späten vierziger und in den fünfziger Jahren zu einer gewissen Entfremdung zwischen Deutschschweizern und Romands. Sie kam in Militärfragen deutlich zum Vorschein. Während ein Teil der Deutschschweizer Führungsschicht die Armee eher auf- als abrüsten wollte, forderten viele Romands damals einen Abbau des Verteidigungsapparats. Nach Stalins Tode im März 1953 bekamen solche Bestrebungen in der welschen Schweiz Aufwind. Viele Schweizer glaubten damals, die sowjetische Gefahr sei vorüber. Die Kritik am hohen Militärbudget wurde durch die (schon damals!) bedrohliche Finanzsituation des Bundes verstärkt, vor allem nach 1953, als eine Vorlage für eine definitive Bundesfinanzordnung vom Volk verworfen worden war.[8]

So lancierte der freisinnige Waadtländer Journalist Samuel Chevallier zusammen mit Jack Rollan, dem Herausgeber der satarischen Zeitschrift «Le Bon Jour», im Frühling 1954 eine Initiative zur Reduktion der Militärausgaben, welche prompt zustandekam. Die Räte erklärten sie aber wegen

Verstosses gegen das Prinzip der Einheit der Materie für ungültig. Darauf arbeiteten verschiedene Friedensgruppen zusammen mit Chevallier im Frühling 1956 eine zweite Vorlage aus. Auch sie erreichte innert kurzer Frist die für die Gültigkeit nötige Unterschriftenzahl. Allerdings wurde sie bald darauf zurückgezogen. Angesichts der antikommunistischen Stimmung nach dem Ungarn-Aufstand im Herbst 1956 erschien sie ihren Promotoren als chancenlos.

Die welschen «Abrüstungsinitiativen» wurden in der deutschen Schweiz nicht immer verstanden. Viele Deutschschweizer sahen in den Romands unsichere Kantonisten, die sich nur allzu gern von den kryptokommunistischen Friedensschalmeien verführen liessen, ja sogar schlechte Patrioten und verkappte «Rote». Dass ausgerechnet ein Waadtländer Freisinniger eine «Anti-Armee-Initiative» lancieren konnte, das ging den Deutschschweizer Bürgerlichen nicht so recht in den Kopf. In der welschen Schweiz dagegen wurden die Deutschschweizer manchmal als antikommunistische Hysteriker betrachtet, die sich in den Sold der amerikanischen Propaganda begeben hatten.

Auch die Debatten um den Zivilschutz zeigten, dass Deutschschweizer und Romands nicht in der gleichen Welt lebten. 1957 gelangte ein Verfassungsartikel zur Abstimmung, der die Einführung einer «Zivildienstpflicht» vorsah (und zwar auch für die Frauen, obwohl sie damals nicht einmal das Stimmrecht hatten). Die Vorlage wurde vom Volk knapp und von den Ständen deutlich abgelehnt. Dies stellte nicht zuletzt einen Sieg der Romands dar, welche die Vorlage haushoch verworfen hatten. In der Deutschschweiz und im Tessin dagegen war die Vorlage angenommen worden.[9]

Die welsche Skepsis gegen sicherheitspolitische Vorlagen manifestierte sich auch in der Atomwaffen-Debatte. 1957/58 entstand in der Schweiz, wie in anderen europäischen Ländern, eine Anti-Atom-Bewegung – Spitzenmilitärs wollten damals auch die Schweiz mit Atomwaffen beglücken. Eine «Bewegung gegen die atomare Aufrüstung», der unter anderem der sozialdemokratische Berner Regierungsrat Fritz Giovanoli, der Zürcher SP-Nationalrat Max Arnold und der Theologe Karl Barth angehörten, lancierte eine Verfassungsinitiative, die ein Verbot der Herstellung, Einfuhr, Durchfuhr, Lagerung und Anwendung von Atomwaffen verlangte. Im April 1962 kam es zur Abstimmung. Die Initiative wurde zwar mit grossem Mehr verworfen. Aber siehe da: eine Mehrheit der Romands und drei von fünf welschen Kantonen befürworteten das Verbot. Auch der Tessin erbrachte eine befürwortende Mehrheit, die aber sehr knapp ausfiel.[10]

Eine zweite Atomwaffeninitiative, welche von der Sozialdemokratischen Partei lanciert worden war und sich damit begnügte, die Anschaffung von Atomwaffen dem Volksentscheid zu unterstellen, führte im Mai 1963 zu einem ähnlichen Resultat. Auch sie wurde klar abgelehnt, wenn auch nicht ganz so deutlich wie die vorausgegangene Initiative. Aber wiederum sagten drei welsche Kantone und der Tessin «ja», diesmal zusammen mit dem Halbkanton Basel-Stadt.[11]

Gegensätze zwischen antikommunistischen Deutschschweizern und entspannungsfreundlichen und «entspannten» Romands tauchten anlässlich der Polemiken um den Osthandel nochmals auf. 1960 lancierte das Ost-Institut in Bern eine Kampagne gegen den Handel mit den Ostblockländern, eine Protestaktion, die durch den Bau der Berliner Mauer im August 1961 Aufwind bekam. Die Romands hielten sich jedoch zurück. Im Dezember 1961 reichte der Genfer Liberale Olivier Reverdin eine Interpellation ein, die den Bundesrat zu einer Stellungnahme aufforderte. Sie wurde im März 1962 im Nationalrat behandelt. In der Begründung seines Vorstosses kam Reverdin ausdrücklich auf die unterschiedliche Haltung der Romands und der Deutschschweizer zu sprechen. Dabei distanzierte er sich von jenen welschen Mitbürgern, welche die Deutschschweizer pauschal des McCarthysmus bezichtigten, verwahrte sich aber auch gegen jene Deutschschweizer, welche die Welschen als Kryptokommunisten verdächtigten. Reverdins Stellungnahme war typisch für die Haltung eines Teils der welschen Elite, die zwar alles andere als prokommunistisch war, sich aber auch klar von antikommunistischen Scharfmachern abgrenzte.[12]

Erst im Zeichen der Entspannung, die sich in den folgenden Jahren zwischen dem Westen und dem Sowjetblock abzeichnete, verloren diese Debatten an Virulenz. Das (Zerr)bild vom militaristischen Deutschschweizer und dem «roten Romand» konnte in der Grümpelkammer der Geschichte versorgt werden.

In der Schweiz der fünfziger und der frühen sechziger Jahre jedoch erschien die Romandie als ein fortschrittliches Korrektiv zur reichlich konformistischen und verbohrten Deutschschweiz. Dass die Mehrheit der Romands damals weniger traditionsverhaftet war als ihre Mitbürger ennet der Saane, zeigte sich übrigens auch in der Frage des Frauenstimmrechts. Im Februar 1959 wurde das Frauenstimmrecht von den Schweizer Stimmbürgern mit Zweidrittelsmehr und mit 19 gegen 3 Kantone verworfen: doch frauenfreundliche Mehrheiten ergaben die Kantone Genf, Waadt und Neuenburg. Am gleichen Tag wurde das Frauenstimmrecht von den

Waadtländern auf kantonaler Ebene eingeführt. Noch im gleichen Jahr folgten auch die Neuenburger, und 1960 der Kanton Genf. Zwölf Jahre später wurde das Frauenstimmrecht dann auch auf eidgenössischer Ebene angenommen, mit Zweidrittelsmehrheit. Auch bei diesem wahrhaft historischen Volksentscheid sollten sich die welschen Kantone als ausgesprochen fortschrittlich erweisen. *Merci les Romands!*[13]

Das exponierte Unbehagen

Zurück zu den sechziger Jahren. Sie gelten wie das vorausgegangene Jahrzehnt als Periode, in der das Verhältnis zwischen deutscher und welscher Schweiz mehr oder weniger unproblematisch war. Die Schweiz lebte im Zeichen des Wirtschaftsbooms, und der Wohlstand brach über das Land herein. «Enrichissez-vous!» (bereichert euch): die Losung aus der Zeit des französischen Bürgerkönigs Louis-Philippe schien zum kategorischen Imperativ des Schweizer Bürgers geworden zu sein.

Indessen war dies nur die eine, die glänzende Vorderseite der Medaille. Die dunkle Kehrseite: in der Inflationsgesellschaft entwertete sich das Hergebrachte, mit dem Wirtschaftsboom ging die friedliche Zerstörung der Landschaft einher. Es resultierte ein Verlust an Heimatgefühl, ein Unbehagen, das sich einerseits in der Jugendrevolte, andererseits in den sogenannten Überfremdungsinitiativen Luft schaffte. Letztere können als «Kapitalismuskritik von rechts» interpretiert werden: die sogenannten Fremdarbeiter wurden zu Sündenböcken gestempelt, welche für die vom Wirtschaftswachstum verursachten sozialen Kosten bezahlen mussten.

Auch in den Beziehungen zwischen deutscher und welscher Seite gab es eine Vorder- und eine Kehrseite. Zwar galt die Schweiz in den sechziger Jahren als Musterland in Sachen Mehrsprachigkeit. So brillant schien das Land seine Probleme gelöst zu haben, dass die Umgangssprache auf Metaphern aus der übernatürlichen Welt zurückgriff: der 1959 eingeführte Verteilschlüssel für die Bundesratssitze wurde als «Zauberformel» bezeichnet, und immer wieder war vom Schweizer «Vielsprachenwunder» die Rede. Auch viele politologische Publikationen beschäftigten sich mit dem Schweizer «Konkordanz-Modell», das als beinahe schon ideale Lösung für ein Mehrsprachenland dargestellt wurde.[14]

Aber dies war nur eine Seite. In Wirklichkeit gab es schon damals gelegentliche Spannungen: beispielsweise, als sich der Bund weigerte, den von welschen Initianten geplanten und schliesslich auch ausgeführten Autotunnel durch den Grossen Sankt Bernhard mitzufinanzieren. Vor allem aber prägten Indifferenz und Unkenntnis die Beziehungen zwischen den Sprachengruppen. Die Schweizer hatten im Zeichen der Hochkonjunktur Wichtigeres zu tun, als sich mit den andersprachigen Miteidgenossen zu beschäftigen. Jetzt drang der Duft der grossen weiten Welt in die Schweizerstube: Autos und Autobahnen verkleinerten die Welt, die Ferne rückte nahe, die nahen Nachbarn rückten in die Ferne. Weshalb zur Hochzeitsreise ins Tessin fahren, wie dies jungverheiratete Paare in den vierziger Jahren getan hatten, wenn Paris und New York lockten?

An der Landesausstellung, die 1964 in Lausanne stattfand, kam die ambivalente Stimmung der damaligen Zeit gut zum Ausdruck. So zelebrierte die Expo 64 den technischen und wirtschaftlichen Fortschritt, zeigte aber auch dessen Kehrseite, indem beispielsweise die Umweltverschmutzung thematisiert wurde. Bei der Fahrt mit dem Unterseeboot von Jacques Picard in den Fluten des Lac Léman stellten viele Schweizer erstmals mit eigenen Augen fest, wieviel Dreck die Konsum- und Abfallgesellschaft an ihre Gewässer abführte. Doch das Thema Mehrsprachigkeit kam bezeichnenderweise kaum zur Sprache. Offensichtlich wurde es nicht als ernsthaftes oder gar vorrangiges Problem empfunden. Zwar wurde die kulturelle Vielfalt der Schweiz durchaus zelebriert: beim Eingangsportal wehten die Fahnen aller Schweizer Gemeinden, und unter der Statue, die am Léman-Ufer den Rütlischwur symbolisierte, war dessen Anfangssatz in den vier Landessprachen zu lesen. Aber dass das Leben im Vielsprachenstaat durchaus auch Probleme aufwirft, darüber wurde der Mantel des Schweigens gehüllt.

Dabei hatte gerade die Vorbereitung der Lausanner Landesausstellung wieder einmal gezeigt, dass zwischen Deutschschweiz und Romandie nicht nur reine Minne herrschte. Lange Zeit verhielten sich viele Deutschschweizer recht skeptisch. Nicht wenige fragten sich, ob denn die Romands wirklich fähig seien, eine Landesausstellung zu organisieren. Auch die Deutschschweizer Presse schwankte im Vorfeld der Expo zwischen schroffer Ablehnung und selbstgerechter Kritik. Immer wieder berichtete sie über «Schnitzer» der «rührigen» Lausanner. Im März 1964 entfachte der Journalist Frank Bridel in der «Tribune de Genève» eine heftige Pressepolemik. Er warf den Deutschschweizer Redaktoren vor, sie missachteten die elementaren Regeln der nationalen Solidarität. Auf dem politischen Parkett gipfelte das Deutschschweizer Unbehagen in der zweifachen Weigerung der

Aargauer Stimmbürger, den solidarischen Finanzbeitrag an die Expo zu entrichten.[15]

Eine gewisse Deutschschweizer Skepsis machte sich noch zu Beginn der Ausstellung bemerkbar. Jedenfalls liessen die Besucher aus der deutschen Schweiz anfänglich auf sich warten. Im August aber, als der Reigen der sogenannten Kantonstage begann, strömten Besucher aus der ganzen Schweiz in grossen Massen aufs Ausstellungsgelände. Und die Deutschschweizer stellten fest, dass die Romands durchaus in der Lage waren, eine grosse Landesausstellung durchzuführen.

Einige Reibereien, eine bisweilen mit unverbindlicher Pauschalsympathie gemischte Gleichgültigkeit: so lassen sich die Beziehungen zwischen deutscher und welscher Schweiz in den sechziger Jahren charakterisieren. Die Indifferenz wurde zwar da und dort beklagt.[16] Zudem gab es Initiativen, um sie zu beheben: 1967 wurde die Oertli-Stiftung gegründet, welche sich zum Ziel setzte, die Verständigung zwischen den Sprachgruppen zu fördern. Die Medien bemühten sich ihrerseits, vermehrt über die anderen Sprachregionen zu berichten.[17] Aber diese lobenswerten Unternehmungen blieben auf einen engen Kreis beschränkt. Den Schweizern ging es gut, sie schliefen den Schlaf des Gerechten. Weshalb sollten sie sich um ihre Miteidgenossen scheren?

Brand im «Holzschopf»

Aus diesem süssen Schlummer wurde jedoch die Schweiz bald unsanft herausgerissen. Anfangs der sechziger Jahre trat im Jura eine Aktivistengruppe auf den Plan, die Anschläge auf Telegraphenmasten, militärische Anlagen und auf Bauernhöfe berntreuer Besitzer verübte, ja sogar ein Attentat auf eine Eisenbahnlinie versuchte. Die Schmalspur-Terroristen, hinter denen ein Weinhändler aus Courtételle und ein kaufmännischer Angestellter aus Delémont standen, zeichneten mit «FLJ» (Front de libération du Jura – jurassische Befreiungsfront), eine Bezeichnung, die an den algerischen «FLN» (Front de libération nationale de l'Algérie) erinnerte: es war die Zeit kurz nach dem Algerienkrieg.

An der Expo 64 machten einige Jurassier, die der Jugendgruppe des Rassemblement jurassien angehörten und sich als Béliers (übersetzt: Schafbock, aber auch Sturmbock) bezeichneten, am offiziellen Ehrentag des Kantons Bern etwas Radau. Vor den erstaunten Zuschauern, die zum Teil nicht einmal wussten, wo diese Böcke herstammten, forderten sie lauthals einen Kanton Jura. Im gleichen Jahr kam es beim Soldatendenkmal von Les Rangiers, jener martialischen Statue des Bildhauers L'Eplattenier, welche an die Grenzwacht der Schweizer Armee im Ersten Weltkrieg erinnert und im Jura als «Fritz» bezeichnet wird, zu einem «unschweizerischen» Zwischenfall. An einer Gedenkfeier wurden der aus dem Jura stammende Berner Regierungsrat Virgile Moine wie auch der Schweizer Verteidigungsminister, Bundesrat Paul Chaudet, mit Schmährufen eingedeckt. Der heroische Vorfall wird heute im Jura mit einem Lied gefeiert, dessen Melodie aus dem französischen Bastille-Lied entlehnt wurde.

Und so ging es weiter. Im Januar 1967 entfalteten Jurassier bei einem Diplomatenempfang in Bern ein Schriftband mit der Aufschrift: «Jura libre». Die Diplomaten kamen aus dem Staunen nicht heraus: eine Unabhängigkeitsbewegung, und dies in der friedlichen Schweiz! 1968 organisierten die Jung-Separatisten auf dem Rütli ihre Bundesfeier, und zwar ausgerechnet am 1. April, denn dieser Tag schien ihnen für eine solche Feier am besten geeignet. Nach und nach wachte der Schweizer aus dem Schlaf des Gerechten aus auf und rieb sich die Augen: «Wer rüttelt mich da aus der Ruhe? Was ist eigentlich los?»

Was los war in der nordwestlichen Ecke der Schweiz: ein Teil der Jurassier wollten los von Bern. Denn sie hatten nicht vergessen, dass der Jura 1814 vom Wiener Kongress unter Ausschluss des Volkes dem Kanton Bern zugesprochen worden war. Und dies wollten sie rückgängig machen. Nachdem die Jurassier 1947, wie bekannt, sich in einer autonomistischen Bewegung gesammelt hatten, konnte der Kanton Bern die Forderungen nicht mehr überhören. 1959 kam es zu einer ersten kantonalen Abstimmung, bei der die Berner Stimmbürger über eine Loslösung des Juras befragt wurden – und die Antwort lautete «nein», auch in den sechs jurassischen Bezirken.

Doch das Rassemblement jurassien gab nicht auf, im Gegenteil: es radikalisierte sich in den sechziger Jahren. Dass der Jurabewegung gerade jetzt jener Durchbruch gelang, der schliesslich zur Gründung des Kantons Jura führen sollte, war kein Zufall. Denn weltweit waren damals regionale und nationale Unabhängigkeitsbewegungen am Werk, die von den nationalen Freiheitskämpfen in der Dritten Welt beeinflusst waren. Die Intellektuellen begeisterten sich für Mao und Ho Tschi-min und protestierten auf den Strassen gegen die Supermächte. Kein Wunder, dass man sich auch für die «unterdrückten Minderheiten» in Europa zu interessieren begann.

Zudem entstand damals, unter Anleitung des französischen Staates, eine Bewegung für die Verteidigung der französischen Sprache und Kultur. Das Fanal war gegeben, als General Charles de Gaulle bei einem Besuch im kanadischen Quebec der dortigen Unabhängigkeitsbewegung mit seinem berühmt-berüchtigten «Vive le Québec libre!» den Rücken stärkte. Unter Präsident Georges Pompidou wurde hierauf eine Bewegung der frankophonen Gemeinschaften gegründet, der sich die Unabhängigkeitsbewegungen in Quebec, im belgischen Wallonien, im italienische Aosta-Tal und im Berner Jura anschlossen.

Den kritischen Intellektuellen aus dem Jura entging es nicht, dass der zentralistische französische Staat an und für sich ein schlechter Fürsprecher für Minderheitsanliegen abgab: mehr als mit französischen Frankophonie-Institutionen sympathisierten sie mit jenen zornigen jungen Leuten, die sich in der Bretagne oder in der Provence für die Anerkennung ihrer regionalen Kultur zur Wehr setzten. Dennoch hat die Jura-Bewegung von der Frankophonie-Bewegung mehr als nur moralische Unterstützung bezogen.

Freilich sollte es viele Jahre dauern, bis der Kanton Jura schliesslich geschaffen wurde. Anfangs der siebziger Jahre beschlossen die Berner Stimmbürger mit einem Zusatz zur Kantonsverfassung, den Stimmbürgern der sieben jurassischen Bezirke erneut die Frage zu unterbreiten, ob sie einen Kanton Jura befürworteten. Zudem sahen sie vor, dass jene Bezirke, welche eine dem Gesamtresultat entgegenlaufende Mehrheit erbracht hatten, ihrerseits eine weitere Abstimmung auf regionaler Ebene verlangen könnten. Die Berner Regierung nahm an, dass die Gründung eines Kantons abgelehnt würde, die drei nördlichen Bezirke des Juras dagegen «ja» sagen könnten. Diese sollten die Möglichkeit bekommen, einen «Mini-Kanton» zu gründen, hätten dann aber die Verantwortung für eine Spaltung des historischen Juras zu übernehmen.[18]

Es kam anders. Am 23. Juni 1974 stimmten die Stimmbürger des Berner Jura der Gründung eines Kantons Jura zu, obwohl die drei südlichen Bezirke deutlich «nein» sagten. Die berntreuen Kreise in den südjurassischen Bezirken verlangten hierauf ein zweites Plebiszit. Und ein Jahr später durften die Stimmbürger dieser Bezirke nochmals an die Urne; dabei sprachen sie sich erneut für einen Verbleib beim Kanton Bern aus. Der Jura wurde hierauf zweigeteilt: die drei nordjurassischen Bezirke wurden autonom, die drei südjurassischen blieben bei Bern.[19] Auch das gegen Basel hin gelegene Laufental blieb vorerst beim alten Kanton, entschied sich später aber für eine Vereinigung mit dem Kanton Basel-Land.

Zuvor brauchte es aber noch den Segen der Schweizer Stimmbürger zu der notwendig gewordenen Änderung der Bundesverfassung. Im September 1978 war es so weit: 82% der Schweizer Stimmbürger und Stimmbürgerinnen sowie sämtliche Stände sprachen sich für einen Kanton Jura aus. Bemerkenswerterweise war die Zustimmung in allen Sprachregionen sehr deutlich, in der Romandie, im Tessin und in den Kantonen mit katholischer Bevölkerungsmehrheit tendenziell besonders hoch. Die Stimmbeteiligung konnte mit 41% als «anständig» bezeichnet werden. Und im Januar 1979 wurde der (Rumpf-) Kanton Jura in die Unabhängigkeit entlassen.[20]

Sicher war der Jurakonflikt keine Auseinandersetzung zwischen der deutschen und der französischen Schweiz. Es war ein Konflikt zwischen dem bernischen Staat und einem Teil seiner französischsprachigen Minderheit, in zweiter Linie ein Bruderzwist zwischen separatistisch gesinnten Jurassiern und berntreuen Jurassiern – ein Zwist, in dem eine Mehrheit der (katholischen) Nordjurassier sich mit einer Mehrheit der (reformierten) Südjurassier stritt. Demnach war die Jurafrage kein eigentlicher Sprachenkonflikt und auch keine ethnische Auseinandersetzung, so sehr Roland Béguelin dies auch zu belegen versuchte.

Und dennoch hat sich der Jura-Konflikt auf die Beziehungen zwischen deutscher und welscher Schweiz ausgewirkt. Er zeigte, dass sich Minderheiten auch in der Schweiz zur Wehr setzen müssen, wenn sie zu ihrem Recht kommen wollen. Und er hat der Romandie vorgeführt, dass man mit forschem Konfrontationskurs oft schneller zum Ziel gelangt als mit der skrupulösen peinlich genauen Respektierung guteidgenössischer Konkordanzpolitik. Er hat in der französischen Schweiz das regionale Bewusstsein gestärkt und schliesslich auch Intellektuelle, Publizisten und Aktivisten hervorgebracht, die ihre Erfahrungen aus dem Jurakonflikt auf die Beziehungen zwischen deutscher und welscher Schweiz übertrugen.

«Sehr sehr besorgt»

Der Jurakonflikt war nicht der einzige Faktor, der in den siebziger Jahren das Verhältnis zwischen deutscher und welscher Schweiz in den Vordergrund rückte. Die 1974 hereinbrechende Wirtschaftsrezession, welche die Westschweiz und besonders den von der Uhrenindustrie abhängigen Jura-Bogen hart traf, schärfte in der Westschweiz die Sensibilität für das wirtschaftliche Gefälle zwischen den Schweizer Regionen.

Hinzu kam eine politisch-kulturelle Ungleichentwicklung: In der Deutschschweiz wurde die Umweltschutzbewegung vor allem nach dem «Erdölschock» zu einem wichtigen politischen Faktor. Die «Grünen» hatten in der deutschen Schweiz zwei Hauptstossrichtungen: einerseits engagierten sie sich im Kampf gegen die Atomkraftwerke, anderseits versuchten sie, den Strassenverkehr einzudämmen. Die Romandie machte nicht die gleiche Entwicklung durch. Zwar konnten die welschen Grünen noch vor ihren Deutschschweizer Kollegen ihre ersten Erfolge auf parteipolitischer Ebene feiern (der Waadtländer Daniel Brélaz zog 1979 als erster grüner Parlamentarier Europas in den Nationalrat ein); auch lösten Anti-AKW-Initiativen in der welschen Schweiz von Anfang an ein positives Echo aus. Massnahmen gegen den Individualverkehr stiessen in der welschen Schweiz dagegen weitgehend auf Unverständnis. Diese unterschiedlichen Sensibilitäten belasteten zeitweise das Verhältnis zwischen den Sprachgruppen. Ein spektakulärer «Abstimmungsgraben» zwischen deutscher und lateinischer Schweiz tat 1980 auf, als die Stimmbürger über die Einführung einer Gurtentragpflicht für Automobilisten zu befinden hatten. Die Vorlage wurde knapp, mit 52% der Stimmen, angenommen – aber gegen den resoluten Widerstand aller welschen Kantone, des Tessins und der Urschweiz. Für gewisse welsche Politiker stellte dies einen schlimmen Eingriff in ihre persönliche Freiheitsrechte dar. Wieder einmal hätten die Herren von Bern «bouclez-la!» befohlen, entrüsteten sich welsche Gazetten, mit semantischen Doppeldeutigkeiten spielend: denn»la boucler» bedeutete in diesem Zusammenhang nicht nur «Gurten anschnallen», sondern auch «das Maul halten».

Die Erregung der Freiheitskämpfer hinter dem Steuerrad legte sich bald einmal (die Versicherungen stellen aber auch seither immer wieder fest, dass die Gurtentragquote in der welschen Schweiz und vor allem im Tessin tiefer ist als in der deutschen Schweiz). Dennoch nahm das Interesse für die immer mehr unter dem Schlagwort «Graben» subsumierten Beziehungen zwischen deutscher und welscher Schweiz zu, vor allem in den Medien. Und irgendwann in den siebziger Jahren – genau ist dies heute nicht mehr festzustellen – tauchten dann auch die Metaphern «Röstigrenze», «Röstigraben» und ähnliche Wortverbindungen auf. Wann, wo und durch wen die Rösti-Metaphorik ins Schweizer Vokabular Eingang fand, lässt sich heute kaum mehr feststellen. Der älteste uns bekannte schriftliche Beleg stammt aus dem Jahr 1979 (es handelt sich um einen polemischen Beitrag der Zeitschrift «Sprachspiegel» gegen den Gebrauch des Wortes

«Röstigrenze»). In den folgenden Jahren breitete sich die Rösti-Metapher dann fast schon epidemieartig über die deutsche und die welsche Schweiz aus.

Dass deutsch-welsche Unstimmigkeiten damals vermehrte Aufmerksamkeit bekamen, zeigte sich auch im Bundesparlament. Am 20. April 1978 wurde im Nationalrat das Postulat eines Waadtländer Parlamentariers namens Jean-Pascal Delamuraz behandelt, das die Stellung der sprachlichen Minderheiten in der Bundesverwaltung zum politischen Thema machte.

«In unserem Land sind einige Sprachprobleme aufgetaucht», begründete der Freisinnige seine Eingabe. Bei den Schweizern nehme die Kenntnis einer zweiten Landessprache ab. Der Papierausstoss der Bundesverwaltung sei so gross, dass die Übersetzung der deutschen Texte ins Französische oder Italienische kaum mehr bewältigt werden könne. Das Deutsche werde allmählich zur einzigen offiziellen Sprache der Eidgenossenschaft, zumindest in einigen Departementen und Bundesdiensten. Dies wirke sich nachteilig auf die Anstellung welscher Bundesbeamten aus, was zu einer Übervertretung der deutschsprachigen Beamten führe. Er bitte den Bundesrat mitzuteilen, so schloss Delamuraz, wie er die Lage auf diesem Gebiet einschätze und was er vorschlage, damit der «esprit latin» beim Bund einen angemessenen Platz behalte.

Die Eingabe, welche von 28 Nationalrätinnen und Nationalräten vorwiegend lateinischer Provenienz mitunterzeichnet worden war, führte im Plenum zu einer kurzen, aber leidenschaftlichen Diskussion. Der im Tessin politisierende Luzerner Valentin Oehen von der Nationalen Aktion warf Delamuraz Scharfmacherei vor: «Ich habe vorerst mit grossem Interesse die Ausführungen von Herrn Kollega Delamuraz angehört. Aber ich muss Ihnen gestehen, dass es mir dabei sehr, sehr unwohl geworden ist.» Der Autor des Postulats giesse Öl ins Feuer der Beziehungen zwischen den Sprachgruppen. Oehen beantragte deshalb, das Postulat dem Bundesrat höchstens in Form einer Interpellation zu überweisen (eine Interpellation ist eine unverbindliche parlamentarische Eingabe, während ein Postulat vom Bundesrat obligatorisch beantwortet werden muss).

Der Luzerner CVP-Abgeordnete Alfons Müller-Marzohl gab Oehen recht. Er sei etwas betrübt, dass eine so heikle Frage wie die Sprachenfrage von Delamuraz in dieser Weise behandelt werde: «Denn wenn man einen Sachverhalt so einseitig darstellt, ruft dies doch nach einer Gegendarstellung.» Auch Müller-Marzohl warf Delamuraz vor, das Volk «aufzuputschen».

Diesen Voten folgte eine Reaktion aus welschen Ratskreisen. Der Lausanner SP-Abgeordnete Gilbert Baechtold, ein vehementer Verteidiger der lateinischen Minderheiten, eilte Delamuraz in einem geharnischten Votum zu Hilfe. Der Freiburger CVP-Abgeordnete Laurent Butty meinte, das Postulat Delamuraz sei legitim, und wenn seine Kollegen sich vor den Kopf gestossen fühlten, so beweise dies gerade, wie berechtigt die Eingabe sei.

Schliesslich endete alles in schweizerischer Konkordanz. Oehen zog seinen Antrag, das Postulat in Form einer unverbindlichen Interpellation zu behandeln, zurück, mit der pikanten Begründung, der französische Urtext sei nicht ganz korrekt ins Deutsche übersetzt worden. Worauf das Postulat an den Bundesrat überwiesen werden konnte.

Das Postulat Delamuraz stellt eine Episode der deutsch-welschen Beziehungen dar, die an und für sich von untergeordneter Bedeutung ist. Aber die Tatsache, dass ein angesehener bürgerlicher Politiker, dessen Bundesratsambitionen damals schon ein offenes Geheimnis waren (sie sollten 1983/84 in Erfüllung gehen), den eidgenössichen Sprachhaushalt im Parlament offen zur Sprache brachte, ist ziemlich bemerkenswert. Die schockierten Reaktionen auf den – aus heutiger Sicht gesehen – doch recht harmlosen Vorstoss zeigen ja auch, dass ein Tabu verletzt worden war.[21]

«Opium der Minderheit»

Zu Beginn der achtziger Jahre wurden die Beziehungen zwischen den Sprachgruppen zu einem Thema, das zumindest die welsche Elite intensiv beschäftigte. 1980 gründeten Politiker und Beamte aus der französischen, italienischen und rätoromanischen Schweiz, denen sich auch einige Deutschschweizer beigesellten, den Verein «Helvetia latina», der sich die Verteidigung der Interessen der lateinischen Minderheiten im Bund auf die Fahnen schrieb. Fast gleichzeitig wurde eine «Association romande de solidarité francophone» (später: «Mouvement romand») aus der Taufe gehoben. Sie trat als welsche Sektion der «Alliance européenne de l'Ethnie française» auf, welche die Frankophonen in ganz Europa hinter sich scharen wollte. Die Schweizer Sektion war zu einem guten Teil von jurassischen Aktivisten inspiriert; zu ihren Initianten gehörte der Sekretär des Rassemblement jurassien, Roland Béguelin.

Die Bewegung gab sich ein «Manifeste romand», in dem eine Neuorganisation der Schweiz auf ethnisch-sprachlicher Basis gefordert und der helvetische Föderalismus forsch als «Opium der Minderheiten» etikettiert wurde. Überdies kreierten die Bewegten eine Romandie-Fahne. Die Farben der Trikolore (blau-weiss-rot) signalisierten Verbundenheit mit der «Grande Nation», eine Handvoll Sternchen symbolisierte die welschen Kantone: die Fahne war Programm. Die Kreation weckte die Aufmerksamkeit der Medien und tauchte auch da und dort als Autokleber auf. Die Bewegung erzielte einen Anfangserfolg: sie wies zeitweise an die 700 Mitglieder in sechs Kantonen auf. Mehr als ein Strohfeuer war dies aber nicht. «Romands aller Kantone, vereinigt euch»: die Botschaft wurde zwar gehört. Aber die Romands wollten nicht vereinigt sein.

Der Zusammenschluss der Romandie und eine energischere Verteidigung der welschen Interessen, was das auch immer bedeutete, blieben weiterhin Themen, welche die welsche Publizistik beschäftigten. 1982 veröffentlichten zwei jurassische Aktivisten, Alain Charpilloz und Geneviève Grimm-Gobat, eine Streitschrift, deren Titel dem Schweizer Establishment als veritables «J'accuse!» erscheinen musste: «La Romandie dominée» (unterdrückte Romandie). Das mit pamphletärem Talent geschriebene Werk war eine Abrechnung mit den Schweizer Institutionen. Das Duo warf ihnen nichts Geringeres vor, als die lateinischen Minderheiten politisch, wirtschaftlich und kulturell zu knuten. Auch diesem Buch war ein Achtungserfolg in den Medien beschieden. Doch seine Wirkung blieb ebenfalls auf einen engen Kreis bereits überzeugter Romandisten beschränkt.

Ein Jahr später publizierte der Walliser Priester Clovis Lugon ein ähnliches Pamphlet. Der Kleriker schreckte mit dem Titel: «Quand la Suisse française s'éveillera» (wenn die französische Schweiz erwacht), der an einen Bestseller des französischen Politikers Alain Peyrefitte anspielte («Quand la Chine s'éveillera»). Nur: die Romandie ist nicht China. Und die welsche Schweiz wollte nicht aufgeweckt werden.

Ein weiterer Spross des Romandie-Frühlings war die Genfer Unabhängigkeitsbewegung. Diese Bewegung wollte Genf zu einer Art zweitem Monte-Carlo machen. Auch sie konnte bei den Medien – nicht zuletzt den deutschschweizerischen – den Gwunder wecken, zumal in jenen Jahren ein «Genfer Malaise» schwelte, das sich in der Publizistik verschiedentlich bemerkbar machte.[22] Aber trotz dem Interesse der Medien blieb auch diese Unabhängigkeitsbewegung eine Eintagsfliege, die von der Genfer Elite mit einem gelangweilten Klaps verscheucht wurde. Diese mehr oder weniger hilflosen Versuche, für die Interessen der Romandie zumindest verbal auf die Barrikaden zu steigen, sind also durchwegs Randerscheinungen geblieben. Und dennoch sind sie Zeichen eines erstarkten welschen Selbstbewusstseins, das sich in den darauffolgenden Jahren immer lauter manifestieren und wiederholt zu «Röstigraben»-Polemiken führen sollte.

Die Geburt der Romandie aus dem Geist des Medienmarketings

In den achtziger Jahren begannen sich auch die welschen Medien mehr und mehr für «die Interessen der Romandie» einzusetzen und auf ein welsches Zusammengehörigkeitsgefühl hinzuwirken. Eine wichtige Rolle spielte das 1980 gegründete welsche Wochenblatt «L'Hebdo». Dieses Magazin war von Anfang bemüht, die Stimme der welschen Schweiz weitherum erschallen zu lassen. Dabei war es pikanterweise in der deutschen Schweiz aus der Taufe gehoben worden. Als nämlich der Ringier-Verlag beschloss, das deutschsprachige Magazin «Die Woche» auf den Markt zu bringen, wurde ihm – quasi als kleine Zugabe für die Minderheit – ein welsches Schwesterchen namens «L'Hebdo» beigegeben. Dessen Chefredaktor, der vormalige TV-Journalist Jacques Pilet, entpuppte sich an der Spitze des Wochenmagazins als journalistisches Vollblut, als Hans-Dampf-in-allen-Gassen, der Flair für medienwirksame Themen mit einem Glauben, der (Schweizer) Berge versetzt, mit einer guten Dosis Sendungsbewusstsein und mit einer feinen Nase für Medien-Marketing kombinierte. Denn während «Die Woche» schon bald kläglich einging, wurde «L'Hebdo» zu einem Erfolgsprodukt, das bald einmal die politische Agenda in der welschen Schweiz zu beeinflussen wusste.

Der Chefredaktor ahnte, dass ein welsches Magazin, das keine lokale Verankerung hatte und von Anfang an die ganze Sprachregion abdecken wollte, sich beim welschen Publikum am besten zum Anwalt der Romandie machte. Einen ersten Coup landete «L'Hebdo» 1983. Damals bekam die Stiftung Pro Helvetia, welche sich unter anderem um die Präsenz der Schweizer Kultur im Ausland kümmert, die Möglichkeit, eine Liegenschaft im Pariser Marais-Quartier zu erwerben, um darin ein Schweizer Kulturzentrum zu eröffnen. Die Kulturstiftung lehnte das Angebot indessen ab, weil sie im Ausland keine ständigen Kulturzentren unterhalten wollte. «L'Hebdo» schrie «Skandal!» und brach eine Medienkampagne vom Zaun, wie sie die behagliche welsche Presse noch kaum je zuvor erlebt hatte. Dabei gelang es Pilet, eine Allianz von Politikern und Kulturschaffenden zu schmieden, die von bürgerlich bis links einen namhaften Teil des welschen Establishments verband. Dem Stiftungsrat der Pro Helvetia, ja sogar dem Bundesrat wurde vorgeworfen, die Interessen der Romandie des schnöden Geldes wegen mit Füssen getreten zu haben. In Bundes-Bern war man ob solcher Töne zutiefst erschrocken und gab bald einmal nach. Schliesslich kam das Schweizer Kulturzentrum im Hôtel Poussepin in Paris tatsächlich zustande.

Die Kampagne für das Centre Poussepin war ein Meisterstück des Medienmarketings: Pilet «pushte» Poussepin, und Poussepin pushte «L'Hebdo». Damit wurde das Magazin zum publizistisch-politischen Machtfaktor: es galt künftig als die Stimme der Romandie schlechthin. Pilet begründete einen – zumindest für die Romandie – neuen journalistischen Stil: der Journalist der Piletschen Schule berichtet, kommentiert und kritisiert nicht nur, sondern greift direkt ins öffentliche Geschehen ein. Der Kampagnen-Journalismus hielt in der Romandie Einzug.

Der Einsatz für «die» Interessen «der» Romands blieb auch danach eines der Grundanliegen des Magazins. Mitte der achtziger Jahre war «L'Hebdo» beispielsweise daran mitbeteiligt, dass sich die Schweiz nach langem Hin und Her dem von François Mitterrand initiierten Gipfeltreffen der frankophonen Staaten anschloss, gegen den Widerstand der Diplomaten der alten Schule der Neutralität. Das kam so: Im Februar 1985 wurde das erste Gipfeltreffen der Staats- und Regierungschefs der «Länder, welche die französische Sprache gemeinsam haben», nach Paris einberufen. Die Schweizer Regierung beschloss, nicht teilzunehmen: Mit den Prinzipien der Universalität und der Neutralität nicht vereinbar, lautete der Befund aus dem Aussendepartement. In der Romandie erhob sich – erneut unter kräftiger Mitwirkung von «L'Hebdo» – ein Sturm der Entrüstung. Einmal mehr war von einem Affront gegenüber der Romandie die Rede. Das Argument, die Schweiz dürfe sich nicht vor den Karren der Frankophonie spannen lassen, wurde als faule Ausrede auf die Seite gewischt: Hatten sich Bundesratsvertreter nicht öfters mit deutschen und österreichischen Kollegen getroffen, um umwelt- und verkehrspolitische Themen zu behandeln? Damals war gerade die Waldsterbensdebatte im Gang, welche in der welschen Schweiz weiterum als «germanische Hysterie» dargestellt wurde. Und so musste sich der Bundesrat vorwerfen lassen, die Interessen der deutschen und jene der welschen Schweiz nicht mit gleichen Ellen messen.

Die Landesregierung blieb indessen hart. Und auch am zweiten Gipfeltreffen der frankophonen Staaten 1986 in Quebec war die Schweiz nicht dabei. Nach und nach gab sie jedoch ihre Enthaltsamkeit in Sachen Frankophonie auf. Am Frankophonie-Treffen 1989 war dann ein eidgenössischer Spitzendiplomat als Vertreter des Bundesrats vorhanden: Die Schweiz war erstmals dabei, wenn auch auf einem Klappsessel – ganz nach dem Prinzip «numme luege». Zur Entsendung eines Regierungsmitglieds mochte sich der Bundesrat noch nicht durchringen: So schnell geht das nicht in der Schweiz. Doch bald wurde auch der letzte Schamabstand aufgegeben: 1991 war Bundesrat Adolf Ogi am Frankophonie-Treffen dabei. «L'Hebdo» hatte recht bekommen – wie schon zuvor in der Poussepin-Angelegenheit.

Soweit einige Episoden, welche die Herausbildung einer selbstbewussteren welschen Minderheitshaltung im Verlauf der achtziger Jahre zeigen. In der welschen Elite regte sich ein forscherer, ein gegenüber Bundes-Bern fordernder Geist. Auch ein welsches Zusammengehörigkeitsgefühl entstand damals, zumindest ansatzweise. Natürlich war dies längst nicht nur auf die welschen Medien zurückzuführen. Tiefgreifende soziologische Veränderungen wirkten mit: Die verstärkte Mobilität führte zu einer grösseren Durchmischung der welschen Bevölkerung. Am Lac Léman enstand zwischen Lausanne und Genf eine Duopolis, bewohnt von «lemano-kompatiblen» Romands, die sich nicht mehr im gleichen Mass wie früher mit einem Kanton identifizierten. Der Bedeutungsverlust alter konfessioneller Grenzen trug ebenfalls zur Homogenisierung der Sprachräume bei. Jedoch haben die Medien zum Bewusstsein einer welschen Schicksalsgemeinschaft nicht unwesentlich beigetragen. Und eine Minderheit lässt sich am besten dadurch zusammenschweissen, dass man gelegentlich gegen die Mehrheit loszieht.

Bedeutend ist für uns: in den achtziger Jahren wurde das Verhältnis zwischen deutscher und welscher Schweiz vermehrt problematisiert, vor allem – aber nicht nur – in der Romandie. Man kann dies negativ werten: aus der Harmonie wurde zusehends eine Dissonanz. Man kann es aber auch positiv sehen: die Gleichgültigkeit, die lange Zeit vorgeherrscht hatte, wich einem gespannten Interesse. So ist es durchaus kein Zufall, dass gerade damals wieder ein Anlauf zu einer Revision des Sprachenartikels der Bundesverfassung gemacht wurde.

Europa spaltet die Schweiz

Eine neue, besonders ernsthafte Belastung der Beziehungen zwischen den Sprachgruppen kam Ende der achtziger Jahre auf die Schweiz zu, nämlich in der Gestalt der Europapolitik. Es sollte sich bald zeigen, dass Deutschschweizer und Romands die Frage einer aussenpolitischen Öffnung der Schweiz sehr verschieden beurteilten. Das war nicht unbedingt vorauszusehen: So hatte das Schweizervolk noch 1986 einen Beitritt zur UNO haushoch abgelehnt, wobei sämtliche Kantone negative Mehrheiten beibrachten. Sogar die Stimmbürger des Kantons Genf, der immerhin neben New York als UNO-Sitz fungiert, lehnten damals zu mehr als zwei Dritteln eine Vollmitgliedschaft ab. Es ist also keineswegs so, dass die Romandie ihre Weltoffenheit jederzeit unter Beweis gestellt hätte.[23]

In der zweiten Hälfte der achtziger Jahre – mit der Veröffentlichung des Weissbuchs und der Einheitlichen Akte sowie mit der Ankündigung des europäischen Wirtschaftsraums aufs Jahr 1992 – trat die Europäische Union unter der energischen Führung von Generalsekretär Jacques Delors in eine Phase beschleunigter Integration ein. Damit stellte sich immer dringender die Frage, wie die Schweiz ihr Verhältnis zur Union regeln sollte. Die Aussenbeziehungen, welche in der Schweizer Politik bis dahin eher als zweitrangig eingestuft worden waren, rückten nun plötzlich an die Spitze der politischen Agenda.

In der Romandie wurde immer lauter einer Annäherung der Schweiz an die EU das Wort geredet. Wiederum spielten die Medien eine nicht unwesentliche Rolle. Die welschen Medien, allen voran «L'Hebdo» unter Jacques Pilet, setzten sich für eine Annäherung an die EU, ja sogar einen eigentlichen EU-Beitritt ein, und dies schon zu einer Zeit, als ein Grossteil der welschen Politiker noch in Wartestellung verharrte. Pilet machte aus dem Bekenntnis zu Europa geradezu eine «unique selling proposition»: Als die Mediengruppen Edipresse und Ringier 1991 mit seiner kräftigen Mithilfe die Tageszeitung «Nouveau Quotidien» gründeten, wurde sie im Zeitungskopf schlankweg als «journal suisse et européen» deklariert.

Anfangs der neunziger Jahre zeigte sich immer klarer, dass die Europapolitik für die Beziehungen zwischen deutscher und welscher Schweiz zu einer Belastungsprobe zu werden drohte. Die Stunde der Wahrheit schlug am 6. Dezember 1992, als die Schweizer Stimmbürger über einen Beitritt der Schweiz zum EWR (Europäischen Wirtschaftsraum) abzustimmen hatten. An jenem ominösen Tag trat die europapolitische Kluft in aller

Deutlichkeit zu Tage. Die Vorlage wurde ganz knapp mit 49,7% Ja zu 50,3% Nein abgelehnt. Die Stimmbeteiligung betrug beträchtliche 78%, ein Rekordstand, der seit der AHV-Abstimmung 1947 nie mehr erreicht worden war. Vor allem aber führte die Abstimmung zu einer tiefen Kluft zwischen deutscher und welscher Schweiz. Alle welschen Kantone, wie auch beide Basel, nahmen die Vorlage an, alle anderen Kantone lehnten sie ab (einige Kantone wie Zürich und Bern allerdings knapp). Der «Röstigraben» klaffte – und konnte beim besten Willen nicht mehr wegdiskutiert werden. Er war sogar noch tiefer, als dies Schwarzmaler angekündigt hatten.

Nun spielten bei dieser EWR-Abstimmung nicht nur sprachregionale und kulturelle Kriterien eine wichtige Rolle. Auch der Gegensatz zwischen städtischen und ländlichen Regionen fiel schwer ins Gewicht; zudem beeinflusste der Bildungsstand das Abstimmungsverhalten: Stimmbürger mit bescheidenem Schulsack standen dem EWR-Beitritt skeptischer gegenüber als besser ausgebildete. Aber der deutsch-welsch-Graben war da, und darüber konnten auch andere Gräben nicht hinwegtrösten.

Weshalb dieser markante Gegensatz zwischen deutscher und welscher Schweiz, eine Kluft, die selbst in zweisprachigen Kantonen wie Freiburg, Wallis und Bern sichtbar wurde? Die Gründe sind vielfältig. Die Deutschschweizer bilden die Mehrheit in der Schweiz, haben also bei einer Annäherung an die EU mehr zu verlieren als die Romands: diese sind es gewohnt, eine Minderheit zu sein. Die Deutschschweizer identifizieren sich stärker mit den politischen Institutionen und vor allem mit der direkten Demokratie. Zudem haben die Deutschschweizer ein gespaltenes Verhältnis zu Deutschland, die Romands dagegen ein entspannteres Verhältnis zu ihrem französischen Nachbarn. Dass die EU in jenen Jahren von starken französischen Persönlichkeiten wie Jacques Delors und François Mitterrand geprägt wurde, mag ebenfalls die Sympathie der Romands für «Europa» verstärkt haben.

Eine Rolle dürfte schliesslich auch die Wirtschaftssituation gespielt haben. Anfangs der neunziger Jahre brach die Rezession über die Schweiz ein. Sie traf die welsche Schweiz besonders schnell und besonders hart. Folge war, dass die Arbeitslosigkeit in der Romandie rasch anstieg (bis heute liegt sie signifikant höher als in der deutschen Schweiz). 1992 lebte die Romandie bereits in einer Krisenstimmung, während sich die deutsche Schweiz teilweise noch in Sicherheit wog. Wahrscheinlich erhoffte sich ein Teil der welschen Stimmbürger vom Beitritt zum EWR eine Verbesserung der wirtschaftlichen Situation.

Schliesslich dürften auch die Medien eine Rolle gespielt haben. Ohne das Engagement eines Grossteils der welschen Publizisten wäre wohl die Zustimmung zum EWR in der Romandie zumindest nicht so deutlich ausgefallen. Die Frage, ob die Westschweizer Medien in diesem Fall das Huhn oder das Ei waren, mit anderen Worten: ob ihre Europafreundlichkeit die Ursache oder die Wirkung der welschen Europhorik darstellte, ist müssig: Natürlich war sie beides.[24]

Nach der EWR-Abstimmung herrschte Katzenjammer. Nun gab es zwar in der Schweizer Geschichte schon oft Abstimmungen, bei denen Deutschschweiz und Romandie verschiedene Mehrheiten erbrachten. Aber meistens handelte es sich nicht um vorrangige politische Themen. Mit der Europaabstimmung dagegen trat der Spaltpilz in einer wesentlichen Frage der Schweizer Politik auf. Dass ausgerechnet die europäische Einigung einen Keil zwischen die Sprachgruppen trieb, ist ein weiteres Paradox der Schweizer Geschichte.

Dura lex, sed lex

Nach einigen Wochen der öffentlichen Selbstkasteiung der deutschschweizerischen Mehrheit legte sich die Erregung allerdings nach und nach wieder. Doch im Februar 1994 öffnete sich die mit der EWR-Abstimmung geschlagene und danach oberflächlich verheilte Wunde wieder. Damals kam eine Initiative vors Volk, die zum Ziel hatte, die Lastwagenlawinen, die sich durch die Alpentäler wälzten und das Leben im Alpenraum zum Alptraum machten, auf die Schiene umzuleiten. Der von Umweltschutz-Bewegungen und von der Linken getragene Vorstoss wurde vom Bundesrat bekämpft, unter anderem mit dem Argument, die Annahme der Vorlage würde das Aushandeln eines Transitabkommens mit der Europäischen Union belasten.

Doch siehe da: In der Abstimmung wurde das Begehren zur allgemeinen Überraschung angenommen: 52% der Stimmenden hatten sich für die Vorlage ausgesprochen. Was die Sache aber schmerzlich machte, war erneut der Gegensatz zwischen Deutschschweiz und Romandie: Alle Deutschweizer Kantone mit Ausnahme des Aargaus stimmten dem Volksbegehren zu, sämtliche welschen Kantone lehnten es ab. Wie bei der EWR-Abstimmung votierte der Kanton Tessin mit der deutschen Schweiz – der viel beschworenen Solidarität der lateinischen Minderheiten zum Trotz.[25]

Weshalb hatten die Deutschschweizer massiv für die Alpenschutz-Initiative gestimmt, die Romands mehrheitlich dagegen? Verschiedene Faktoren schienen im Spiel zu sein. Erstens wälzt sich der Nord-Süd-Transitverkehr vor allem durch die deutsche Schweiz und den Tessin, während die Westschweiz weniger betroffen ist. Zweitens waren Massnahmen zur Eindämmung des Strassenverkehrs in der welschen Schweiz schon immer eher unpopulär. Und drittens spielte in der Romandie die Angst vor einem Verdikt wider Europa eine entscheidende Rolle. Doch wie anlässlich der EWR-Abstimmung waren auch bei dieser Abstimmung nicht nur sprachkulturelle Unterschiede massgebend; erneut kam der Stadt-Land-Gegensatz zum Tragen (der Schutz der Alpen fand in den städtischen Kantonen besonderen Anklang). Zudem war die Annahme der Vorlage in der deutschen Schweiz nicht überwältigend; umgekehrt aber auch nicht die Ablehnung in gewissen welschen Kantonen (in Genf beispielsweise erreichten die Befürworter mehr als 43%). Desungeachtet rauschte es kräftig im welschen Pressewald. Der «Nouveau Quotidien» beispielsweise sprach von einem neuen «nationalistischen Votum» der deutschen Schweiz. Dieser wurde vorgeworfen, unter dem Deckmantel der Ökologie einen gegen Europa und gegen die Ausländer gerichteten Heimatschutz zu betreiben. Selbst Bundesrat Jean-Pascal Delamuraz erklärte sich «stocksauer» über das Diktat der Deutschschweizer Umwelt-Ayatollahs, sprach gar unbundesrätlich von einem «Tag der Schande».

Kurz darauf musste sich die Mehrheit der Romands erneut geschlagen geben. Im Juni kam eine Vorlage vors Stimmvolk, welche die Schaffung eines Schweizer Blauhelme-Korps vorsah, das bei UNO-Aktionen im Ausland eingesetzt werden sollten. Die vom Bundesrat präsentierte Vorlage wurde vom Schweizervolk hinweggefegt (57% Neinstimmen) – gegen den Willen der Mehrheit der Romands. Und gleichentags erlitten zwei weitere bundesrätliche Vorlagen Schiffbruch. Zum einen ging es um die erleichterte Einbürgerung von jungen Ausländern. Sie wurde zwar von der Mehrheit der Stimmbürger (52%) angenommen, scheiterte aber am Ständemehr (10:13 Kantone). Aber alle welschen Kantone mit Ausnahme des Wallis stimmten zu. Noch mehr Pech hatte die Regierung mit einem neuen Bundesverfassungsartikel zur Kulturförderung, der zwar ebenfalls die Zustimmung der aktiven Stimmbürger fand (51%), aber ganz knapp das Ständemehr verfehlte (11:12 Kantone). Auch hier gehörten die meisten Romands zu den Verlierern: alle welschen Kantone stimmten der Verfassungsnovelle zu.[26]

Für den Bundesrat, die grossen Parteien, ganz besonders aber für die Mehrheit der Romands war diese dreifache Niederlage ein harter Schlag: Einmal mehr, so manche welsche Kommentare, hatte die kleinliche Schweiz über die weltoffene Schweiz gesiegt. Es zeigte sich abermals, dass es nicht eine Schweiz, sondern «zwei Schweizen» gab: einen binnenorientierten Bevölkerungsteil, der sich vor allem in der Innerschweiz und in der Ostschweiz rekrutierte, und eine aussengerichtete Schicht, die vor allem in der Romandie, aber auch in den grossen Kantonen Basel, Zürich und Bern Rückhalt hatte.

Noch dicker kam es im Juni 1995. Wer damals die Zeitungen las, konnte den Eindruck bekommen, die Schweiz sei drauf und dran, auseinanderzubrechen. «Die Situation ist ausserordentlich ernst», rief der Genfer CVP-Regierungsrat Jean-Philippe Maitre aus. «Wir sind kolonisiert», hornte der Walliser CVP-Nationalrat Simon Epiney. «Ein neuer Gessler ist geboren», wimmerte der Tessiner FDP-Ständerat Sergio Salvioni.

Was war passiert? Waren die Deutschschweizer mit Panzern in die welsche Schweiz eingefahren? Hatten sie den Gesslerhut auf dem Marktplatz in Lausanne aufgestellt und die Bewohner gezwungen, ihn zu grüssen? Nein. Passiert war folgendes: Am Sonntag hatte eine eidgenössische Volksabstimmung stattgefunden. Eine Abstimmung also, bei der die Selbstbestimmungsrechte des Volks auf dem Spiel standen, oder sonst eine Existenzfrage? Nein, nur eine Abstimmung, bei der es um die Lockerung jenes Gesetzes ging, das den Grundstückerwerb durch Ausländer beschränkt («Lex Friedrich»).

War das Schweizer Volk bei dieser Abstimmung massenweise zur Urne gegangen, und hatten die Deutschschweizer die grosse Mehrheit der französischen und italienischen Schweizer an die Wand gedrückt? Nochmals gefehlt: Die Abstimmung, bei der sich 39% der Stimmbürger zur Urne bequemt hatten, war mit einem knappen Nein ausgegangen, und tatsächlich hatten dabei alle Deutschschweizer Kantone Nein-Mehrheiten erbracht, alle welschen Kantone und der Tessin dagegen Ja-Mehrheiten. Bei genauerem Hinsehen zeigte es sich jedoch, dass die Mehrheitsverhältnisse in den meisten Kantonen ziemlich knapp waren. Aber auf einem oberflächlichen Blick sah's halt doch so aus, als ob «die» Deutschschweizer «die» Romands wieder einmal unterdrückt hätten. Und auf den von den Zeitungen veröffentlichten Infographiken, auf denen die zustimmenden Kantone weiss und die ablehnenden schwarz eingetragen waren, bildeten eine tiefschwarze Deutschschweiz und eine blühend-weisse Romandie wieder einmal einen hübschen Kontrast.[27]

Die Entrüstung vieler welscher Kommentatoren hatte einen guten Grund: Sie sahen im Volksentscheid nicht einfach ein «Nein» zur Revision der Lex Friedrich, sondern vor allem ein Nein zu Europa. Zudem verdächtigten sie «die» Deutschschweizer, für die wirtschaftlichen Nöte der Westschweiz, welche seit 1992 in einer Immobilienkrise steckte, kein Verständnis zu haben. Während die Romands vor allem die Frage der Beziehung zu Europa gestellt sahen, ging es für die meisten Deutschschweizer im vorliegenden Fall um einen Entscheid zugunsten der Raumplanung und zum Schutz der Umwelt. Dass für die meisten Deutschschweizer die Europafrage nicht im Vordergrund stand, zeigte beispielsweise die Tatsache, dass die Basler, sonst treue Gefährten der welschen Schweiz in europapolitischen Fragen, ihr diesmal die Gefolgschaft verweigert hatten.

In den Tagen nach der Abstimmung übten sich welsche Politiker in verbaler Kraftmeierei. Selbst der Waadtländer Volkswirtschaftsdirektor Jacques Martin, sonst als ruhiger Mann bekannt, wurde in den Gazetten mit dem Statement zitiert, die welsche Schweiz müsse sich fragen, ob sie mit einer so arroganten Deutschschweiz noch länger zusammenleben wolle. Allerdings waren die Folgen des welschen Mini-Aufstands beschränkt: zwar wurde zeitweise eine Kantonalisierung der Lex Friedrich diskutiert – aber ohne durchschlagenden Erfolg. Der Grundstückerwerb falle unter Bundesrecht, wurde aus dem Bundes-Bern beschieden: «dura Lex Friedrich, sed lex». Und nach einigen Wochen legte sich die Aufregung weitgehend. Diese Episode erhellt jedoch die eigenartige Osmose zwischen Politikern und Journalisten: Sind es die Journalisten, welche die Politiker zu harten Statements drängen, oder ist es umgekehrt? Vermutlich stimmt beides, ähnlich wie in Goethes Ballade vom Fischer («halb zog sie ihn, halb sank er hin»). Mit anderen Worten: Die Journalisten schreiben, was die Politiker ihnen sagen, und die Politiker sagen ihnen meist das, wovon sie annehmen, dass es die Journalisten hören wollen ...

«Aufstand auf der Flugpiste»

Das Jahr 1996 begann gut für den Schweizer Sprachenhaushalt: im März wurde in einer Volksabstimmung ein neuer Sprachenartikel in die Bundesverfassung eingefügt. Der neue Verfassungsartikel, der das Ergebnis zehnjähriger Diskussionen darstellte, war zwar kein grosser Wurf, ging aber doch weiter als die alte, aus dem Jahr 1938 stammende Verfassungsnorm.

Nicht nur wurde die quasi-Viersprachigkeit des Landes garantiert, sondern der Bund auch aufgerufen, aktiv etwas für die Verständigung zwischen den Sprachgruppen zu tun. Die Annahme der Vorlage war überaus deutlich: 76% Ja zu 24% Nein. Und vor allem stimmten sämtliche Kantone für die Vorlage.[28]

Trotz schöner Verfassungsworte kam es jedoch bald zu neuen Unstimmigkeiten zwischen der deutschen und der welschen Schweiz. Im April 1996 gab der Verwaltungsratsdelegierte der SAirGroup, Philippe Bruggisser, bekannt, die Swissair werde ihre Langstreckenflüge ab dem Flughafen Genf-Cointrin streichen – in Zukunft wollte sich die «nationale» Fluggesellschaft ganz auf ihren Stammhafen Zürich-Kloten konzentrieren, um kostengünstiger arbeiten zu können. Ganz überraschend kam dieser Entscheid nicht: Bereits in den Jahren zuvor hatte die Swissair ihre Aktivitäten in Genf schrittweise abgebaut.

Die endgültige Rückstufung Cointrins zum Zweitklass-Flughafen rief nun aber in der Romandie barsche Reaktionen hervor. Einmal mehr war es Jacques Pilet, der für die Interessen der Romandie auf die Barrikaden stieg. Ein Riesenskandal sei das, liess er über den «Nouveau Quotidien» wissen, und erst noch eine betriebswirtschaftlich dummer Entscheid, denn das internationale Genf weise eine ansehnliche und erst noch betuchte Klientel für Langstreckenflüge auf. Hobbypilot Pilet bekam Sukkurs: Genfer Politiker, Flughafenverantwortliche, aber auch Politiker aus der ganzen Westschweiz stimmten in den Chor der Entrüsteten ein. In unzähligen Medienberichten wurde die Arroganz der Zürcher Aviatik- und Wirtschaftskapitäne angeprangert.

Die Reaktion war nicht unverständlich: ein Flughafen hat nicht nur eine grosse wirtschaftliche Bedeutung, sondern auch eine symbolische Funktion. Zudem befand sich die Schweizer Wirtschaft damals in einem rasanten Umbruch: Im April war die Fusion der Pharma-Konzerne Ciba-Geigy und Sandoz zum Life-Science-Konzern Novartis angekündigt worden. Und die Romands, welche seit 1991 mit einer weit über dem Landesdurchschnitt liegenden Arbeitslosenrate fertig werden mussten, hatten Angst um ihre Arbeitsplätze. In diesem Umfeld musste der Cointrin-Entscheid der Swissair Bedenken hervorrufen.

«Il faut faire quelque chose!», hiess es in der Romandie. Aber was tun? Der «Nouveau Quotidien» hatte eine Antwort: er rief zu einer grossen Massenkundgebung auf dem Flughafen Cointrin auf. Die Zeitung vermochte diesmal auch die lieben Konkurrenten und Kollegen hinter sich zu scharen: Ein Grossteil der welschen Medien – einschliesslich des öffentlichen Radios und Fernsehens – machte bei der Kampagne mit. Doch am besagten Datum kamen zwar Politiker und Journalisten in reicher Zahl nach Cointrin, das Fussvolk blieb aber zuhause.

Die Folgen des «Aufstands auf der Flugpiste», wie es «Der Spiegel» formulierte, waren bescheiden. Zwar wurde bei der folgenden Revision des eidgenössischen Luftfahrtgesetzes das Monopol der Swissair etwas gelockert, was von den Verantwortlichen des Genfer Flughafens als Konzession gelobt wurde. Zudem gründeten einige Aviatik-Fans eine welsche Fluggesellschaft mit dem Ziel, die von Swissair hinterlassene Lücke zu füllen. Doch die «SWA» (Swiss World Airways), welche von mehreren welschen Kantonen und Städten finanziell unterstützt wurde, endete mit einer Bruchlandung. Nach langem Hin und Her konnte sie zwar im September 1998 mit einem einzigen Flugzeug starten, musste aber kurz darauf den Betrieb einstellen.

Zürich gegen den Rest der Schweiz?

Bald kam es in der Romandie zu neuen Polemiken. Wiederum waren es «die» Zürcher (oder genauer: gewisse Vertreter der Wirtschaftsmetropole), die mit ihrem forschen Dynamismus manche Romands verärgerten. 1997/98 lancierte die Zürcher Erziehungsdirektion unter Leitung von Regierungsrat Ernst Buschor das «Schulprojekt 21». In diesem Pilotprojekt (Motto: «Lernen für das 21. Jahrhundert») sollten für die Zürcher Primarschulen neue Unterrichtsformen, neue Unterrichtsinhalte und -technologien entwickelt und erprobt werden. Die Projektverantwortlichen wollten vor allem das eigenständige Lernen und die Teamarbeit, den Umgang mit neuen Informationstechnologien und erweiterte Sprachkenntnisse fördern. Beispielsweise sollten Primarschüler Computerunterricht bekommen, wobei für die Finanzierung an private Sponsoren appelliert wurde. Zudem war vorgesehen, in der Primarschule mit dem Englischunterricht zu beginnen, und zwar noch vor dem Französischunterricht.

Damit begaben sich die Zürcher aber auf sprachpolitisch dünnes Eis. Denn die eidgenössischen Erziehungsdirektoren hatten sich in den siebziger Jahren auf das Prinzip geeinigt, wonach der Fremdsprachenunterricht in allen Schweizer Schulen mit einer Landessprache beginnt – in der Regel mit Französisch in der deutschen Schweiz und mit Deutsch in der französischen Schweiz. Die Zürcher Initiative löste deshalb negative Reaktionen aus, besonders in der Romandie. Welsche Bildungspolitiker und Pädagogen fühlten sich desto mehr vor den Kopf gestossen, als die welschen Kantone sich in den letzten Jahren beeilt hatten, das «Frühdeutsch» einzuführen und dabei auch die Unterrichtsmethoden für den Deutschunterricht zu verbessern. Deshalb empfanden sie das Zürcher Projekt als einen der eidgenössischen Solidarität entgegenlaufenden Alleingang.

Kritik am Zürcher Schulversuch hagelte es aber auch in der deutschen Schweiz. Während die Romands mit dem Frühdeutsch vorwärts machten, hatten die Deutschschweizer Kantone in den letzten Jahren nicht ohne Müh und Not das Frühfranzösisch in den Primarschulen eingeführt – oft gegen den Widerstand eines Teils der Lehrerschaft und der Bevölkerung, die dem Englischen den Vorzug geben wollte. Deutschschweizer Bildungspolitiker sahen deshalb im Zürcher Projekt einen Dolchstoss, der den fragilen Konsens zwischen den Kantonen in Sachen Sprachunterricht bedrohte. Selbst in Zürich war der Schulversuch alles andere als unumstritten. Hier war es vor allem das private Sponsoring, das beanstandet wurde. Aber auch in Zürich gab es Stimmen, die davor warnten, die eidgenössische Solidarität im Bereich Schulpolitik zu strapazieren. Zudem prangerten Kritiker die Förderung des Englisch- und Computerunterrichts als Ausdruck einer utilitaristischen Geisteshaltung an.[29]

Auch bei der eidgenössischen Erziehungsdirektorenkonferenz war man über die Zürcher Initiative nicht glücklich. Die EDK publizierte kurz darauf ein Sprachenkonzept, ausgearbeitet unter der Leitung des Basler Linguisten Georges Lüdi. Die Autoren warnten davor, Fremdsprachen gegeneinander auszuspielen. Nicht «Englisch oder Französisch», respektive «Englisch oder Deutsch», sei die Frage: es gehe vielmehr darum, Englisch und Französisch, respektive Englisch und Deutsch zu fördern. Das Konzept empfahl, den Fremdsprachenunterricht weiterhin mit einer Landessprache zu beginnen und den Beginn des Englischunterrichts auf das 7. Schuljahr anzusetzen.

Allerdings stiessen die Kritiker bei Buschor auf taube Ohren. Mit dem Argument, es handle sich ja nur um ein Pilotprojekt, wurde das Vorhaben im Frühjahr 1999 in die Tat umgesetzt. In der Folge wurde es eher still darum. Viel Lärm um nichts? Nun, auch die «Buschor-Affäre» ist nur ein weiterer Ausdruck eines alten welschen Unbehagens: Seit Jahren beklagt man sich in der Romandie (und nicht nur dort!) über den Siegeszug des Englischen, der das Französische immer mehr verdränge. Die Deutschschweizer werden verdächtigt, ihr Interesse fürs Französische zu verlieren. Vor allem die Wirtschaftsmetropole Zürich steht unter Verdacht, sich des Mammons wegen immer mehr dem angelsächsischen «way of life» hinzugeben. Als die Stadt Zürich in den sechziger Jahren ihr Einkaufszentrum unter dem Bahnhof einweihte, wurde dieses auf den englisch-französischen Namen «Shopville» getauft. Heute hat man den Eindruck, in Zürich gebe es immer mehr «shop» und immer weniger «ville».

Das Pikante ist, dass nicht nur die Erziehungsdirektionen der Deutschschweizer Kantone, sondern auch jene der welschen Schweiz unter dem Druck eines Teils der Bevölkerung stehen, da auch hier das Englisch immer mehr an Popularität gewinnt. Deutschschweiz und Romandie haben also zumindest dies gemeinsam: die Liebe zum Englischen (Amerikanischen?). Die Frage, wie die Schulbehörden damit umgehen, wird auch in Zukunft noch für einigen Diskussionsstoff sorgen.

Romands in bundesratstreuer Verfassung

Im April 1999 fand wieder einmal eine Abstimmung statt, die für das Verhältnis zwischen deutscher und welscher Schweiz von Bedeutung war. Damals kam endlich ein neuer, totalrevidierter Bundesverfassungstext vors Volk. Die Väter und Mütter der unter Federführung von Bundesrat Arnold Koller ausgearbeiteten Totalrevision wollten die schlechten Erfahrungen, die mit vorausgehenden Versuchen zur Totalrevision gemacht worden waren, vermeiden; sie verzichteten deshalb weitestgehend darauf, mit dem neuen Verfassungstext neues Recht zu schaffen. Im wesentlichen beschränkten sie sich darauf, die Bundesverfassung übersichtlicher zu gestalten und «nachzuführen».

Dennoch wurde die eine oder andere Neuerung eingeführt, nicht zuletzt was die Sprachenproblematik betrifft. Ausdrücklich macht die neue Verfassung die sprachliche Vielfalt und das gute Einvernehmen zwischen den Sprachen zu Zielen staatlichen Tuns; diese Prinzipien erhielten damit ein grösseres Gewicht als in der «alten» Bundesverfassung. Zudem wurde das Prinzip der «Sprachenfreiheit» erstmals im Grundrecht festgeschrieben. Die Lektüre der neuen Verfassung zeigt, wie sehr die sprachlich-kulturelle Problematik im Verlauf der Jahrzehnte an Bedeutung gewonnen hat. Während sich die Bundesverfassung von 1848 nur in einem einzigen

Satz zur sprachlichen Vielfalt äussert, setzt sich die neue Verfassung in einer ganzen Reihe von Passagen mit der Mehrsprachigkeit auseinander:

«Artikel 2 Zweck

1 Die Schweizerische Eidgenossenschaft schützt die Freiheit und Rechte des Volkes und wahrt die Unabhängigkeit und Sicherheit des Landes.
2 *Sie fördert* die gemeinsame Wohlfahrt, die nachhaltige Entwicklung, den inneren Zusammenhalt und *die kulturelle Vielfalt des Landes.*

Artikel 4 Landessprachen

Die Landessprachen sind Deutsch, Französisch, Italienisch und Rätoromanisch.

Artikel 8 Rechtsgleichheit

1 Alle Menschen sind vor dem Gesetz gleich.
2 *Niemand darf diskriminiert werden, namentlich nicht wegen* der Herkunft, der Rasse, des Geschlechts, des Alters, *der Sprache,* der sozialen Stellung, der Lebensform, der religiösen, weltanschaulichen oder politischen Überzeugung oder wegen einer körperlichen, geistigen oder psychologischen Behinderung.

Artikel 18 Sprachenfreiheit

Die Sprachenfreiheit ist gewährleistet.

Artikel 69 Kultur

1 Für den Bereich der Kultur sind die Kantone zuständig.
2 Der Bund kann kulturelle Bestrebungen von gesamtschweizerischem Interesse unterstützen sowie Kunst und Musik, insbesondere im Bereich der Ausbildung, fördern.
3 *Er nimmt bei der Erfüllung seiner Aufgaben Rücksicht auf die kulturelle und die sprachliche Vielfalt des Landes.*

Artikel 70 Sprachen

1 *Die Amtssprachen des Bundes sind Deutsch, Französisch und Italienisch. Im Verkehr mit Personen rätoromanischer Sprache ist auch das Rätoromanische Amtssprache des Bundes.*
2 *Die Kantone bestimmen ihre Amtssprachen. Um das Einvernehmen zwischen den Sprachgemeinschaften zu wahren, achten sie auf die herkömmliche sprachliche Zusammensetzung der Gebiete und nehmen Rücksicht auf die angestammten sprachlichen Minderheiten.*
3 *Bund und Kantone fördern die Verständigung und den Austausch zwischen den Sprachgemeinschaften.*
4 *Der Bund unterstützt die mehrsprachigen Kantone bei der Erfüllung besonderer Aufgaben.*
5 *Der Bund unterstützt Massnahmen der Kantone Graubünden und Tessin zur Erhaltung und Förderung der rätromanischen und der italienischen Sprache.»*[30]

Die Vorlage wurde von allen grossen Parteien und massgeblichen Organisationen befürwortet. Entsprechend lau war die Abstimmungskampagne. Nur einige Parteien von rechtsaussen und ein paar Kantonssektionen der SVP lehnten die Totalrevision ab, weil sie ihnen zu weit ging. Und die PdA und einige Exponenten des linken Flügels der SP reihten sich aus den gegenteiligen Gründen in die Verweigerungsfront ein: ihnen ging die neue Verfassung zu wenig weit.

Um so überraschender war es, dass die Vorlage am Abstimmungssonntag nur ganz knapp die Hürde nahm. 13:10 Kantone hauchten schliesslich ein Ja-Wort. Etwas deutlicher war das Volksmehr: 59% der Stimmenden hatten die neue Verfassung angenommen. Allerdings war die Stimmbeteiligung für eine «historische» Totalrevision bescheiden: gut ein Drittel der Bürgerinnen und Bürger hatte sich an die Urnen bequemt.[31]

Dass sogar eine eher harmlose Neuformulierung der Bundesverfassung um ein Haar an der Koalition der Neinsager gescheitert wäre, jagte der «Classe politique» einen gehörigen Schrecken ein. Noch beunruhigender war jedoch dieses: erneut tat sich eine Kluft zwischen zwei «Schweizen» auf. Die Urschweizer und sämtliche Ostschweizer Kantone (ausser Graubünden), sowie der Aargau und das Wallis, lehnten die Vorlage ab – die übrigen Kantone stimmten zu. Und einmal mehr zeigte sich ein sprachregionaler Gegensatz: das Tessin und die französischsprachige Schweiz (mit

Ausnahme des Wallis) nahmen die Vorlage massiv an, während die Deutschschweizer der neuen Verfassung einen lauen Empfang bereiteten. Mit anderen Worten: die grosse Mehrheit der Romands bewahrte den Bundesrat vor einer Schlappe. Kein Wunder, dass Justizminister Arnold Koller, welcher von seinen Appenzellern im Regen stehen gelassen wurde, der «Suisse latine» am Abstimmungssonntagsabend ausdrücklich dankte.[32]

Die Sparsamen und die Sozialen

Zwei Monate später, im Mai 1999, kam die Kluft zwischen West- und Mittelschweiz einerseits, Ost- und Innerschweiz andererseits erneut zum Vorschein, schlimmer noch: diesmal öffnete sich wieder ein richtiger «Röstigraben». *Corpus delicti* war die unter Federführung von Bundesrätin Ruth Dreifuss ausgearbeitete Vorlage für eine Mutterschaftsversicherung. Frau Dreifuss wollte damit ein altes Versprechen der Bundesverfassung einlösen.[33]

Ihre Vorlage wurde von der gesamten Linken und der CVP befürwortet. SVP und andere rechtsbürgerliche Kreise sagten ihr den Kampf an. Gespalten war der Freisinn: Während die Deutschschweizer mehrheitlich opponierten, setzten sich die welschen «Radicaux» massiv für die Vorlage ein (die welsche Ringier-Zeitschrift «L'Illustré» brachte es sogar fertig, mehrere Dutzend Parlamentarier unterschiedlichster parteipolitischer Couleur mit Kleinkindern im Arm auf einem Gruppenbild posieren zu lassen …). Im Vorfeld der Abstimmung kam es in der FDP sogar zu einem parteiinternen Krach, wobei auch die Asylpolitik zu Spannungen zwischen «restriktiven» Deutschschweizern und «offenen» Romands führte. Der Krach führte dazu, dass der welsche FDP-Vizepräsident, der aus Basel stammende Genfer Nationalrat Peter Tschopp, erbost über den Rechtskurs der Parteimehrheit seinen Hut nahm.

Am Abstimmungsabend war die Bescherung da: Die Vorlage wurde von 61 % der aktiven Stimmbürger – und Stimmbürgerinnen! – abgelehnt. Vor allem aber führte die Abstimmung zu einer eigentlichen deutschwelsch-Kluft: 78 % der Romands stimmten zu, 71 % der Deutschschweizer lehnten ab. Alle lateinischen Kantone ausser Wallis erbrachten klare Ja-Mehrheiten, und auch im Wallis kam nur wegen des deutschsprachigen Kantonsteils ein knappes Nein zustande. So deutlich war der Gegensatz zwischen deutscher und welscher Schweiz seit der Revision der Lex Friedrich nicht mehr zu Tage getreten.[34]

Einmal mehr schienen zwei Weltanschauungen aufeinander zu prallen. Während die Mehrheit der Romands für einen sozialen und solidarischen Staat votierte, so schien die Mehrheit der Deutschschweizer einen schlanken und billigen Staat zu wünschen. Zudem hatten es Postulate, die auf die Förderung der Berufstätigkeit der Frau abzielten, in der welschen Schweiz schon immer leichter als in der Deutschschweiz. Simplifizierend wäre es dagegen, kurz von einer konservativen Deutschschweiz und einer fortschrittlichen Romandie zu sprechen: zusammen mit der Mutterschaftsversicherung wurde über einen Bundesbeschluss zur Heroinabgabe abgestimmt. Diese Vorlage wurde in der deutschen Schweiz deutlicher angenommen als im französischsprachigen Landesteil. Was wieder einmal zeigt, dass bei der Verwendung von Begriffen wie konservativ und fortschrittlich, weltoffen oder verschlossen Vorsicht geboten ist.[35]

Bei der Abstimmung über die Mutterschaftsversicherung standen nicht Deutschweizer(innen) gegen Welsche. Es waren nicht Regionen oder gar Sprachgruppen, die hier aufeinandertrafen, sondern unterschiedliche politische Positionen. Indessen stimmt es, dass sich die politischen Gegensätze teilweise mit regionalen, teilweise sogar sprachregionalen Grenzen überlappen. Während ein nicht geringer Teil der Deutschschweizer für eine rasche Sanierung der Staatsdefizite und eine drastische Abspeckungskur beim Staat plädiert, orientieren sich die meisten Romands weiterhin am Leitbild des Sozialstaats. Dieser Gegensatz läuft mit der unterschiedlichen Entwicklung der Parteienlandschaft parallel. Während die SVP unter der Leitung von Christoph Blocher in der Deutschschweiz 1999 von Erfolg zu Erfolg eilte und in der politischen Arena immer mehr den Ton angab, blieb die Romandie nach Mitte-links orientiert. Die SVP verharrt in der welschen Schweiz in einer Aussenseiterposition – und dort, wo sie präsent ist, bleibt sie eine moderat Mitte-rechts politisierende Gruppierung.

In den eidgenössischen Wahlen im Herbst 1999 kam diese Polarisierung nochmals in aller Deutlichkeit zum Vorschein. Dank der Deutschschweiz wurde die SVP zur wählerstärksten Partei, wobei ihr Sieg teilweise auf Kosten der extremen Rechten ging, die von der Volkspartei praktisch absorbiert wurde (die Automobilistenpartei ging ein). In der welschen Schweiz dagegen verbuchte die SVP nur geringe Gewinne.

Die Ursachen des «Röstigrabens»

Zusammenfassend stellt man fest: Im Zeitabschnitt 1945–2000 werden die Beziehungen zwischen deutscher und welscher Schweiz zunehmend als problematisch empfunden, vor allem in der Romandie. Besonders von den siebziger Jahren an werden Gegensätze zwischen den Sprachregionen mehr und mehr in den Vordergrund geschoben. Natürlich haben wir uns hier vor allem auf jene Ereignisse konzentriert, die das Verhältnis zwischen den beiden Sprachregionen zum Problem machten – und nicht auf jene Momente, in denen sich das deutsch-welsch-Problem nicht gestellt hat. Diese Fokussierung sollte nicht den Eindruck erwecken, als ob die Gegensätze zwischen den Sprachgruppen in den letzten Jahren gleichsam omnipräsent gewesen seien: sie waren es nur phasenweise. Und dennoch lässt es sich nicht leugnen, dass diese Problematik vor allem ab den siebziger Jahren an bedeutend an Aktualität gewonnen hat. Es ist, wie schon erwähnt, kein Zufall, dass die Neuschöpfung «Röstigraben» und «Röstigrenze», aber auch ihr welsches Pendant «barrière de roestis» und ähnliche Wortbildungen, ziemlich genau in dieser Periode ihren Siegeszug durch die Schweizer Sprachlandschaft antraten. Der «Röstigraben» ist zwar ein Schlagwort, ein Schlagwort aber, das ein reales Problem benennt.

Wie ist das (Wieder-)Auftauchen der Sprachengraben-Problematik im Verlauf der letzten Jahre zu erklären? Was hat dazu beigetragen, den «Röstigraben» aufzuwerfen, zu erhalten und gelegentlich zu vertiefen? Nicht einen einzigen Grund gibt es hierfür, sondern ein ganzer Knäuel von Ursachen. Versuchen wir, ihn zu entwirren.

Jurakonflikt als Katalysator

Zuerst einmal hat der Jurakonflikt, der in den siebziger Jahren in seine akute Phase trat, als Katalysator gewirkt, der ein latent vorhandenes welsches Unbehagen aktivierte. Nun stellte er zwar nicht eigentlich eine Auseinandersetzung zwischen der Deutschschweiz und der Romandie dar, sondern «nur» einen Konflikt zwischen dem Kanton Bern und einem Teil seiner französischsprachigen Minderheit, schliesslich auch einen Bruderzwist zwischen französischsprachigen Jurassiern. Doch schärfte er zuerst in der Romandie, dann aber auch in der deutschen Schweiz die Sensibilität für Sprachen- und Minderheitsprobleme. Zudem hat er Publizisten und Intellektuelle hervorgebracht, die versuchten, die Juraproblematik gleichsam zu «romandisieren».

Romandie – eine wirtschaftliche Provinz?

Dass sich die Romands immer häufiger gegen die Übermacht der deutschen Schweiz stemmten, hängt auch mit der wirtschaftlichen Entwicklung zusammen. In den siebziger Jahren ging die Hochkonjunkturperiode der Nachkriegsjahre zu Ende. Der Erdölschock von 1974 führte zu einer Rezession, welche auch auf der Wohlstandsinsel Schweiz die Arbeitslosenzahlen ansteigen liess. Besonders betroffen war die Uhrenindustrie, wo der konjunkturelle Einbruch mit einer technologischen Umwälzung, dem Übergang der mechanischen Uhrmacherei zur Quarztechnik, einherging. Deshalb wurde der «Jurabogen» von der Krise ganz besonders getroffen.

Diese konjunkturelle Krise brachte aber auch eine strukturelle zum Vorschein. Es stellte sich nämlich heraus, dass viele welsche Traditionsunternehmen den Anschluss an die Konkurrenz verpasst hatten. Manche mussten deshalb ihre Tore schliessen oder wurden aufgekauft – nicht selten von Deutschschweizer Firmen. So entstand in der Westschweiz die populäre Legende vom Swissair-Flugzeug, das jeden Morgen die welschen Direktoren zur Befehlsausgabe von Genf nach Zürich beförderte (im Zeitalter der galoppierenden Globalisierung wirken diese Ängste fast schon niedlich: heute wäre mancher Manager froh, er müsste zur Entgegennahme der Befehle nur nach Zürich fliegen ...).

Entzauberte Schweiz

Wirtschaftliche Krisen müssen nicht unbedingt zur Verschärfung sprachlich-ethnischer Gegensätze führen: soziale Spannungen können im Gegenteil sogar bewirken, dass Sprachenfragen in den Hintergrund treten (dies geschah 1918 in der Schweiz, als der «soziale Graben» den «Sprachengraben» verdrängte). Deshalb lässt sich das Aufbrechen des «Röstigrabens» nicht allein mit dem Jurakonflikt und mit der Rezession erklären.

Eine wesentliche Ursache liegt in der «Entzauberung» des Schweizer Konkordanzwunders, einem Vorgang, der bereits in den vorausgegangenen Jahrzehnten begonnen hatte. Die Schweiz als Insel der Seligen, in der soziale, sprachliche und konfessionelle Gruppen und Subkulturen gleichsam in immerwährender Sphärenharmonie beisammen wohnen: dieses idyllische Bild ging in den sechziger und siebziger Jahren für viele Schweizer in die Brüche. Nicht nur vereinzelte Künstler, Schriftsteller und Intellektuelle wie Max Frisch und Friedrich Dürrenmatt, sondern eine ganze

Generation junger Menschen machte sich auf, Gott, die Welt und die Schweiz in Frage zu stellen. Viele Schweizerinnen und Schweizer verloren ihren Glauben ans Schweizer Musterland: ihre Schweiz war im Grunde genommen keine heile Welt, sondern eine Heidi-Welt gewesen. Und je mehr der Firnis von der Ikone des Schweizer Wunderlands abfiel, desto mehr wurden auch die Beziehungen der Sprachgruppen hinterfragt, zumindest in der Romandie und bei den anderen Sprachminderheiten. Der «Röstigraben» ist im Grunde genommen auch ein illegitimes Kind der 68er Bewegung.

Landi-Geist ausgehaucht

Es kam hinzu, dass der Geist der Geistigen Landesverteidigung, der die Nation noch in der Nachkriegszeit und in den fünfziger Jahren zusammengehalten hatte, in jenen Jahren seine Wirkung verlor. Die Landi- und Aktivdienstgeneration wurden von den Baby-Boomers abgelöst, die in der Hochkonjunktur aufgewachsen waren und die vom eidgenössischen Fraternisieren genug hatten. Man dachte jetzt international, nicht national. Man hatte von der verhockten Schweizer Stube die Nase voll: der Duft der grossen weiten Welt wirkte berauschend.

Die Landi-Generation hatte in der kulturellen Vielfalt der Schweiz eine Chance gesehen, andere Kulturen kennenzulernen, ohne das Land verlassen zu müssen. Der Lac Léman war für viele Deutschschweizer ein eidgenössischer Mittelmeer-Ersatz gewesen, und im Tessin konnte man Italianità schnuppern, ohne auf die Schweizer Post und die Migros verzichten zu müssen. Im Welschlandjahr durften sich junge Deutschschweizerinnen als «Schönfilles» (neudeutsch: Au-pair-Mädchen) mit französischer Lebenskunst bekannt machen. Dies war jetzt immer weniger gefragt: Die weite Welt stand weit offen. Was hatte man bei den Miteidgenossen verloren? Mit der Entsorgung des Landi-Geistes wurde auch die Pflege der guteidgenössischen Vielsprachigkeit zum ideologischen Alteisen geworfen. Das Gebot «Schweizer, liebet euch!» war kein kategorischer Imperativ mehr.

Der Drang zum grossen Bruder

Zudem richteten sich die Schweizer damals wieder vermehrt auf ihre gleichsprachigen Nachbarn aus. Deutschland kehrte der deutschen Schweiz jetzt nicht mehr die nationalsozialistische Fratze zu, sondern ein freundliches demokratisches Gesicht. Nach dem deutschen «Wirtschaftswunder» wurde die Bundesrepublik für die Schweiz wieder zum wichtigsten Wirtschaftspartner. Für Schweizer Bundesrichter wurden die Urteile des deutschen Bundesgerichtshofs in Karlsruhe zur Pflichtlektüre. Deutschschweizer Linksintellektuelle lasen den «Spiegel». Und dem Deutschschweizer Volk wurde mit dem «Blick» ein Klon der deutschen «Bild»-Zeitung beschert.

Umgekehrt unterhielten die Romands – nach Beendigung des eidgenössischen «huis-clos» der Kriegszeit – mit Frankreich wieder einen regen touristischen und geistigen Austausch. Der Helvetismus hatte ausgedient: Paris lockte. Die Deutschschweizer und Romands unterlagen unterschiedlichen Affinitäten. Und zudem kam der Schweiz mit der Beendigung des Kalten Kriegs auch das Feindbild abhanden, das die Nation lange Zeit zusammengekittet hatte.

Zurück zu den Graswurzeln

Die Öffnung nach aussen bewirkte indessen auch ihr Gegenteil: das Zurück zu den Wurzeln. Zur gleichen Zeit, da sich die deutsche Schweiz amerikanisierte, machte sich das Bedürfnis nach Wurzeln bemerkbar. Die Antwort darauf bestand unter anderem in der sogenannten «Mundartwelle».

In den sechziger Jahren begannen Deutschschweizer Schriftsteller und Liedermacher, die Mundartdichtung mit neuem – oft kritischem – Inhalt zu füllen. Zudem breitete sich das Schwyzertütsch in der Werbung, in den audiovisuellen Medien und im Unterricht aus. Dies stärkte die regionale Identität der deutschen Schweiz und erleichterte die Abgrenzung gegenüber Deutschland, ein Bedürfnis, das umso grösser war, als der «grosse Bruder» im Norden eine steigende Anziehungskraft ausübte. Andererseits wurde mit dieser Betonung der regionalen Eigenart auch eine Kommunikationsbarriere gegenüber Anderssprachigen – nicht zuletzt der französischen Schweiz – aufgebaut, was das welsche Unbehagen förderte. Selbst Romands, die an und für sich Sympathie für die Deutschschweizer Mundarten bekunden (und sie sind gar nicht so selten), empfinden die «Schwyzertütsch-Welle» als Ausdruck geistiger Einigelung, als sprachliche Sonderfallsmanie.

Die Krise der Frankophonie

Das Erwachen welscher Minderheitsreflexe hängt auch mit dem Prestigeverlust der französischen Kultur und Sprache zusammen. Der Schweizer Sprachenfriede beruhte lange Zeit auf einem subtilen Gleichgewicht. Die deutsche Schweiz repräsentierte die numerische Mehrheit sowie die politische und wirtschaftliche Übermacht. Dem französischsprachigen Part dagegen wurde lange Zeit eine gewisse kulturelle Suprematie in Bereichen der Kultur, Kommunikation und des «Savoir-faire» eingeräumt. Damit wurde ein Korrektiv zu den realen Machtverhältnissen geschaffen.

Sogar die landläufigen Klischees vom seriösen, aber auch schwerfälligen und sturen Deutschschweizer einerseits, dem leichtlebigen, «legeren», bisweilen auch etwas liederlichen Romand haben letztlich eine systemstabilisierende Wirkung. Sie mögen zwar die Wirklichkeit verzerren: aber indem sie die Welschen aufwerten, schaffen sie einen Ausgleich. Der deutschen Schweiz werden gewissermassen männliche Werte wie Effizienz und Härte zugeschrieben; der Romandie sogenannt weibliche Eigenschaften wie Souplesse, Warmherzigkeit und Offenheit. Die Verschiedenheit wird zur Komplementarität umgedeutet.

Im Augenblick jedoch, da die französische Kultur an Prestige verlor, war dieses «kompensatorische Gleichgewicht» gestört. Die Romands fühlten sich nicht mehr im gleichen Mass wie früher respektiert, ja bewundert. Und diese Blessur ist zweifellos mitverantwortlich für das welsche Malaise.[36]

«Way of life» oder «Savoir-vivre»?

Der Siegeszug des Englischen ist ein weiterer Faktor, der immer wieder für die Entfremdung zwischen deutscher und französischer Schweiz verantwortlich gemacht wird. Die Schweizer wendeten sich immer mehr dem Englischen zu und vernachlässigten die andere Landessprache, so lautet das Verdikt. Sie seien immer weniger im Stande, sich zu verständigen.[37]

Es besteht kein Zweifel, dass die Verbreitung des Englischen die Beziehungen zwischen den Schweizer Sprachgruppen, und besonders jene zwischen deutscher und welscher Schweiz, in den letzten zwanzig Jahren zunehmend belastete. In Wirklichkeit liegt jedoch das Problem nicht so sehr in einem Verlust der Kommunikationsfähigkeit. Denn wenn man sich verständigen kann, heisst dies noch lange nicht, dass man sich versteht. Serben und Kroaten beispielsweise haben gegeneinander Krieg geführt, obwohl sie eine gemeinsame Sprache besassen. Zudem ist es keineswegs sicher, dass die Schweizer heute mehr Kommunikationsprobleme miteinander haben. Wahrscheinlich sind die Sprachkenntnisse der Schweizer im allgemeinen sogar besser geworden.

Das Problem mit dem Englischen liegt auf symbolischer Ebene. Wenn die Deutschschweizer immer mehr dem Englischen huldigen, so wird das in der Romandie oftmals als Liebesentzug gegenüber dem Französischen empfunden. Und dies in einer Situation, wo die Frankophonen wegen des bereits erwähnten Prestigeverlusts der französischen Kultur ohnehin verunsichert sind. Dies führt dazu, dass man auf welscher Seite das Gefühl hat, vermehrt und aktiver für seine Interessen einstehen zu müssen – notfalls gegen die deutsche Schweiz.

Die Regionen erwachen

Zum Popularitätserfolg des Themas «Röstigraben» hat auch das Erwachen nationaler und regionaler Autonomiebestrebungen geführt, die in den sechziger Jahren in Westeuropa auf den Plan traten. Angefangen hatte es mit der Entkolonialisierung, welche in der europäischen Intelligentsia das Interesse für nationale Befreiungsbewegungen geweckt hatte. Einen zweiten Schub bekam dieser Regionalismus, als Denis de Rougemonts Idealvorstellung von einem «Europa der Regionen» zum Modebegriff wurde. Nicht nur in Nordirland und im Baskenland regten sich jetzt regionalistische Bewegungen; auch in der Bretagne, in Südfrankreich, in Korsika, in Katalonien, ja sogar in der sowjetischen Ukraine und in anderen Teilen des sowjetischen Imperiums meldeten sich Sprachminderheiten zu Wort.

Ethnonationalismus

Beim Zusammenbruch des Sowjetsystems bekamen nationalistische, separatistische Strömungen in Ost-, Mittel- und Südost-Europa nochmals kräftigen Aufwind. In Europa brach der Ethnonationalismus (Urs Altermatt) aus. Das Schwinden alter ideologischer oder konfessioneller Bindungen und Spaltungen förderte ebenfalls den Rückzug auf nationale, regionale, sprachliche oder ethnische Identitäten. Diese Entwicklung färbte auch auf die Schweiz ab: das Erstarken des welschen «Romandismus» wie auch die Gründung der «Lega ticinese» im Tessin sind abgeschwächte Symptome des ethnonationalen Fiebers.

Nicht nur, aber auch ein Medienphänomen

Dass die Beziehungen zwischen deutscher und welscher Schweiz immer öfter zum Gegenstand kritischer Auseinandersetzung gemacht wurden, hat schliesslich auch mit der Entwicklung des Mediensystems zu tun. Denn erstens verbinden die Medien die Sprachregionen verstärkt mit ihrem kulturellen Hinterland, was die politische «Apartheid» zwischen der Deutschschweiz und der Romandie verschärft. Zweitens haben die Medien mitgeholfen, die Sprachregionen zu «homogenisieren» und einerseits ein Deutschschweizer Wir-Gefühl, andererseits ein welsches Bewusstsein zu wecken. Und drittens unterliegen die Medien der Tendenz, Konfliktuelles zu thematisieren und somit auch den «Röstigraben» zu dramatisieren.

Lange Zeit spiegelte die Struktur der Schweizer Medienlandschaft die föderalistische Kammerung des Landes. Die meisten Zeitungen kamen nicht über ein lokales oder bestenfalls kantonales Verbreitungsgebiet hinaus. Nach und nach traten dann aber überregionale Medien auf den Plan. Das in den zwanziger Jahren gegründete Radio Beromünster liess in der deutschen Schweiz so etwas wie eine gemeinsame Deutschschweizer Medienkultur entstehen. Von den fünfziger Jahren an wurde die Sprachregion durch das Fernsehen zusätzlich homogenisiert. Zudem begann sich auch die Presse zu «sprachregionalisieren». Der 1959 lancierte «Blick», welcher von Anfang an die ganze Sprachregion abdecken wollte, föderierte die Deutschschweizer. Die Medien vollzogen damit eine Entwicklung nach, die im gesellschaftlichen Bereich bereits im Gange war: die erhöhte Mobilität der Bevölkerung hatte zu einer gründlichen Durchmischung der Bevölkerung geführt. Viele Deutschschweizer verloren ihre kantonale Identität: sie wurden zu Deutschschweizern.

Die gleiche Entwicklung vollzog sich auch in der Romandie, allerdings etwas zeitverschoben, denn sie wurde vom wirtschaftlich-sozialen Umbruch der Nachkriegszeit weniger schnell und weniger stark erfasst als die deutsche Schweiz. Bis in die achtziger Jahre identifizierten sich die meisten Romands mit einem Kanton. Dann jedoch begann sich auch die Romandie zu «homogenisieren». Die Mobilität führte zum Zusammenwachsen der welschen Regionen. Die alten konfessionellen Spaltungen verloren ebenfalls an Bedeutung, was die Herausbildung eines welschen Zusammengehörigkeitsgefühls erleichterte. Der Kantönligeist wich, und machte einem neuen Regiönligeist Platz (er äussert sich beispielsweise in den heutigen Bestrebungen zu einer Fusion der Kantone Genf und Waadt).

In den letzten Jahrzehnten wurde auch die welsche Medienlandschaft von der «Sprachregionalisierung» erfasst. Das erste eigentlich welsche Medium war das Westschweizer Radio. Die Antenne von Radio Sottens war gleichsam der Kirchturm, in dessen Schatten die Romandie zu einem sprachregionalen Dorf zusammenwuchs. In den fünfziger Jahren liess das welsche Fernsehen die Romands in der audiovisuelle Stube zusammenrücken, wo sie nun in die gleiche Richtung guckten. Die Télévision suisse romande förderte ein sprachregionales Zusammengehörigkeitsgefühl, sei's auch nur, indem der Sportredaktor die Resultate der welschen Fussball- und Eishockeyclubs besonders herausstellte.[38]

Mit etwas Verspätung auf die deutsche Schweiz begann sich schliesslich auch die welsche Presse zu entkantonalisieren und zu «romandisieren»: 1991 trat mit dem «Nouveau Quotidien» die erste Tageszeitung ohne lokalkantonalen Stallgeruch auf den Plan. Auch andere welsche Zeitungen versuchten jetzt mehr und mehr, die ganze Romandie abzudecken. Das probateste Mittel, um alle Romands anzusprechen, bestand aber darin, sich der Verteidigung der «welschen Interessen» zu verschreiben und von Zeit zu Zeit gegen die Mehrheit vom Leder zu ziehen. Und so war es ganz natürlich, dass die welschen Medien den «Röstigraben» entdeckten. Das bedeutet nicht, dass die Medien ihre Leser gegen die Deutschschweiz aufgehetzt hätten. Es bedeutet hingegen, dass beispielsweise an Abstimmungsabenden bei der Analyse der Resultate die sprachregionalen Kriterien in der Vordergrund geschoben wurden. Diese sprachregionalistische Lesart der politischen Aktualität hat zweifellos zur Bildung eines welschen Bewusstseins und zur Bewusstwerdung deutsch-welscher Gegensätze beigetragen.

Noch eine andere Entwicklung ist hier zu vermerken. Die Schweizer Medien waren lange Zeit eher behördennah. Im Gefolge der politischen Aufbruchstimmung der späten sechziger Jahre und vor allem im Zeichen eines verschärften Konkurrenzkampfs begannen sie sich zu ändern: Die Jagd nach Primeurs wurde eröffnet, Enthüllungen und fette Schlagzeilen waren jetzt gefragt. Angesichts des Hangs der Medien zum Dramatisieren ist es naheliegend, dass auch das Modell der viersprachigen Schweiz immer mehr in Frage gestellt wurde: das Trennende und Konfliktuelle ist das Spannende. Harmonie ist keine News.

Nun ist immer wieder die Meinung zu hören, der «Röstigraben» sei nur ein Medienphänomen. Oder: Die Journalisten hätten zwar den Graben nicht erfunden, doch seien sie es, die ihn immer mehr vertieften. Dies greift, angesichts der Vielschichtigkeit des Phänomens, zu kurz. Hingegen trifft es zu, dass die Medien zum Bewusstwerden deutsch-welscher Gegensätze beigetragen haben. Allerdings hängt die Wirkung der Medien viel weniger von den bewussten Absichten und Ansichten der Journalisten ab als von den Strukturen und Zwängen des Medienmarkts: Journalisten sind weniger «Medienschaffende», als «Mediengeschaffte».

Europa als Belastung

Soweit zu den Wurzeln des «Röstigraben»-Problems. Daneben gibt es eine Reihe von Faktoren, die das Zusammenleben zwischen deutscher und welscher Schweiz schon immer belastet haben, wie die langsame Aushöhlung der Kantonssouveränität zugunsten des Zentralstaats – eine Entwicklung, die schon im letzten Jahrhundert begann, in den letzten Jahrzehnten sich jedoch verstärkt hat. Die Forderung nach angemessener Vertretung der Sprachgruppen in der Bundesverwaltung, in der Armee, in Kommissionen und Verbänden ist ein Thema, das die Romands – wie auch die anderen Minderheiten – seit langem beschäftigt hat. Je mehr jedoch der Zentralstaat an Gewicht zunimmt, desto mehr gewinnt dieses Thema an Bedeutung.

Und schliesslich gibt es aktuelle Streitpunkte zwischen deutscher und welscher Schweiz. Zu einer besonders starken Belastung für das Verhältnis zwischen den Landesteilen wurde in den letzten Jahren die Europapolitik. Während «Öffnung nach aussen» in der welschen Schweiz gross geschrieben wird, fühlen sich viele Deutschschweizer immer noch einer «neutralen und unabhängigen Schweiz» verpflichtet. Auch die Umwelt- und vor allem die Verkehrspolitik führen regelmässig zu politischen Divergenzen. Und in sozialen und wirtschaftspolitischen Fragen sind Deutschschweiz und Romandie oft nicht gleicher Meinung.

Man sieht: «Röstigraben» steht für komplizierte, vielfältige Entwicklungen. Der Terminus ist ein diffuser Begriff für eine diffuse Wirklichkeit. Ist der «Röstigraben» Dichtung oder Wahrheit? Er ist beides: ein Stück Wahrheit, ein bisschen Dichtung – wobei man über die Qualität der Dichtung streiten kann.

Schluss: «Sanfte Apartheid» ist keine Lösung

Verliebt, verlobt, verheiratet, geschieden.
Abzählvers

Nous sommes tous des Suisses allemands.
Grafitti auf Mauer in Lausanne

Die Schweiz muss nicht sein. Aber sie kann, wenn sie will.
Peter Bichsel

Man wird verurteilt, ein Land zu lieben, sobald man in ihm geboren wird. Anders als durch Liebe sind viele Länder ja auch nicht zu ertragen.
Wolf Biermann

Unsere Geschichte nähert sich dem Ende. Es ist die Geschichte einer langsamen und bisweilen konfliktgeladenen Annäherung, immer wieder unterbrochen von Perioden der gegenseitigen Entfremdung. Da gab es Phasen, in denen der Zusammenhalt zwischen der deutschen und der welschen Schweiz ungefährdet schien, aber auch Zeitabschnitte, in denen sich starke zentrifugale Kräfte regten. Das deutsch-welsche Verhältnis basiert auf einer subtilen Dialektik von Konvergenz und Divergenzen, Konsonanz und Dissonanzen.

Zu Beginn unserer Erzählung haben wir den Schriftsteller und Literaturwissenschafter Gonzague de Reynold zitiert, der einst vom Flirt eines alemannischen Kriegers und einer Demoiselle vom Léman schwadronierte. Wie wir gesehen haben, spielte sich jedoch zwischen Deutschschweiz und Romandie keine Liebesgeschichte ab. Wer beispielsweise an die Eroberung des Waadtlands durch die Berner Truppen unter Säckelmeister Hans Franz Nägeli denkt, wird, um die klassische Mythologie zu bemühen, eher an den Raub der Sabinerinnen durch die Römer als an das Liebespaar Philomen und Baucis erinnert.

Ebensowenig trifft es zu, dass sich Deutschschweizer und Romands nach einer ersten Annäherung gleichsam in die Arme gefallen wären. Um im Gonzagueschen Bild zu bleiben: Der Krieger und die Demoiselle brauchten gar lange Zeit, bis sie sich zum Zusammenziehen entschlossen. Während Jahrhunderten zogen sie ein lockeres Konkubinat einer eigentlichen Ehe vor. Und die 1848 vollzogene Hochzeit war ein ziemlich kühles Fest.

Der Zusammenschluss zwischen deutscher und welscher Schweiz ist also – *que Reynold me pardonne!* – nicht so sehr eine Liebesheirat als eine Vernunftehe, basierend auf einer pragmatischen Einschätzung der eigenen Interessenlage. Liebe setzt eine starke Gefühlsbindung voraus, und eine solche war in der Vergangenheit weder auf der einen noch auf der anderen Seite wirklich vorhanden. Nicht Interesse, sondern Interessen haben Deutschschweiz und Romandie zusammengeführt.

Auch heute können die Beziehungen zwischen Deutschschweiz und Romandie im allgemeinen kaum als wirklich liebevoll bezeichnet werden, wenngleich es nicht an Aufrufen zur gegenseitigen Verehrung fehlt («wir sollten uns wieder ein bisschen ineinander verlieben»). Man könnte sogar einen Schritt weiter gehen und sagen, das Einvernehmen zwischen deutscher und welscher Schweiz beruhe gerade nicht auf Liebe und Nähe, sondern im Gegenteil: auf Distanz. Die Hausordnung im Hause Schweiz sieht vor, dass jeder unter dem gemeinsamen Dach seine eigene Suite bewohnt und in getrennten Betten schläft. Daher das vielfach kolportierte Bonmot, wonach die Schweizer miteinander auskommen, weil sie sich nicht verstehen. Föderalismus im helvetischen Verständnis ist ja die Kunst, so viel wie möglich selbst und so wenig wie möglich gemeinsam zu entscheiden. Zugespitzt formuliert: das Schweizer Vielsprachenmodell beruhte bisher nicht auf dem Prinzip des «melting pot», sondern auf «soft apartheid». Frei nach Bernard Shaw: Deutschschweizer und Romands waren und sind durch einen gemeinsamen Staat getrennt.

Dies bedeutet indessen keineswegs, dass der Schweizer Sprachenhaushalt schlecht funktionierte. Im Gegenteil: Wenn man die Geschichte der deutsch-welsch-Beziehungen betrachtet, so verwundert nicht so sehr die Tatsache, dass immer wieder Konflikte auftraten, sondern, dass sie nicht häufiger und nicht gravierender waren. Die Kräfte des Zusammenhalts haben bisher die zentrifugalen Kräfte noch immer überwogen. Warum? Es gibt nicht ein Geheimnis des Schweizer Sprachenfriedens, sondern eine Vielzahl von Faktoren, deren Zusammenspiel die Beziehungen zwischen den Sprachgruppen entschärft haben. Hier die wichtigsten:

- Die mehrsprachige Schweiz ist das Ergebnis eines langen und langsamen Prozesses, der sich über Jahrhunderte erstreckte. Sie entstand infolge einer etappenweisen «Konglomerierung» von Klein- und Kleinststaaten in einem lockeren Staatenbund, der mit einer schwachen, zeitweise beinahe inexistenten Zentralgewalt ausgestattet war. Dieser langsame Prozess hat die Integration der verschiedenen Kulturen zweifellos erleichtert.
- Auch nach der Gründung des Bundesstaates behielten die Kantone eine weitgehende Autonomie. Dessen föderalistischer Aufbau führte zu einer Aufsplitterung und Parzellierung der Macht, die eine Frontstellung zwischen Deutschschweiz und Welschschweiz erschwerte. Die Gründerväter des Bundesstaats hatten dies zwar keineswegs bezweckt, denn die Sprachenprobleme interessierten sie wenig. Der Föderalismus war vielmehr eine Konzession an die konservativen Liberalen und die im Sonderbund unterlegene katholisch-konservative Schweiz. Aber indem er viele Bereiche, in denen Probleme zwischen den Sprachgruppen hätten auftauchen können (beispielsweise das Schulwesen), in der Hoheit der Kantone beliess, hat der föderalistische Bundesstaat gewissermassen als Nebeneffekt auch den Sprachenfrieden gefördert.
- In der Schweiz ist die nationale Minderheit oft die kantonale Mehrheit. Die französischsprachigen Genfer, Waadtländer, Neuenburger, Freiburger und Walliser können im eigenen Kanton weitgehend nach ihrem eigenen Gusto schalten und walten. Eine Ausnahme von dieser Regel bilden die französischsprachigen Jurassier und die Welschbieler im Kanton Bern, die doppelt Minderheit sind, und es ist durchaus kein Zufall, dass gerade bei ihnen Minderheitskonflikte entstanden konnten.
- Was man heute als welsche Schweiz oder Romandie bezeichnet, bildete ursprünglich keine politische oder kulturelle Einheit. Die Welschen gehörten zu verschiedenen Staatswesen, die wenig Gemeinsames hatten und auf sehr unterschiedliche Weise in den Bund integriert worden sind. Vor 1798 war Genf eine unabhängige Republik, die Waadt bernisches Untertanenland, das welsche Freiburg gehörte als Teil eines zweisprachigen Stadtstaats dem Bund an, der französische Jura war Teil eines gemischtsprachigen Fürstbistums, usw. Erst mit der Entstehung der modernen Schweiz 1848 ist überhaupt so etwas wie eine welsche Schweiz entstanden. Indessen gibt es bis heute grosse

Unterschiede zwischen den welschen Regionen, weshalb ein Buch des Publizisten Alain Pichard über die Westschweiz noch vor einigen Jahren unter dem provokativen Titel «La Romandie n'existe pas» erscheinen konnte. Das Gleiche könnte man von der deutschen Schweiz sagen.

– Die Schweizer Geschichte ist, zumindest was die Neuzeit betrifft, relativ gewaltarm. Ethnische und sprachliche Minderheiten mussten in der Schweiz keine Greueltaten seitens der Mehrheit über sich ergehen lassen (wenn man von Vorgängen in früheren Jahrhunderten, beispielsweise im Burgunderkrieg, absieht). Die Romands – im Gegensatz zu anderen Minderheiten – halten keine Erinnerungen an Deutschschweizer Repression oder Gewalttaten wach. Sogar dort, wo Deutschschweizer Herren zeitweise über welsche Untertanen regierten, beispielsweise im bernischen Waadtland vor 1798, war ein vergleichsweise aufgeklärtes Regime am Werk, das der einheimischen Bevölkerung weitgehende Autonomierechte einräumte. Davon zehrt die Schweiz heute noch.

– Die grossen politischen Auseinandersetzungen der Schweizer Geschichte überdeckten sich selten mit sprachlichen Trennlinien. Der Konflikt zwischen Stadt- und Landkantonen im Mittelalter, die Auseinandersetzung zwischen katholischen und protestantischen Orten nach der Reformation, der Konflikt zwischen konservativen und liberal-freisinnigen Kantonen im letzten Jahrhundert liefen meist quer zu den Sprachgrenzen. Diese sogenannten «cross-cutting cleavages» (kreuzweise verlaufende Klüfte) haben die Spannungen zwischen Deutschschweizern und Romands bis heute nicht nur nicht verschärft, sondern entschärft. Ein protestantischer Genfer beispielsweise stand und steht einem deutschsprachigen Basler oft näher als einem französischsprachigen katholischen Freiburger. (Ein Indiz «a contrario» für die stabilisierende Wirkung dieser «kreuzweisen Trennlinie» ist der Jura: Der mehrheitlich deutschsprachige und protestantische Kanton Bern bekam nicht zuletzt deshalb Probleme mit der jurassischen Bevölkerung, weil der Nordjura mehrheitlich französischsprachig und katholisch ist.)

– Im Bundesstaat war das Prinzip des Minderheitenschutzes und des regionalen Ausgleichs schon immer präsent. Diese für die Schweizer Geschichte recht typische Zurückhaltung in der Anwendung des Mehrheitsprinzips hat auch die Behandlung des Sprachenproblems geprägt. Zeichen dafür ist die Tatsache, dass im ersten Bundesrat die sprachlichen Minderheiten – mit einem Waadtländer und einem Tessiner Bundesrat – fast proportional vertreten waren und dies auch weiterhin blieben. Die Konzessionen an die welsche Schweiz haben die Minderheitsreflexe zwar nicht aus der Welt geschafft, aber abgedämpft.

- Das Sprachterritorialprinzip, das sich in der Schweizer Rechtssprechung durchgesetzt hat und auf dem Prinzip einer möglichst klaren Abgrenzung der Sprachregionen beruht, schützt die welsche Schweiz und all jene Sprachminderheiten, die ein klar abgegrenztes Territorium aufweisen. Es geht von der Existenz mehr oder weniger homogener Sprachräume aus und bestimmt, dass sich die Individuen der in ihrem Sprachraum dominierenden Sprache anzupassen haben. Individuelle Sprachfreiheit tritt im öffentlichen Bereich vor dem Prinzip der kollektiven Sprachidentität zurück. Dies trägt dazu bei, den durch die Mobilität erzeugten Druck auf das Sprachengleichgewicht abzufangen. Ohne Sprachterritorialitätsprinzip hätten sich die Deutschschweizer in der Westschweiz vielleicht weniger assimiliert, als dies der Fall war.
- Das Glück der Schweiz ist es aber auch, dass die welsche Minderheit eine prestigereiche Sprache spricht, die lange Zeit als Sprache der Diplomatie, der Kunst, der Mode und der Kultur *par excellence* galt. Auch dies half mit, die in der Romandie niedergelassenen Deutschschweizer in der Regel rasch zu assimilieren. Es führte aber ebenfalls dazu, dass das Französische auf politischer Ebene lange Zeit eine Rolle spielte, welche der numerische Anteil der Welschen allein kaum möglich gemacht hätte. Verknappt: Die Deutschschweizer besassen die Mehrheit und einen Grossteil der materiellen Macht, die Welschen dagegen hatten das kulturelle Prestige und die symbolische Macht. Dieses «kompensatorische Gleichgewicht» entschärfte die Sprachbeziehungen. Als Gegenbeispiel sei auf Belgien verwiesen: Dort hatten die französischsprachigen Wallonen lange Zeit das politische, wirtschaftliche und kulturelle Übergewicht, was wohl den heutigen Revanchismus der Flamen erklärt. Oder um ein Schweizer Beispiel beizuziehen: Im Kanton Freiburg waren die Deutschsprachigen lange Zeit wirtschaftlich, politisch und kulturell der schwächere Part und hatten einen entsprechend schweren Stand.
- Wenn die deutsche und die französische Schweiz trotz sprachlich-kultureller Verschiedenheit bisher erstaunlich gut zusammenhielten, so

hat dies auch damit zu tun, dass Deutschschweizer und Romands einen harten Kern gemeinsamer Werte, gemeinsamer Mythen und gemeinsamer Haltungen teilten. Schon Ende des 18. Jahrhunderts wurde die «Schweizerfreiheit» auch in der französischen Schweiz gefeiert, und mythische Figuren wie Wilhelm Tell und mythische Orte wie das Rütli wurden auch in Genf, Lausanne und Neuenburg verehrt. Noch bevor die Schweiz zu einer politischen Einheit zusammenwuchs, war so etwas wie ein Schweizer Gemeinschaftsgefühl entstanden. Auch der Alpenkult als Zement schweizerischen Nationalbewusstseins wurde und wird in der Romandie nicht weniger zelebriert als in der deutschen Schweiz (bei der «Fête des vignerons», dem berühmten Winzerfest in Vevey, ist paradoxerweise der Kuhreigen, bei dem das Greyerzer Lied «Lioba» gesungen wird, der feierlichste Moment). Politische Werte wie Föderalismus, Volksrechte usw. sind den meisten Romands so lieb wie ihren «compatriotes».

- Auch heute ähneln sich Deutschschweizer und Romands mentalitätsmässig mehr, als dies gemeinhin wahrgenommen wird. Tugenden wie Ordnungssinn, Sparsamkeit, Arbeitsfleiss werden in der welschen Schweiz so sehr gepflegt wie in der Deutschschweiz. Auch wenn sich die Romands gern über die Putzwut der Deutschschweizer lustig machen, sind sie in dieser Beziehung selbst kaum weniger schweizerisch als die Deutschschweizer (vgl. die welsche Maxime: «propre en ordre»). Sogenannt typische Schweizer Eigenschaften wie Langsamkeit, Schwerfälligkeit, bisweilen zur Pedanterie neigende Ordentlichkeit, aber auch Seriosität und Zuverlässigkeit werden im Ausland allen Schweizern zugesprochen, welche Sprache sie auch immer sprechen. (Man stellt übrigens fest, dass die Romands für die gleichen Eigenschaften, die sie den Deutschschweizern zuschreiben, von den Franzosen bespöttelt werden. Man könnte möglicherweise sogar sagen, dass die Romands jene Eigenschaften auf die Deutschschweizer projizieren, die sie bei sich nicht wahrnehmen wollen. Man kultiviert die Unterschiede, gerade weil man sich so ähnlich ist.)
- Der Schweizer Sprachenfrieden beruht nicht zuletzt auch auf der Tatsache, dass es bisher kein allzu grosses Wohlstandsgefälle zwischen den Regionen gab. Ein wesentlicher Teil der Romandie – nämlich der Genfersee-Raum – gehört seit langem zu den ausgesprochen wohlhabenden Gebieten der Schweiz. Lange Zeit hatte es in der Schweiz – anders als etwa in Frankreich – keine übermächtige Wirtschafts-

metropole, sondern mehrere regionale Zentren: Zürich, Basel, Bern, Genf, Lausanne, usw. Diese «polyzentrale» Wirtschaftsstruktur hat zweifellos das politische Gleichgewicht gefördert und die Spannungen zwischen deutscher und welscher Schweiz neutralisiert.
- Zu guter Letzt ist der Sprachenfrieden auch auf die Tatsache zurückzuführen, dass die Schweiz eine wirtschaftliche Erfolgsgeschichte ist. Ein Land, dem es gut geht, kann sich auch den Minderheitenschutz «leisten». Daher die Stabilität der politischen Institutionen, daher auch die Mässigung der Minderheit, der politischen so sehr wie der sprachlichen. Auch Minderheiten wissen: Man schlachtet nicht das Huhn, das goldene Eier legt. Im Sportjargon würde es heissen: «Don't change a winning team». Und die Schweiz ist trotz heutiger Probleme noch immer eine Mannschaft, die im wirtschaftlichen Wettbewerb auf der Gewinnerseite steht.

So weit einige Faktoren, die zum Schweizer Sprachengleichgewicht wesentlich beigetragen haben. Dennoch sind in den letzten Jahren, wie wir gesehen haben, zwischen deutscher und welscher Schweiz einige ernsthafte Probleme entstanden. Die folgenden scheinen mir besonders bedeutsam zu sein:
- Zu einer dauernden Belastung der Beziehungen zwischen Deutschschweiz und Romandie ist die Europa- und Aussenpolitik geworden. Es gibt heute in unserem Land, stark vereinfacht gesagt, zwei Lager – ein Lager, das den «Sonderfall Schweiz» in die Zukunft retten will, und ein anderes, das die Zukunft der Schweiz in einer raschen Annäherung an die internationale Staatenwelt sieht. Dieser Gegensatz, der die heutige Schweizer Politik überschattet, ist zwar nicht deckungsgleich mit regionalen oder gar sprachregionalen Gegensätzen. Und dennoch stellt man auch regionale Mentalitätsunterschiede fest. Vereinfacht gesagt: Das «Integrationslager» besitzt einen starken Rückhalt in der Romandie, in Basel und in den grossen Deutschschweizer Städten. Das «Alleingang»-Lager rekrutiert sich vor allem in der Ostschweiz, in der Zentralschweiz und im Aargau. Obwohl es sich somit nicht um einen eigentlichen Konflikt zwischen deutscher und welscher Schweiz handelt, kann nicht bestritten werden, dass dieser aussenpolitische Graben auch die deutsch-welschen Beziehungen erheblich belastet. Solange die Schweiz nicht einen Weg findet, um ihre Beziehung zur EU und zur internationalen Staatenwelt dauerhaft zu regeln, muss damit

gerechnet werden, dass auch das Verhältnis zwischen deutscher und welscher Schweiz angespannt bleibt.
- Ein anderer prägender Konflikt der Schweizer Politik kreist um die Frage, wieviel Staat wir wollen und was wir dafür zu zahlen bereit sind. Es gibt – wiederum vereinfachend gesagt – ein Lager, das einen möglichst schlanken und «billigen» Staat will, und ein anderes, das einen solidarischen und sozialen Staat befürwortet. Das neoliberale Lager will einen scharfen Sparkurs fahren, während sich das «soziale» Lager gegen einen Abbau staatlicher Leistungen zur Wehr setzt (das neoliberale Lager deckt sich teilweise mit dem «Sonderfall»-Lager, das «soziale» teilweise mit dem Pro-EU-Lager). Auch hier geht es in erster Linie um einen ideologischen, nicht um einen sprachregionalen Konflikt; aber er vermischt sich ebenfalls mit den oben skizzierten regionalen Gegensätzen. Wiederum vereinfacht: das Lager der Sparsamen hat seinen Rückhalt vor allem in der Ost- und Zentralschweiz, das «soziale» Lager in der Romandie und teilweise im Tessin, wie die Abstimmung über die Mutterschaftsversicherung gezeigt hat. Hier könnte auch für die Zukunft einiger Konfliktstoff liegen.
- Die Aushöhlung des Prinzips Solidarität bedroht den regionalen Ausgleich. Das Beispiel «Krankenkassen» ist in diesem Zusammenhang erhellend. Bekanntlich gibt es bei den Krankenkassenprämien ein starkes Gefälle zwischen den «billigen» Kantonen der Ost- und Zentralschweiz und den «teuren», zu denen die welschen Kantone, Basel und Tessin gehören. Die Krankenkassen begründen diese Disparitäten damit, dass die durchschnittlichen Pro-Kopf-Ausgaben für Arzt, Spital und Medikamente in diesen Kantonen entsprechend höher liegen. Es gab Jahre, in denen sich die sparsamen Kantone dagegen wehrten, den ausgabefreudigen Kantonen – via Bundessubventionen zur Prämienverbilligung – unter die Arme greifen zu müssen. Dieser Konflikt konnte beigelegt werden, bevor er richtig eskalierte. Es ist aber durchaus möglich, dass solche Auseinandersetzungen in Zukunft häufiger werden, was auch die Beziehungen zwischen deutscher und welscher Schweiz belasten könnte.
- Die Qualität der Beziehungen zwischen den Sprachregionen hängt letzlich auch von der wirtschaftlichen Situation ab. Wenn sich der Wohlstand und die wirtschaftliche Macht einseitig auf einen Landesteil konzentrieren, sind Spannungen und Verteilungskämpfe zwischen den Regionen unausweichlich. Und in einem mehrsprachigen Land ist

dann auch der Sprachenfrieden bedroht. Läuft die wirtschaftliche Entwicklung in der Schweiz in diese Richtung? Die Antwort ist nicht «ja ja, nein nein». Einerseits scheint die gegenwärtige Entwicklung tatsächlich auf eine Konzentration der wirtschaftlichen Substanz im Raum Zürich hinauszulaufen. Ein Teil der Schweiz – ein Grossteil des Alpenraums, der Jura, teilweise auch die Ost- und die Zentralschweiz und der Kanton Bern – droht zur wirtschaftlichen Peripherie zu verkommen. Allerdings trifft diese Entwicklung nicht nur und nicht in erster Linie die welsche Schweiz: die Genfersee-Region gehört ja zu den wohlhabendsten Gebieten der Schweiz, und zudem weist sie eine hohe Anzahl multinationaler Unternehmen auf. Dennoch wird in der welschen Schweiz die Abhängigkeit von auswärtigen – Deutschschweizer – Entscheidungszentren schmerzlich empfunden. Sollte die wirtschaftliche Entwicklung zu einer Provinzialisierung der Westschweizer Wirtschaft führen, so dürfte es zu Konflikten kommen, die – ähnlich wie 1996 die Cointrin-Affäre – Züge einer Auseinandersetzung zwischen welscher und deutscher Schweiz annehmen könnten.

– Ende der neunziger Jahre wurde von gewissen Deutschschweizer Medien salopp die Frage gestellt, ob «wir uns denn die Romandie noch leisten» könnten. Diese Frage ist insofern reichlich dumm, als die welsche Schweiz nicht zu den armen Landesteilen gehört, sofern es solche in der reichen Schweiz überhaupt gibt. Wenn schon, wäre die Frage eher die, ob sich die Schweiz noch eine alpine Bevölkerung leisten kann und will. Dennoch ist die Tatsache, dass dumme Fragen dieser Art gestellt werden können, ein Warnsignal. Es besteht die Gefahr, dass in einer Zeit, da Kostenwahrheit und Marktgerechtigkeit immer mehr zu alleinigen Kriterien staatlichen Handels hochstilisiert werden, die subtilen Ausgleichmechanismen, welche in der Schweiz lange Zeit die regionalen Disparitäten eingeebnet und zum sozialen Frieden beigetragen haben, unter Druck geraten. Um ein Beispiel anzuführen: Zur Zeit subventionieren die Deutschschweizer tatsächlich über die Konzessionsgebühren der SRG (Schweizerische Radio- und Fernsehgesellschaft) indirekt das welsche und vor allem das Tessiner und rätoromanische Fernsehen. Würden die TV-Kanäle der verschiedenen Sprachregionen zu eigenen Profitzentren erklärt, so kämen die italienisch-, rätoromanisch- und französischsprachigen Fernsehsender unter massiven Druck. Und damit wären auch neue Spannungen zwischen deutscher und welscher Schweiz programmiert.

- Eine wichtige Frage ist schliesslich auch die, wie gut der Wohlstand übers Land verteilt ist. Wie wir gesehen haben, beruhte der Schweizer Sprachenfrieden lange Zeit auch auf der Tatsache, dass es kein krasses Wohlstandsgefälle zwischen den Regionen gab. Ist das weiterhin der Fall? Gewisse Indizien lassen aufhorchen. So weiss man, dass seit Beginn der neunziger Jahre die Arbeitslosenrate in den welschen Kantonen, wie auch in Basel, Zürich und im Tessin, einiges höher liegt als im Landesdurchschnitt und viel höher ist als in der Zentral- und in der Ostschweiz. Doch scheinen diese Zahlen nur beschränkt als Indiz für die wirtschaftliche Potenz und Dynamik zu taugen: Kantone mit hoher Arbeitslosigkeit sind nicht unbedingt wirtschaftlich schwache Kantone, im Gegenteil. In der Regel sind es eher wohlhabende und sozial aufgeschlossene Kantone, die aber einen hohen Anteil von benachteiligten Bevölkerungsschichten aufweisen. Dennoch ist dieser «Arbeitslosigkeitsgraben» dem guten Einvernehmen zwischen deutscher und welscher Schweiz sicher nicht zuträglich. Einerseits haben die Kantone mit hoher Arbeitslosigkeit hohe Lasten zu tragen, was dort zu Steuerdruck und zu Unzufriedenheit führt. Anderseits besteht die Gefahr, dass sich die weniger stark betroffenen Kantone dagegen auflehnen, über den Bund die Arbeitslosigkeit «der anderen» mitfinanzieren zu müssen, was wiederum zu Spannungen führen kann.
- Schliesslich leiden Deutschschweiz und Romandie an einem eigentlichen Kommunikationsproblem. Die Englisch-Welle ist nicht als solche eine Katastrophe: es ist vielleicht besser, wenn sich verschiedensprachige Schweizer auf englisch unterhalten als überhaupt nicht. Aber wenn das Englische in der deutschen Schweiz immer mehr das Französische verdrängen sollte, so hätte dies eine unheilvolle Signalwirkung. Damit würde der «ungeschriebene Ehevertrag» zwischen deutscher und welscher Schweiz unterhöhlt, der darauf beruht, dass die Deutschschweizer Mehrheit eine mehr als nur nach Proporzprinzip berechnete Sympathie für die lateinischen Minderheiten aufbringt. Ähnliches gilt für die Schwyzertütsch-Welle. Auch sie ist an und für sich kein Problem für die Romands, selbst wenn gewisse welsche Publizisten dies manchmal glauben machen. Wenn jedoch damit Sprachbarrieren gegenüber anderen Kulturen errichtet werden, so stellt dies auch für das Verhältnis zwischen deutscher und welscher Schweiz ein schlechtes Omen dar.

Aber Achtung: Wenn es zwischen deutscher und welscher Schweiz Probleme gibt, so ist dies kein Grund, deshalb gleich Katastrophenszenarien zu bemühen, wie dies in den letzten Jahren regelmässig gemacht wurde. Andere Länder haben weit gravierendere Probleme, ohne dass deswegen gleich der Untergang des Staats ausgerufen würde. Und es ist ja auch durchaus möglich, dass obige Probleme gelöst werden. Möglich, dass sich in der Europapolitik ein Kompromiss zwischen dem internationalistischen und dem isolationistischen Lager finden lässt. Möglich auch, dass die Erholung der Konjunktur, die sich bei Abschluss dieses Buchs Anfang des Jahrs 2000 abzeichnet, zur Entschärfung der sozialen und regionalen Verteilkämpfe führt.

Doch selbst wenn dies nicht der Fall wäre, sollte man mit Katastrophenszenarien vorsichtig sein. Denn Voraussetzungen für eine Scheidung *à la tchéchoslovaque* scheinen mir in der Schweiz nicht gegeben, von einer jugoslawischen Entwicklung gar nicht zu sprechen. Und auch an eine «schleichende Belgisierung» glaube ich nicht so recht. Und was heisst schon Belgisierung? Auch das verschriene Belgien gibt es ja noch.

Ich empfehle also: weder dramatisieren (wie dies in der welschen Schweiz oft getan wird) noch verharmlosen (Tendenz in der deutschen Schweiz). Einiges wäre schon getan, wenn man wahrnehmen würde, dass es ein Problem gibt. Dies wäre zwar noch nicht die Lösung, aber eine Vorbedingung dazu.

Die Hauptgefahr scheint mir allerdings nicht so sehr darin zu liegen, dass die Schweiz zerbrechen könnte, sondern dass sie zerbröckelt. Nicht die Differenzen sind das Problem, sondern die Indifferenz. Um nochmals das Bild vom Ehepaar zu bemühen: die Gefahr ist nicht so sehr, dass Schweizers einer Scheidung entgegengehen. Sondern vielmehr, dass sie lustlos nebeneinander weiterleben, zusammengehalten von der Macht der Gewohnheit und dem Mangel an Alternativen.

Nun hat das Nebeneinanderleben, wie wir gesehen haben, lange Zeit durchaus funktioniert. Lange Zeit konnten Deutschschweizer und Romands in ihren vier Wänden mehr oder weniger machen, was sie wollten. Und die gute Finanzlage sorgte dafür, dass sich alle fast alles leisten konnten. Jede Region hatte ihre Universitäten, ihre polytechnische Schule, ihre Autobahnen, ihre Tunnels. Wenn man in der Schweiz nicht wusste, ob man eine Alpentransversale am Gotthard oder am Lötschberg bauen sollte, lautete die Antwort: beides. So wurden lange Zeit die regionalen Verteilungsprobleme gelöst. Dies ging so lange gut, wie das nötige Geld vorhanden war. Heute sind die Mittel jedoch knapp, folglich müssen schmerzliche Entscheide getroffen werden. Die Schweiz ist einem harten internationalen Wettbewerb ausgesetzt, was einen zielbewussteren Einsatz der Ressourcen verlangt. Zudem reissen die wachsende Mobilität und die Bevölkerungsdurchmischung die alten Grenzen nieder. Der Föderalismus des «alles für alle» müsste deshalb einem arbeitsteilenden Föderalismus Platz machen. «Sanfte Apartheid» als Rezept des Zusammenlebens reicht nicht mehr: die Schweizer müssen lernen, intensiv zusammenzuarbeiten. Und hierfür braucht es Kommunikation.

Die Verbesserung der Kommunikation und der Austausch zwischen den verschiedenen Sprachregionen, nicht zuletzt zwischen deutscher und welscher Schweiz, wird damit immer wichtiger. Was tun? Die Wege sind bekannt. Im Bericht der eidgenössischen «Verständigungskommission» von 1993 wurde ein ganzer Katalog von Vorschlägen gemacht. Seither sind einige Jahre ins Land gegangen, ohne dass wesentliche Verbesserungen zu verzeichnen wären. Es ist bekannt, was zu tun wäre; eigentlich müsste man es «nur» noch machen.

Nicht der Weg ist das Problem, sondern der Wille. Damit sei nicht gesagt, dass kein guter Wille vorhanden wäre und dass nichts gemacht würde. Im ganzen Land sind heute einige «Amateure» und wenige Profis damit beschäftigt, zwischen deutscher und welscher Schweiz zu vermitteln, beispielsweise einen Schüler- und Lehrlingsaustausch zu organisieren. Diese Anstrengungen sind sehr lobenswert, aber sie genügen nicht. Wenn man weiss, dass nicht einmal ein Prozent der Schweizer Schüler von diesem Programm erfasst werden, wird man an den berühmten Tropfen auf dem heissen Stein erinnert. Dabei wäre es in einem kleinräumigen Land wie der Schweiz ein Leichtes, solche Austauschprogramme auf breiter Ebene zustandezubringen, wie sie heute zwischen Deutschland und Frankreich durchgeführt werden. Aber wollen müsste man es.

Die Pflege der Mehrsprachigkeit müsste aufhören, eine in 1. August-Ansprachen bemühte staatsbürgerliche Sonntagspflicht zu sein, und zu einer vorrangigen politischen Aufgabe erklärt werden, für die auch entsprechende Mittel zur Verfügung gestellt werden. Sprachenkenntnisse und Kommunikationsfähigkeit sind in der globalisierten Informationsgesellschaft ein wichtiger Wettbewerbsfaktor. Weshalb sollte die Schweiz nicht versuchen, in diesem Bereich zu einem «center of excellence» zu werden?

Eine energische Pflege der Mehrsprachigkeit hätte nicht nur den Vorteil, dass sie das Zusammenleben der vier Schweizer Sprachregionen fördern würde. Je mehr die Schweiz zu einer Immigrationsgesellschaft wird, in der nicht vier, sondern vierzig Sprachen zusammenleben, wäre sie auch ein Beitrag zur Bewältigung der Multikulturalität. Es geht dabei nicht nur um die Vermittlung von Sprachkompetenz. Mindestens so wichtig ist es, das Verständnis für das Andersartige, die Freude an der Vielfalt der Kulturen und den Sinn für die Relativität des Begriffs «fremd» zu wecken («fremd ist der Fremde nur in der Fremde.»)

Die Schweiz hat mit ihrer Mehrsprachigkeit in der Vergangenheit nicht allzu schlecht gelebt. Die Rezepte, die in der Vergangenheit eingesetzt wurden (Föderalismus, Sprachterritorialprinzip, «sanfte Apartheid» usw.), sind aber heute nur noch beschränkt wirksam. Wird die Schweiz auch in Zukunft ihren Ruf als glückliches Mehrsprachenland rechtfertigen? Es ist möglich, aber sicher ist es nicht. Jedenfalls sollte man sich nicht auf den Lorbeeren der Vorzeit zur Ruhe betten. Die Geschichte stellt keine Blankoschecks aus.

Anmerkungen

Von der deutschen zur mehrsprachigen Schweiz (1291–1481)

1 Gonzague de Reynold, *La Suisse une et diverse*, Fragnières, Fribourg 1923, S. 163–164. Wir haben die Passage leicht gekürzt.
2 Max Frisch, *Wilhelm Tell für die Schule*, Werkausgabe Edition Suhrkamp, Frankfurt a.M. 1976, Band VI-2, S. 422.
3 Der Sozialist Robert Grimm bezeichnet in seiner *Geschichte der Schweiz in ihren Klassenkämpfen*, die er 1919 nach dem Landesstreik in sechsmonatiger Festungshaft schrieb, die Markgenossenschaften gar als Überreste eines bäuerlichen Kommunismus. Dabei mag ein bisschen Wunschdenken mitspielen: nach marxistischer Geschichtsauffassung lebten die Menschen vor dem Sündenfall, d.h. vor dem Übergang zum Privateigentum, in perfekter Produktionsmittel-Gütergemeinschaft. Für Grimm sind die Markgenossenschaften somit «Eierschalen» aus dieser glücklichen, kommunistischen Vorzeit.
4 Die Bedeutung des Gotthardpasses wird von heutigen Historikern eher relativiert: die Gotthardroute hat wohl noch lange Zeit nicht die Bedeutung der Bündner Pässe erreicht. Unbestritten ist aber, dass die Kontrolle dieser neuen Verbindung zwischen Süddeutschland und Mailand einen politischen, strategischen und ökonomischen Trumpf darstellte.
5 Die Obwaldner Unterschrift fehlte 1291. Bei der Beschwörung des Bunds 1315 in Brunnen waren aber Obwalden und Nidwalden dabei.
6 Robert Grimm, *Geschichte der Schweiz in ihren Klassenkämpfen*, Limmat-Verlag, Zürich 1977, S. 37.
7 In der Schlacht am Morgarten setzten die Eidgenossen eine neue Waffe ein, die dem Feind zusetzte: die Hellebarde. Diese war für den mittelalterlichen Krieger das, was das Schweizer Armeemesser für den modernen Tourist ist: ein Mehrzweckinstrument, mit dem man schneiden, stechen und Metall knacken kann. – Vgl. Werner Meyer, *Hirsebrei und Hellebarde*, Walter-Verlag, Olten und Freiburg i. Br., 1985, S. 361: «Jagd und Krieg im Gebirge, im unwegsamen Gelände, erforderten ein Höchstmass an Beweglichkeit. Alpenvölker sind bereits von den Römern als leicht bewaffnete Söldner mit Erfolg eingesetzt worden, und diese Tradition hat sich bis zum Ausgang des Mittelalters behauptet. Der alpine Krieger war unter Verzicht auf hinderliche Schutzbewaffnung mit Schwert und Spiess ausgerüstet. Um 1300 wurde in der Innerschweiz aus dem bäuerlichen Mehrzweckgerät des Gertels die Hellebarde, damals noch Halbarte genannt, entwickelt, eine langstielige Hieb- und Stichwaffe, die sich im 14. und 15. Jahrhundert im Kampf gegen die schwer gepanzerten Ritter als äusserst wirksam erwies und bei ihrem ersten Einsatz in der Schlacht am Morgarten von 1315 geradezu schockartiges Entsetzen auslöste.»

8 «Schwyzer» wurde zuerst im habsburgischen Lager als Schimpfname für die Eidgenossen – auch für die Nicht-Schwyzer – gebraucht. Doch dann bezeichneten sich die Eidgenossen selbst immer öfters als «Schwyzer», ein Begriff, aus dem das hochdeutsche Wort «Schweizer» hervorgegangen ist.

9 Sein Inhalt wurde weitgehend von dem 1315 in Brunnen verabschiedeten Bundesbrief übernommen. Er schuf einen gemeinsamen Rechtsraum, indem er bestimmte, dass Gerichtsurteile, die in einem der Orte gefällt würden, in allen vier Orten Geltung hätten. Gegenseitige Hilfe wurde garantiert, ein Schiedsgericht geschaffen. Aber die Rechte des Kaisers und des Hauses Habsburg wurden ausdrücklich anerkannt. Die Luzerner hatten also künftig einen Fuss im eidgenössischen Bund – der andere Fuss blieb draussen.

10 Für die mittelalterlichen Menschen bedeutete «ewig»: «ohne zeitliche Begrenzung». «Ewigkeit» ist ein grosses Wort.

11 Das Land Glarus war ursprünglich eine Grundherrschaft des Klosters Säckingen. Doch die Äbtissin war weit weg, was den Freiheitswillen dieser Bergler begünstigte. Ähnlich wie die Waldstätten entwickelte sich in diesem Bergland weitestgehende Autonomie. Diese war den Habsburgern als Schirmherren des Frauenklosters Säckingen ein Dorn im Auge. Im Februar 1352 zog eine österreichische Truppenabteilung gegen Glarus. Sie wurde von den Glarnern aber zum Rückzug gezwungen. Damit war die Auflehnung vollzogen. Die Glarner wendeten sich hierauf der jungen Eidgenossenschaft zu. Allerdings trat Glarus dem Bund nicht als vollberechtigtes Mitglied bei. Im Vertrag mit den Eidgenossen verpflichteten sich die Glarner zwar, ihren Verbündeten jederzeit zu Hilfe zu eilen, aber diese waren nur unter bestimmten Bedingungen zur Gegenleistung verpflichtet. Überdies behielten sich die Zürcher und die drei Waldstätte ihre Bündnisfreiheit vor, während die Glarner nur dann andere Bündnisse eingehen durften, wenn ihre Partner einverstanden waren.

12 Effektiv wurde die Allianz mit Zug allerdings erst 1365, jene mit Glarus 1388, nach der Schlacht bei Näfels. Wir behalten aber hier der Übersichtlichkeit halber die offiziellen Daten der Bundesbeitritte bei.

13 Vgl. Richard Weiss, *Volkskunde der Schweiz*, Rentsch-Verlag, Zürich 1984, S. 197–198: «Im Tessin sind die italienisch-spanischen Karten üblich mit den ‹Farben› *Spade, Coppe, Denari* (Tessin: *Ori*), *Bastoni*, in der Westschweiz die französischen mit den Farben *Trèfle, Pique, Coeur, Carreau*, und in einem Teil der deutschen Schweiz die deutschen Karten mit *Eicheln, Schilten, Rosen und Schellen,* und mit einem Kartenbild, das sich im wesentlichen seit dem ausgehenden Mittelalter nicht verändert hat. Die deutschen Karten, welche in Deutschland selber seit dem 17. Jahrhundert durch die französischen grossenteils verdrängt worden sind, haben sich in der Ost- und Zentralschweiz gehalten; in Graubünden, in den Bodensee-nahen Teilen des Thurgaus und auf dem Gebiet des alten bernischen Staates sind sie ebenfalls durch die französischen Karten ersetzt worden. Die gegenwärtige Grenze zwischen dem östlichen Gebiet der deutschen und dem westlichen der französischen Karten entspricht genau der vom Hallwilersee bis zur Aaremündung seit 1798 nicht mehr bestehenden Territorialgrenze des alten Bern gegenüber dem Freiamt und der Grafschaft Baden. Auf bernischem Terri-

torium sind also schon in der alten Eidgenossenschaft die französischen Karten – die Spielkarten unterlagen der Besteuerung – eingeführt worden.»

14 Thomas Küng und Peter Schneider, *Gebrauchsanweisung für die Schweiz*, Piper, München/Zürich 1992, S. 172.

15 Von Verona zu Berona zu Bern: Verona wurde deutsch lange Zeit als Bern bezeichnet.

16 Vgl. auch William Martin, *Histoire de la Suisse,* Payot, Lausanne 1980, S. 47: «L'esprit de Berne fut, dès les premiers jours, ce qu'il est toujours resté, dominateur.»

17 Vgl. Fritz René Allemann, *25mal die Schweiz,* Piper, München 1965, S. 568: «Denn mindestens seit den bahnbrechenden Forschungen Karl Meyers wissen wir ja wieder, was in der Vergangenheit aus dem Gedächtnis verschwunden war: die Geburtsstätte des eidgenössischen Gedankens liegt im Tessin.»

18 Im Standardwerk *Geschichte des Kantons Tessin* von Giulio Rossi und Eligio Pometta wird dem Vertrag von 1403 nur geringe Bedeutung zugemessen. Dort heisst es lapidar: «E così pure avendo poco dopo Urani ed Unterwaldesi (a compenso di un sequestro di bestiame da parte dei dazieri milanesi), occupata la Leventina, questa, malcontenta dei Visconti, accettava con un trattato dell'agosto 1403 la protezione e la comborghesia dei due Cantoni: e poco dopo altrettanto facevano quei di Riviera, staccandosi dai de Sacco.» (S. 90) – In der deutschen Ausgabe aus dem Jahr 1944: «Kurz darauf besetzten die Urner und Unterwaldner die Leventina, weil ihnen mailändische Zöllner Vieh beschlagnahmt hatten. Den Leventinern kam dies nicht ganz ungelegen, und sie schlossen 1403 mit den beiden Ländern einen Vertrag, in dem ihnen Schutz zugesichert wurde. Damit war der erste Schritt zur späteren völligen Inbesitznahme der Leventina durch die Urner gemacht.» (S. 65) Man kann nicht behaupten, dass die Tessiner sehr nachtragend seien ... (Giulio Rossi und Eligio Pometta, *Storia del cantone Ticino*, Armando Dadò, Locarno 1980; deutsche Übersetzung: *Geschichte des Kantons Tessin*, Francke, Bern 1944.)

19 Eine interessante Interpretation gibt die *Geschichte der Schweiz und der Schweizer*: «Eine tiefverwurzelte Neigung und unverwüstliche Treue bewog die Leventiner, sich trotz ihrer kulturellen Eigenständigkeit politisch den Eidgenossen anzuschliessen. Aufgrund ihrer seit jeher bestehenden Tradition der Selbstverwaltung zogen sie eine Unterstellung unter die Gerichtsbarkeit Uris oder Obwaldens, die beide ihre innere Autonomie zu achten wussten, der Annäherung an eine glanzvolle, aber autoritäre und zentralistische Macht des Herzogtums Mailand vor. Uri, das sein Rechtsempfinden allen anderen Erwägungen überordnete, gab den Anspruch auf ein Protektorat über die Leventina nie auf. Ein solches Protektorat, das jede andere Herrschaft ausschloss, brachte vor allem der Leventina Vorteile, während der materielle Nutzen, den Uri daraus zog, über direkte Vereinbarungen mit Mailand leichter hätte erreicht werden können.» (Autorenkollektiv, *Geschichte der Schweiz und der Schweizer*, Helbing und Lichtenhahn, Basel und Frankfurt a. M., 1986, S. 270.)

20 Die zwölf Orte, die gemeinsam über einen Teil der Tessiner Gebiete herrschten, bestanden aus den acht alten Ständen (Uri, Schwyz, Unterwalden, Luzern, Zürich, Zug, Glarus, Bern), aus Solothurn und Freiburg (1481 in den Bund auf-

genommen), sowie aus Basel und Schaffhausen (Bundesbeitritt 1501). Nicht am ennetbirgischen Besitz beteiligt war Appenzell, das erst 1513 in den Bund aufgenommen wurde.

21 Vgl. *Geschichte der Schweiz und der Schweizer* (S. 207): «Die grundsätzliche Bedeutung dieses Ausgangs vom ständischen Gesichtspunkt her war, dass hier das feudale Rittertum dem Stadtbürger- und Bergbauerntum in einer grossen Schlacht unterlegen war. Dieser Bedeutung war man sich damals durchaus bewusst: Die Schlacht hat in der Chronistik jener Zeit in weitem Umkreis bis an die Nordsee und bis nach Polen hinein ein vielfältiges Echo gefunden. Sie war ein europäisches Ereignis, das sich nicht wiederholte. 1388 wurde das städtische Element in den Schlachten von Döffingen und Alzay von der adligen Herrschaft besiegt. Für Österreich bedeutete die Niederlage schlechthin eine Katastrophe: Sie führte zu einem Machtzusammenbruch, der sich im ganzen vorderösterreichischen Gebiet auswirkte.» Es wäre anzufügen, dass sich das Haus Habsburg im Osten und später auch in Spanien durchaus schadlos halten konnte.

22 Allerdings gab es im Bereich der heutigen Deutschschweiz noch einige Gebiete, die sich dem eidgenössischen Einfluss entzogen: beispielsweise das habsburgische Fricktal. Und zudem hatten die Habsburger formell noch längst nicht auf alle Rechte im eidgenössischen Raum verzichtet. Aber ihre restlose Verdrängung aus dem Gebiet zwischen Jura und Alpen zeichnete sich ab.

23 *Geschichte der Schweiz und der Schweizer*, S. 294.

24 Auch die Habsburger fürchteten sich mittlerweile vor den burgundischen Ambitionen. In Geldnöten steckend, hatten sie ihren Besitz im Elsass und östlich des Rheins dem reichen burgundischen Herzog als Pfand überlassen. Und die Aussichten, dieses Pfand auslösen zu können, standen schlecht.

25 A. Mantel, *Die Burgunderkriege*, Verein für Verbreitung guter Schriften, Zürich 1914, S. 42.

26 Berühmt waren die drei grossen Diamanten Karls des Kühnen. Der eine, von der Grösse einer halben Baumnuss, wurde von einem Bauern mit weiteren Edelsteinen in einem Kästchen an einer Strasse gefunden. Der Mann glaubte, es sei ein unnützes Stück Glas und warf's weg, da es aber schön glitzerte, hob er das Ding wieder auf, um es seinen Kindern zu bringen. Ein Priester kaufte es ihm für einen Gulden ab, verkaufte den «Kristall» dem bernischen Schulthess und bekam dafür drei Gulden – 200% Gewinn. In Bern erkannte man den Stein als echten Diamanten und verkaufte ihn um 5000 Gulden an einen Kaufmann aus Genua. Das Kleinod ging durch mehrere Hände, gelangte um einen weit höheren Preis in den Besitz des Herzogs von Mailand, glänzte hernach in der Krone des Papstes und landete schliesslich in Wien im Privatschatz des Kaisers von Österreich.

27 Weilenmann, S. 73.

28 Der englische Schriftsteller Lord Byron hatte bei seiner Reise in die Schweiz im Sommer 1816 Gelegenheit, einen solchen «Burgunderknochen» zu kaufen. – Hans-Ulrich Mielsch, *Sommer 1816*, S. 25–26, beschreibt, wie Lord Byron 1816 von London herkommend via Murten nach Genf reiste und dabei auch beim Murtner Beinhaus Halt machte: «Am Tag darauf machte sich Byron, wie andere Berühmte und Unberühmte vor und nach ihm, der Unsitte schuldig, ‹einen hal-

ben Franzosen in Form von Burgunderknochen mitzunehmen› – so jedenfalls drückt sich Byron aus –, die er dann von Genf aus nach London expedierte. Pietätlos genug, will uns scheinen, aber immer noch weniger makaber als der erschreckende Sinn für das Praktische, den die Schweizer Kutscher an den Tag gelegt hatten, indem sie die wegen ihrer Reinheit geschätzten Knochen zu Messergriffen verarbeiteten. Eine Unsitte, die erst mit dem Abbruch des Beinhauses ein Ende fand.» – Das Murtener Beinhaus, Symbol eines eidgenössischen Triumphs und einer «welschen» Niederlage, wurde von den französischen Revolutionstruppen 1798 zerstört.

29 Der Konflikt zwischen Stadt- und Landkantonen war vor allem ein ökonomisch-sozialer. Die Städte versuchten immer mehr, die Herrschaft über das Land auszubauen. Zudem floss der Hauptanteil aus dem Ertrag der Solddienste in die Städte. Der Hass der Landbewohner gegen die Städter wurde noch genährt durch die Bemühungen der Städte, das freie Söldnerwesen zu unterdrücken. Der Knecht sollte «nur für jenen Herrscher sein Blut verspritzen, an den ihn die Stadtherren verkauften» (Grimm). In den Landkantonen betrachtete man das freie Reislaufen aber als wichtiges Volksrecht. Der Bevölkerungsüberschuss in den Landkantonen führte zudem im 15. Jahrhundert zu einem Bandenwesen: Jugendliche schlossen sich zusammen und machten Strassen und Städte unsicher, was die Städte in ihrer Sicherheit und in ihren wirtschaftlichen Interessen traf.

Die Schweiz wird ein bisschen französisch (1481–1798)

1 Nachdem Karl der Grosse 814 gestorben war, wurde das Frankenreich im Vertrag von Verdun (843) unter seine drei Söhne Lothar, Ludwig und Karl aufgeteilt. Ludwig der Deutsche bekam das Ostfrankenreich, aus dem das Deutsche Reich entstand, und Karl II. der Kahle das Westfrankenreich, aus dem Frankreich hervorging. Kaiser Lothar I. erhielt das Mittelreich («Kegelbahn»), das von der Nordsee über Burgund bis zum Golf von Gaëta reichte, mit den Kaiserstädten Aachen und Rom. Zu diesem Mittelreich gehörte die Westschweiz bis Basel. Dieses Zwischenreich dauerte nur kurz. Nach dem Tod Lothars I. 855 wurde das Reich unter seine Söhne aufgeteilt: Ludwig II. bekam Italien und die Kaiserkrone, Lothar II. das Gebiet von der Nordsee bis zu den Maas- und Moselquellen (Lothari regnum = Lotharingia = Lothringen). Karl erbte das Burgund und die Provence. Nach Karls Tod teilten sich die Brüder das Land. Nach dem Tod Lothars II. (gestorben 869) kam es zum Vertrag von Mersen (780). Ludwig der Deutsche erhielt die Osthälfte Lothringens mit Aachen. Nach dem Tod Ludwigs II. erwarb Karl II. der Kahle Italien.

2 Im Schriftbereich hielt das Französische schon Ende des Mittelalters im Welschland Einzug. Im welschen Hochadel dürfte auch schon Französisch gesprochen worden sein.

3 Die französischen Dialekte werden in drei Gruppen unterteilt: die «langues d'oïl», die vor allem in Nordfrankreich und Belgien gesprochen werden, die südfranzösischen «langues d'oc» und eine Zwischenkategorie, die «langues franco-pro-

vençales». Die Dialekte der Romandie gehören zu letzteren, mit Ausnahme jener des Nordjuras und eines Teils des bernischen Juras, die den «langues d'oïl» zugerechnet werden. Das Standardfranzösische ist aus dem zu den «langues d'oïl» gehörigen Dialekt der Ile-de-France hervorgegangen. Die Begriffe «langues d'oc» (von lateinisch «hoc») und «langues d'oïl» (von lateinisch «hoc ille») beruhen auf der Art und Weise, wie diese Sprachen «ja» sagen. Von «oïl» stammt das standardfranzösische «oui» ab.

4 Das Reislaufen, wie die Solddienste in der Schweiz fröhlich genannt wurden (eine Früh-Form des Tourismus?), habe der Berner «frommen, redlichen altvorderen Tütsche tapferkeit, ufrechtigkeit, hoch und wit gelopten namen beflecktt» und die «statliche und Tütsche burgerschaft gemindret, aber Wälsche krämerî und bätlerî gemeret», schreibt Anshelm. – Vgl. Weilenmann, S. 77.

5 Mehr zu Tschudi bei Weilenmann, S. 78–81, und Haas, S. 138–140.

6 «Item de parler aux clercz que escripvent les compaignons qu'ilz ne soient si osés ne se hardis de mectre en leurs roules aucuns de la langue françoise, comme savoisiens, gascons, lorrains et aultres qui ne sont de la nation d'Almaigne. Item que ne demeure pays de la langue françoise esdites compaignies – sur peine de la hart; qu'il en est jureront vivre hors desdites compaignies.» – Vgl. Weilenmann, S. 74–75.

7 Im Zweiten Weltkrieg schirmte sich die Schweizer Armee gegen ausländische Spione dadurch ab, dass sie das schwyzertütsche «Chuchichäschtli» (hochdeutsch: Küchenkästchen) als Passwort verwendete. Sie war überzeugt, dass nur Deutschschweizer so viele Krachlaute nacheinander ausstossen können. Bis heute wirkt Schwyzertütsch für Deutschschweizer identitätsstiftend.

8 In Artikel 4 heisst es: «Zum vyerden söllen alle die, so nach datum der gemeldtenn Capitelnn zwünschend obgemeldtem köng Ludwigenn dem Zwölfften vnnd vnns Eydtgnossenn in Pundtnuss vnd Burg oder landt Recht sind angenomen, sich derselben fryungen, ouch Rechtuertigungenn geneyssen vnd ouch dero also fröuwen vnd gebruchenn, doch vsgeschlossen alle die, so vseerthalb den Marchenn der Eydtgnossenschafft *vnd einer andern Nation vnd Sprach, dann tütscher* vnnd vnns Eydtgnossenn nitt vnderwurffig sind.» Siehe Weilenmann, S. 75–76.

9 Im Streit um eine Soldforderung des Grafen von Greyerz brachten die französischen Juristen vor, der Graf sei von dem 1516 begründeten Schiedsgericht ausgeschlossen: einzig jener Teil der Grafschaft komme in Betracht, in dem deutsch gesprochen werde. Die Bitte der Eidgenossen, man möge doch den Greyerzer Grafen befriedigen und nur die Savoyarden und «andere unnütze Walchen» vom eidgenössischen Sold ausschliessen, wurde von den Franzosen nicht akzeptiert. – Siehe Weilenmann, S. 76.

10 Vgl. hierzu Norbert Furrer, «Paroles de mercenaires, Aspects socioliguistiques du service étranger», in: *Gente ferocissima, Solddienst und Gesellschaft in der Schweiz (15.–19. Jahrhundert),* Chronos-Verlag und Editions d'En Bas, Zürich/Lausanne 1997, S. 293–294: «Les entrepreneurs militaires avaient le droit, depuis 1696 au plus tard, d'engager dans leurs troupes un certain nombre de non-confédérés (Landsfremde).»

11 «Les commandemens à faire à la troupe se feront dans la langue allemande, et les Tambours auront les batteries suisses.» – Diesen Hinweis verdanke ich Frau Na-

thalie Chavannes vom Auslandschweizermuseum (Musée des Suisses à l'Etranger) im Château de Penthes.
12 Explizite Sprachvorschriften sind zwar für die Zeit vor Ende des 18. Jahrhunderts nicht bekannt, wahrscheinlich, weil diesem Problem nur eine untergeordnete Rolle zugemessen wurde. Aber wie Nathalie Chavannes von der Fondation pour l'Histoire des Suisses à l'étranger in Penthes mitteilt, ist immerhin anzunehmen, dass die Befehle in den Schweizer Truppen in der Regel deutsch ausgegeben wurden (Brief vom 27.11.98). – Eine indirekte Bestätigung findet man in der «Inneren Regiments-Ordnung der Schweizer-Truppen in Diensten S. Majestät des Königs beyder Sicilien», welche den 29. Wintermonat 1830 in Neapel ausgegeben wurde. Artikel 294 lautet: «Obschon die teutsche Sprache die Regimentssprache ist und bleiben soll, so müssen dennoch alle Rechnungen, Gutscheine, Quittungen, Bordereaux, und überhaupt alle Aktenstücke, so zu Handen der königlichen Regierung ausgestellt werden, in italienischer Sprache ausgefertigt werden.»
13 Die Stadt wurde anfangs deutsch als Fryburg, französisch als Fribourg geschrieben. Der deutsche Name wurde später als «Freiburg» nach deutschen Normen umgewandelt, wird aber in der Mundart natürlich immer noch als «Friiburg» bezeichnet. Die heutige Sprachnorm ist «Freiburg», was freilich zu Verwechslungen mit dem Freiburg im Breisgau führen kann – der Zusatz Freiburg i.Ue. wird leider fast nicht mehr verstanden. Die in der Schweizer Presse häufig anzutreffende Form «Fribourg» oder gar «Fribourger» ist aber hässlich, und sollte vermieden werden. Ich plädiere deshalb dafür, als Standard die Form «Friburg» einzuführen, welche sowohl dem ursprünglichen Namen als auch der heutigen Aussprache im Dialekt entspricht und Verwechslungen mit Freiburg im Breisgau ausschliesst.
14 Zu diesem Kapitel vgl. unter anderem: Peter Boschung, *Die Freiburger Sprachenfrage*, Paulusverlag, Freiburg 1989.
15 Als 1414 die Freiburger Stadtkanzlei die Pflichten und Rechte des Küsters der Kirche St. Niklaus schriftlich niederlegte, entstand ein Text, bei dem sich die mundartlichen Formen klar niederschlugen: «Item quant l'on soune eis bonnes festes et tricoudonnes atot la grossa clochi, monsegniour l'encurei doit donnar eis waites desus lo clochie dos solz et un pot de vin.» (Desgleichen, wenn zu kirchlichen Feiern mit der großen Glocke das Glockenspiel geläutet wird, muss der Herr Pfarrer den Wächtern auf dem Glockenturm zwei Goldmünzen und einen Topf Wein geben.) – Siehe: Pierre Knecht, *Viersprachige Schweiz*, S. 176. – Vgl. hierzu auch Jean-Daniel Morerod «La documentation écrite», in: Paravicini Bagiliani (et al.), Hrsg., *Les pays romands au Moyen-Age,* Payot Lausanne, 1997, S. 405–418, vgl. auch W. Müller, «Die Kanzleisprache im mittelalterlichen Freiburg (14. Jahrhundert» in: *Freiburger Geschichtsblätter 72 (1995)*, S. 115–129, und Patrick Schnetzer, «Das Eindringen des Deutschen in die Stadtkanzlei Freiburg (1470–1500)» in: *Freiburger Geschichtsblätter 62 (1979/80)*, S. 85–135.
16 Siehe Walter Haas in: *Viersprachige Schweiz*, S. 67 – Georges Lüdi in: *Lexikon der romanistischen Linguistik* V/1, Tübingen 1990, S. 322–323.
17 Eine lustige Einführung ins Stadtfreiburger Kulturgemisch und sogar ein kleines Bolze-Wortverzeichnis findet man im Lebensbericht des Kapuzinerpaters Claude Cotting: *Un Bolze raconte ses souvenirs de Fribourg et d'ailleurs*, Fribourg 1977.

18 Der Historiker Albert Büchi schreibt: «Es ist nun von Interesse zu sehen, wie sich die politische Scheidung in Freunde und Gegner Oesterreichs – soweit wir es constatieren können – mit der nationalen deckt: die weitaus zahlreichere österreichische Partei in der Stadt und auf dem Lande wird gebildet durch die Deutschen (…). Ihre Gegner, die zu Savoyen hinneigten, mit Johann von Englisberg (…), Jakob Cudrefin an der Spitze, (…), repräsentieren das welsche Element.» Albert Büchi, *Freiburgs Bruch mit Österreich, sein Uebergang an Savoyen und Anschluss an die Eidgenossenschaft*, Freiburg/Schweiz 1897 (Collectanea Friburgensia 7), S. 69.
19 Vgl. hierzu Walter Haas, «Hans von Waltheyms Pilgerreise und sein Besuch in Freiburg (1474)», in: *Freiburger Geschichtsblätter 69, 1992.*
20 Norbert Furrer, «Paroles de mercenaires, Aspects sociolinguistiques du service étranger», in: *Gente ferocissima, Solddienst und Gesellschaft in der Schweiz (15.–19. Jahrhundert)*, Zürich/Lausanne 1997, S. 312.
21 Peter Boschung, *Die Freiburger Sprachenfrage*, S. 14–15.
22 In einer Stadtsatzung von 1562 wurde sogar die Aufnahme von Französischsprachigen als Bürger untersagt. Sollten Welsche durch die Heirat mit deutschsprachigen Bürgerstöchtern diese Bestimmung umgehen, so sollten beide ausgewiesen werden. Nichts Neues in der Immigrationspolitik … (vgl. Weilenmann, S. 87–88).
23 Vgl. Oskar Vasella, «Der Sprachenfriede in der Schweiz»: «Als die Oberengadiner Gemeinden sich 1503 mit dem Domkapitel Chur über das Wahlrecht ihrer Pfarrer verständigten, forderten sie den Vorschlag von zwei tauglichen Preistern, die ihre eigene Sprache beherrschten. Die Oberländer Gemeinde Luven bei Ilanz begründete 1526 ihre Trennung von der Mutterpfarrei Ilanz damit, dass sie einen Pfarrer wünschte, der ‹zuo welsch predige›; denn in Ilanz würde sehr häufig in deutscher Sprache gepredigt. Die Gemeinde Valendas, mehrheitlich deutschsprachig, begehrte gleichmässige Vertretung im Gericht, da in der Gruob die Gerichtssprache oft welsch, also romanisch sei.» (S. 109)
24 Weilenmann, S. 85.
25 Weilenmann, S. 86.
26 Der Nürnberger Patrizier Willibald Pirckheimer (1470–1530) schreibt in seiner Chronik über den «Schweizerkrieg» (S. 62): «Es wurden daher noch bis zu meinen Zeiten Sarass-, Hellebarden- und Schwertträger gewöhnlich Schweizer genannt, wenn sie gleich mitten in Deutschland waren geboren worden, bis endlich aus Hass gegen die Schweizer der Name Landsknecht aufgekommen und berühmt zu werden anfing.» Willibald Pirckheimer, 1470 in Eichstätt geboren. 1487–95 Studium in Padua und Pavia (Philosophie, Geschichte, und leider auch die Theologie, bis zur Jurisprudenz), dann Rat, Bürgermeister, Kriegsherr, Diplomat der Stadt Nürnberg. Freund von Albrecht Dürer.
27 Vom 12. Jahrhundert an waren deutschsprachige Bauern vom Oberwallis ins heutige Graubünden eingewandert. Diese sogenannten «Walser» waren tüchtige Kolonisten und schufen im rätischen Raum (wie auch in Teilen des Tessins und Oberitaliens) deutsche Sprachinseln. Die Walsergemeinden genossen weitgehende Autonomie und spielten bei der bäuerlichen Emanzipationsbewegung in jenen Gegenden eine wichtige Rolle.

28 Als Folge der Glaubensspaltung kam es 1597 allerdings zur Trennung Appenzells in die beiden Halbkantone Appenzell-Innerrhoden (katholisch) und Appenzell-Ausserrhoden (reformiert).
29 Thomas Platter, *Lebensbeschreibung*, Schwabe-Verlag, Basel 1944, S. 33.
30 Zitiert nach Klaus Urner, *Die Deutschen in der Schweiz*, S. 53.
31 «Ich hab ser vil nuss aufgebissen, die lochert warden, und ich meindt, sie weren gut. Zinglius, Erasmus sind eitel locherte nuss, die eim ins maul scheissen.» – Zitiert nach: Horst Herrmann, *Martin Luther, Ketzer wider Willen*, Bertelsmann Verlag, München 1983.
32 Jean-Rodolphe von Salis, *Schwierige Schweiz*, S. 43.
33 Dass die Religion wichtiger ist als Sprache und Nation, wird der spanische Ambassador im 17. Jahrhundert den katholischen Eidgenossen mit eindringlichen Worten in Erinnerung rufen, die heute fast schon progressistisch tönen: «Ihr sollt wissen, dass ein Afrikaner oder Indianer, der katholisch ist, euch näher verwandt ist, und dass ihr ihm mehr Gunst zu erzeigen schuldig seid, als einem Schweizer und Landsmann, der ein Ketzer wäre.» – Vgl. Weilenmann, S. 92.
34 Der an der Universität Freiburg lehrende Germanist Walter Haas hat die Entwicklung, welche zur «Diglossie» der Deutschschweizer führte, im Gemeinschaftswerk *Die viersprachige Schweiz* brillant beschrieben. Wir folgen hier weitgehend seinen Darstellungen.
35 Haas in: *Die viersprachige Schweiz*, S. 142.
36 Damit spielte der Reformator für die deutsche Sprachentwicklung eine ähnliche Rolle wie der Dichter Dante Alighieri für die italienische.
37 Siehe Norbert King in: *Freiburger Geschichtsblätter 65*, 1987/88, S. 124–125.
38 Aegidius Tschudi verweist noch im 16. Jahrhundert auf die sprachlichen Unterschiede zwischen der schwäbischen und schweizerischen Schriftsprache und der norddeutschen Norm: «Die Germanier und schwabenland sagend vil mehr überfluss der buochstaben in tütscher spraach, dann die Gallier (wozu auch die Hevetier, also die Schweizer gehören), namlich: teutsch … hauss, grausen, thewr, fleiss, mein, dein, auss, maul, lauss, bedeüten, reütter etc. Der Helevtier tütsch gebrucht weniger …» (solcher diptongischer Laute).» Nach: Stefan Sonderegger, «Ein Jahrtausend Geschichte der deutschen Sprache in der Schweiz» in: *Sprache, Sprachgeschichte, Sprachpflege in der deutschen Schweiz, Sechzig Jahre Deutschschweizerischer Sprachverein*, Zürich 1964, S. 23–24.
39 Die ersten in der welschen Schweiz verfassten Urkunden, welche nach der nordfranzösischen Norm geschrieben wurden, datieren im Jura vom Jahr 1244, in Moudon (Waadt) von 1250, in Neuenburg von 1251, in Genf von 1260. Erst 1319 verzeichnet man den ältesten französischen Text im Kanton Freiburg, und im Wallis dauerte es noch ein halbes Jahrhundert länger, bis man erstmals vom Latein aufs Französische überging. – Siehe: Knecht, *Viersprachige Schweiz*, S. 176.
40 Die Tatsache, dass die Deutschschweizer heute Dialekt sprechen und die Welschen Schriftsprache, hat nicht nur, vielleicht aber auch mit der Tatsache zu tun, dass in Zürich ein Einheimischer die Reformation predigte und in Genf ein Ausländer. Die These verdiente jedenfalls eine genauere Analyse.

41 Das berühmte Pamphlet wird von Knecht (*Viersprachige Schweiz*, S. 176–177) folgendermassen zitiert: «Gro panfar, te et to compagnon gagneria miot de vot queysi! Se vot not fade enfuma, i n'y a persona que vot gardey qu'on ne vot mette en ta lua qu'epey vot mouderi l'oura que james vot saliete de votra moennery.» Knecht übersetzt so: «Dickbauch, du und deine Genossen, ihr würdet besser schweigen! Wenn ihr uns zum Äußersten treibt, kann euch niemand davor bewahren, an einen Ort geführt zu werden, wo ihr vielleicht die Stunde verflucht, in der ihr euer Kloster verlassen habt.» Die Drohung richtete sich gegen den ehemaligen Franziskanermönch Abel Poupin, einen Franzosen aus der Anjou, der seit 1543 als reformierter Pfarrer in Genf wirkte.

42 «*Patois contre patois font le jeu du français*»: Ferdinand Brunot, *Histoire de la langue française (des origines à 1900)*, Armand Colin, Paris 1934, 8. Band, S. 150.

43 Pierre Knecht in: *Die viersprachige Schweiz*, S. 178.

44 «Remplis de préjugés, comme le sont la plupart des hommes, les gens du plat pays s'imaginent quelquefois que les montagnards sont d'un accès aussi difficile que leurs rochers et que, éloignés du commerce des villes, ils doivent être moins sociables. Si je l'avais cru, j'aurais été pleinement désabusé en trouvant dans ces lieux des gens civils, accueillants, parlant presque tous français, beaucoup mieux que le peuple n'a coutume de le parler. Je remarquerai même qu'ils le faisaient avec nous par préférence à leur patois, et plusieurs par politesse.

J'entrai dans quelques-unes de leurs maisons que je trouvai propres et bien arrangées. Nous y liâmes conversation, et nous y trouvâmes non seulement beaucoup de ce précieux bon sens qui est plus rare partout qu'on ne l'imagine, mais encore de la culture et de la vraie pénétration. Notre surprise augmenta lorsque au lieu de gens bornés au soin des terres et des troupeaux, nous les vîmes pourvus de bons livres, cultiver leur génie et stylés à nombre d'arts. Le voisin de la cure où nous logions était un homme d'environ 35 ans, qui avait servi aux Gardes suisses de France ...»

Gabriel Seigneux de Correvon, *Promenades dans les montagnes occidentales du Pays de Vaud (en juillet 1736)*. Tiré des *Muses Helvétiennes* ... parues à Lausanne en 1775. – Ich verdanke diesen Hinweis Norbert Furrer.

45 Siehe David S. Landes, *Revolution in Time, Clocks and the Making of the Modern World*, Harvard Press, Cambridge, Mass., and London 1983

46 Norbert Furrer, «*Portrait linguistique des Vaudois sous la Révolution*», Vortrag, gehalten am 29. Januar 1998 in Lausanne.

47 Martin, *Histoire de la Suisse*, S. 112.

48 Freilich schieden sich die beiden Kantonsteile nicht genau der Sprachgrenze entlang. Die schon im Burgunderkrieg bernisch gewordene Herrschaft Aigle mit Bex, Ollon und Les Ormonts unterstand weiter dem Deutschseckelmeister. Auch die Landschaft Saanen mit Rougemont und Château d'Oex, welche zur zweisprachigen Grafschaft Greyerz gehört hatte, wurde wie Aigle dem deutschen Kantonsteil einverleibt. – Weilenmann, S. 115–116.

49 «Pareliement que tous acte de justice se démène en langue romande et en ycelle escripte et non pas latine.» Weilenmann, S. 124.

50 Weilenmann, S. 120.

51 Alfred Cérésole, *Contes et croquis vaudois*, Payot, Lausanne 1942.
52 Weilenmann, S. 125f.
53 Auf dem Richtplatz «das Zepter Mehh. Schultheissen überreicht, und auff dess Richters umfrag erkennt, daß das Vergicht und Verbrechen des Missetäters auss diessem Schwartzen Buch durch den Stattschreiber stehend erhöhet auff den Schrancken, in teütsch und französischer Sprache, offentlich vor allem Volck mit erhabener Stimme verlesen werde.» Siehe: Weilenmann, S. 124–25.
54 «Als eine Höchstnotwendige sach zur pflanzung der teütschen Sprach, in welchern die Underweisung des Heils diesem Volk leichter als in französischer Ihnen, die der corrupten Welsch sich bedienen minder verständlicheren Sprach beyzubringen». Weilenmann, S. 117.
55 Brunot, S. 151–155. – Nicht immer nahm der König soviel Rücksicht auf eidgenössische Empfindlichkeiten. So liess Ludwig XIV. ein schweizerisches Schreiben 1650 zurückschicken, weil in der Unterschrift nur von «dienstwilligsten» statt von «demüthigsten» Schweizern die Rede war. (Weilenmann S. 96) – Im Barockzeitalter spielten Titel und Höflichkeitsformen eine wichtige Rolle, wie heute übrigens auch.
56 Weilenmann, S. 105.
57 Holger Böning, *Der Traum von Freiheit und Gleichheit*, Orell Füssli-Verlag, Zürich 1998, S. 11.
58 Brunot, S. 175.
59 Ein anderer interessanter «Fall»: Johann Rudolf von Sinner (1730–1787), Herr zu Ballaigues, Landvogt in Erlach, gab 1781–82 in Neuenburg seine «Voyage historique et littéraire de la Suisse occidentale» in französischer Sprache heraus. Der Abbé Raynal mokierte sich allerdings über dessen Stil, sodass Sinner darauf verzichtete, den dritten Teil seiner Beschreibungen zu veröffentlichen.
60 Zitiert nach Albert Hauser, *Grüezi und Adieu*, Verlag NZZ, Zürich 1998, S. 13.
61 Weilenmann, S. 99.
62 Weilenmann, S. 98.
63 Fäsi, *Staats- und Erdbeschreibung der Eidgenossenschaft*, 1766 – Siehe Weilenmann, S. 98.
64 «Dans les villes de Berne, Fribourg et Soleure, parmi les gens élevés ou d'un certain rang, la langue Françoise est plus usitée que l'Allemand.» Siehe: Weilenmann, S. 99.
65 «Avant de rentrer je passai chez le concierge, où je trouvai nombreuse famille et des filles qui n'étaient pas à dédaigner. Enchanté d'entendre tout le monde parler français, je pris plaisir à m'entretenir assez longtemps avec eux.» – Giacomo Girolamo Casanova, *Mémoires*, zitiert nach Brunot, S. 170.
66 Mehr hierzu in: Markus Kutter, *Die Anfänge der modernen Schweiz*, Merian Verlag, Basel 1996/98, Band 1, S. 17.
67 Siehe Albert Hauser, *Grüezi und Adieu, Gruss- und Umgangsformen vom 17. Jahrhundert bis zur Gegenwart*, Verlag NZZ, Zürich 1998, S. 11.
68 «… et plus que du François, du délicat et du fin» – Siehe Hauser, S. 13.
69 Bodmer, Geschichte der Stadt Zürich, zitiert bei Betz, *Bodmer Denkschrift*, 172 (1773) – Vgl. Brunot, S. 164.
70 Weilenmann, S. 100.

71 Oder wie es in schönem Walliser Latein heisst: «sub poena virgarum». Wobei «virgarum» natürlich nichts mit virgo, die Jungfrau, zu tun hat, sondern mit virga = Rute. Weilenmann, S. 101.
72 Eduard Blocher, *Die deutsche Schweiz in Vergangenheit und Gegenwart,* Stuttgart 1923, S. 55.
73 Aus einer einzigen Freiburger Vogtei stammten schon 300 Portiers, ist einem Brief des im Dienst des französischen Königs stehenden Colonel Reynold an den französischen Ambassador in Solothurn aus dem Jahr 1673 zu entnehmen. – Vgl. Brunot, S. 140.
74 Das oft zitierte Bonmot «point d'argent, point de Suisse» (kein Geld, kein Schweizer) bezog sich anfangs auf die Türsteher.
75 Grete Hess, *Schon damals, Lebensbild einer Schweizer-Söldnerfamilie (von Deschwanden) in Briefen (1796–1822),* Stans 1947 – zitiert bei Furrer, S. 308.
76 Siehe Kapitel: «‹Fromme Tütsche!› Fromme Deutsche?»
77 «Le pis est que de cette moitié qui sort (nämlich die Reisläufer) il en rentre assez pour corrompre tout ce qui reste par l'imitation des usages des autres pays et surtout de la France, qui a plus de troupes suisses qu'aucune autre nation.» Und weiter: «En transportant dans leurs bois les usages des grandes villes, ils les appliquent de la façon la plus comique; ils ne savent ce que c'est qu'habits de campagne; ils sont parés dans leurs rochers comme ils l'étaient à Paris; ils portent sous leurs sapins tous les pompons de Palais-Royal, et j'en ai vu revenir de faire leur foins en petite veste à falbala de mousseline.» Jean-Jacques Rousseau, *Lettres sur la Suisse,* Slatkine, Genf und Paris 1997, S. 32–33.
78 «Ledict de Saulle estant de retour amena un change dudict mon frère Jonas, appelé Johan Henry Waldner, dudict Basle», heisst es 1615. «J'allai à Zurich pour y étudier, ayant pour change Jean Rodolphe von Ler», schreibt J.-R. Ostervald 1635. – Siehe: William Pierrehumbert, *Dictionnaire historique du parler neuchâtelois et suisse romand,* Attinger, Neuchâtel 1926, S. 108.
79 Auch diese Tradition geht zumindest auf den Beginn des 17. Jahrhunderts zurück. «S'ensuit que j'ay livré pour Samuel mon Allemand pour ses vestementz et aultres ardes», heisst bei Pierrehumbert ein Beleg aus dem Jahr 1606.
80 So wurde Virgile Moine (1858–1933) aus Tramelan, der spätere Bundesrichter und Schriftsteller, als junger Bub «chez les Allemands», d. h. nach Bümpliz in die Pension zum Deutschlernen, geschickt.
81 «Lächerliche Aufführung eines Frauenzimmers so neulich aus dem Pais de Vaud nach Haus kommen», in: *Bernisches Freytags-Blätlein. In welchem die Sitten unser Zeiten von der Neuen Gesellschafft untersucht und beschrieben werden. Zweyter Teil.*»Bern, 1722 – Ich verdanke diesen Hinweis Norbert Furrer.
82 «Das sind gewöhnlich Hauptweiber, so wie Bauern sie nötig haben, welche aber wirklich rarer zu werden scheinen von wegen der Bildung und Aufklärung. Aber wohlverstanden, wir meinen gar nicht, dass solchen Hauptweibern die wahre Bildung abgehe. Sie sagen freilich nicht: «Merci bien!», brodieren nicht Pantöffelchen, höckeln nicht zimperlich ums Haus herum und kämmen die Haare herunter bis unters Kinn, dass man glauben sollte, diese Mädchen stammen von Jagdhunden mit Lampiohren, aber redet man mit ihnen, so wird man eine Bil-

dung finden, welche nicht bloss in «Merci bien» und Lampiohren besteht, sondern in Ansichten und Grundsätzen, in Erfahrungen, welche sich zur Weisheit abgeklärt.» Jeremias Gotthelf, *Die Käserei in der Vielfreude*, Gute Schriften, Zürich 1954, S. 151.

83 Ulrich Bräker, *Lebensgeschichte und Natürliche Ebentheuer des Armen Mannes im Tockenburg (1788–1798)*, Birkhäuser, Basel 1945, 1. Band, S. 140.

84 Beatrix Mesmer, «Les migrations des Bernois dans le canton de Vaud au cours de la première moitié du XIXe siècle», in: Pierre du Bois, Hrsg., *Union et division des Suisses*, S. 25–42.

Die Geburt des Mehrsprachenstaates (1798–1848)

1 Aus der umfangreichen Literatur zu diesem Zeitschnitt habe ich für dieses Kapitel vor allem ein besonders angenehm lesbares Buch beigezogen: Holger Böhning, *Der Traum von Freiheit und Gleichheit, Helvetische Revolution und Republik (1798–1803) – Die Schweiz auf dem Weg zur bürgerlichen Demokratie*, Orell Füssli Verlag, Zürich 1998.

2 Theo Tschuy, *5. März 1798 – der Tag, an dem Bern fiel*, Verlag NZZ, Zürich 1998.

3 Daniel Frei, *Die Förderung des schweizerischen Nationalbewusstseins nach dem Zusammenbruch der Alten Eidgenossenschaft 1798*, Juris-Verlag, Zürich 1964, S. 101.

4 Weilenmann, S.177.

5 Weilenmann, S. 177.

6 Aus einem Liederbuch ohne Orts- und Jahresbezeichnung, zitiert bei Frei, S. 100.

7 Weilenmann, S. 187.

8 Beat Junker, *Geschichte des Kantons Bern seit 1798*, Historischer Verein des Kantons Bern, Bern 1982, Band 1, S. 191.

9 Hierzu siehe Georg Kreis, «*Die besseren Patrioten*», S. 59f.

10 Markus Kutter, *Die Anfänge der modernen Schweiz*, Merian Verlag, Basel 1996/98, Bd. 4., S. 26.

11 Adolf Gasser, «Der Jura im Kanton Bern», in: *150 Jahre Berner Jura*, Bern 1965, S. 13.

12 Joachim Remak, *Bruderzwist nicht Brudermord, Der Schweizer Sonderbundskrieg von 1847*, Orell Füssli, Zürich 1997, S. 21 – Talentierter, aber nicht viel differenzierter, dichtete der junge Zürcher Schriftsteller Gottfried Keller:
«Hu, wie das krabbelt, kneipt und kriecht,
Pfui, wie's so infernalisch riecht!
Jetzt fahre hin, du gute Ruh!
Geh, Grete, mach das Fenster zu:
Sie kommen, die Jesuiten!»

13 Nach liberaler Lesart stellte der konservative Sonderbund einen Verstoss gegen den Bundesvertrag von 1815 dar, der alle für Bund und Kantone nachteiligen Verbindungen unter Kantonen verbot. Die Konservativen argumentierten derweil (und auch sie zu Recht), dass die Aargauer Radikalen mit der Aufhebung der

Klöster gegen den Bundesvertrag verstossen hatten. Nach Meinung der liberalen Juristen und Politiker reichte eine Mehrheit von 12 Standesstimmen an der Tagsatzung, um den Sonderbund aufzulösen und eine Revision des Bundesvertrags möglich zu machen. Eine solche war nach konservativer Auffassung dagegen nur bei Einstimmigkeit möglich.

14 Vgl. Peter Dürrenmatt, *Schweizer Geschichte*, Zürich 1963, S. 510.
15 William E. Rappard, *La constitution fédérale de 1848*, Baconnière, Neuchâtel 1948, S. 178.
16 *Geschichte der Schweiz und der Schweizer*, S. 642.
17 vgl. Alain Pichard, *«24Heures»*, 30.8.1998.
18 Weilenmann, S. 210.
19 Für Nicht-Schweizer: Drei Kantone der Eidgenossenschaft sind französischsprachig (Genf, Neuenburg, Waadt), zwei Kantone sind zweisprachig deutsch/französisch mit französischsprachiger Mehrheit (Freiburg, Wallis), einer zweisprachig deutsch/französisch mit welscher Minderheit (Bern), einer italienischsprachig (Tessin) und einer dreisprachig deutsch/rätoromanisch/italienisch (Graubünden).

Die Schweizer schaufeln einen «Sprachengraben» (1848–1918)

1 Thomas Maissen, *Vom Sonderbund zum Bundesstaat, Krise und Erneuerung 1798–1848 im Spiegel der NZZ*, Verlag NZZ, Zürich 1998, S. 275.
2 Karl Dändliker, *Geschichte der Schweiz*, Schulthess, Zürich 1904, Band 3, S. 722.
3 Roland Ruffieux in: *Geschichte der Schweiz und der Schweizer*, S. 648/49.
4 Druey wurde sogar des Verrats an der «nationalité romande» bezichtigt. Vgl. André Lasserre, *Henri Druey*, Lausanne 1960, S. 262.
5 Vgl. Pierre du Bois, «Welsch, Deutsch, Schweizerdeutsch», in: *Schweizer Monatshefte*, Oktober 1984. – Das Projekt weckte übrigens auch schon Ängste vor einem Überhandnehmen des Schwyzertütsch, schreibt du Bois. Der Waadtländer Rodolphe Blanchet verlangte von der Zürcher Regierung den obligatorischen Unterricht des Schriftdeutschen in der Schule: «Sonst werden die Welschen gezwungen sein, den Zürcher Dialekt zu lernen, um sich mit den Bürgern zu unterhalten, und das richtige Deutsch, um die Professoren zu verstehen.» (S. 799).
6 Noch im Jahr 1905 lässt der Historiker Wilhelm Oechsli in der Festschrift zum 50. Jubiläum der ETH seinem Ärger über die sprunghaften Romands freien Lauf: «Unwillkürlich fühlt man sich versucht, an das leichter bewegliche keltische oder, wie man damals zu sagen pflegte, «burgundische» Blut zu denken, das in den Adern unserer waatländischen (sic) Mitbürger rollt. Wie sie im Beginne des Jahrhunderts aus den eifrigsten Vorkämpfern der unitarischen Helvetik die extremsten Partikularisten der Mediationszeit wurden, so drohte jetzt wieder ein ähnlicher Wandel mit ihnen vorzugehen. Mit 15 500 gegen 3500 Stimmen hatten sie 1848 die neue Bundesverfassung angenommen; jetzt, da ihnen die Ausführung dieser Verfassung in bezug auf Post, Zölle, Mass und Gewicht etc. einige Unbequemlichkeiten verursachte, erfasste sie plötzlich die Furcht vor der Germanisie-

rung durch die deutschschweizerische Mehrheit und erzeugte eine beinahe feindselige Stimmung gegen den neuen Bund. Die konservative Opposition und ihre Organe, der ‹Pays› und die ‹Gazette de Lausanne›, gaben den Ton an; die äusserste Linke, die sich unter Führung des kampfeslustigen Advokaten Eytel von den regierenden Radikalen getrennt hatte, stimmte ein; aber auch die ihres geistigen Hauptes Druey beraubten Gouvernementalen liessen sich mehr und mehr in die partikularistische Strömung mit fortreissen.» (Wilhelm Oechsli, *Geschichte der Gründung des Eidg. Polytechnikums mit einer Übersicht seiner Entwickelung 1855–1905 [Festschrift 50. Jubiläum]*, Zürich/Frauenfeld 1905, S. 87/88.)

7 Oechsli, S. 94/95.

8 Einen Hinweis auf diesen mit «Deutsch und Wälsch» überschriebenen Artikel findet man in: Walter Schläpfer, *Pressegeschichte des Kantons Appenzell Ausserrhoden*, Herisau 1978, S. 100.

9 Kleiner Kurs über die Volksrechte: Das «obligatorische Gesetzesreferendum» ist die Vorschrift, wonach neue Gesetze der Volksabstimmung ungefragt unterbreitet werden müssen. Das «fakultative Gesetzesreferendum» gibt den Stimmbürgern das Recht, mittels einer gewissen Unterschriftenzahl eine Abstimmung über ein neues Gesetz zu erzwingen. Die «Verfassungsinitiative» verleiht den Stimmbürgern das Recht, eine Änderung der Verfassung vorzuschlagen und der Volksabstimmung zu unterbreiten (auch hierfür ist eine gewisse Anzahl von Unterschriften notwendig). Die Gesetzesinitiative gibt den Bürgern das Recht, Volksabstimmungen über Gesetzesänderungen zu verlangen.

10 Federführend war der Zürcher Bundesrat Jakob Dubs, der 1861 als 39jähriger in die Landesregierung gewählt worden war. Dubs wollte von den «extremistischen» Forderungen der Zentralisten – Vetorecht, Trennung von Kirche und Staat, einheitliches Strafrecht, Zentralisierung des Schul-, Eisenbahn- und Militärwesens –, wie auch von zu weit gehenden Forderungen der Demokraten nichts wissen.

11 Letzteres deshalb, weil im Kanton Uri kurz zuvor die Prügelstrafe in einem Fall zur Anwendung gekommen war.

12 Zu den 1866 vorgeschlagenen Änderungen gehörte auch die völlige Freiheit des Bunds bei der Festsetzung von Mass und Gewicht. Zwar wurde dem Bund schon 1848 grundsätzlich diese Kompetenz übertragen, doch blieb er an die Bestimmungen eines Kantonskonkordats aus dem Jahr 1835 gebunden – diese Einschränkung sollte also 1866 gestrichen werden. Der Vorschlag erreichte in der Abstimmung das Volksmehr, nicht aber das Ständemehr.

13 Dändliker, S. 768.

14 Vorgesehen waren ferner: eine Ausdehnung der Bundeshoheit auf Wasserbau und Forstpolizei im Hochgebirge, Fischerei und Jagd, Eisenbahnbau und Banknotenwesen, Fabrikation und Gewerbe, Versicherungswesen und Unterricht, die Abschaffung der Todesstrafe und der staatliche Schutz gegen kirchlichen Zwang.

15 In der Waadt beispielsweise erzielte die Revision nur magere 3318 Ja-Stimmlein – gegen 51 465 Nein.

16 Rutgers, S. 71.

17 Artikel 107 der revidierten Bundesverfassung lautete: «Die Mitglieder des Bundesgerichts und die Ersatzmänner *(sic)* werden von der Bundesversammlung

gewählt. Bei der Wahl derselben soll darauf Bedacht genommen werden, dass alle drei Nationalsprachen vertreten seien.»
18 Der Kanton Neuenburg beispielsweise zählte 16 295 Ja und 1251 Nein aus: deutlicher hätte das Resultat kaum sein können. – Hingegen blieben die sieben Sonderbundskantone, der Kanton Appenzell-Innerrhoden und das Tessin, wo der Grosse Rat den Ausschlag gab, auch 1874 bei ihrem «Nein» zur neuen Bundesverfassung.
19 Im Hof, *Die Viersprachigkeit ...*, S. 62.
20 Vorausgegangen war ein Seilziehen zwischen dem liberalen und dem radikalen Flügel der Freisinnigen Partei. Die Frage war, wer die Schienen legen sollte, der Staat oder die Privatwirtschaft. Während die Liberalen um den Zürcher «Eisenbahnbaron» Alfred Escher für eine private Lösung weibelten, setzte sich der staatsgläubige Flügel der Radikalen, angeführt vom Berner Jakob Stämpfli, für Staatsbahnen ein. 1852 schwangen die Liberalen obenaus – vorläufig.
21 Das Königreich Italien übernahm 45 Millionen, das Deutsche Reich 20 Millionen Franken. Der Schweiz wurde die gleiche Summe aufgebürdet, wobei dieser Betrag von den Kantonen und Privatunternehmen aufgebracht wurde.
22 Der Luzerner Konservative Philipp Anton von Segesser, der Exponent der alten konservativen Opposition, warnte, der «eisgepanzerte Alpenwall» bilde «die Wirbelsäule unseres Landes», und dürfte nicht kommerziellen Interessen geopfert werden. Er enthielt sich, aus Rücksicht auf Innerschweizer Empfindlichkeiten, schliesslich der Stimme.
23 Vgl. hierzu vor allem: Sibylle Wegelin-Zbinden, *Der Kampf um den Gotthardvertrag, Schweizerische Selbstbesinnung am Vorabend des Ersten Weltkrieges*, Diss. Universität Bern, Kunz, Teufen 1973.
24 Zu diesem Kapitel sei vor allem auf die berühmte Abhandlung verwiesen: Leonhard Neidhart, *Plebiszit und pluralitäre Demokratie, Eine Analyse der Funktion des schweizerischen Gesetzesreferendums*, Francke, Bern 1970.
25 Eine andere sozialpolitisch motivierte Vorlage, die eine Ausdehnung der zentralstaatlichen Kompetenzen vorsah, sollte 18 Jahre später, im Jahr 1885, von den Romands ebenfalls haushoch verworfen werden – nämlich die Vorlage für ein eidgenössisches Zündholz-Monopol. Bei dieser Vorlage ging es nicht zuletzt darum, die wegen Schwefelvergiftung auftretenden Gesundheitsschäden bei Arbeitern der Zündholz-Industrie einzudämmen. Die von der Linken befürwortete Vorlage kam vors Volk und wurde abgelehnt. Nur 7,6 % der Romands hatten ein «Ja» in die Urne gelegt.
26 1889, also kurz nach der Abstimmung über den «Schulvogt» kam es zu einer weiteren Referendumsschlacht, bei der interessante Unterschiede zwischen Deutschschweizern und Romands auftraten. Es ging um ein eidgenössisches Schuldbetreibungs- und Konkursgesetz, das nicht weniger als zwanzig Jahre Vorbereitungszeit erfordert hatte. Vorab beim Konkursgesetz standen sich unterschiedliche regionale Rechtstraditionen gegenüber. Unter Leitung des Bundesrats Louis Ruchonnet, eines versierten Juristen, wurden den Romands erhebliche Konzessionen gemacht. Nun ergriffen aber die Berner Agrarkonservativen das Referendum, wobei sich die Katholisch-Konservativen dem Kampf gegen den

«eidgenössischen Würger» anschlossen. Im November 1889 kam die Vorlage knapp über die Abstimmungshürde. Diesmal eilten die reformiert-freisinnigen welschen Kantone dem Bundesrat zu Hilfe. Die Waadt, der Heimatkanton von Bundesrat Louis Ruchonnet, erbrachte eine fast an sowjetische Volksdemokratien gemahnende Mehrheit von 40 000 Ja zu 2000 Nein.

27 Ihre byzantinisch anmutende Formulierung verdient es, zitiert zu werden: «Der Bund ist befugt, im Wege der Gesetzgebung allgemeine Vorschriften über die Ausgabe und die Einlösung von Banknoten zu erlassen. Er darf jedoch keinerlei Monopol für die Ausgabe von Banknoten aufstellen und ebenso keine Rechtsverbindlichkeit für die Annahme derselben aussprechen.»

28 Zusammen mit der Nationalbank-Novelle kam 1891 auch eine Vorlage über einen neuen Zolltarif zur Abstimmung, bei der die welsche Schweiz ebenfalls massiv Widerstand leistete. Um 1890 begannen die meisten europäischen Staaten, ihre Wirtschaft mit protektionistischen Massnahmen abzuschirmen, und da wollte die Schweiz mitziehen. Aber einmal mehr artikulierte sich massiver Widerstand in der Westschweiz. Welsche Zeitungen gifteten gegen «die energischen Kaufleute und Fabrikanten der deutschen Schweiz, welche in Bern die Fäden ziehen». Man fürchtete in der Westschweiz eine Teuerung und warf den Deutschschweizern vor, mit protektionistisch hohen Zöllen ihre Industrie zu schützen. In der Abstimmung wurde die Vorlage mit relativ dünnem Mehr angenommen, gegen den Widerstand sämtlicher welscher Kantone mit Ausnahme Freiburgs.

29 Laut der Bundesverfassung von 1874 war der Bund für Militärunterricht, Militärgesetzgebung und Bewaffnung zuständig, die Kantone für Bekleidung und Ausrüstung. Die Armee setzte sich aus Bundestruppen und aus kantonalen Truppenkörpern zusammen, deren Offiziere von den Kantonsbehörden gewählt wurden.

30 Oder: «Weg mit den zweiundzwanzig alten Flicken,
die deine Uniform zusammenstücken!
Aus einem Guss stähl dich der Rüstung Erz:
Ein Vaterland – ein Recht – ein Heer – ein Herz!»
Vgl. hierzu Junker, S. 52f.

31 Junker, S. 53.

32 In der Waadt beispielsweise wurden 40 504 Neinstimmen abgegeben und nur 4462 Ja.

33 1912 lehnte eine Mehrheit der welschen Stimmbürger ein Gesetz über die Kranken- und Unfallversicherung ab, wurde aber von der dem sozialpolitischen Staatsinterventionismus freundlicher gesinnten Deutschschweiz überstimmt. – Vgl. Ruffieux, in: *Res Publica, Revue de l'Institut belge de science politique,* Band 4, Brüssel 1962, S. 261.

34 Hans Ulrich Jost, «Culture politique et mouvement ouvrier en Romandie au XIXe siècle», in: du Bois (Pierre), Hrsg., *Union et division des Suisses,* Lausanne 1983.

35 Vgl. hierzu vor allem Wegelin-Zbinden.

36 Edith Anita Picard, *Die deutsche Einigung im Lichte der schweizerischen Öffentlichkeit 1866–1871,* Diss. Universität, Zürich 1940, S. 149.

37 Vgl. hierzu: Felix Müller, «Lieber national als international – Der Grütliverein zwischen nationaler und sozialer Identifikation», in: *Die Konstruktion einer Nation,* S. 262.
38 Siehe Urner, S. 64 f.
39 So lautete die Version, die Gottfried Keller in den «Basler Nachrichten» vom 1. April 1872 publizierte.
40 Karl Schmid hat in seinem Essay *Das Unbehagen im Kleinstaat* dieses deutschtümelnde Bekenntnis des durchaus unpolitischen Zürcher Schriftstellers in erster Linie mit einer – typisch schweizerischen oder deutschschweizerischen? – Faszination für Grösse in Verbindung gebracht. Freilich wurde dieser Kniefall vor dem Grossen und Mächtigen nicht von allen Schweizer Intellektuellen goutiert. Der Basler Kulturhistoriker Jacob Burckhardt, ein Anhänger der Kleinstaatlichkeit, schrieb spöttisch: «Wer nicht zu einem Dreissig-Millionenvolk gehört, der schreit: Hilf Gott, wir versinken!»
41 Die beiden Zitate befinden sich im bemerkenswerten Essay von Rémy Charbon, «Zweieiige Zwillinge? – Schweizer Schriftsteller und Deutsches Reich 1871–1914», in: Corina Caduff, Hrsg., *Figuren des Fremden in der Schweizer Literatur,* Limmat, Zürich 1997, S. 109–129.
42 Frappantestes Beispiel deutschschweizerischer Frankophilie ist der Berner Ulrich Ochsenbein: Der frühere Sonderbundsgeneral und 1848er Bundesrat nahm 1870 als Offizier der französischen Armee am deutsch-französischen Krieg teil.
43 Müller, S. 126.
44 Müller, S. 66.
45 Müller, S. 71 f.
46 Müller, S. 37 f., Urner S. 69 f.
47 Müller, S. 38.
48 Urner, S. 73.
49 Müller, S. 5.
50 Urner, S. 81.
51 Zitiert in: Christoph Schilling, *Blocher,* Limmatverlag, Zürich 1994.
52 Eduard Blocher, *Die deutsche Schweiz …,* 1923, S. 23 f.
53 Müller, S. 132/133.
54 Müller, S. 142 f.
55 Originalton: «Des Welsches! On ne voudrait pas nous appeler des Suisses romands. Nous sommes des Welsches! C'est à dire, dans l'idée de ceux qui écrivent des choses pareilles, pas grand'chose, une quantité négligeable!»
56 Wegelin-Zbinden, S. 166 f.
57 Zbinden-Wegelin, S. 177 f.
58 Peter Martig, in: «*Bund»,* 11.7.98.
59 Jean-Rodolphe von Salis beispielsweise erzählt in seinen Memoiren, wie leidenschaftlich in seiner Sippe zu Kriegsbeginn Position ergriffen wurde, zumal ein Cousin in der englischen Armee, ein anderer in der deutschen Marine Dienst leistete.
60 Die Redewendung «verzell kein Havas!» (erzähle keinen Unsinn!) war auch noch in den Fünfzigerjahren in der Schweiz gebräuchlich. Ich verdanke Erich Liebi diesen Hinweis.

61 Zur «Affäre Ribordy» siehe René Zeller, *Emil Sonderegger – Vom Generalstabschef zum Frontenführer,* NZZ Verlag, Zürich 1999, S. 40.
62 Konrad Falke, *Der schweizerische Kulturwille, ein Wort an die Gebildeten des Landes,* 1914.
63 Vgl. Carl Albert Loosli, «Wir Schweizer und unsere Beziehungen zum Ausland», in: C.A. Loosli, *Ihr braven Leute nennt euch Demokraten,* Huber-Verlag, Frauenfeld 1980, S. 218f.
64 An einer Zusammenkunft im bernischen Dorf Zimmerwald im April 1915 trafen sich europäische Arbeiterführer, um eine neue Internationale aus der Taufe zu heben. An ihrem Kongress in Aarau im November 1915 schwenkte die SP auf eine härtere Linie ein: die Mehrheit wählte die Zimmerwald-Linie und brach die traditionelle Allianz mit dem gemässigten Grütliverein.
65 Gefordert wurden unter anderem eine höhere Besteuerung der Kriegsgewinne, die Verstaatlichung der wichtigsten Wirtschaftszweige, die Proporzwahl des Nationalrats, das Frauenstimmrecht, die Einführung einer Altersversicherung.
66 *«Jura bernois»* vom 11. November 1918 – Vgl: François Kohler, «La grève générale dans le Jura», in: Marc Vuilleumier (et al.), Hrsg., *La grève générale de 1918 en Suisse,* Grounauer, Genève 1977, S. 70.
67 Vgl. Eliane Baillif, «La grève générale dans le canton de Vaud», in: Marc Vuilleumier (et al.), Hrsg., *La grève générale de 1918 en Suisse,* Grounauer, Genève 1977, S. 80.
68 Vuilleumier, S. 34.

Mehrsprachigkeit: Aus der Not wird eine Tugend (1918–1945)

1 Albert Hauser, «Bundesrat und Volk, Lehren aus der Zeit des Völkerbunds», in: *NZZ,* 4. Juli 1994.
2 Die Stimmverhältnisse in der Westschweiz: Freiburg: 20 080 Ja, 6100 Nein. Waadt: 63 284 Ja, 4800 Nein. Neuenburg: 23 022 Ja, 4135 Nein. Genf: 25 207 Ja, 5143 Nein. Wallis: 19 172 Ja, 6054 Nein.
3 Peter Stettler, *Das aussenpolitische Bewusstsein der Schweiz (1920–1930),* Diss. Bern, Zürich 1969, S. 61.
4 Dies trifft beispielsweise auf das 1928 veröffentlichte Buch *La France et nous* zu, in dem sich der welsche Journalist Maurice de Rameru, der offenbar wie viele seiner Zeitgenossen von der Action française und Charles Maurras inspiriert war, mit den aus Nähe und Distanz gemischten Beziehungen zwischen welscher Schweiz und Frankreich beschäftigte. (Maurice de Rameru, *Entre la France et nous,* éditions Budry, Paris 1928.)
5 Vgl. vor allem Pierre du Bois, «A la recherche de la ‹Romandie dominée›. Les relations entre Alémaniques et Romands aux XIXe et XXe siècles du point de vue économique», in: *Revue d'Allemagne,* 3/1991.
6 Amstutz, S. 110.
7 Der Begriff «Unbehagen» ist – wie das Wort «Graben» – ein Evergreen des Wortschatzes der Schweizer Politik und Publizistik. Übrigens scheint er nicht erst

1934 zum erstenmal verwendet worden zu sein: Pierre Kohler sprach schon 1930, in einem Artikel über die westschweizerische Literatur, von einem «welschen Malaise» (Amstutz, S. 122).
8   Amstutz, S. 112.
9   Das Interesse für die Mehrsprachigkeit hatte noch einen anderen Grund, nämlich die Tatsache, dass sich nach dem Ersten Weltkrieg in der italienischen und rätoromanischen Schweiz sprachregionale Bewegungen gebildet hatten. 1918 wurde im Bündnerland der Sprach- und Kulturverein «Pro Grigioni Italiano» (sic) und 1919 der rätoromanische Sprach- und Kulturverein «Lia Rumantscha» gegründet. Auch im Tessin gärte es. Die Machtübernahme durch Mussolinis Faschisten 1922 in Italien fachte dort irredentistische Leidenschaften an, die allerdings auf eine Minderheit innerhalb der Minderheit beschränkt blieben. Dennoch wollten sich auch gemässigte und patriotisch gesinnte Kreise nicht mehr mit dem Mauerblümchendasein abfinden, das die italienische Kultur und Sprache bis dahin auf Bundesebene gefristet hatte: In mehreren «rivendicazioni» (Forderungskataloge) gelangte das Tessin 1924/25 und wieder 1938 an den Bund, wobei Forderungen ökonomischer, finanzieller und kultureller Art erhoben wurden. Zu den Forderungen gehörte eine angemessene Vertretung der Italienischsprachigen in den eidgenössischen Behörden und Ämtern. Die Tessiner befürchteten eine «snazionalizzazione» (Entnationalisierung), ja eine «decadenza etnica» der italienischen Schweiz. Nicht umsonst sprach einst der Historiker Oscar Vassella mit Blick auf die Zwanzigerjahre von einer eigentlichen «Tessiner Frage». Die Bewegungen in der rätoromanischen und italienischen Schweiz führten immerhin dazu, dass man sich auch in der deutschen Schweiz für die Mehrsprachigkeit zu interessieren begann.
10 Anmerkung für Nicht-Schweizer: Als «Serviertochter» wird in der deutschen Schweiz eine Kellnerin bezeichnet.
11 Wir folgen hier vor allem Amstutz, S. 149 f.
12 Kritische Historiker haben sogar von einem «helvetischen Totalitarismus» gesprochen. Aber auch Zeitgenossen geisselten den Ungeist der Geistigen Landesverteidigung. Der Theologe Karl Barth erklärte in einer Rede, die von der «Nation» teilweise abgedruckt wurde (am 20. April 1939): «Greift er (der Nationalsozialismus) etwa nicht auch nach uns? Man braucht kein Schwarzseher zu sein, wenn man in aller Ruhe konstatiert: der Nationalsozialismus HAT schon nach uns gegriffen, er IST schon da, auch bei uns in der Schweiz. Ich denke dabei am allerwenigsten an die sogenannten Fronten ... Ich denke an das unter dem Titel der ‹geistigen Landesverteidigung› ersonnene Spottgebilde eines neuen helvetischen Nationalismus ...» (Amstutz, S. 128)
13 Pessimistische Ansichten, was die Zukunft der Dialekte betrifft, wurden schon lange vor Baer, nämlich Ende des 19. und anfangs des 20. Jahrhunderts geäussert. Dabei konnten die Dialektpessimisten zu Recht auf das Zurückweichen der Dialekte in den umgebenden Ländern verweisen. Einer, der immer wieder mit Nachdruck auf die unsicheren Zukunftsaussichten der Schweizerdeutschen Mundarten hinwies, war der Basler Robert von Planta. Er schrieb 1931 in einem Aufsatz: «Unsere Mundart ist in unheilvollem Masse bedroht und steuert, wenn nichts

geschieht, unaufhaltsam ihrer Auflösung in ein farb- und charakterloses Provinzialdeutsch zu.» (zitiert bei Baer, S. 9)

14 Baer, S. 115.

15 «Combien les rapports seraient plus aisés entre la Suisse orientale (sic) et celle de l'ouest sans ce personnage atteint d'une perpétuelle laryngite: Comment, nos amis ont à leur disposition une belle langue littéraire qui traduit à merveille les nuances de la pensée, les tons d'un paysage, les phases du dialogue. Et ils s'évertuent – passionnément – à la torturer, à la déformer, à en faire une manière de patois localisé. Comprends pas.» («*Gazette de Lausanne*», 27. Januar 1920) Wir auch nicht.

16 Gleichzeitig wurde beschlossen, auch den Bundesverfassungsartikel 107 über die Zusammensetzung des Bundesgerichts leicht abzuändern. Künftig musste bei der Wahl der Bundesrichter auf die drei Amtssprachen (und nicht mehr: auf die Nationalsprachen) Rücksicht genommen werden.

17 Renata Coray: «Das Primat des folkloristisch-patriotischen Aktes gegenüber wirklicher sprachlich-politischer Solidarität wird auch daran deutlich, dass von der Anerkennung der ebenfalls in der Schweiz seit Jahrhunderten gesprochenen Sprachen Jiddisch und Jenisch keine Rede ist.» (S. 32) – Auch R. Viletta weist zu Recht darauf hin, dass im Grunde genommen nicht nur die vier Sprachen Deutsch, Französisch, Italienisch und Rätoromanisch, sondern auch das Schweizerdeutsche, sowie «alle zum kulturellen Erbgut der Schweiz gehörenden Sprachen» in der Bundesverfassung aufgeführt werden müssten, «so namentlich auch das Jenische und das in beiden Aargauer Gemeinden Endigen und Lengnau beheimatete (heute leider mehr oder weniger verschwundene) Surbtaler Jiddische». Rudolf Viletta, «Die Regelung der Beziehungen zwischen den schweizerischen Sprachgemeinschaften», in: *Schweizerisches Zentralblatt für Staats- und Gemeindeverwaltung*, 1/1981, S. 193–217. Wobei anzufügen wäre, dass das Jenische und Jiddische lediglich Zweitsprachen waren.

18 Amstutz, S. 157.

19 Die «Gazette de Lausanne» sprach in diesem Zusammenhang von einem «ostracisme infligé par une majorité linguistique à une minorité» («*GdL*» 10.2.37).

20 Favez, S. 110 – Resultate bei Amstutz, S. 65.

21 Amstutz, S. 91.

22 Albert Picot 1941: «La voix des minorités est extrêmement faible dans les grands organismes. Depuis plusieurs années, je suis effrayé de voir les grands hommes des associations, les Bratschi, Dr Laur, Dr Weber vivre sur le plan fédéral comme si les cantons étaient étrangers à leurs soucis.» (du Bois «*A la recherche...*», S. 408)

23 «Berner Tagwacht» vom 24. April 1942, zitiert bei Amstutz. Auch André Lasserre in *La Suisse des années sombres*, Payot, Lausanne 1989, bestätigt dies, gibt aber im wesentlichen auch nur die Volksmeinung wieder – so Amstutz, S. 91.

24 Resultate bei Amstutz, S. 66.

25 Amstutz, S. 99.

26 Andrés Pamphlet wurde von der Zensur verboten. Der Autor veröffentlichte nach dem Krieg *La Suisse française, terre alémanique?*, eine weitere Abrechnung mit dem Deutschschweizer Regime.

27 Manfred Gsteiger, *Westwind,* S. 8f. – Es ist nicht auszumachen, inwieweit diese Erinnerungen repräsentativ für die damalige Stimmung im «Volk» waren. Nur: sie sollten uns vorsichtig machen. Wenn die Behörden Liebe dekretieren, so heisst dies noch lange nicht, dass die Liebe auch gelebt wird.

Und plötzlich klaffte der «Röstigraben» (1945–2000)

1 Im französischen Original tönt das Kompliment noch viel schöner: «Ces gens étonnants qui ont tout, le bon sens, la technique, le sens civique, l'instruction, la plus belle culture, la plus haute civilisation, sont sensibles aussi à cette chose suprême, la ‹seule chose nécessaire›, qu'est l'esprit». – André Siegfried, *La Suisse – démocratie-témoin,* Neuenburg 1948.
2 Unter dem Titel «Le malaise suisse» schreibt Olivier Reverdin (*«Journal de Genève»* vom 19./20. Januar 1946): «Les signes avant-coureurs d'une grave crise se multiplient. Le pays est en proie à un indéniable malaise, beaucoup plus sensible en Suisse allemande qu'en Suisse romande. (…) Le mal a des causes profondes. Les Suisses allemands se trouvent aujourd'hui dans une situation morale qui n'est pas sans analogie avec la nôtre après la défaite de la France en 1940. Mais elle présente pour eux des aspects infiniment plus tragiques. … Supposons un instant que la situation ait été inverse, que la France se soit effondrée dans l'horreur d'une déchéance morale, que son nom soit honni dans le monde entier, que, pour des millions et des millions d'hommes, français soit devenu synonyme de maléfique. Imaginer cela, c'est comprendre la blessure profonde de l'âme alémanique.»
3 Alfred Berchtold, *La passion de transmettre,* entretiens avec Jean-Louis Kuffer, La bibliothèque des Arts, Lausanne/Paris 1997, S. 57
4 Für diese Periode sei verwiesen auf: Roland Ruffieux, «Y a-t-il un fossé en Suisse au lendemain de la Seconde guerre mondiale?» in: Pierre du Bois, *Union et division des Suisses,* Lausanne 1983, S. 113–134.
5 Vgl. hierzu unter anderem die tiefschürfende Studie von Claude Hauser: *Aux origines intellectuelles de la question jurassienne, culture et politique entre la France et la Suisse romande (1910–1950),* Editions CJE, Courrendlin 1997. – Bernard Voutat: *Espace national et identité collective,* Dissertation Universität Lausanne, Institut de science politique, Lausanne 1992.
6 Die Initiative für eine Rückkehr zur direkten Demokratie hielt diesen Ehrentitel bis 1982. Damals wurde die Volksinitiative für eine «strukturelle» Preisüberwachung durch den Bund angenommen, gegen den Willen des Bundesrats.
7 Die Initiative für eine Rückkehr zur direkten Demokratie wurde – bei ziemlich tiefer Stimmbeteiligung – mit 288 755 Ja gegen 272 599 Nein angenommen. Das Ständemehr betrug 12,5 zu 9,5 Kantone. Verworfen wurde die Initiative von den Kantonen: BE, SZ, OW, NW, SO, SH, AI, SG, GR, AG, TG.
8 Vgl. hierzu vor allem Katharina Bretscher-Spindler, *Vom Heissen zum Kalten Krieg, Vorgeschichte und Geschichte der Schweiz im Kalten Krieg 1943–1968,* Verlag Orell Füssli, Zürich 1997.

9 Die Vorlage zur Einführung der Zivildienstpflicht wurde mit 361028 Ja zu 389633 Stimmen abgelehnt. 14 Kantone stimmten dagegen, 8 Kantone dafür.
10 Bei der Atomwaffeninitiative I wurden 286895 Ja zu 537138 Nein-Stimmen abgegeben. Noch deutlicher war das Ständemehr: 18 Kantone sagten nein, 4 sagten ja. Befürwortende Mehrheiten erbrachten: Genf, Waadt, Neuenburg und Tessin. In den welschen Kantonen lautete das Stimmenverhältnis: 90501 Ja zu 59543 Nein.
11 Die Atomwaffeninitiative II wurde mit 451238 Nein gegen 274061 Ja und 17,5 zu 4,5 Ständen abgelehnt.
12 Zu den Diskussionen um den Osthandel siehe vor allem: Bretscher-Spindler, S. 369f.
13 Das Frauenstimmrecht auf eidgenössischer Ebene wurde am 7. Februar 1971 mit einer Mehrheit von 65,7% der Stimmen angenommen. Ja-Stimmen-Anteile der Kantone in Prozenten: GE (91,1), VD (83,9), BS (82,2), NE (82,0), VS (79,9), BL (79,9), TI (75,3), FR (71,1), ZH (66,8), BE (66,5), SO (64,1), LU (62,7), ZG (59,9), SH (56,7), NW (55,8), GR (54,8), AG (50,2). Ablehnende Kantone: OW (46,7), SG (46,5), TG (44,1), SZ (42,2), GL (41,3), AR (39,9), UR (36,3), AI (28,9). Die lateinische Schweiz, plus Basel, Zürich und Bern, waren also Spitzenreiter, während die Zentral- und die Ostschweiz sich am ablehnendsten verhielten – ein Resultat, das teilweise den Ausgang der EWR-Abstimmung im Jahr 1992 vorwegnimmt.
14 Zu den interessantesten und kritischeren Beiträgen gehörte eine Studie, die Jean Meynaud, Professor der Universität Montreal, 1968 unter dem Titel «Le problème des langues dans l'administration fédérale helvétique» veröffentlichte. Sie war bezeichnenderweise von einer kanadischen Regierungsstelle, von der königlichen Kommission für Sprachenfragen, bestellt worden. Vgl. hierzu Georges André, «Le plurilinguisme dans la seconde moitié du XXe siècle: Analyse meynaudienne et postmeynaudienne», in: *Jean Meynaud ou l'utopie revisitée*, Université de Lausanne, Lausanne 1988, S. 319–347. «Jean Meynaud ou l'utopie revisitée», Lausanne 1988.
15 Roger Sidler, ««Pour la Suisse de demain: croire et créer». Das Selbstbildnis der Schweiz an der Expo 64», in: Mario König (et al.), Hrsg., *Dynamisierung und Umbau*, Chronos, Zürich 1998, S.46f.
16 Zu den Mahnern gehörte unter anderem Hans W. Kopp, nachmalig Gatte der ersten Schweizer Bundesrätin. Kopp schrieb 1964: «Es überrascht und verletzt mich immer wieder, wie viele gescheite und gebildete, zum Teil hochstehende Deutsch- und Westschweizer mit unbeherrschter gefühlsgeladener Schärfe Urteile über ihre Brüder hüben und drüben fällen, die nach knapper Besinnung unsagbar würden. Angefangen bei der deutschen Schweiz: Kennen wir alle die Westschweiz nicht zu wenig? Lesen wir Bücher und Zeitungen aus der Romandie? Vielleicht sollen wir un unseren engen Gemarkungen hie und da an Nathans Ringe denken, statt die Lessingsche Parabel stets auf ‹die Ausländer›, ‹die Antisemiten› und wen sonst zu projizieren.» – Hans W. Kopp, *Unser Schweizer Standpunkt 1914–1939–1964*, Bern 1964, S. 85f.
17 So stellte die NZZ mit Otto Frei den ersten vollamtlichen Westschweiz-Korrespondenten ein, dem Marcel Schwander für den «Tagesanzeiger» folgte. Zudem

waren Max Schnetzer, zeitweise Redaktor bei der Genfer FDP-Zeitung «Le Genevois», und Roberto Bernhard für die Deutschschweizer Presse tätig. Letzterer bemühte sich auch, in der Westschweiz das Verständnis für die deutsche Schweiz zu wecken. So publizierte er 1967 in der «Nouvelle Revue de Lausanne» eine Artikelreihe zum Thema: «Zurich – le pays des gnomes géants». Der Titel dieser Artikelreihe («Das Land der Riesenzwerge») zeigt übrigens, dass das Bild vom «Hässlichen Zürcher» schon damals durch welsche Köpfe geisterte.

18 Der am 1. März 1970 beschlossene Zusatz zur bernischen Staatsverfassung wurde auf Kantonsebene mit 90 369 Ja gegen 14 086 Nein angenommen, in den jurassischen Bezirken mit 20 464 Ja gegen 2216 Nein. Die Stimmbeteiligung im alten Kantonsteil war tief: 34%.

19 Die «Jura-Plebiszite»: Am 23. Juni 1974 sprachen sich die Stimmbürger der sieben jurassischen Bezirke mit 36 802 Ja zu 34 057 Nein für einen Kanton Jura aus. Am 16. März 1975 entschieden die drei südlichen Bezirke (Courtelary, Moutier und La Neuveville), beim Kanton Bern zu bleiben. Am 7. und 14. September 1975 wurde hierauf die Situation einiger Randgemeinden bereinigt. Am 14. September 1975 sprach sich das deutschsprachige Laufental mit 4216 zu 264 Stimmen für einen (vorläufigen) Verbleib bei Bern aus.

20 Eidgenössische Abstimmung vom 24. September 1978 über die Gründung eines Kantons Jura: 1 309 722 Ja zu 281 917 Nein. Ja-Stimmen-Anteile der Kantone in Prozenten: TI 95,1, VS 91,9, GE 91,2, FR 90,1, OW 89,3, VD 88,6, LU 88,5, ZG 87,1, AI 87,0, NW 86,5, BS 86,0, SZ 58,9, UR 85,4, BL 85,0, NE 84,7, SG 83,0, GR 82,9, ZH 82,4, TG 81,3, GL 80,6, AG 80,2, SO 80,1, SH 79,2, AR 73,1, BE 69,6.

21 Allerdings war das Postulat Delamuraz bei weitem nicht der erste parlamentarische Vorstoss für eine bessere Vertretung der Minderheiten auf Bundesebene. Schon 1950 wurde im Nationalrat eine Motion eingereicht (Motion Hirzel), die eine Behebung der Untervertretung der Romands in der Bundesverwaltung verlangte. Solche Vorstösse ziehen sich wie ein roter Faden durch die Geschichte des Schweizer Parlaments. Aber das Postulat Delamuraz war zweifellos jenes, das am meisten Aufsehen erregt hat.

22 Michel Baettig, *Genève doit-elle quitter la Suisse?*, Lausanne 1986.

23 Bei der Abstimmung über einen UNO-Beitritt im März 1986 wurde die Vorlage von allen Kantonen abgelehnt, von den welschen Kantonen aber weniger deutlich. Nein-Stimmen gesamtschweizerisch: 75,7%. Rangliste der Kantone nach Nein-Stimmen-Anteil: AI (89,3), NW (85,0), SZ (84,4), OW (84,0), GL (84,0), VS (83,1), AR (82,7), TG (82,3), AG (81,8), UR (81,7), SG (80,8), LU (80,3), SH (78,2), ZG (78,1%), SO (77,5), GR (77,2), FR (77,2), BE (77,2), VD (74,8), NE (72,6), ZH (71,3), GE (69,5), BL (67,1), TI (65,5), BS (64,0), JU (59,8).

24 Vgl. hierzu vor allem Alain Pichard, «Die Brüche vom Dezember 1992», in: Mittler (Max), Hrsg., *Einheit Schweiz, Reflexionen über den Zustand des Landes*, Orell Füssli, Zürich 1993, S. 23–39.

25 Die Alpeninitiative wurde mit 954 433 Ja zu 884 448 Nein angenommen, bei einer Stimmbeteiligung von 40,1%. Abgelehnt wurde die Vorlage in den wel-

schen Kantonen FR (36,1%), VD (36,3%), VS (25,2%), NE (37,7%), GE (43,6%), JU (44,8%), wie auch im Aargau. – Die verkehrsgequälten Tessiner stimmten «deutschschweizerisch»: 63,8% ja!

26 Die Schaffung schweizerischer Blauhelme-Truppen wurde mit 1 203 870 Nein (57,5%) gegen 898 125 Ja (42,8%) abgelehnt. Zustimmende Kantone (Ja-Stimmen-Anteil in Prozent): GE (54,7), VD (53,0), NE (52,4), JU (52,4). In Freiburg, beiden Basel, Zürich und Bern resultierte ein knappes Nein. Im Tessin (Ja-Stimmen: 33,1%) dagegen erlitten die Befürworter eine besonders krasse Niederlage. – Die erleichterte Einbürgerung junger Ausländer erreichte mit 1 114 561 Ja (52,9%) gegen 993 686 (47,1%) Nein das Volksmehr, nicht aber da Ständemehr: 10 Kantone waren dafür, 13 dagegen. Zustimmende Kantone (Ja-Stimmen-Anteil in Prozent): GE (70,6), VD (69,0), NE (66,1), JU (61,6), ZH (57,0), FR (56,7), BS (55,6), BE (55,2), GR (53,6), BL (53,1), ZG (52,6). Die Tessiner lehnten die Vorlage ab (45,9 % Ja-Stimmen). – Auch der Kulturförderungsartikel erreichte das Volksmehr: 1 058 654 Ja (51,0%) gegen 1 017 924 (49,0 %) Nein. Auch diese Vorlage scheiterte am Ständemehr: 11 Kantone sagten «ja», 12 «nein». Zustimmende Kantone (Ja-Stimmen-Anteil in Prozent): GE (68,3), JU (64,1), BS (63,5), TI (61,5), NE (58,7), VD (57,1) BL (55,2), FR (54,7), VS (54,2), GR (53,3), BE (53,3), ZH (50,8). – Die Stimmbeteiligung war recht hoch: 45,8%.

27 Abstimmungen vom 26. Juni 1995. Revision Lex Friedrich (Erwerb von Grundeigentum durch Ausländer): 834 603 Ja (46,5%) zu 962 742 Nein. Befürwortende Kantone: FR (53,9% – aber Ablehnung durch die deutschsprachigen Bezirke), TI (57,4%), VD (60,8%), VS (66,5%, Oberwallis lehnt ab). NE (52,4%). GE (59,1%), JU (51,2%). Im Kanton Jura gaben 515 Stimmbürger den Ausschlag zugunsten der Vorlage. Im Kanton Zug wurden 12 106 Ja und 13 971 Nein ausgezählt. Im Kanton Zürich kamen die Jasager auf 45,4%.

28 Der neue Verfassungsartikel 116 sagte: «Deutsch, Französisch, Italienisch und Rätoromanisch sind die Landessprachen der Schweiz. Bund und Kantone fördern die Verständigung und den Austausch unter den Sprachgemeinschaften. Der Bund unterstützt Massnahmen der Kantone Graubünden und Tessin zur Erhaltung und Förderung der rätoromanischen und italienischen Sprache. Amtssprachen des Bundes sind Deutsch, Französisch und Italienisch. Im Verkehr mit Personen rätoromanischer Sprache ist auch das Rätoromanische Amtssprache des Bundes. Das Gesetz regelt die Einzelheiten.»

29 Vgl. Max Mittler, Hrsg., *Wieviel Englisch verträgt die Schweiz*, Zürich 1998. In diesem Sammelband wurden Stellungnahmen publiziert, die von scharfer Ablehnung (José Ribeaud) bis zu moderatem Verständnis (Iso Camartin) reichten.

30 Zudem übernimmt die neue Bundesverfassung auch die Vorschrift, wonach bei der Bestellung des Bundesgerichts die drei Amtssprachen berücksichtigt werden müssen (neu Art. 188 Absatz 4).

31 Eidgenössische Abstimmung vom 18. April 1999 über die neue Bundesverfassung: 59,2% Ja-Stimmen, 13:10 Kantone. Ja-Stimmen-Anteile in Prozent: ZH 61,7, BE 61,9, LU 57,2, UR 39,9, SZ 33,9, OW 47,2, NW 40,9, GL 30,1, ZG 53,9, FR 72,8, SO 52,7, BS 76,3, BL 66,0, SH 41,9, AR 44,9, AI 34,0,

SG 48,1, GR 51,8, AG 49,1, TG 40,1, TI 72,0, VD 75,8, VS 49,8, NE 70,3, GE 85,9, JU 76,2. – Die Stimmbeteiligung betrug ganze 35,3 %. Um die historische Dimension der Abstimmung zu unterstreichen, hatte der Bundesrat mit der neuen Bundesverfassung keine weiteren Vorlagen zur Abstimmung gebracht, was zur bescheidenen Stimmbeteiligung beitrug. Allerdings ist anzufügen, dass die letzte Totalrevision der Bundesverfassung 1874 ebenfalls nur mit bescheidenem Mehr angenommen worden war. Damals sagten 63,2 % der Stimmenden und 12:10 Kantone «ja». Zur Erinnerung: die Eidgenossenschaft zählte damals nur 22 Kantone – der Kanton Jura kam später hinzu.

32 Neben der sprachregionalen Dimension kam bei dieser Abstimmung ein Gegensatz zwischen Stadt und Land zum Vorschein: die ländlichen Gebiete drückten die Zustimmungsrate nach unten, aber nur in der deutschen Schweiz. Eine Rolle spielte auch das Ausbildungsniveau und das Alter: ältere Stimmbürger und solche mit bescheidenem Bildungsgrad lehnten die Vorlage am stärksten ab. Zudem nahm die Zustimmung desto stärker ab, je mehr man sich auf der Links-Rechts-Achse nach rechts bewegte. (Quelle: Vox)

33 Die Vorlage sah die Einführung eines bezahlten Mutterschaftsurlaubs von 14 Wochen für erwerbstätige Mütter vor. Während dieser Zeit sollte die Mutterschaftsversicherung 80 % ihres Einkommens bezahlen. Ausserdem war eine Grundleistung für Mütter mit bescheidenem Familieneinkommen vorgesehen, ob sie erwerbstätig sind oder nicht. Diese Grundleistung, welche vom Parlament namentlich auf Veranlassung der CVP eingeführt wurde, war in der Kampagne sehr umstritten, da sie von der Beziehung zwischen Mutterschaftsversicherung und Lohnausfall zu einer Beziehung zwischen Geburt und Beitragsleistung überging. (Quelle: Vox)

34 Eidg. Abstimmung vom 15. Mai 1999 über das Bundesgesetz zur Mutterschaftsversicherung: 38,9 % Ja, 61,1 % Nein. – Ja-Stimmen-Anteile in Prozent: ZH 37,2, BE 36,2, LU 28,1, UR 22,1, SZ 20,3, OW 24,7, NW 22,3, GL 20,5, ZG 31,2, FR 54,1, SO 28,4, BS 43,5, BL 34,6, SH 30,4, AR 22,7, AI 14,1, SG 23,7, GR 30,2, AG 26,2, TG 23,1, TI 62,6, VD 64,0, VS 49,0, NE 62,8, GE 74,3, JU 70,3.

35 Der (befristete) Bundesbeschluss zur Heroinabgabe wurde mit 54,5 % angenommen. Aber einige konservative Kantone der deutschen Schweiz (GL, SZ, TG, AI und ganz knapp AR) lehnten ab, wie auch alle welschen Kantone ausser Genf. Der Kanton Tessin zählte 50,6 % Ja-Stimmen aus. Die NZZ sprach hierauf von einem «drogenpolitischen Röstigraben». Zudem wurden gleichentags zwei Vorlagen zur Asylpolitik von allen Kantonen angenommen, aber in den welschen Kantonen mit relevant schwächerem Ja. Die Revision der Invalidenversicherung (Abschaffung der Viertelsrente) wird in allen Kantonen abgeschmettert.

36 Eric Burnand und ich haben diese Hypothese in unserem 1984 erschienenen Essay «Le vin et la bière» entwickelt.

37 So schreibt beispielsweise Urs Altermatt in einem mit «Schweizerisches Sprachengefüge: Schleichende Belgisierung?» überschriebenen Artikel («*Freiburger Nachrichten*», 23. November 1996): «Als eigentliche Bedrohung der Vielsprachigkeit der Schweizer ist der Vormarsch des Englischen als Kommunikationssprache in Wirtschaft, Technik und Hochschulen anzusehen. Die Landessprachen

verlieren ihre Bedeutung als Zweitsprache. In einer mehrsprachigen Buchhandlung in Freiburg sieht die Reihenfolge im Schaufenster so aus: Französisch, Englisch und erst an dritter Stelle Deutsch.»

38 Vgl. hierzu Claude Torracinta: «Télévision et identité», und Eric Burnand, «Médias romands, une voix éclatée», in: Daniel-L. Seiler und Renö Knüsel, Hrsg., *Vous avez dit Suisse romande?*, Editions 24 Heures, Lausanne 1989, S. 123–157. Und: Jean Widmer, «Langues et cultures des médias», in: *Medienwissenschaft Schweiz, Science des mass media suisse*, 2/1994, S. 2–4.

Bibliographie

Die Beziehungen der Schweizer Sprachgruppen – ganz besonders jene zwischen deutscher und welscher Schweiz – sind Gegenstand einer zwar umfangreichen, aber auch bemerkenswert lückenhaften Literatur. Man gewinnt den Eindruck, dass über dieses Thema zuviel und gleichzeitig zu wenig geschrieben wurde.

Es gibt eine grosse Anzahl von Publikationen, welche von staatlichen oder staatsbürgerlichen Institutionen herausgegeben wurden und sich mit allgemeinen Fragen oder Einzelfragen vor allem der aktuellen Probleme des Schweizer Sprachenhaushalts auseinandersetzen. Daneben findet man eine Menge von Essays und Beiträgen von Akteuren des politischen Lebens: Politikern, Professoren, Journalisten und Publizisten. Diese Publikationen sind zwar oft durchaus lesenswert und teilweise informativ, meist aber auch sehr impressionistisch und in der Regel stark wertend.

Was die wissenschaftlichen Publikationen betrifft, so gibt es ebenfalls viel davon und wenig. Einerseits sind zahlreiche Untersuchungen vorhanden, die sich mit Einzelaspekten der Schweizer Sprachverhältnisse auseinandersetzen. Linguisten, Germanisten, Romanisten, Dialektologen, Erziehungswissenschafter, Historiker, Politologen, Soziologen, Ethnologen, Sozialpsychologen haben, meist jeder in seiner Ecke, teilweise hochinteressante Beiträge geliefert. Woran es aber mangelt, sind fundierte Gesamtdarstellungen. So gibt es im Zeitpunkt, da wir dieses Buch beenden, nur eine historische Gesamtdarstellung der Schweizer Sprachverhältnisse. Es ist die nach wie vor bemerkenswerte Abhandlung von Hermann Weilenmann, *Die vielsprachige Schweiz*, in der die meisten Autoren, die das Thema behandelt, Informationen und Zitate holen. Sie stammt allerdings aus dem Jahr 1925 und behandelt nur den Zeitraum bis zum Jahr 1848.

Sehr lesenswert ist ebenfalls das 1982 von Robert Schläpfer herausgegebene Gemeinschaftswerk *Die viersprachige Schweiz,* an denen von mehreren Sprachwissenschafter mitgearbeitet haben. Es enthält unter anderem Beiträge von Walter Haas und Pierre Knecht zur deutschsprachigen und welschen Schweiz, sowie von Iso Camartin zu den Beziehungen zwischen den Schweizer Sprachregionen. Das Buch behandelt aber in erster Linie die eigentlich sprachliche Thematik, während geschichtliche, politologische und soziale Aspekte eher gestreift werden. Zum Zeitpunkt, das wir dieses Buch beenden, kündigt der Sauerländer-Verlag in Aarau eine leicht veränderte Neuauflage des Titels an, herausgegeben von Robert Schläpfer und Hans Bickel (der Beitrag von Iso Camartin wurde in dieser Neuauflage durch einen Beitrag von Bruno Pedretti ersetzt – siehe Bibliographie).

Wer die Geschichte der Beziehungen zwischen deutscher und welscher Schweiz schreiben will, ist demnach gezwungen, seine Informationen links und rechts zusammenzutragen. Ich habe mich denn auch frohgemut bei den Politologen, Historikern,

Germanisten, Romanisten, Ethnologen usw. bedient. Es ist nicht möglich, hier die gesamte beigezogene Literatur anzuführen. Die folgende Literaturübersicht beschränkt sich auf die grundlegenden Beiträge zu den Schweizer Sprachproblemen und zu den deutsch-welsch-Beziehungen, sowie auf einige weiteren Publikationen, die für das vorliegende Buch besonders nützlich waren. Zusätzliche Literaturhinweise findet der Leser in den Fussnoten. Für weiterführende Hinweise sei auf die Bibliographie in René Knüsels Doktorarbeit (*Plurilinguisme et enjeux politiques,* Lausanne 1994) verwiesen.

Selektive Bibliographie zu den Schweizer Sprachenbeziehungen allgemein und zum Verhältnis Deutschschweiz/Romandie

Altermatt (Urs), *Das Fanal von Sarajevo*, Zürich 1996

Altermatt (Urs), Bosshart-Pfluger (Catherine) und Tanner (Albert), Hrsg., *Die Konstruktion einer Nation, Nation und Nationalisierung in der Schweiz, 18.–20. Jahrhundert*, Zürich 1998

Amstutz (Hans), *Das Verhältnis zwischen deutscher und französischer Schweiz in den Jahren 1930–1945*, Aarau 1996

Andrey (Georges), «La conscience politique romande. Petite contribution à l'étude du fédéralisme suisse (1948–1975)», in: *Schweizer Jahrbuch der politischen Wissenschaften*, Bern 1976

Andrey (Georges), «La Suisse au tournant du XXIe siècle: Mutation de la conscience linguistique?», in: Hablützel (Peter), Hirter (Hans) und Junker (Beat), Hrsg., *Festschrift für Peter Gilg*, Bern 1988, S. 38–47

Arquint (Jachen C.), «Stationen der Standardisierung», in: Schläpfer (Robert), Hrsg., *Die viersprachige Schweiz*, Zürich und Köln 1982

Baettig (Michel), *Genève doit-elle quitter la Suisse?*, Lausanne 1986

Bernhard (Roberto), «Beziehungen zwischen der alemannischen und der welschen Schweiz. Eine Bestandesaufnahme nach fünf Jahrzehnten», in: *Jahrbuch NHG 1964*

Biucchi (Basilio M.), «Le Tessin et la Suisse alémanique», in: du Bois (Pierre), Hrsg., *Union et division des Suisses*, Lausanne 1983

Bickel (Hans) und Schläpfer (Robert), Hrsg., *Mehrsprachigkeit – eine Herausforderung*, Basel 1994

Blocher (Eduard), *Die deutsche Schweiz in Vergangenheit und Gegenwart*, Stuttgart 1923

Böning (Holger), *Der Traum von Freiheit und Gleichheit, Helvetische Revolution und Republik (1798–1803)*, Zürich 1998

Bretscher-Spindler (Katharina), *Vom heissen zum Kalten Krieg, Vorgeschichte und Geschichte der Schweiz im Kalten Krieg 1943–1968*, Zürich 1997

Brohy (Claudine), *Das Sprachverhalten zweisprachiger Paare und Familien in Freiburg/Fribourg (Schweiz)*, Freiburg 1992

Büchi (Christophe) und Burnand (Eric), «Le vin et la bière», in: *Revue Repères,* No 9, Lausanne 1984

Bundesamt für Statistik, *Die Sprachenlandschaft Schweiz, Eidgenössische Volkszählung 1990,* Bern 1997

Bundesrat, *Botschaft zur Revision des Bundesverfassungsartikels über die Sprache (Art. 116),* Bern 1996

Camartin (Iso), Die Beziehungen zwischen den schweizerischen Sprachregionen», in: Schläpfer (Robert), Hrsg., *Die viersprachige Schweiz,* Zürich und Köln 1982

Charpilloz (Alain) und Grimm-Gobat (Geneviève), *La Romandie dominée,* Lausanne 1982

Chevallaz (Georges-André), «Le conseiller fédéral romand à Berne d'hier à aujourd'hui», in: du Bois (Pierre), Hrsg., *Union et division des Suisses,* Lausanne 1983

Centlivres (Pierre), «A propos des frontières intérieures de la Suisse», in: Daniel Fabre, éd, *L'Europe entre cultures et nations,* Paris 1996, p. 175–189

Cichon (Peter), «Spracheinstellungen und Sprachkontakte an der französisch-deutschen Sprachgrenze in der Schweiz», in: Anreiter (Peter), Hrsg., *Vom Sprechen über das Sprechen in der Romania,* Innsbruck 1992, S. 11–28

Cichon (Peter), *Sprachbewusstsein und Sprachhandeln. Romands im Umgang mit Deutschschweizern,* Wien 1998

Coray (Renata), *Historisch relevante Ereignisse im Zusammenhang mit der schweizerischen Sprachenpolitik,* Zürich und Freiburg 1998 (photokopierter Text)

Couchepin (Pascal), *La Suisse romande coule-t-elle?,* Lausanne 1995

Criblez (Lucien), «Sprachliche Vielfalt als nationales Bildungsprogramm. Zur Sprachen- und Bildungspolitik als Mittel der Krisenintervention in der Schweiz der 30er Jahre», in: Guex (Sébastien) et al, Hrsg., *Krisen und Stabilisierung, Die Schweiz in de Zwischenkriegszeit,* Zürich 1998

de Capitani (François) und Germann (Georg), Hrsg., *Auf dem Weg zu einer schweizerischen Identität 1848–1914,* Freiburg 1987

Dejung (Christof), «Der unterschiedliche Stellenwert von Umweltproblemen in der deutschen und in der französischen Schweiz», in: König (Mario) et al, Hrsg, *Dynamismus und Umbau, Die Schweiz in den 60er und 70er Jahren,* Zürich 1998

de Mestral (Aymon), *Suisse romande – Suisse alémanique: Qu'est-ce qui ne va pas?,* Lausanne 1970

Dessemontet (François), *Le droit des langues en Suisse,* documentation du Conseil de la langue française, Québec 1984

du Bois (Pierre), *Alémaniques et Romands – entre unité et discorde,* Lausanne 1999 du Bois (Pierre), Hrsg., *Union et division des Suisses,* Lausanne 1983

du Bois (Pierre), «Mythe et réalité du fossé pendant la Première Guerre mondiale», in: du Bois (Pierre), Hrsg., *Union et division de la Suisse,* Lausanne 1983

Dürrmüller (Urs), *Von der viersprachigen zur vielsprachigen Schweiz,* Zürich 1996

Ernst (Fritz), *Helvetia mediatrix,* Zürich 1945

Eidgenössisches Departement des Innern (EDI), *Zustand und Zukunft der viersprachigen Schweiz,* Abklärungen, Vorschläge und Empfehlungen einer Arbeitsgruppe unter Vorsitz von Professor Peter Saladin, Bern 1989

Favez (Jean-Claude), «Tu m'as dit d'aimer, j'obéis – quelques remarques sur les relations entre Alémaniques, Romands et Tessinois durant la Seconde Guerre mondiale», in: du Bois (Pierre), Hrsg., *Union et division des Suisses,* Lausanne 1983

Fischer (Hardi) und Trier (Uri P.), *Das Verhältnis zwischen Deutschschweizer und Westschweizer,* Bern und Stuttgart 1962

Fröhlich (Elisabeth), *Die Schönfilles,* Basel 1980

Furrer (Norbert), «Paroles de mercenaire. Aspects sociolinguistiques du service étranger», in: *Gente ferocissima, Solddienste und Gesellschaft in der Schweiz (15.–19. Jh.), mercenariat et société en Suisse,* Zürich und Lausanne 1997

Furrer (Norbert), *Vierzigsprachige Schweiz, Sprachkontakte in der vorindustriellen Zeit (1450–1850),* Syens 1999 (photokopierter Text)

Greiner (Trudi), *Der literarische Verkehr zwischen deutscher und welscher Schweiz seit 1848,* Leibzig und Bern 1940

Gsteiger (Manfred), *Westwind,* Bern 1968

Guye (Pierre), *Le pays romand et la civilisation latine,* Fribourg 1937

Gyr (Ueli), *Das Welschlandjahr,* Basel 1992

Haas (Walter), «Sprachgeschichtliche Grundlagen» und «Die deutschsprachige Schweiz», in: Schläpfer (Robert), Hrsg., *Die viersprachige Schweiz,* Zürich und Köln 1982

Hegnauer (Cyril), *Das Sprachenrecht der Schweiz,* Zürich 1947

Hunziker (Guido), *Die Schweiz und das Nationalitätenproblem im 19. Jahrhundert,* Basel und Stuttgart 1970

Im Hof (Ulrich), «Französisch/Deutsch: Die Frage des Bewusstwerden der Mehrsprachigkeit in der vorrevolutionären Schweiz», in: *Cinq siècles de relations franco-suisses, hommage à Louis-Edouard Roulet,* Neuenburg 1984

Im Hof (Ulrich), «Die Viersprachigkeit der Schweiz als Minoritätenproblems des 19. und 20. Jahrhunderts», in: *Geschichte und politische Wissenschaft, Festschrift für Erich Gruner,* Bern 1975

Im Hof (Ulrich) und Bernard (Nicolai), «Les relations des communautés linguistiques au sein des associations nationales suisses avant la création de la nouvelle Confédération de 1848», in: du Bois (Pierre), Hrsg., *Union et division des Suisses,* Lausanne 1983

Jost (Hans Ulrich), «Culture politique et mouvement ouvrier en Romandie au XIXe siècle», in: du Bois (Pierre), Hrsg., *Union et division des Suisses,* Lausanne 1983

Junker (Beat), *Eidgenössische Volksabstimmungen über Militärfragen um 1900, Die Vorlagen über die Militärartikel der Bundesverfassung von 1895 und über die Militärorganisation von 1907,* Bern 1955

Keech (William R.), «Linguistic Diversity and Political Conflict. Some Observations Based on Four Swiss Cantons», in: *Comparative Politics,* 4, 1971–72, S. 387–404

Kästli (Tobias), *Die Schweiz – eine Republik in Europa,* Zürich 1998

Knecht (Pierre), «Die französichsprachige Schweiz», in: Schläpfer (Robert), Hrsg., *Die viersprachige Schweiz,* Zürich und Köln 1982

Knüsel (René), *Plurilinguisme et enjeux politiques,* Lausanne 1994

Knüsel (René) und Seiler (Daniel-L.), Hrsg., *Vous avez dit «Suisse romande»?,* Lausanne 1984

Kreis (Georg), «Die besseren Patrioten. Nationale Idee und regionale Identität in der französischen Schweiz vor 1914», in: de Capitani (François) und Germann (Georg), Hrsg., *Auf dem Weg zu einer schweizerischen Identität 1848–1914,* Freiburg 1987

Kriesi (Hanspeter), Wernli (Boris), Sciarini (Pascal), Gianni (Matteo), *Le clivage linguistique: problèmes de compréhension entre les communautés linguistiques en Suisse,* Genève 1995

Kutter (Markus), *Die Schweizer und die Deutschen,* Zürich 1995

Linder (Wolf), *Unterschiedliches Abstimmungsverhalten von Deutschschweiz und Romandie,* Bericht zuhanden der eidgenössischen Verständigungskommission, Bern 1983

Lüdi (Georges) und Py (Bernard), Hrsg., *Fremdsprachig im eigenen Land,* Basel 1994

Lugon (Clovis), *Quand la Suisse française s'éveillera,* Genève 1983

Lutz (Florentin), «Die rätoromanische Schweiz», in: Schläpfer (Robert), Hrsg., *Die viersprachige Schweiz,* Zürich und Köln 1982

Lutz (Florentin) und Arquint (Jachen C.), «Die rätoromanische Schweiz», in: Schläpfer (Robert), Hrsg., *Die viersprachige Schweiz,* Zürich und Köln 1982

McRae (Kenneth D.), *Conflict and Compromise in Multilingual Societies,* Ontario (Canada) 1983

Mesmer (Beatrix), «Les migrations des Bernois dans le canton de Vaud au cours de la première moitié du XIXe siècle», in: du Bois (Pierre), Hrsg., *Union et division des Suisses,* Lausanne 1983

Mittler (Max), Hrsg., *Wieviel Englisch braucht die Schweiz?, Unsere Schulen und die Not der Landessprachen,* Frauenfeld/Stuttgart/Wien, 1998

Meyer (Karl), *Die mehrsprachige Schweiz. Geschichtliche Voraussetzungen des eidgenössischen Sprachenfriedens,* Zürich 1939

Müller (Hans-Peter), *Die schweizerische Sprachenfrage vor 1914,* Wiesbaden 1977

Neue Helvetische Gesellschaft (NSH), *Jahrbücher,* vor allem Jahrgang 1959 (Die Kraft der Schwachen in der Eidgenossenschaft), 1964 (Der Weg der Schweiz), 1968 (Nebeneinander – und miteinander?), 1981 (Der Dialog zwischen Schweizern), 1990 (Die Schweiz im Spiegel ihrer Sprachen)

Pedretti (Bruno), «Miteinander – nebeneinander – gegeneinander?», in: Schläpfer (Robert) und Bickel (Hans), Hrsg., *Die vielsprachige Schweiz,* Aarau 2000

Pichard (Alain), «La cinquième frontière – deux manières d'être citoyens», in: *Dokumente und Informationen zur schweizerischen Orts-, Regional- und Landesplanung,* Zürich 1988

Reszler (André), *Mythes et identité de la Suisse,* Genève 1986

Ribeaud (José), *Es war einmal die Schweiz …,* Bern 1998

Ris (Roland), «L'évolution linguistique en Suisse alémanique et son impact sur la Suisse romande», in: du Bois (Pierre), Hrsg., *Union et division des Suisses,* Lausanne 1983

Ris (Roland), «Die Ausbildung eines sprachlichen Bewusstseins in der deutschen Schweiz 1890–1914 (mit besonderer Berücksichtigung des Kantons Bern)», in: de Capitani (François) und Germann (Georg), Hrsg., *Auf dem Weg zu einer schweizerischen Identität,* Freiburg 1987

Ruffieux (Roland), «Y a-t-il eu un fossé en Suisse au lendemain de la Seconde Guerre mondiale?», in: du Bois (Pierre), Hrsg., *Union et division des Suisses,* Lausanne 1983

Rutgers (Jan Rutgers), *Les rapports entre la Suisse alémanique et la Suisse romande de 1848 à 1895,* Fribourg 1984

Schläpfer (Robert), Hrsg., *Die viersprachige Schweiz,* Zürich und Köln 1982

Schläpfer (Robert) und Bickel (Hans), *Die viersprachige Schweiz,* Aarau 2000

Schwander (Marcel), *Deutsch & Welsch – Ein Brückenschlag,* Bern 1991

Secrétan (Olivier), *La Suisse alémanique vue à travers les lettres romandes de 1848 à nos jours,* Lausanne 1974

Tschopp (Peter), «Identités culturelles et contraintes économiques – La réaction romande face à la concentration du pouvoir économique en Suisse allemande», in: du Bois (Pierre), Hrsg., *Union et division des Suisses,* Lausanne 1983

Verständigungskommissionen des National- und Ständerates, «... das Missverständnis soll uns bekümmern», *Bericht der Kommissionen,* Bern 1993

Urner (Klaus), *Die Deutschen in der Schweiz, Von den Anfängen der Kolonienbildung bis zum Ausbruch des Ersten Weltkrieges,* Frauenfeld und Stuttgart 1976

Vasella (Oscar), «Der Sprachenfriede in der Schweiz», in: Emil Egli, Hrsg., *Die Schweiz. Eigenart und Weltverbundenheit,* Konstanz 1958, p.103–124

von Flüe-Fleck (Hanspeter), *Deutschunterricht in der Westschweiz,* Basel 1994

von Salis (Jean-Rodolphe), *Schwierige Schweiz, Beiträge zu einigen Gegenwartsfragen,* Zürich 1968

Vouga (Jean-Pierre), *Romands, Alémaniques, Tessinois,* Neuchâtel 1978

Watts (Richard J.) «Language Policies and Education in Switzerland», in: Richard J. Watts and Jerzy J. Smolicz, Hrsg., *Cultural democracy and Ethnic Pluralism,* Bern 1997

Weibel (Ernest), et al., Hrsg., *La cohésion nationale menacée?, Ist der nationale Zusammenhalt in Frage gestellt?,* Neuenburg 1997

Weilenmann (Hermann), *Die vielsprachige Schweiz,* Basel 1925

Werlen (Iwan), Hrsg., «Schweizer Sozioliguistik – Soziolinguistik der Schweiz», in: *CILA-Bulletin 58*

Windisch (Uli), et al., *Alltagsbeziehungen zwischen Romands und Deutschschweizern, Am Beispiel der zweisprachigen Kantone Freiburg und Wallis,* Basel 1992, 2 Bd.

Windisch (Uli), «D'un fédéralisme entropique à un fédéralisme de la complexité active», in: du Bois (Pierre), Hrsg., *Union et division des Suisses,* Lausanne 1983

Zanetti (Flavio), *Cara Svizzera,* Locarno 1998

Zinsli (Paul), *Vom Werden und Wesen der mehrsprachigen Schweiz,* Bern (o.J.)